Aggiornamenti

Aspetti della psicologia

W0326621

Aspetti della psicologia

La collana raccoglie testi di sintesi su aspetti specifici della ricerca e della pratica psicologica, rivolti non solo agli studenti universitari, ma anche all'ormai vasto mondo dei professionisti e degli operatori, che potranno trovare in questi volumi presentazioni d'assieme, costantemente aggiornate, delle problematiche connesse alla dimensione psicologica dell'esistenza e delle attività umane.

Alberto Cei

Psicologia dello sport

Società editrice il Mulino

I lettori che desiderano informarsi sui libri e sull'insieme delle attività della Società editrice il Mulino possono consultare il sito Internet: **www.mulino.it**

ISBN 978-88-15-06709-8

Copyright © 1998 by Società editrice il Mulino, Bologna. Tutti i diritti sono riservati. Nessuna parte di questa pubblicazione può essere fotocopiata, riprodotta, archiviata, memorizzata o trasmessa in qualsiasi forma o mezzo – elettronico, meccanico, reprografico, digitale – se non nei termini previsti dalla legge che tutela il Diritto d'Autore. Per altre informazioni si veda il sito **www.mulino.it/edizioni/fotocopie**

Finito di stampare nel mese di ottobre 2017 presso A.G.E. Srl, Urbino

Indice

Introduzione

La psicologia dello sport è una disciplina che solo negli ultimi trent'anni si è ampiamente diffusa, anche se le prime indagini scientifiche possono essere fatte risalire alla fine dell'ottocento. È del 1898 lo studio di Norman Triplett considerato convenzionalmente come il primo vero esperimento scientifico realizzato in psicologia dello sport: in questa indagine, infatti, si analizzavano gli effetti della presenza di altri concorrenti sulla prestazione ciclistica [Davis, Huss e Becker 1995].

Nel 1965 è stata fondata a Roma l'International Society of Sport Psychology e sempre in quel periodo questa nuova disciplina si è sviluppata in modo particolare in Europa e Nordamerica, trovando terreno fertile nel mondo accademico e in quello sportivo. Tale radicamento è stato in larga parte dovuto allo status che entrambi i settori (accademico e sportivo) hanno voluto riconoscere alle scienze dello sport, come discipline in grado di favorire una migliore ottimizzazione dei processi di allenamento e soprattutto la conoscenza dei processi biologici, sociali e psicologici connessi alle prestazioni sportive. A partire da quegli anni, il numero degli esperti che si sono dedicati alla psicologia dello sport è andato sempre aumentando e attualmente la maggior parte degli psicologi dello sport è presente in Nordamerica (43%) e in Europa (21%). Nell'80% dei casi svolgono attività a tempo pieno in questo ambito, occupandosi principalmente di insegnamento, ricerca e consulenza [Salmela 1992]. Si rileva così che, nei paesi industrializzati, la maggior parte degli esperti in psicologia dello sport svolge la propria attività in modo prioritario ed esclusivo. I dati di Salmela mostrano che solo dieci anni prima, all'inizio degli anni '80, in Nordamerica solo il 56% di essi considerava questo settore di attività come quello principale; l'aumento della percentuale registrata in quest'ultimo periodo evidenzia che la psicologia dello sport ha raggiunto, agli inizi degli anni '90, un pieno sviluppo in termini di affermazione e di riconoscimento. Una ulteriore conferma dell'ampiezza della diffusione della psicologia dello sport viene dal numero di riviste internazionali dedicate a questo argomento; cito solo le più importanti: «International Journal of Sport Psychology», «Journal of Sport and Exercise Psychology», «The Sport Psychologist», «Journal of Applied Sport Psychology» ed «European Yearbook of Sport Psychology».

Pertanto, pur essendo una disciplina giovane, la psicologia dello sport ha saputo ritagliarsi un suo spazio autonomo all'interno della psicologia e delle scienze dello sport. I temi di ricerca che hanno stimolato l'interesse dei ricercatori possono essere classificati in otto grandi aree di indagine che riguardano:

1. i processi cognitivi coinvolti nel controllo motorio e nella prestazione sportiva, allo scopo di comprendere le modalità di apprendimento delle abilità motorie e/o sportive o come descrivere le prestazioni eccellenti. Sono esemplificative a tale riguardo le indagini relative agli studi sui processi cognitivi implicati nell'organizzazione del movimento, sui processi di elaborazione dell'informazione, sull'apprendimento e sul controllo dei movimenti e sulle differenze fra esperti e principianti;

2. le abilità psicologiche implicate nei diversi tipi di discipline: come identificarle e come svilupparle negli atleti. Fra le più importanti vi sono l'immaginazione mentale, il *goal setting*, l'autoefficacia, l'attenzione, i processi di autoregolazione e le abilità interpersonali;

3. i processi motivazionali che favoriscono il coinvolgimento sportivo e il mantenimento nel tempo dell'interesse verso la disciplina; la motivazione alla riuscita e i processi psicologici coinvolti nella costruzione delle aspettative relative a prestazioni successive. Oggetto di analisi è stata anche l'interazione fra ambiente sociale nel quale l'atleta vive e la sua motivazione intrinseca;

4. il ruolo dell'allenatore e dell'organizzazione dell'allenamento nel favorire l'apprendimento e la correzione dell'errore;

5. i programmi sportivi per l'infanzia e la loro applicazione nel guidare i bambini a effettuare esperienze per loro gratificanti e psicologicamente positive;

6. il benessere e la salute: l'attenzione di chi si occupa di

questo campo è orientata su come favorire l'adesione di soggetti sedentari a programmi di attività fisica e come mantenere nel tempo questo impegno. Inoltre, si studia il ruolo dell'attività fisica nella rieducazione di soggetti cardiopatici o colpiti da infortuni o malattie;

7. le abilità interpersonali e le dinamiche di gruppo, gli stili di leadership e i modelli decisionali e, più in generale, i processi di comunicazione fra i membri di un gruppo;

8. i processi di autoregolazione, i livelli di attivazione e i sistemi per affrontare lo stress agonistico; l'ansia sia come dimensione psicologica individuale relativamente stabile sia come stato sollecitato da particolari condizioni dell'attività sportiva; l'identificazione per ogni atleta delle condizioni pregara ottimali.

L'obiettivo principale che si è posto chi scrive è di illustrare le conoscenze che la psicologia dello sport ha acquisito in queste aree principali. Per fornire un panorama esaustivo in grado di soddisfare quanti sono interessati o vogliono avvicinarsi alla psicologia dello sport il libro è stato articolato in cinque capitoli: i processi motivazionali, sport e personalità, i processi di autoregolazione e i livelli di attivazione, gli stili cognitivi e l'attenzione, le dinamiche di gruppo.

Nel primo capitolo viene presentata una rassegna delle diverse prospettive teoriche utilizzate nell'interpretazione dei processi motivazionali. L'obiettivo è comprendere le ragioni che determinano il coinvolgimento o l'abbandono della pratica sportiva, come si struttura il desiderio di riuscita dell'atleta e come la motivazione intrinseca e i rinforzi dell'ambiente sociale dovrebbero interagire per incrementare la motivazione. Ampio spazio viene riservato al ruolo esercitato dall'interpretazione dei risultati della propria attività sulle aspettative e sulla motivazione, nonché alla tecnica del *goal setting* come sistema per migliorare la prestazione e mantenere un livello elevato di perseveranza e scrupolosità.

Nel secondo capitolo si analizzano le caratteristiche di personalità degli atleti. Lo studio della personalità nella psicologia dello sport nasce dall'esigenza di comprendere e predire la prestazione sportiva. La ricerca, inizialmente, si orientò all'analisi dei tratti di personalità, presupponendo che questi potessero differenziare gli atleti di alto livello dai principianti, ma i risultati emersi non hanno confermato tale ipotesi. Nel capitolo viene presentata un'ampia rassegna dei modelli più attuali e maggiormente diffusi che in psicologia dello sport fanno riferimento a dimensioni psicologiche individuali, in particolare vengono descritti il modello di autoefficacia di Bandura e quello di ansia di tratto di Martens. Elemento caratteristico comune ai due approcci è quello dell'importanza attribuita alle situazioni presenti e alle esperienze passate nell'influenzare l'emergere di una condizione psicologica di fiducia nelle proprie capacità.

Il capitolo terzo è dedicato all'analisi dei processi di autoregolazione e dei livelli di attivazione necessari per fornire prestazioni efficaci. In psicologia dello sport sono state utilizzate diverse teorie, da quelle classiche della *drive theory* e della teoria della U capovolta, a quelle più recenti che evidenziano la necessità di identificare per ogni atleta una zona individuale di funzionamento ottimale, sino ai nuovi approcci riguardanti la teoria della catastrofe e la *reversal theory*. Vengono inoltre brevemente descritte le diverse modalità che possono consentire l'autoregolazione dei processi di attivazione. Infine, è introdotto il concetto di immagine mentale, e sono descritti i modi in cui il processo di *imagery* è utilizzato dagli atleti per migliorare la prestazione sportiva e per favorire l'acquisizione delle abilità.

Il capitolo quarto è dedicato all'attenzione, intendendo con ciò l'analisi dei processi di elaborazione delle informazioni. L'attenzione viene qui trattata in relazione a quattro prospettive: la selezione delle informazioni, la quantità di informazione che può essere trattata nell'unità di tempo, la relazione fra attivazione e attenzione e l'orientamento dell'attenzione nell'elaborazione dell'informazione. Nella parte finale del capitolo si analizza come lo stile personale nel percepire, ricordare o immaginare orienti i processi attentivi, vengono esposti in modo particolare il modello di stile attentivo di Nideffer e le strategie associative/dissociative utilizzate in alcuni sport di resistenza.

Le dinamiche di gruppo e gli aspetti interpersonali relativi all'attività sportiva sono argomento del capitolo quinto. Vengono analizzate le conoscenze attuali relative al funzionamento dei gruppi, alla coesione di gruppo, allo stile di leadership, alla valutazione del comportamento dell'allenatore e agli stili decisionali.

Ringrazio Carlo Umiltà per avermi incoraggiato a scrivere questo libro e Massimo Baldini per i continui e preziosi suggerimenti che mi hanno permesso di migliorarne la stesura. Ringrazio Cristina Bet che ha realizzato tutte le figure. Ringrazio, infine, mia moglie Patrizia e mia figlia Caterina per avermi consentito di dedicare a questo libro molto del mio tempo a loro destinato.

Capitolo primo

I processi motivazionali nello sport

La comprensione dei processi motivazionali è senza dubbio uno dei temi che da sempre ha suscitato interesse negli studiosi di psicologia dello sport. Lo sviluppo raggiunto in questa area d'indagine è stato determinato dalla necessità di fornire risposte concrete in campo applicativo ai molti quesiti e richieste di aiuto provenienti soprattutto dagli allenatori. Infatti, quando uno psicologo parla con un allenatore gli vengono spesso poste domande del tipo: «Perché alcuni atleti sono molto motivati mentre altri non lo sono?» oppure «Cosa devo fare per motivare gli atleti a impegnarsi sempre al massimo delle loro abilità?», o ancora «Perché questo ragazzo che sarebbe un vero talento s'impegna meno degli altri e sembra svogliato?». La ricerca in questo ambito si è quindi sviluppata sulla scia di queste richieste pratiche, ma, nel contempo, ha risposto alla necessità di verificare la validità dell'applicazione in ambito sportivo delle teorie motivazionali esistenti e utilizzate in altri contesti applicativi.

L'interesse degli psicologi verso gli aspetti motivazionali della pratica sportiva e dell'attività fisica è stato influenzato anche da altre considerazioni relative al più ampio contesto sociale. Il fenomeno dell'abbandono sportivo e lo stile di vita sedentario sempre più diffusi tra i giovani, oltre che nella popolazione adulta, sono esempi concreti di come l'assenza di attività fisica determini effetti negativi sul benessere degli individui. Pertanto, per gli psicologi dello sport è necessario conoscere quali siano le ragioni che favoriscono la scelta di uno stile di vita attivo, al fine di fornire agli allenatori e alle organizzazioni sportive informazioni precise su come costruire i loro programmi di allenamento e su come guidare gli individui in funzione dei loro bisogni.

In questo capitolo si fornirà una descrizione articolata delle diverse prospettive teoriche che sono state formulate per spiegare i processi motivazionali. Inizialmente verranno presentati i motivi che determinano il coinvolgimento sportivo e la cui carenza invece favorisce l'abbandono sportivo. Seguirà la descrizione delle teorie che si rifanno al concetto di motivazione alla riuscita, per evidenziare come gli individui si distinguono in funzione delle caratteristiche del loro orientamento a raggiungere obiettivi centrati sul compito o centrati sul risultato da ottenere. Un terzo aspetto motivazionale che verrà analizzato riguarda l'influenza che la motivazione a essere competenti esercita sull'apprendimento e sulla prestazione sportiva. Si esaminerà la relazione fra questa dimensione e i feedback forniti dagli allenatori, la durata della pratica sportiva e il livello di sviluppo cognitivo. Un ulteriore aspetto riguarderà la motivazione intrinseca ed estrinseca e in particolar modo saranno illustrati i tipi di incentivi più efficaci per sostenere la motivazione.

Infine saranno analizzati due altri fattori: i processi attributivi e la tecnica del *goal setting*. In relazione al primo tema è stato rilevato che ogni azione determina negli individui un'interpretazione di quanto è accaduto, che a sua volta influenza la creazione delle aspettative future riguardanti le prestazioni successive. La motivazione a continuare in un'attività viene quindi influenzata dal tipo di interpretazioni che il soggetto fornisce delle sue prestazioni precedenti.

La tecnica del *goal setting* rappresenta, invece, uno dei sistemi più efficaci per migliorare la prestazione: stabilire obiettivi specifici, raggiungibili e che rappresentano una sfida serve non solo a guidare l'impegno dell'atleta, ma costituisce un importante stimolo per il mantenimento di un livello elevato di motivazione intrinseca e di desiderio di riuscita.

1. La motivazione alla pratica sportiva

Uno degli obiettivi principali dei programmi di educazione fisica e di allenamento è di sviluppare e mantenere un livello elevato di desiderio di partecipazione allo sport. Ogni anno, invece, decine di migliaia di giovani abbandonano l'attività sportiva, ma raramente ciò accade perché è nata in loro una nuova passione a cui vogliono dedicare tutto il loro tempo libero o perché vogliono avere più tempo a disposizione per studiare. Lo sport viene spesso abbandonato perché i giovani non trovano soddisfatti i bisogni che li avevano inizialmente spinti a intraprendere questa attività. Intuitivamente gli adulti più attenti alle esigenze dei giovani sanno che cos'è che li allontana dall'attività sportiva: talvolta è la noia causata da allenamenti percepiti come troppo ripetitivi, altre volte è la ridotta interazione con l'allenatore e con gli altri compagni, e ancora altre volte sono proprio i più competitivi a lasciare perché hanno l'impressione di non apprendere a sufficienza e desiderano provare altre esperienze. Ma conoscere i motivi che allontanano dallo sport non è sufficiente per impostare un'efficace azione di prevenzione nei confronti di questo fenomeno di abbandono precoce; allenatori ed educatori sportivi dovrebbero, per prima cosa, analizzare quali sono le ragioni che favoriscono il coinvolgimento sportivo e, successivamente, impostare la loro attività sul soddisfacimento di questi bisogni. Una ricerca che, all'inizio degli anni '80, riassumeva i risultati delle indagini di psicologia dello sport condotte in ambito giovanile ha evidenziato, tramite interviste a psicologi e allenatori, quali erano le principali questioni psicologiche a cui le ricerche successive avrebbero dovuto rispondere. Fra i temi più rilevanti che sono emersi, due riguardavano la motivazione allo sport e si riferivano alla necessità di comprendere perché i giovani praticano sport e perché abbandonano la pratica sportiva [Gould 1982]. Questo articolo suscitò molto interesse fra gli psicologi e gli operatori sportivi e servì a indirizzare molti dei successivi programmi di ricerca in questa direzione.

L'individuazione e l'analisi dei motivi che determinano il coinvolgimento sportivo è l'apporto più concreto che la psicologia dello sport ha fornito all'elaborazione dei programmi per l'attività giovanile, poiché pone al centro dell'attenzione lo sviluppo complessivo delle competenze del giovane e non solo l'acquisizione di quelle strettamente sportive. Ragazzi e ragazze fanno sport per un insieme abbastanza ampio di ragioni, alcune relative allo sviluppo delle competenze sportive e al piacere di confrontarsi con gli altri, ma altre riguardano il bisogno di stare con gli amici e di spendere energia attraverso l'azione fisica. Pertanto i programmi sportivi orientati solo all'ottenimento di risultati e che non tengono in considerazione questa complessità della motivazione favoriscono il fenomeno dell'abbandono precoce. Le ricerche descrittive qui di seguito presentate hanno studiato il fenomeno della motivazione alla pratica sportiva, indagando proprio sul perché gli individui scelgono d'impegnarsi in un'attività sportiva e sulle ragioni dell'abbandono.

1.1. Le prime ricerche descrittive

La maggior parte degli studi condotti prima della pubblicazione del lavoro di Gould hanno fornito un numero limitato di conoscenze sulla motivazione alla pratica dei giovani e ciò è stato dovuto ai limiti teorici e metodologici di queste indagini. Infatti, in relazione a queste problematiche è da notare che spesso la motivazione è stata studiata in termini generali senza identificare le specifiche ragioni che determinano il coinvolgimento sportivo, oppure è stata studiata in maniera indiretta attraverso l'analisi degli atteggiamenti dei giovani verso l'educazione fisica svolta a scuola. In quest'ultimo caso si presenta un ulteriore problema costituito dal fatto che sport ed educazione fisica sono attività che ponendosi finalità diverse sollecitano motivazioni altrettanto differenti e, pertanto, non è possibile generalizzare da un ambito all'altro i risultati ottenuti.

Ciononostante, negli anni '70 sono stati realizzati due programmi di ricerca particolarmente significativi, il cui merito principale è stato di identificare i motivi che favoriscono nei giovani la persistenza nell'attività sportiva. Il primo programma è stato condotto da Alderman e Wood [1976] che in seguito è stato più volte replicato evidenziando gli stessi risultati. Questi autori si sono serviti di un modello psicologico preesistente [Birch e Veroff 1966] che definiva sette sistemi di motivi/incentivi che dirigono il comportamento degli esseri umani:

1. *affiliazione*: opportunità di stabilire relazioni interpersonali significative e di essere confermati nella propria capacità di stare in gruppo e di fare e mantenere amicizie;
2. *potere*: opportunità d'influenzare e controllare gli altri;
3. *indipendenza*: opportunità di fare cose per proprio conto senza l'aiuto degli altri;
4. *stress*: opportunità di svolgere attività eccitanti;
5. *eccellenza*: opportunità di acquisire abilità sportive per il proprio interesse o per primeggiare su un altro;
6. *successo*: opportunità di acquisire prestigio, approvazione sociale, status o altri rinforzi estrinseci;

7. *aggressività*: opportunità di dominare gli altri.

Le ricerche citate hanno coinvolto circa 3.000 atleti dagli 11 ai 18 anni e dai risultati è emerso che il bisogno di fare amicizia (l'affiliazione), di esprimere le proprie abilità sportive (l'eccellenza) e di affrontare situazioni eccitanti per tentare di superarle (lo stress) sono i motivi che si trovano alla base della scelta di praticare una disciplina sportiva, mentre l'aggressività, il potere e l'indipendenza risultano poco rilevanti nel determinare il coinvolgimento sportivo. Inoltre, i giovani sono motivati dagli stessi incentivi indipendentemente dall'età, dallo sport praticato, dal genere e dalla cultura. Quest'ultimo risultato è particolarmente interessante in quanto evidenzia che l'insieme delle motivazioni che determinano il coinvolgimento sportivo è simile nei bambini e negli adolescenti, nei ragazzi e nelle ragazze e in tal modo viene anticipato uno dei risultati delle ricerche degli anni successivi e cioè che i giovani fanno sport per un insieme abbastanza omogeneo e costante di motivazioni intrinseche. Si vedrà in seguito che le uniche variazioni presenti in funzione dell'età, del genere e delle caratteristiche socioculturali riguardano l'importanza che alcune ragioni assumono rispetto ad altre, ma nel complesso la struttura motivazionale rimane invariata.

Il secondo programma di ricerca che merita di essere ricordato è stato realizzato da Sapp e Haubenstricker [1978], che per primi hanno studiato in una stessa indagine i motivi che determinano la partecipazione e l'abbandono sportivo, servendosi di una popolazione costituita da più di duemila atleti, non atleti e giovani che avevano abbandonato lo sport. Dai risultati è emerso che il divertimento, l'acquisizione e il miglioramento delle abilità sportive, il mantenimento della forma fisica e il desiderio di stare con gli amici o di farsene di nuovi costituivano i motivi dominanti. Questi dati sono coerenti con quelli appena descritti e da questi primi studi emerge che l'acquisizione di competenza e l'affiliazione sono motivazioni preminenti. In aggiunta a queste motivazioni, in questa indagine, è emersa come rilevante anche un'altra variabile che non era compresa fra quelle studiate in precedenza e che si riferisce al desiderio di mantenere una buona forma fisica. Come motivo principale per interrompere la pratica sportiva è emerso il desiderio di praticare altre attività, che nella tarda adolescenza spesso corrisponde alla necessità di trovare un lavoro. Fra i più giovani l'abbandono sportivo è invece da porre in relazione a problemi emersi nell'ambito sportivo come, ad esempio, quelli relativi a incomprensioni con l'allenatore o con i compagni, alla noia e alla ripetitività degli allenamenti e a infortuni. Anche in questa indagine viene confermato che le motivazioni che determinano il coinvolgimento sportivo sono costanti attraverso le varie fasce d'età dall'infanzia all'adolescenza, mentre si notano differenze in relazione al fenomeno dell'abbandono. Globalmente i più giovani lasciano lo sport per problemi connessi al rapporto con l'allenatore, per mancanza di divertimento e per un'eccessiva enfasi posta sugli aspetti competitivi, mentre per gli adolescenti questi motivi rivestono minor importanza e l'abbandono è determinato principalmente dall'emergere di altri interessi e solo più avanti negli anni dalla necessità di entrare nel mondo del lavoro.

1.2. Il modello descrittivo di Gill, Gross e Huddleston

Nell'ambito delle indagini sulla motivazione alla pratica sportiva un notevole impulso è stato fornito dal lavoro di Gill, Gross e Huddleston [1983], che hanno formulato un modello che ha permesso di realizzare ricerche tra loro omogenee e confrontabili. La maggior parte di questi studi sono stati condotti in paesi di madre lingua inglese, ma un gruppo consistente è stato realizzato anche in Europa. Si è così venuto a creare, per la prima volta da quando i ricercatori hanno cominciato a interessarsi dei motivi che favoriscono la pratica sportiva, un insieme di risultati tra loro confrontabili, in quanto basati sullo stesso modello e derivati dalla somministrazione dello stesso questionario.

La ricerca di Gill e collaboratori si è posta un duplice obiettivo. Il primo è stato di costruire un questionario di motivazione alla pratica sportiva suscettibile di essere utilizzato nei programmi di ricerca su questo tema e il secondo è stato di studiare a livello descrittivo le ragioni che determinano la scelta di praticare uno sport. Per costruire il questionario sono stati inizialmente intervistati 750 giovani sportivi e 750 adulti coinvolti nella realizzazione di programmi per l'attività giovanile, a cui è stato chiesto d'indicare sia le ragioni che spingono all'attività sportiva sia gli obiettivi dei programmi dell'attività giovanile. In seguito, sulla base di queste risposte e dell'analisi della letteratura sullo sport giovanile, è stata realizzata una prima versione del questionario che è stata sottoposta a ragazzi e ragazze di età compresa fra 12-16 anni. La versione definitiva composta da 30 affermazioni è stata somministrata, durante un campo estivo, a 720 ragazzi e 418 ragazze (8-18 anni) praticanti differenti sport di squadra e individuali.

La singola ragione che è emersa come più importante per ambedue i sessi è: migliorare le mie abilità sportive. Per le ragazze gli altri motivi rilevanti in ordine di priorità sono: divertirsi, imparare nuove abilità, gareggiare, far parte di una squadra e trarre piacere dalle sfide. Per i ragazzi sono: il piacere per le sfide, divertirsi, gareggiare e imparare nuove abilità. Ciò che emerge con chiarezza è che i giovani fanno sport per un insieme di singole ragioni che hanno come riferimento l'amicizia, il divertimento, il desiderio di confrontarsi, ma che la ragione principale da soddisfare è quella relativa al miglioramento della loro competenza sportiva. Quindi i giovani scelgono uno sport in quanto vogliono imparare a correre, a fare canestro, a saltare in alto, a nuotare, ad andare sugli sci e così via, vogliono apprendere qualcosa di specifico attraverso un'azione sportiva. Altrettanto vero è, però, che questa acquisizione di competenza deve avvenire in un contesto che prenda in considerazione e soddisfi anche le altre motivazioni. Ecco quindi che il divertimento e l'amicizia sono ragioni che sostengono l'atleta nel suo desiderio di diventare competente.

Una successiva analisi di queste singole ragioni ha permesso di raggrupparle in otto fattori che identificano le categorie generali della motivazione allo sport. Il primo fattore denominato «riuscita/status» comprende i seguenti motivi: desiderio di vincere, sentirsi importanti, essere popolari, migliorare lo status, fare qualcosa in cui si è capaci e ricevere premi. Il secondo fattore chiamato «squadra» comprende le tre ragioni che nel questionario si riferiscono al desiderio di essere parte di una squadra. Il terzo fattore denominato «forma fisica» comprende motivi quali, ad esempio, sentirsi in forma, fare esercizio ed essere fisicamente in forma. Il quarto fattore denominato «spendere energia» comprende ragioni che riguardano il desiderio di scaricare le tensioni, di fare qualcosa, di muoversi e di stare fuori casa. Il quinto fattore riguarda alcuni rinforzi estrinseci che sostengono la motivazione del giovane e che riguardano le persone per lui significative (genitori, migliori amici e allenatori) e il piacere tratto dall'uso del materiale sportivo. Il sesto fattore riguarda lo sviluppo e il miglioramento delle abilità sportive. Il settimo fattore riguarda l'amicizia e comprende le motivazioni relative al desiderio di stare con gli amici e di farsene di nuovi. Infine, l'ottavo e ultimo fattore, denominato «divertimento», comprende oltre a questa ragione, il piacere tratto dall'azione e il desiderio di eccitamento.

In sintesi, a livello descrittivo il risultato più rilevante che è emerso riguarda l'importanza attribuita allo sviluppo delle abilità sportive. Questa motivazione anche se può essere stata enfatizzata dalle particolari caratteristiche del campione, composto da giovani orientati a svolgere sport non a livello ricreativo bensì a livello agonistico, rappresenta un dato costante per tutte le fasce di età. Globalmente, le cinque ragioni indicate quali più importanti evidenziano che i giovani identificano nell'acquisizione di competenza sportiva, nel divertimento, nel desiderio di eccitazione, nel competere e nello stare in squadra gli obiettivi che devono essere perseguiti dai programmi per l'attività giovanile. Inoltre, questi dati sono analoghi a quelli rilevati in precedenza da Sapp e Haubenstricker [1978], che avevano trovato che l'80% dei giovani riteneva che migliorare le abilità era la ragione più importante per praticare uno sport e gli otto fattori motivazionali che sono stati identificati comprendono, al loro interno, le tre dimensioni evidenziate nelle ricerche di Alderman come più incentivanti per i giovani e che riguardavano l'affiliazione, l'eccellenza e lo stress.

Differenze tra i sessi si evidenziano solo in relazione al fattore riuscita/status: i maschi, rispetto alle femmine, attribuiscono maggior rilevanza ai motivi collegati all'acquisizione di status, al vincere e al ricevere premi. Altre differenze sono limitate ad alcune ragioni specifiche a cui le ragazze attribuiscono maggior rilevanza, rispetto ai ragazzi, e che riguardano le dimensioni dell'amicizia e della forma fisica.

1.3. Le ricerche successive

Le ricerche successive a quella di Gill e colleghi hanno voluto verificare alcune ipotesi più specifiche e in particolare si è voluto identificare quali fossero le dimensioni motivazionali presenti in giovani praticanti specifiche discipline sportive individuali e di squadra; inoltre, altri studi si sono orientati all'analisi del ruolo svolto dal livello di sviluppo cognitivo nell'influenzare la motivazione a partecipare [per una descrizione di queste indagini vedi Cei 1994a].

Tutte le ricerche, sia quelle che hanno indagato sugli sport individuali sia quelle riguardanti gli sport di squadra, hanno sostanzialmente individuato gli stessi fattori rilevati nella indagine di Gill e colleghi. Viene così confermata l'ipotesi che i giovani praticano uno sport per un insieme abbastanza ampio di ragioni e che anche in discipline individuali la componente affiliazione, evidenziata dai fattori squadra (costituito da motivazioni quali: far parte di una squadra, lavoro di squadra e spirito di squadra) e amicizia (stare con gli amici e farsene di nuovi), rappresenta una dimensione motivazionale significativa.

È stata anche studiata la relazione fra motivazione a partecipare e livello di età dei praticanti. Tre motivi sono comuni a tutte le fasce di età dall'infanzia alla vecchiaia, una di queste riguarda il desiderio di migliorare la propria salute e le altre due si riferiscono al bisogno di sentirsi in forma. Altre ragioni importanti sono relative al piacere di essere fisicamente attivi e di fare esercizio. Queste ragioni formano un insieme di motivi abbastanza omogeneo e coerente. Infatti, emerge che il desiderio di essere fisicamente attivi, di sentirsi in forma e di essere in buona salute sono motivazioni che guidano la pratica sportiva dei giovani, degli adulti e degli anziani. Il soddisfacimento di questi bisogni determina uno stato di benessere che si caratterizza, quindi, come stile di vita attivo, mentre uno stile di vita sedentario diventa, di conseguenza, sinonimo di una riduzione di questa condizione positiva.

Oltre a questa base motivazionale comune a tutte le età, emergono anche altri bisogni individuali che variano in funzione dell'età dei praticanti e in particolare:

- l'acquisizione di competenza sportiva e il desiderio di gareggiare sono motivazioni importanti nei bambini e nella prima adolescenza;
- il sostegno dell'allenatore, dei genitori e degli amici è molto importante nei bambini e in misura minore nella prima adolescenza;
- il mantenimento della forma fisica e dello stato di salute sono bisogni importanti in tutte le fasce di età ma sono quelli prioritari nelle varie fasi dell'età adulta sino alla vecchiaia;

• l'acquisizione di status sociale, costituito dalle ragioni che indicano il desiderio di farsi notare dagli altri, di essere popolare e di vincere è rilevante nella tarda adolescenza.

Generalmente quando si pensa a una disciplina sportiva la s'immagina sempre così come viene proposta nella sua versione più complessa, svolta da giovani in ottime condizioni atletiche, che praticano lo sport in maniera professionale e con obiettivi di prestazione assoluta. Questo tipo di attività sportiva è però presente solo in determinate fasce di età, mentre per i più giovani sono state formulate, ad esempio nei giochi di squadra, delle variazioni adeguate alle caratteristiche del loro sviluppo fisico. Esistono pertanto il minivolley, il minibasket e così per tutti i giochi sportivi, che presentano versioni adattate dello sport originario. In psicologia dello sport è stato studiato se le modificazioni delle caratteristiche di una disciplina, intese a renderla maggiormente adeguata alle caratteristiche dei bambini, possa determinare differenze nella motivazione allo sport. L'interesse di queste indagini consiste nel verificare se queste versioni più semplificate siano motivanti per i bambini così come lo è la disciplina tradizionale. Le ricerche condotte su questi gruppi, che comprendono giovani di età compresa fra 8-12 anni, hanno mostrato che le dimensioni motivazionali sono analoghe a quelle evidenziate nei giovani adolescenti, che praticano lo sport nella sua versione tradizionale, cambia invece il peso esercitato da alcune motivazioni. Nei più giovani sono maggiormente rilevanti le dimensioni legate all'affiliazione, mentre nelle età successive prevalgono quelle connesse al bisogno di eccitazione e all'acquisizione di competenze sportive [Bergerone *et al.* 1987; Buonamano, Cei e Mussino 1993]. Queste differenze non devono essere addebitate a differenze nella pratica sportiva, bensì alla evoluzione psicologica dei giovani che passano in quegli anni da una fase in cui è fondamentale imparare a vivere in gruppo ad un'altra in cui è maggiormente preminente il bisogno di spendere energia attraverso l'azione e di acquisire e migliorare le proprie abilità.

1.4. L'approccio interculturale

La ricerca sulla motivazione allo sport, come è stato descritto, si è sviluppata in modo rapido negli ultimi 15 anni, con una notevole prevalenza di studi condotti sulla popolazione di lingua inglese. Questa situazione ha fatto sorgere alcuni problemi relativi alla validità dell'estensione dei risultati ottenuti in contesti socioculturali diversi da quelli finora studiati. È diventato, pertanto, necessario per coloro che vivono in altri ambiti culturali replicare le ricerche svolte su questo tema al fine di poter confrontare quanto rilevato nel proprio contesto con i risultati provenienti dalle indagini nordamericane [Cei 1994a; Duda e Allison 1990]. Inoltre questa necessità di servirsi di un approccio interculturale emerge in modo evidente quando ci si serve di questionari motivazionali, che obbligatoriamente devono essere testati in differenti ambienti socioculturali, per offrire un livello di affidabilità tale da consentire validi confronti fra i risultati. Parte di queste problematiche sono state risolte da quelle ricerche che servendosi del modello descrittivo di Gill e colleghi hanno consentito di evidenziare l'esistenza di un insieme di fattori motivazionali relativamente omogenei nei giovani di paesi diversi. È infatti emerso che, in termini globali, in tutti i gruppi le motivazioni sono identificabili in un numero definito di dimensioni mentre ciò che varia è la loro prevalenza: in alcuni gruppi emergono come dominanti certi tipi di motivi, che in altri svolgono un'influenza minore.

Longhurst e Spink [1987] studiando la motivazione nei giovani australiani hanno evidenziato la stessa struttura motivazionale, ma anche differenze significative rispetto a quelle evidenziate nelle ricerche nordamericane in relazione a come alcuni fattori si combinano insieme. Infatti, hanno trovato che la dimensione del successo comprende anche motivazioni collegate al desiderio di far parte di una squadra e di lavorare in gruppo, mentre nelle indagini nordamericane il successo non si associa con questi aspetti, ma si trova unito con le ragioni che si riferiscono all'acquisizione di status sociale. Una spiegazione per queste differenze potrebbe risiedere nel diverso significato attribuito alla motivazione alla riuscita fra i giovani nordamericani e gli australiani. Per i primi la riuscita nello sport è in larga parte collegata all'acquisizione di status sociale, mentre per i secondi questo legame è molto meno rilevante. Infatti, nel sistema sportivo australiano è importante il concetto di «avere successo insieme ad altri» e l'emergere del fattore riuscita/squadra rifletterebbe proprio questa impostazione culturale.

Una ricerca [Buonamano, Cei e Mussino 1993; 1995] condotta in Italia su 2.589 giovani di 9-18 anni praticanti sport di squadra e individuali suddivisi in modo rappresentativo sull'intero territorio nazionale ha permesso di evidenziare interessanti differenze in relazione al livello socioeconomico e culturale delle famiglie. Queste sono state classificate secondo quattro livelli in funzione del titolo di studio dei genitori: la distribuzione che ne è derivata è sbilanciata verso i livelli superiori rispetto alla media nazionale, infatti, tra questi giovani che praticano sport organizzati, il 21% appartiene a famiglie con elevato livello culturale, il 44% con livello medio-alto, il 21,5% con livello medio-basso e il 13% con livello basso. Inoltre, più elevato è il livello culturale, maggiore è la propensione al cambiamento di disciplina e minore è l'età in cui si è avviati allo sport. In relazione alla tipologia della famiglia, i figli unici sono avviati in misura minore allo sport rispetto alle famiglie con più figli (19% *vs.* 76%). I fattori motivazionali generali sono analoghi a quelli descritti nelle indagini precedenti e mentre la dimensione successo/status è comune a tutto il campione, gli altri fattori si presentano in modo diverso in funzione del genere e dell'età, dell'area territoriale di residenza, del livello culturale della famiglia e dello sport praticato.

Tra i ragazzi sono prevalenti: la dimensione affiliativa (fare sport con gli amici, incontrare nuovi amici e divertirsi) tra i più giovani (9-11 anni), nelle fasce di età successive emergono come prioritari il desiderio di eccitamento e di provare entusiasmo (12-14 anni) e di raggiungere la forma fisica e di migliorare la competenza sportiva (15-18 anni). Tra le ragazze invece risultano rilevanti: la forma fisica/abilità tra le più giovani, i rinforzi estrinseci nell'età successiva e tra le più grandi la forma fisica e il piacere tratto dall'azione.

In relazione alla componente socioculturale è stato evidenziato che il fattore successo/status è più forte nei ragazzi e fra coloro che vivono in nuclei familiari residenti al sud, che hanno fratelli e i cui genitori sono di estrazione socioculturale mediobassa. Lo sport verrebbe così vissuto come mezzo per ottenere un riconoscimento di status sociale più elevato. Questo dato è particolarmente evidente quando si confrontano i giovani calciatori con coloro che praticano pallacanestro e pallavolo. Per i primi l'acquisizione di status, che consiste nell'essere popolare e famoso, è una componente fondamentale della loro motivazione mentre per gli altri due gruppi di giocatori è molto più incentivante la possibilità di svolgere attività di squadra. Inoltre, questi gruppi si differenziano anche in funzione del loro livello socioculturale: medio-basso nei calciatori e medio-alto nei pallavolisti e nei cestisti. Il desiderio di riscatto sociale ed economico porterebbe quindi i giovani a scegliere di praticare il calcio, lo sport più popolare nel nostro paese e che più di ogni altra disciplina può rappresentare un'opportunità di cambiamento significativo.

Differenze socioculturali si riscontrano anche in relazione alle cinque tipologie di atteggiamento verso lo sport che sono state identificate e che sono così composte.

1. Gli entusiasti: ritengono che lo sport porti al successo e alla fama, ma non discriminano sufficientemente tra le diverse ragioni che per loro sono tutte molto importanti, provengono da famiglie numerose, con livello culturale medio-basso che vivono nel Sud dell'Italia.

2. I bisognosi di socializzazione: praticano in prevalenza giochi di squadra, vengono da famiglie con livello culturale medio-alto che vivono al centro-nord.

3. I competitivi: considerano la vittoria e l'agonismo come espressione importante dell'autorealizzazione, solo secondariamente sono valutate come mezzo per il conseguimento di un più elevato status sociale, si tratta di una tipologia trasversale, indipendente da tutte le variabili socioculturali considerate.

4. Gli individualisti: non sono interessati alla socializzazione, ma ricercano nello sport una soddisfazione a obiettivi personali (migliorare il fisico, migliorare le abilità e spendere energia).

5. Gli anticompetitivi: attribuiscono scarsa importanza agli aspetti connessi alla competizione e al piacere tratto dall'azione sportiva; le ragazze mostrano bisogno di rinforzi estrinseci diretti (sostegno dei genitori, dell'allenatore e degli amici) e i ragazzi richiedono il sostegno della squadra; provengono da famiglie con livello culturale medio-alto e vivono prevalentemente al nord.

I risultati delle indagini sin qui illustrate confermano che per tracciare un quadro motivazionale preciso è necessario conoscere le caratteristiche socioculturali del campione che s'intende studiare. Infatti, è emerso che sulla motivazione individuale pesano anche fattori di carattere non strettamente psicologico, ma derivati dalla cultura di provenienza, dalla razza, dalla tipologia familiare e dall'area geografica di residenza.

Le ricerche non sempre si sono poste questo obiettivo ed è per questo motivo che pur se è stata identificata una serie di fattori motivazionali che determinano il coinvolgimento sportivo dei giovani, la loro generalizzazione a popolazioni giovanili provenienti da contesti socioculturali differenti dovrà essere ulteriormente verificata.

2. La motivazione alla riuscita

Gli studi sinora descritti hanno seguito un percorso di tipo induttivo, che ha consentito di formulare delle generalizzazioni derivate dai risultati empirici. Un ulteriore sviluppo della conoscenza relativa alla motivazione allo sport deriva da quegli autori che hanno adottato una strategia di tipo ipotetico-deduttivo, tesa quindi a verificare la validità di uno specifico modello. Ispiratori di questo diverso approccio in psicologia dello sport sono stati gli studi ormai divenuti classici di Murray, McClelland e Atkinson. Nel modello formulato da questi autori la motivazione è definita in termini di motivazione alla riuscita e motivazione a evitare l'insuccesso. In particolare, la prima deriva dall'interazione di tre fattori: 1) la forza dell'orientamento individuale al successo; 2) la probabilità percepita di avere successo; 3) il valore incentivante del successo. La motivazione a evitare l'insuccesso deriva anch'essa dall'interazione fra tre fattori, che sono però di segno opposto rispetto a quelli appena riportati: 1) la forza dell'orientamento individuale a evitare o ritardare l'entrata in compiti di riuscita; 2) la probabilità percepita d'insuccesso; 3) il significato attribuito all'insuccesso. Inoltre, McClelland riteneva che questi stati motivazionali interagissero con gli stimoli ambientali, favorendo l'espressione di stati affettivi di orgoglio o di vergogna dell'individuo, che a loro volta determinano comportamenti di approccio o di evitamento [Thill 1989].

Servendosi di questa teoria sono state condotte un certo numero d'indagini. I risultati ottenuti mostrano che quando si è voluto verificare se gli atleti si differenziano dai non atleti per un livello più elevato di motivazione alla riuscita fra questi due gruppi non emergono differenze significative [Alderman 1974].

Risultati più coerenti con questo modello sono stati trovati quando all'interno di gruppi di atleti si è studiata l'interazione fra motivazione alla riuscita e desiderio di evitare l'insuccesso. Infatti, è stato evidenziato che gli sportivi di sesso maschile, che manifestano un elevato desiderio di successo e una scarsa paura dell'insuccesso presentano un più elevato livello di abilità durante la competizione. Al contrario, gli atleti che esprimono una limitata tendenza al successo e una forte paura dell'insuccesso, forniscono le loro prestazioni migliori in allenamento. Inoltre, risultati coerenti con questi ultimi sono stati evidenziati attraverso l'analisi congiunta delle motivazioni a evitare l'insuccesso e a ricercare il successo. Sulla base del livello alto o basso di queste due dimensioni motivazionali sono stati costituiti quattro gruppi. È emerso che il gruppo positivamente motivato (elevata motivazione al successo e bassa ad evitare l'insuccesso) ha fornito prestazioni migliori, rispetto al gruppo indifferente (bassa motivazione al successo e bassa a evitare l'insuccesso), in tre diverse prestazioni. Il gruppo ansioso (bassa aspettativa di successo ed elevata tendenza a evitare l'insuccesso) ha fornito prestazioni migliori rispetto al gruppo indifferente. Quest'ultimo risultato non è previsto dal modello di Atkinson, che suggerisce invece che i soggetti ansiosi sono quelli che dovrebbero fornire le prestazioni peggiori. Queste conclusioni sono in accordo con altri dati che hanno mostrato che l'associazione di un livello intenso di paura dell'insuccesso con un desiderio elevato di successo può favorire prestazioni positive. Ciò potrebbe venire interpretato in termini di abilità del soggetto a servirsi in modo efficace di processi di autoregolazione, che gli permetterebbero di interpretare l'ansia avvertita prima della gara in termini positivi per la competizione.

Globalmente, l'approccio proposto da McClelland e Atkinson, anche se non ha prodotto in psicologia dello sport un numero notevole di ricerche, ha evidenziato che gli atleti che mostrano un elevato desiderio di successo forniscono prestazioni migliori rispetto a coloro che mostrano una bassa attesa di successo.

Questo approccio allo studio della motivazione è stato criticato per l'eccessiva enfasi posta sull'importanza della personalità, intesa come forza relativamente stabile determinante le caratteristiche motivazionali. Al contrario, la psicologia cognitiva sostiene che le variazioni comportamentali nello sport e nell'attività fisica sono meglio spiegate da modelli che incorporano le cognizioni e le credenze dell'individuo. Pertanto, sulla base di questo approccio sono emersi nuovi modelli teorici, che hanno consentito di riformulare gli studi sulla motivazione alla riuscita.

2.1. I nuovi modelli motivazionali

Un contributo significativo allo studio della motivazione è quello che si riferisce a quegli autori [Dweck 1986; Maehr 1989; Nicholls 1992] che, nell'indagare sulla motivazione alla riuscita, hanno analizzato come questa varia non solo in funzione delle caratteristiche individuali, ma anche di quelle situazionali. Infatti, la motivazione non può dipendere soltanto dalla personalità del soggetto, in quanto anche altri fattori intervengono nell'influenzarla. Ad esempio, per un individuo il senso di riuscita può essere definito in termini di realizzazione di prestazioni in cui esprime al massimo livello le sue competenze sportive, mentre per un altro questo deriva dall'emergere vincente dal confronto con gli altri. Questa differenziazione del concetto di riuscita conferma l'ipotesi che per successo non si deve intendere solo il raggiungimento della vittoria, ma che altre interpretazioni sono possibili e devono essere considerate.

Questo approccio cognitivo-sociale postula l'esistenza di due tipi di obiettivi operanti in contesti di riuscita. Nicholls suggerisce che questi obiettivi formino due dimensioni indipendenti e siano correlati a come un individuo costruisce il suo livello di competenza in una determinata situazione. Ha identificato l'esistenza di due orientamenti motivazionali specifici, definibili in termini di orientamento al compito e di orientamento al Sé. Trattandosi di dimensioni indipendenti e non di due estremi posti lungo un continuum, gli individui possono essere estremamente orientati al compito e al Sé, bassi in ambedue le dimensioni o orientati solo nei confronti di una di queste dimensioni.

Quando il comportamento di un giovane è orientato al compito, è teso a mostrare un certo grado di competenza o di padronanza. In questa condizione è per lui prioritario il confronto con se stesso e la percezione che il soggetto ha della sua competenza sportiva dipende dai progressi realizzati in quell'attività. La domanda più importante che si pone un individuo che ha scelto questo tipo di obiettivo è: «Come posso imparare nel modo migliore questa abilità o padroneggiare questo compito?».

Un atleta orientato al Sé è invece impegnato nel dimostrare il suo livello di abilità in relazione agli altri e ciò avviene tramite il confronto sociale. In questo secondo caso, il livello di maestria raggiunto non è sufficiente all'individuo per sentirsi soddisfatto del proprio livello di abilità. Il sentimento di riuscita si manifesta solo se per lui è favorevole il confronto con gli altri e la competizione sportiva costituisce l'occasione per poter effettuare questo confronto.

Utilizzando lo stesso approccio, Ames ha indagato sul ruolo del contesto sociale nel favorire l'emergere di un determinato orientamento motivazionale [Ames 1984]. Ha adottato un approccio che nuovamente distingue fra due orientamenti motivazionali: obiettivi di padronanza e obiettivi di abilità. Il primo tipo di obiettivi si riferisce al desiderio di sentirsi valutati come competenti e, in tal modo, l'individuo s'impegna nel fornire ottime prestazioni, nel superare gli altri e nell'aver successo con il minimo sforzo. Nel secondo caso, l'obiettivo consiste nello sviluppare e migliorare specifiche abilità e il suo raggiungimento è dipendente dalla quantità e dalla qualità dell'impegno. Il lavoro di Ames si è quindi focalizzato principalmente su come il contesto sociale influenzi l'autovalutazione e la scelta di un tipo di obiettivo rispetto all'altro. È stato evidenziato che i rinforzi che sottolineano la qualità dell'impegno e della prestazione fornita stimolano l'emergere di un orientamento motivazionale orientato al compito, mentre rinforzi basati sui risultati della competizione favoriscono comportamenti orientati al Sé. Infine, rinforzi tesi a premiare azioni di tipo cooperativo stimolano nei giovani l'affermazione di un codice morale positivo.

La rilevanza del contesto sociale è comunque unanimemente riconosciuta da questi autori, che hanno rilevato come l'orientamento motivazionale è determinato dall'interazione tra i fattori situazionali e la disposizione individuale a scegliere fra i differenti tipi di orientamento. Infatti, la motivazione dei giovani non è solo influenzata dai rinforzi forniti dagli adulti, ma anche dal modo in cui l'ambiente è strutturato. Le gare che si caratterizzano come situazioni di confronto interpersonale, di valutazione pubblica e di feedback normativo, favoriscono l'emergere di un orientamento al Sé o alla prestazione. I contesti che, invece, evidenziano l'importanza dell'apprendimento e del mostrare un certo grado di maestria stimoleranno maggiormente l'affermarsi di un orientamento al compito o all'apprendimento. Ovviamente, pur se è stata evidenziata la rilevanza del contesto sociale nel quale il giovane agisce, sono ugualmente presenti differenze individuali che favoriscono l'assunzione di specifici orientamenti motivazionali, dipendenti a loro volta dalle esperienze di socializzazione condotte nell'infanzia.

In funzione della scelta dell'orientamento motivazionale è possibile definire alcune caratteristiche che distinguono coloro che scelgono un approccio orientato al compito o orientato al Sé [Duda 1992]. Specificamente, gli individui orientati al compito scelgono compiti con un livello moderato di sfida, s'impegnano in modo significativo, sono motivati intrinsecamente all'attività anche dopo un insuccesso e interpretano il risultato positivo/negativo delle loro prestazioni in termini d'impegno sufficiente/insufficiente. I soggetti orientati al Sé mostrano un quadro analogo solo se hanno fiducia nelle loro abilità. Quando l'orientamento al Sé si accompagna, invece, ad una percezione di ridotta autostima è probabile che questa condizione determini la scelta di obiettivi facili da ottenere, cosicché il soggetto avrà la certezza di raggiungere il risultato desiderato. Nel caso in cui debba affrontare compiti che considera difficili e in cui pensa di non aver successo, tenderà a ridurre l'impegno e a svalutare l'importanza del compito, in tal modo un risultato insufficiente non determinerà una ulteriore riduzione della fiducia in se stesso.

2.2. Orientamento al compito e al Sé nello sport

Molte sono le ragioni che determinano il coinvolgimento sportivo dei giovani ed è stato evidenziato che gli atleti fortemente orientati al Sé fanno sport per motivi più strettamente connessi al desiderio di competere, di ricevere riconoscimenti positivi e per ragioni collegate all'acquisizione di status sociale, mentre i motivi correlati al bisogno di affiliazione o che sottolineano l'importanza dell'appartenere a una squadra vengono messi in secondo piano. I soggetti che sono invece orientati al compito sottolineano maggiormente le ragioni connesse alla forma fisica e allo sviluppo delle abilità sportive.

Per quanto riguarda il modo in cui gli atleti interpretano i risultati delle loro prestazioni Nicholls e Duda hanno replicato le ricerche svolte da Nicholls e colleghi in ambito scolastico [per una rassegna dettagliata di questi lavori vedi Nicholls 1992]. Globalmente, da queste indagini è emerso che gli studenti orientati al compito ritengono che il successo scolastico sia determinato dal lavorare con molto impegno, dalla cooperazione, dall'essere interessati all'attività che si sta svolgendo e dal cercare di capire piuttosto che semplicemente memorizzare. Diversamente, gli allievi maggiormente orientati al Sé credono che il successo scolastico sia favorito dall'essere intelligenti e brillanti, dal superare gli altri studenti e dal sapere come impressionare positivamente gli insegnanti. In ambito sportivo è stato trovato che gli atleti orientati al compito ritengono che il successo nello sport sia dovuto a fattori motivazionali e all'impegno individuale e collettivo. Inoltre, l'orientamento al compito è correlato negativamente al desiderio di barare e di voler fornire un'immagine di sé migliore di quella reale. Gli atleti orientati al Sé, invece, ritengono che il successo sia determinato dal proprio livello di abilità e dal talento posseduto. Questi dati sono stati confermati anche con atleti di livello internazionale, sciatori, che comunque hanno articolato in maniera più ampia le ragioni a cui attribuiscono il risultato delle loro prestazioni [Duda 1993]. Infatti, gli atleti orientati al Sé attribuiscono maggior importanza all'abilità, ai fattori esterni (ad esempio, avere il materiale giusto per quella neve) e al vantaggio fornito dall'uso di sostanze illecite (ad esempio, gli atleti vincono se si dopano). Gli sciatori maggiormente orientati al compito attribuiscono maggior peso al grado di competenza, all'intensità dell'impegno e all'allenamento.

In sintesi, emerge che indipendentemente dal tipo di orientamento motivazionale gli atleti di alto livello attribuiscono notevole importanza alla loro competenza e che coloro che sono orientati al Sé sembrano trascurare l'importanza dell'impegno. Questi dati confermano l'idea secondo cui le credenze degli atleti su quali siano i fattori che favoriscono il successo variano in funzione dell'orientamento motivazionale individuale.

Un altro aspetto motivazionale che è stato preso in considerazione riguarda la relazione fra questo approccio basato sugli obiettivi e la motivazione intrinseca. Con quest'ultimo concetto viene identificata quella spinta interiore che sostiene il desiderio di far bene e l'impegno in un'attività dalla quale si trae soddisfazione per ciò che si fa e per come la si fa [Deci 1975]. È stata ipotizzata una relazione positiva fra orientamento al compito e motivazione intrinseca e una negativa fra quest'ultima dimensione e l'orientamento al Sé. Gli individui nella prima condizione traggono soddisfazione dallo svolgimento della loro prestazione, che viene vissuta come un fine valido in se stesso. Per loro, infatti, hanno maggior rilevanza le caratteristiche intrinseche dell'attività sportiva (impegno intenso e l'essere pronti a soddisfare le richieste del compito) piuttosto che quelle estrinseche (riconoscimenti esterni e risultato finale). Al contrario, gli individui orientati al Sé vivono l'attività sportiva come un mezzo per raggiungere un fine, che è di dimostrare la loro superiorità sugli avversari e considerano di minore importanza i fattori connessi alla prestazione e riguardanti la padronanza del compito.

A conferma di quanto detto è stata evidenziata una relazione positiva fra orientamento al compito e tendenza a percepire lo sport come divertente, interessante e stimolante l'impegno personale. Al contrario l'orientamento al Sé determina una riduzione dell'interesse intrinseco e del piacere tratto dall'attività sportiva [Duda e Nicholls 1992].

Sinora è stato visto che l'orientamento al compito sostiene l'impegno dell'atleta e favorisce il mantenimento della motivazione intrinseca. Ci si trova così di fronte ad atleti che sono interessati al programma che svolgono e che s'impegnano nel migliorare le loro abilità. Il perdurare nel tempo di questa condizione determina un effetto positivo sullo sviluppo delle abilità e sulla percezione soggettiva di competenza: il giovane è impegnato a migliorare e diventa consapevole del suo miglioramento, riconoscendo che questo deriva dagli obiettivi del programma e dalla costanza del suo impegno.

Per verificare la validità di questa impostazione sono stati condotti studi sul campo. Questo tipo d'indagini è innovativo in quanto, per studiare la relazione fra orientamento al compito e competenza, è stato necessario intervenire direttamente sugli obiettivi del programma di allenamento per avere la certezza che fossero orientati in tal senso e non ponessero invece un'enfasi eccessiva sul risultato delle gare. Un esempio di questo approccio è quello fornito da Burton [1989] che ha studiato per un periodo di cinque mesi in un gruppo di nuotatori l'effetto di un programma di scelta degli obiettivi sulla percezione di competenza, percezione di successo e successo oggettivo. Il programma incoraggiava gli atleti a scegliere obiettivi di prestazione (miglioramento dei tempi, della tecnica e delle abilità) e a ridurre il valore attribuito ai risultati delle gare. I nuotatori che hanno partecipato a questo programma, rispetto a quelli che hanno seguito quello tradizionale, hanno dimostrato una più elevata percezione di competenza e al termine delle competizioni avvertivano un maggior senso di successo. I nuotatori che avevano definito con maggior accuratezza i loro obiettivi in relazione al compito, avevano fornito anche le prestazioni migliori in termini di tempi e risultati, rispetto a coloro che avevano definito in modo peggiore gli obiettivi e al gruppo che aveva seguito il programma tradizionale.

In conclusione, si conferma che l'introduzione del modello di orientamento motivazionale ha consentito di verificare che lo sviluppo della percezione di competenza e della motivazione intrinseca sono favorite da obiettivi orientati al compito e che questi sono determinati non solo da disposizioni individuali, ma anche dalle caratteristiche del contesto nel quale il giovane agisce. I due successivi paragrafi dedicati proprio alla motivazione alla competenza e alla motivazione intriseca completeranno il quadro relativo ai fattori che permettono la persistenza nel tempo dell'impegno sportivo.

3. La motivazione alla competenza

Se la teoria riguardante l'orientamento motivazionale affronta la questione della competenza in funzione di come questa viene identificata tramite la scelta di obiettivi orientati al compito o al Sé, la teoria di Harter [1978; 1985] indaga su questo stesso tema studiando come le valutazioni individuali sul proprio livello di competenza influenzano le prestazioni. Già venti anni prima White [1959] sosteneva che la motivazione alla competenza era il principale elemento determinante la condotta umana. Secondo questo autore le attività umane sono motivate dal produrre un effetto che: 1) determini trasformazioni nell'ambiente; 2) evidenzi il grado di padronanza personale; 3) sviluppi il senso di competenza. Il sentimento di efficacia personale viene in tal modo costruito attraverso una continua messa alla prova delle proprie capacità e mano a mano che queste si affermano e si stabilizzano, il soggetto si pone ulteriori obiettivi che lo metteranno nuovamente alla prova. Uno dei limiti del modello di White è che evidenzia esclusivamente i tentativi riusciti, al contrario, Harter include nel suo approccio anche l'analisi degli insuccessi (cfr. fig. 1.1). Inoltre, questa teoria evidenzia che le risposte fornite dagli agenti socializzanti ai tentativi di padronanza messi in atto dai bambini, unitamente ai risultati ottenuti, svolgono un ruolo determinante sulla percezione di competenza dei bambini, sui sentimenti sperimentati durante le attività e sull'orientamento motivazionale. Ed è proprio nell'analisi del ruolo degli agenti sociali o altri significativi che si evidenzia il suo principale contributo, che insiste particolarmente sulla funzione dei rinforzi positivi e sulla dipendenza dei bambini da parte del mondo adulto.

Harter, esaminando tre livelli di successo (elevato, medio e basso) e tre tipi di rinforzo verbale (incoraggiamento, svalutazione e assenza di commento), ha studiato gli effetti di queste condizioni e della loro combinazione sulla valutazione del bambino, della sua prestazione e sulle sue aspettative. Dai risultati è emerso che nei bambini di 6 anni il giudizio è completamente dipendente dal sistema di approvazione sociale, mentre il risultato oggettivo della prestazione non ha alcuna rilevanza. I bambini di 10 anni, invece, fanno riferimento ai loro successi oggettivi per formulare dei giudizi personali e valutano gli insuccessi a partire dal feedback degli adulti. Il gruppo dei bambini più grandi sembra così aver interiorizzato delle regole che gli consentono di servirsi di standard interni per la valutazione dei successi. Harter sostiene la tesi secondo cui i bambini diventano capaci d'interiorizzare dei sistemi critici di valutazione se hanno ricevuto, sin dalla prima infanzia, rinforzi positivi dagli adulti e tali da stimolarli nel proseguire nei loro tentativi di padronanza e di ampliamento del loro raggio d'azione. Per valutare la percezione di competenza è stata costruita una scala che esamina cinque caratteristiche: la competenza scolastica, l'accettazione sociale, la competenza sportiva, l'aspetto fisico, la condotta comportamentale e l'autostima globale. Questo modello

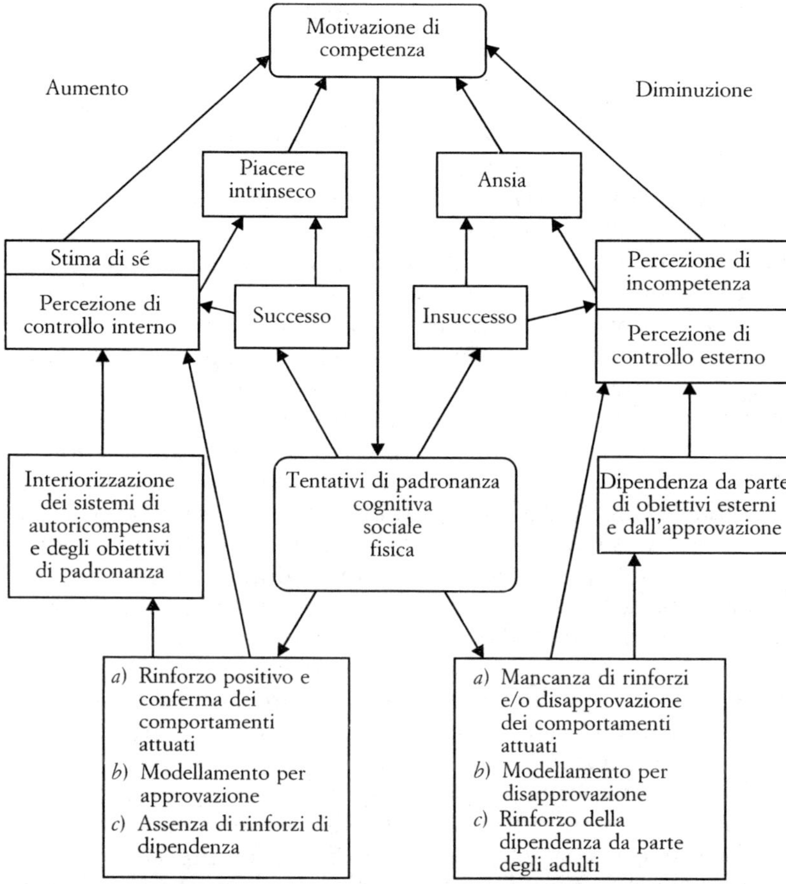

FIG. 1.1. Modello genetico di Harter [1978] relativo alla competenza e alle sue principali componenti.

si è rilevato particolarmente adeguato al contesto sportivo sia in quanto, al suo interno, comprende la valutazione delle competenze sportive e sia perché l'esame di questa specifica area è posta in relazione alle altre principali aree di competenza del bambino e all'autostima globale.

3.1. Criteri di valutazione interni/esterni e competenza percepita

Nonostante queste considerazioni e l'importanza che viene riconosciuta al ruolo degli allenatori, poche indagini hanno studiato l'influenza di questa specifica figura sulla percezione di abilità dei giovani [Weiss e Chaumenton 1992]. Queste ricerche hanno indagato in che misura i feedback forniti dagli allenatori influenzano la percezione di abilità e la prestazione sportiva in giovani adolescenti. Dai risultati è emerso che: *a*) i giovani preferiscono ricevere rinforzi che li incoraggiano e che forniscono istruzioni tecniche su come migliorare e *b*) i messaggi di questo tipo stimolano la percezione di competenza. Al contrario, al termine di azioni positive, rinforzi positivi di carattere generale e non specifici, così come l'assenza di rinforzi, stimolano l'affermarsi di una ridotta percezione di competenza. Queste prime indagini mostrano che i giovani non desiderano solo ricevere rinforzi positivi generali, ma richiedono all'allenatore informazioni specifiche riguardanti le loro azioni. Ciò è anche confermato da altre ricerche che hanno indagato su quali sono i comportamenti degli allenatori preferiti dai giovani. Si evidenzia che sono tutti quelli relativi all'espressione di: istruzioni tecniche, rinforzi specifici e incoraggiamento generale, istruzioni tecniche dopo un errore e quelli che servono a mantenere la disciplina nel gruppo.

L'età rappresenta un'altra variabile che influenza come i giovani percepiscono il loro livello di competenza. Come è stato visto in precedenza il modello di Harter prevede che, per mezzo dello sviluppo di un livello elevato di percezione di competenza e di fiducia nelle proprie abilità, i bambini interiorizzino degli obiettivi di prestazione e degli standard di riuscita di cui servirsi per valutare le loro prestazioni. All'estremo opposto si trovano quei bambini che, non avendo interiorizzato dei sistemi interni di valutazione, dipendono dal giudizio esterno e mostrano uno scarso livello di percezione di competenza. Questa ipotesi è stata confermata in una ricerca condotta su giovani calciatori [Horn e Hasbrook 1987]. È stato infatti evidenziato che i giovani di 10-14 anni che si attribuiscono livelli elevati di competenza e di controllo interno delle proprie prestazioni, utilizzano come fonte preferita d'informazione il confronto con gli altri compagni e criteri personali. Diversamente coloro che si attribuiscono uno scarso livello di competenza e che presentano un elevato controllo esterno, per valutare la loro prestazione si servono di criteri esterni, quali sono i feedback dell'allenatore e quelli dei genitori. È da notare come questa relazione fra percezione di competenza e sistema di controllo esterno o interno della prestazione non sia presente nelle età precedenti. Ciò confermerebbe che l'interiorizzazione degli standard di riuscita e il loro conseguente utilizzo da parte del giovane può avvenire solo ad un determinato stadio dello sviluppo cognitivo.

Una ulteriore conferma di questo rapporto positivo fra percezione di competenza e interiorizzazione di parametri interni di riuscita viene fornita da altre indagine condotte da Weiss e colleghi [Weiss e Horn 1990]. È emerso che i giovani sportivi con un elevato livello di percezione di competenza, attribuivano la loro competenza fisica e il successo interpersonale a dimensioni interne, stabili e con un elevato gradiente di controllo personale, rispetto a coloro con un più basso livello di percezione di competenza. Mentre nel valutare la propria prestazione quest'ultimo gruppo attribuisce maggior rilevanza al controllo esterno e si mostra più estrinsecamente motivato.

È stato anche evidenziato che gli atleti che praticano in maniera regolare l'attività sportiva si percepiscono più competenti dal punto di vista fisico rispetto ai praticanti occasionali [Feltz e Petlichkoff 1983]. Infine, il tipo di competenza percepita (ad esempio, fisica o sociale) sembra essere influenzato dalle motivazioni che determinano il coinvolgimento sportivo. Coloro che hanno un livello elevato di percezione di competenza fisica, ritengono che il loro coinvolgimento sia determinato dal desiderio d'imparare e migliorare le abilità sportive e da quelle ragioni che sono connesse alla competizione (piacere di confrontarsi con gli altri, fornire prestazioni di alto livello, esprimersi al massimo delle proprie possibilità). Mentre i giovani che mostrano un livello elevato di competenze sociali vivono lo sport come un mezzo per soddisfare il loro bisogno di affiliazione (andare con gli amici e farsi nuovi amici).

3.2. La motivazione intrinseca ed estrinseca

Sinora è stato visto che il modello di Nicholls consente di spiegare come la percezione di competenza si costruisce attraverso una prospettiva motivazionale orientata al compito o al Sé e che il modello di Harter descrive come la percezione di competenza influenza la scelta delle attività e la persistenza, altri autori hanno invece indagato sull'impatto esercitato dagli aspetti ambientali sulla percezione di competenza. Si tratta di quell'area d'indagine che ha analizzato l'influenza degli avvenimenti esterni sulla motivazione intrinseca e che è stata chiamata teoria della valutazione cognitiva [Deci 1975; Frederick e Ryan 1995]. Secondo questo modello la motivazione intrinseca è espressione dei bisogni e dei desideri dell'individuo e stimola quei comportamenti che permettono di sentirsi competenti e autodeterminanti nei confronti dell'ambiente circostante. Questo tipo di motivazione è parte integrante di ogni situazione di apprendimento, specialmente quando si apprende per il piacere di conoscere e non per ricevere lodi dal proprio insegnante. Infatti, questo comportamento intrinsecamente motivato è alimentato dai rinforzi positivi che il soggetto fornisce a se stesso durante lo svolgimento dell'attività. Questa attività spontanea si manifesta nel gioco, nell'esplorazione e nell'interesse spontaneo verso le novità ed è presente in tutte le fasi della vita di un individuo.

I principi base della teoria della valutazione cognitiva sono così riassumibili.

• Le attività intrinsecamente motivate sono fondamentalmente autonome e autodeterminate. Ciò significa che ogni tipo d'intervento esterno, volto a ridurre nell'individuo la percezione di essere autodeterminato, tende a incidere negativamente sulla motivazione intrinseca. È il caso, ad esempio, di quando si compie un'azione solo per ricevere un premio, in questa situazione l'individuo non agisce perché motivato dal piacere che gli procura l'attività in cui è impegnato ma la percepisce solo come un mezzo per ricevere un determinato riconoscimento. Pertanto, i rinforzi esterni che incoraggiano l'atleta ad attribuire la sua partecipazione a cause esterne possono ridurre la sua motivazione intrinseca, che viene invece sviluppata da interventi esterni che stimolano l'affermarsi di una percezione di controllo interno. In termini pratici, un allenatore non dovrebbe servirsi di rinforzi che dall'atleta possono essere percepiti come più importanti della stessa partecipazione sportiva.

• La percezione di competenza e l'eccitamento derivato dalle situazioni di sfida sono fattori che sostengono la motivazione intrinseca. Sulla base di questi bisogni i feedback che stimolano la percezione di efficacia aumenteranno la motivazione intrinseca, mentre risultato opposto avranno quei rinforzi che tendono a ridurre il senso di efficacia personale. In particolare, i giovani che si attribuiscono la responsabilità delle proprie azioni sono motivati a manifestare le loro abilità e nel contempo a sfruttare le informazioni provenienti dall'esterno, al fine di confermare e/o migliorare la loro competenza e richiedono feedback sulle loro prestazioni che sviluppino ulteriormente questo controllo interno.

• L'impatto motivazionale dei feedback, dei rinforzi materiali o simbolici e di ogni altro tipo di comunicazione rilevante fra l'allenatore e l'atleta dipende nella sostanza dal significato di questi messaggi. Infatti, queste comunicazioni possono essere percepite a elevato valore informativo (come input rilevanti per aumentare il senso di efficacia individuale), controllanti (come tentativi di controllare e dirigere la prestazione o il comportamento) o demotivanti (come stimolanti la percezione di non essere aiutati). Secondo quanto previsto da questo modello solo la comunicazione informativa stimola la motivazione intrinseca, mentre le altre due forme tendono a ridurla, influenzando negativamente la percezione di competenza e il sentimento di autodeterminazione.

Inoltre, sulla base della formulazione della teoria di Nicholls, che descrive due tipi di motivazione alla riuscita, è stato suggerito che l'orientamento al compito favorisce l'incremento della motivazione intrinseca mentre l'orientamento al Sé ne provoca la riduzione. Queste predizioni sono coerenti con quanto previsto dalla teoria sulla motivazione intrinseca, secondo cui il coinvolgimento sul Sé prevale quando il benessere dell'individuo dipende prevalentemente dal risultato della sua prestazione. Al contrario, quando un soggetto è orientato al compito, l'attività svolta viene vissuta come un mezzo per raggiungere obiettivi personali non obbligatoriamente connessi al risultato della prestazione e con più probabilità sarà fonte di piacere e di divertimento. Gli esperimenti di laboratorio e quelli condotti in ambito scolastico hanno confermato queste ipotesi, mostrando una riduzione significativa dell'interesse intrinseco a svolgere compiti cognitivi quando i soggetti venivano posti in situazioni di competizione o di valutazione.

In ambito sportivo le indagini svolte confermano che l'orientamento al compito incrementa la motivazione intrinseca allo sport, mentre l'orientamento al Sé può determinare una riduzione dell'interesse intrinseco. Boyd [1990] ha anche studiato l'influenza esercitata sulla motivazione dal risultato della prestazione. È emerso che i giocatori molto orientati al Sé traevano meno piacere dal gioco rispetto ai giocatori poco orientati al Sé e ciò indipendentemente dal risultato della partita. Inoltre, i giocatori molto orientati al Sé che avevano perso la partita erano meno soddisfatti di quelli che mostravano lo stesso orientamento motivazionale ma che avevano vinto. Il risultato dell'incontro non influenzava invece il grado di soddisfazione dei giocatori poco orientati al Sé.

3.3. Motivazione intrinseca e contesto socioculturale

Lo sviluppo della motivazione intrinseca ed estrinseca è anche influenzato da fattori sociali e culturali propri della società in cui i giovani sono inseriti. Ciò è ben esemplificato quando si confrontano i risultati di ricerche condotte su giovani australiani e statunitensi. Gould e Horn [1984] hanno trovato che migliorare le abilità sportive, divertirsi, stare con gli amici, avere una buona forma fisica e raggiungere il successo in modo socialmente positivo sono le ragioni principali che determinano il coinvolgimento sportivo dei giovani nordamericani. Questi stessi diventando adolescenti e aumentando anche la componente agonistica dello sport spostano il loro asse motivazionale anche verso un certo numero di ragioni estrinseche, fra cui emergono quelle collegate all'acquisizione di status sociale. Al contrario, nei giovani australiani con il crescere dell'età si manifesta il fenomeno opposto. Longhurst e Spink [1987] hanno trovato che i bambini attribuivano maggior rilevanza a ragioni estrinseche e motivi sociali rispetto a quelli di età maggiore, mentre gli adolescenti australiani praticano sport per motivi intrinseci, quali sono quelli connessi all'apprendimento e al miglioramento delle abilità, al raggiungimento della forma fisica, al gareggiare e all'affrontare le sfide. Un ulteriore supporto all'ipotesi che gli adolescenti australiani sono meno motivati estrinsecamente rispetto ai loro coetanei nordamericani viene da una ricerca condotta da Watkin e Youngen [1988]. Dai risultati è emerso che i giovani nordamericani sono più orientati alla vittoria e al miglioramento del loro status mentre gli australiani praticano sport per avere l'opportunità di sviluppare e migliorare le loro abilità. Queste differenze nell'orientamento motivazionale possono essere dovute sia al più forte orientamento al successo della cultura americana rispetto a quella australiana sia alla presenza di rinforzi positivi esterni. A quest'ultima categoria appartengono, infatti, le borse di studio dei college nordamericani, che offrono agli atleti numerosi benefici, non solo di carattere economico, in cambio del successo sportivo. È stato evidenziato [Clews e Gross 1995] che in termini globali le borse di studio riducono la motivazione intrinseca degli atleti, ma da un'analisi più attenta emergono risultati differenziati correlati allo sport praticato e all'atteggiamento dell'allenatore. Si è rilevato che i lottatori e le ragazze di qualsiasi disciplina possessori di borse di studio erano più intrinsecamente motivati rispetto agli atleti che non ne usufruivano. Al contrario, i giocatori di football americano che avevano ricevuto una borsa di studio apparivano meno motivati rispetto ai giocatori che non ne usufruivano. In accordo con la teoria della motivazione intrinseca sono state proposte due possibili spiegazioni: *a*) generalmente tutti i buoni giocatori di football ricevono una borsa di studio e questo rinforzo non rappresenta un'informazione particolarmente positiva sul loro grado di competenza, in quanto solo i giocatori scarsi ne sono esclusi; *b*) al contrario solo i lottatori e le atlete di alto livello ricevono questo supporto, che, in tal modo, rappresenta un modo per premiare la loro competenza. Inoltre, è stato notato che gli allenatori di football, rispetto a quelli di altri sport, utilizzano le borse di studio per controllare gli atleti e ciò può determinare una riduzione della motivazione intrinseca. Al contrario, in Australia, vi è un numero relativamente ridotto di borse di studio e, pertanto, gli atleti che ricevono questo riconoscimento lo valutano come un'informazione positiva riguardante la loro competenza sportiva e, in tal modo, ne viene rinforzata la loro motivazione intrinseca.

4. La teoria dell'attribuzione

Normalmente ogni individuo interpreta ciò che avviene a sé o nell'ambiente circostante in termini di relazioni causali, fornendo così spiegazioni che danno un senso agli eventi e il concetto di attribuzione causale viene spesso usato per descrivere questo processo mentale. Infatti, gli individui fanno attribuzioni in quanto sono predisposti a predire e interpretare sia le proprie azioni sia quelle degli altri. La teoria dell'attribuzione ha consentito di studiare in maniera sistematica sia i processi coinvolti in questa attività di assegnazione di causalità sia le conseguenze che ne derivano. Heider [1958] può esserne considerato il fondatore e ancor oggi molti dei contributi più recenti derivano dalle idee di questo autore. Ha sviluppato in modo dettagliato la sua teoria nel libro intitolato *Psicologia delle relazioni interpersonali* pubblicato nel 1958, con l'obiettivo di proporre un modello di analisi dei bisogni dell'uomo comune. A questo riguardo formulò tre principi generali: 1) per comprendere il comportamento degli altri è necessario capire come essi percepiscono e descrivono il loro ambiente sociale; 2) gli individui ricercano un ambiente stabile e prevedibile che permetta loro di controllare il loro ambiente e di anticiparne le reazioni; 3) i processi che determinano la percezione degli oggetti e delle persone sono simili e per comprendere il comportamento devono essere prese in considerazione le qualità disposizionali individuali. Conseguentemente, il comportamento è frutto di due tipi di fattori, quelli relativi alla persona stessa e quelli inerenti all'ambiente. I fattori interni includono l'abilità e l'impegno, mentre quelli esterni comprendono la difficoltà del compito e la fortuna.

In psicologia dello sport, il modello attributivo che è stato maggiormente utilizzato è quello formulato da Weiner [1972], che ha identificato quattro elementi causali relativi ai comportamenti di riuscita: l'abilità, lo sforzo, la difficoltà del compito e la fortuna. Queste quattro cause di successo o insuccesso sono analizzate in funzione di due dimensioni causali: il *locus of control*, che definisce se le cause della prestazione sono interne o esterne all'individuo, e la stabilità, che definisce se le cause del comportamento sono relativamente stabili o instabili.

Da questo modello emerge che l'abilità e l'impegno sono variabili interne, mentre la difficoltà del compito e la fortuna

	Locus di causalità			
	interno		esterno	
	stabile	instabile	stabile	instabile
controllabile	impegno stabile	impegno instabile	impegno stabile degli altri	impegno instabile degli altri
Controllabilità				
incontrollabile	capacità	umore	facilità del compito	fortuna

FIG. 1.2. Modello dei processi attributivi.
Fonte: Weiner [1979].

sono variabili esterne. Nel contempo l'abilità e la difficoltà del compito rappresentano fattori stabili, mentre l'impegno e la fortuna sono fattori instabili. In seguito, Weiner [1979] ha introdotto nel suo modello una terza dimensione suddividendo il *locus of control* in *locus di causalità e locus di controllabilità* (cfr. fig. 1.2).

Con la prima dimensione ci si riferisce a una variabile analoga alla precedente formulazione di *locus of control*, identificando così se le cause sono esterne o interne. La controllabilità consente di determinare se l'individuo interpreta le cause in termini da lui più o meno controllabili. Inoltre, Weiner ha esteso questo modello a tre dimensioni allo studio della motivazione alla riuscita e delle emozioni. Sostiene così che la percezione di stabilità delle cause influenza le aspettative future di successo e agisce sul vissuto emotivo. Infatti, un individuo che non raggiunge gli obiettivi che si è prefissato e attribuisce tale risultato a cause stabili, anche nel futuro immediato si aspetterà di fallire. In caso di successo si svilupperà, invece, l'atteggiamento opposto. Un individuo che interpreta un insuccesso in termini di cause instabili, svilupperà aspettative positive in relazione alle sue prestazioni successive, mentre una persona che attribuisce sempre a cause instabili un suo successo, può sviluppare aspettative negative in relazione alle situazioni successive. Inoltre, l'attribuzione di un successo a cause interne incrementa l'autostima e l'interesse intrinseco verso quell'attività. Viceversa, l'attribuzione di un insuccesso a cause interne può influenzare negativamente la fiducia verso sé e favorire una riduzione volontaria del coinvolgimento per quel compito.

4.1. Le interpretazioni autoconservative

Il legame fra interpretazioni dei risultati, formulazione di nuove aspettative e prestazioni costituisce un processo in cui ogni individuo è costantemente immerso e le ricerche hanno permesso d'identificare alcune linee guida lungo cui si svolge quest'attività mentale.

È stato ipotizzato che le attribuzioni sono influenzate dalla tendenza a fornire interpretazioni causali di tipo difensivo in seguito a insuccessi e a interpretare, invece, i successi in termini di abilità personale e d'impegno posto durante la prestazione. Allo scopo di preservare il proprio livello di autostima, gli individui valuterebbero così come interne le cause dei loro successi e come esterne le cause degli insuccessi, attribuendosi maggior responsabilità per le prestazioni positive rispetto a quelle negative. Una rassegna dei risultati delle ricerche condotte sui processi attributivi dei bambini ha evidenziato in modo netto l'esistenza di strategie autoconservative: il successo veniva attribuito con più frequenza all'abilità e all'impegno rispetto all'insuccesso, mentre quest'ultimo era attribuito con maggior frequenza alla difficoltà del compito [Whitley e Frieze 1985]. Questo è stato mostrato anche da altre indagini condotte su giovani adolescenti praticanti sport di squadra. I giocatori delle squadre perdenti erano critici verso il livello di abilità e l'impegno della loro squadra ma non interpretavano tali risultati come una dimostrazione di scarsa abilità individuale [Roberts 1975].

Altre rassegne, condotte non su una specifica fascia d'età, hanno globalmente confermato questo tipo di risultati, introducendo però ulteriori indicazioni. Infatti, Miller e Ross [1975] analizzando i lavori pubblicati sino all'inizio degli anni '70 hanno rilevato che dopo un successo sono prevalenti le attribuzioni interne, mentre in seguito a insuccessi le attribuzioni autoprotettive non sono altrettanto frequenti. Così pure da una rassegna più recente [Mullen e Riordan 1988], condotta su 22 studi effettuati in ambito sportivo, è emerso che le giustificazioni motivazionali tendenti a proteggere i livelli di autostima non svolgono un ruolo determinante negli sport individuali, mentre sono presenti nei praticanti sport di squadra.

È stato inoltre dimostrato che i risultati positivi, rispetto a quelli negativi, non solo sono attribuiti con maggior frequenza a cause interne, ma anche a cause stabili e controllabili. Infatti, in diversi gruppi di atleti è stato trovato che i vincitori, rispetto ai perdenti, attribuivano maggior importanza ai fattori interni e alla dimensione del controllo [McAuley e Gross 1983]. Analogamente, le affermazioni attributive relative alle vittorie apparse sui giornali registrano una maggior frequenza di fattori interni, stabili e controllabili [Watkins 1986]. Infine, una ricerca condotta su allenatori, atleti e spettatori non ha evidenziato differenze in funzione del ruolo di ciascun gruppo analizzato, ma ha anch'essa rilevato che le differenze di attribuzione variavano in funzione del risultato: la vittoria determinava attribuzioni più stabili e controllabili rispetto alla sconfitta [Grove, Hanrahan e McInman 1991].

4.2. Risultati oggettivi, percezioni individuali e abbandono sportivo

Un secondo aspetto che è stato affrontato, è quello dello studio di eventuali differenze attributive a seconda del riferirsi degli individui ai risultati oggettivi delle loro prestazioni o alla percezione soggettiva di successo. Infatti, non c'è sempre concordanza fra risultato assoluto e grado di soddisfazione personale. Perdere di misura contro un avversario nettamente più forte può essere considerato un successo, così come vincere di misura contro un avversario di molto inferiore può essere considerato al pari di una sconfitta. In generale, i successi chiaramente percepiti dovrebbero determinare attribuzioni interne, mentre risultati ambigui dovrebbero favorire attribuzioni esterne. Un punto di riferimento per lo studio di questa problematica è rappresentato da una ricerca spesso riportata come esempio di indagine tesa a verificare la validità di queste ipotesi [Spink e Roberts 1980]. Gli autori hanno suddiviso il loro campione di praticanti di racquetball in quattro gruppi: vincitori soddisfatti (vittoria netta), perdenti insoddisfatti (sconfitta netta), vincitori insoddisfatti (vittoria ambigua) e perdenti soddisfatti (sconfitta ambigua). Dai dati è emerso che globalmente i vincitori fornivano con maggior frequenza attribuzioni interne rispetto ai perdenti, ma quando si analizzava l'asse risultato netto-risultato ambiguo le attribuzioni si modificavano in modo significativo. Infatti, i risultati netti favorivano attribuzioni interne, in cui dominavano quelle relative all'abilità e all'impegno. Viceversa, i risultati ambigui determinavano l'emergere di atttribuzioni esterne, caratterizzate da ragioni connesse alla difficoltà del compito. Anche McAuley [1985a] ha confermato il valore dell'interpretazione soggettiva esaminando i processi attributivi di un gruppo di ginnaste durante una competizione. Dai risultati è emerso che le dimensioni causali utilizzate erano significativamente influenzate dalla percezione soggettiva di successo piuttosto che dal punteggio assegnato dai giudici di gara.

Per quanto sia ridotto il numero di studi che hanno indagato su questa problematica, è di estremo interesse per gli psicologi che si evidenzino risultati di questo tipo, che dimostrano come la concezione assoluta della prestazione sia solo uno dei modi d'interpretare i risultati delle prestazioni e che i costrutti di vittoria e sconfitta siano anche basati sulla percezione del vissuto psicologico.

Strettamente collegato al tema della valutazione c'è quello dell'abbandono della pratica sportiva. A tale scopo Robinson e Carron [1982] hanno studiato i fattori che condizionano la decisione di praticare il football, di praticarlo con continuità e di abbandonarlo. I fattori che si sono rilevati come dominanti sono stati i seguenti:

1. percezioni riguardanti il clima di gruppo, inclusi gli aspetti di prossimità fisica o di appartenenza alla squadra;
2. gli atteggiamenti relativi ai programmi di preparazione fisica;
3. l'incoraggiamento ricevuto dagli adulti più significativi (genitori e insegnanti);
4. l'atteggiamento più o meno autoritario dell'allenatore;
5. le attribuzioni causali.

Due tipi di attribuzione di causalità permettono di discriminare fra i tre gruppi e riguardano l'attribuzione della sconfitta a scarsa abilità e l'attribuzione del successo a un notevole impegno. Coloro che avevano abbandonato, rispetto ai giovani principianti e ai praticanti da più tempo, attribuivano maggior importanza alla loro limitata abilità e i successi ottenuti non erano sufficienti a impedire l'abbandono. Inoltre, anche se chi ha abbandonato attribuiva all'impegno personale il raggiungimento di risultati positivi, ciò avveniva con frequenza minore rispetto agli altri due gruppi di partecipanti. È probabile che questa difficoltà ad attribuire alla propria competenza e all'impegno le esperienze positive favorisca l'emergere della convinzione che la partecipazione sportiva è poco gratificante.

4.3. L'attribuzione causale negli sport di squadra

Non sono molte le ricerche che si sono indirizzate in modo specifico allo studio dei processi attributivi nei giochi di squadra e, in generale, è emerso che negli sport collettivi la tematica attributiva va inserita in un più ampio contesto teorico, che deve comprendere anche l'idea di coesione di squadra [Grove, Hanrahan e McInman 1991; Scanlan e Passer 1980]. Infatti, nei giochi sportivi sono presenti due fonti potenziali di attribuzione, che si riferiscono alle prestazioni individuali e al risultato ottenuto dalla squadra. Testando queste ipotesi su giocatori di diversi sport è stato riscontrato che gli atleti delle squadre vincenti attribuivano al collettivo abilità superiori a quelle attribuite a livello individuale e che i perdenti ritenevano di aver manifestato singolarmente un impegno superiore a quello della media del gruppo. Pertanto i giocatori, indipendentemente dal risultato, si servivano di attribuzioni interne e si conferma ulteriormente il dato che nei giochi di squadra, rispetto agli sport individuali, l'uso di attribuzioni esterne è molto più limitato, [Scanlan e Passer 1980].

Inoltre, prendendo in considerazione il livello di coesione delle squadre si ottengono attribuzioni che variano in funzione del grado di unione del gruppo. Nelle squadre poco coese, gli insuccessi determinano con più facilità attribuzioni esterne (sfortuna e abilità degli avversari) e a livello individuale prevalgono quelle di tipo autoprotettivo, tendenti a negare la responsabilità individuale. Tali risultati non sono stati invece evidenziati quando si sono analizzate squadre coese, laddove l'unità del gruppo si manifesta attraverso l'omogeneità delle attribuzioni causali individuali e collettive.

4.4. Attribuzione ed emozioni

L'indagine sui legami fra attribuzione ed emozione ha origine sin dai lavori iniziali di Weiner e colleghi che, come primo passo, compilarono una lista di possibili reazioni emotive. In seguito, queste stesse furono presentate a gruppi di soggetti, insieme a ipotetiche situazioni di successo o insuccesso accademico e con un'appropriata attribuzione fornita in base al risultato (ad esempio, elevato voto dovuto a elevato impegno). Ai partecipanti veniva chiesto di descrivere il tipo e l'intensità dell'emozione che avrebbero provato in quella situazione. In un'altra di queste indagini, per superare l'aspetto puramente ipotetico delle situazioni, ai partecipanti all'esperimento venne chiesto di ricordare un «episodio critico» della loro vita, ad esempio quando avevano ottenuto un successo o un insuccesso scolastico, e di effettuare lo stesso compito previsto nella ricerca precedente. Da questi studi sono emerse alcune delle linee guida che hanno orientato le ricerche successive. Innanzitutto sono stati identificati due tipi di emozioni: quelle dipendenti dal risultato e quelle dipendenti dalle attribuzioni. Le prime si correlano direttamente al risultato, piuttosto che alla specifica attribuzione e queste reazioni costituiscono una risposta generale al risultato, come ad esempio essere felici o infelici a seconda della positività o negatività della prova sostenuta. Il secondo tipo di emozioni si collega, invece, alle cause che hanno determinato il risultato e questa interpretazione si pone a un livello cognitivo più evoluto rispetto al primo tipo, in quanto la componente cognitiva influenza la percezione emotiva e non è più dominante uno stato emotivo generale.

Successivamente Weiner [1986] ha dimostrato che le principali dimensioni attributive si correlano alle emozioni in maniere differenti e, in particolare, che: le emozioni correlate all'autostima (ad esempio, l'orgoglio) sono associate ad attribuzioni interne del *locus* di causalità; le emozioni correlate ad aspettative (ad esempio, la speranza) sono in relazione alla dimensione della stabilità; e le emozioni sociali autodirette (ad esempio, il senso di colpa) o eterodirette (ad esempio, la pietà) sono correlate alla dimensione della controllabilità.

Uno dei primi studi condotti su questo tema in psicologia dello sport ha indagato sul legame fra attribuzione ed emozioni in seguito a partite di tennis tavolo e non ha confermato l'articolazione proposta da Weiner [McAuley, Russell e Gross 1983]. Solo nei vincitori è stata rilevata una relazione fra queste due dimensioni, in particolare le emozioni positive si correlavano con la dimensione del controllo. Biddle [1993] sostiene a ragione che questi dati potrebbero essere stati influenzati dal fatto che il campione era composto da studenti che seguivano un programma di educazione fisica e non da atleti di tennis tavolo, pertanto anche se durante le partite s'impegnavano in modo rilevante non potevano mostrare lo stesso coinvolgimento emotivo tipico dell'atleta. Ciò appare probabile anche perché altre indagini che si sono servite di un modello simile a quello di Weiner hanno evidenziato legami significativi fra processi di attribuzione ed emozioni.

Vallerand [1987] ha, infatti, formulato un modello denominato di valutazione intuitiva-riflessiva. Secondo questo approccio la componente intuitiva è la prima a manifestarsi al termine di una prestazione e corrisponde a una valutazione relativamente automatica e immediata, a questa fa seguito quella riflessiva che richiede un maggiore impegno mentale da parte dell'individuo e durante la quale avvengono i processi attributivi. La prima valutazione è simile a quella di emozione dipendente dal risultato di Weiner e così pure la seconda è analoga a quella di emozione dipendente dalle attribuzioni. Le ricerche di Vallerand hanno mostrato la validità del modello di valutazione intuitiva-riflessiva delle emozioni nello sport e, in particolare che: *a*) la valutazione intuitiva è un importante antecedente delle emozioni individuali provate nelle due situazioni di successo e insuccesso; *b*) la valutazione intuitiva è più importante del risultato oggettivo nel determinare il tipo di emozione manifestata dall'individuo al termine della sua prestazione; *c*) la valutazione riflessiva è anch'essa correlata alle emozioni, ma in modo minore rispetto alla valutazione intuitiva.

Conferme a questo approccio vengono dal lavoro di Biddle [1993] che ha studiato il rapporto tra emozioni e attribuzioni in esperimenti condotti in laboratorio in cui i soggetti dovevano affrontarsi uno contro uno in situazioni schermistiche. Dai risultati è emerso che nei vincitori le emozioni positive erano determinate dal grado di soddisfazione relativo alla propria prestazione, dall'importanza del risultato ottenuto e dalla presenza di attribuzioni interne. Viene confermata l'ipotesi di Vallerand secondo cui la valutazione intuitiva fornita al termine dell'incontro determina il tipo di emozione in modo più significativo delle successive attribuzioni.

Il legame tra emozioni e attribuzioni è stato ulteriormente studiato in due ricerche condotte da Robinson e Howe [1987; 1989]. Nella prima è stato trovato che, in situazioni di percezione di successo, l'umore positivo era correlato a dimensioni attributive che evidenziavano il controllo personale e che in condizioni di percezione d'insuccesso l'umore negativo era correlato a elementi attributivi non controllabili dal soggetto. Pur se la numerosità del campione è ridotta, questi dati sono ugualmente interessanti, nel loro valore preliminare, in quanto questa è l'unica ricerca che ha indagato su questo tema servendosi di atleti di alto livello. La seconda indagine condotta da questi autori ha avuto come partecipanti alcune centinaia di giovani di 13-14 anni che seguivano un programma di allenamento di sei settimane in uno sport di squadra. Dai risultati è emerso che la valutazione soggettiva della propria prestazione e le dimensioni attributive predivano le emozioni per ambedue i sessi. Gli autori giungono a tre conclusioni principali: 1) nello sport l'emozione è correlata alla valutazione individuale dell'efficacia della propria prestazione e alle attribuzioni; 2) l'effetto delle dimensioni attributive sulle emozioni è variabile. Il successo viene attribuito a fattori stabili, mentre l'insuccesso viene attribuito prevalentemente a cause non controllabili; 3) la rilevanza attribuita alla percezione immediata della prestazione, come maggior elemento che predice l'emozione, sostiene il costrutto di valutazione intuitiva formulato da Vallerand.

Un ulteriore contributo è rappresentato da uno studio che ha indagato sulle emozioni e attribuzioni connesse alla disconferma delle aspettative [McAuley e Duncan 1989]. Sono stati manipolati i risultati di una gara a due effettuata sul cicloergometro e, in tal modo, tutti i partecipanti hanno avuto disconfermate le loro aspettative: a coloro che avevano elevate aspettative di successo, al termine del confronto veniva detto che avevano perso e a coloro che avevano basse aspettative che avevano vinto. Dai risultati è emerso che chi era stato posto dagli sperimentatori nella situazione d'insuccesso si percepiva scontento, arrabbiato e incompetente e, invece, chi era stato posto nella situazione di successo si sentiva soddisfatto e orgoglioso. Nei soggetti le cui scarse aspettative di successo erano state disconfermate è emersa una relazione significativa tra fiducia e attribuzioni interne. Per i soggetti nella situazione di disconferma delle aspettative elevate, la depressione e il dispiacere erano correlati ad attribuzioni esterne e stabili, colpa e vergogna erano in relazione ad attribuzioni stabili e il sentirsi sorpresi e incompetenti erano in rapporto ad attribuzioni esterne.

In sintesi, le ricerche sinora condotte hanno evidenziato che le attribuzioni possono giocare un ruolo significativo nel determinare le reazioni emotive e che di grande importanza è la percezione soggettiva della prestazione e non solo il risultato oggettivo.

5. La definizione degli obiettivi

La maggior parte della ricerca condotta nell'area della scelta degli obiettivi o *goal setting* ha avuto origine in psicologia del lavoro e delle organizzazioni, campo in cui gli obiettivi svolgono un ruolo motivante i soggetti all'incremento delle loro prestazioni. Locke, Latham e colleghi sono stati i principali studiosi che si sono occupati di questa tematica in ambito lavorativo [Locke e Latham 1985; 1990].

Per obiettivo s'intende qualcosa che si vuole consapevolmente raggiungere. Ogni obiettivo comprende due caratteristiche: la direzione o contenuto, che si riferisce alla scelta di come dirigere la propria azione verso un obiettivo specifico e la qualità o intensità, che evidenzia quanta energia e tempo dovranno essere impiegati per raggiungere il risultato desiderato. Gli obiettivi stimolano lo sviluppo delle strategie necessarie per raggiungere la meta finale e influenzano gli aspetti salienti del processo motivazionale agendo sulla direzione, la persistenza e l'intensità dei comportamenti.

Nel modello di Locke e Latham vengono, inoltre, identificate cinque variabili che svolgono un'azione moderatrice sull'impatto che gli obiettivi hanno sulla prestazione e sono: l'abilità, l'impegno, il feedback, la complessità del compito e i limiti situazionali. Il modello suggerisce anche che l'interazione fra valutazione dell'obiettivo e rinforzi intrinseci ed estrinseci influenzi il grado di soddisfazione e altre conseguenze connesse all'obiettivo, quali le aspettative future e l'impegno dell'organizzazione.

I risultati ottenuti tramite le ricerche condotte in ambito aziendale e organizzativo hanno spinto i protagonisti del mondo sportivo a servirsi delle tecniche di definizione degli obiettivi nella loro attività. Sino alla metà degli anni '80 pochi studi sono stati condotti per verificare l'efficacia di questo approccio orientato al miglioramento della prestazione sportiva. La maggior parte dei lavori pubblicati si era, infatti, orientata alla formulazione di programmi pratici, tesi a ottimizzare la crescita personale degli atleti, più che a verificare in modo empirico la relazione fra *goal setting* e performance sportiva [O'Block e Evans 1984]. Negli stessi anni, le ricerche che hanno invece indagato sulla maggiore efficacia di programmi basati su obiettivi specifici e realistici, ma relativamente difficili da raggiungere, rispetto a programmi basati su obiettivi definiti in termini molto più generali (ad esempio, del tipo fai-del-tuo-meglio) hanno rilevato risultati discordanti. Alcuni hanno confermato la validità della strategia di *goal setting* [Botterill 1980], mentre altri non hanno trovato differenze significative nella prestazione fra gruppi con scelta degli obiettivi e gruppi a cui era stata fornita l'istruzione di fare-del-proprio-meglio [Hollingsworth 1975].

Un importante cambiamento nell'approccio allo studio del rapporto fra *goal setting* e prestazione sportiva è rappresentato dalla pubblicazione di un articolo di Locke e Latham [1985] in cui vengono fornite alcune linee guida per l'applicazione del *goal setting* nello sport. Questi autori sono approdati allo studio di questa relazione nello sport partendo da due assunti principali: 1) nello sport vi è accordo nel ritenere che il successo dipenda in larga parte dall'abilità e dalla motivazione. La tecnica del *goal setting* può essere utilizzata per migliorare l'abilità e la fiducia degli atleti in situazioni competitive; 2) le procedure di scelta degli obiettivi dovrebbero trovare un'ampia conferma nello sport, in quanto è più semplice la misurazione della prestazione individuale rispetto a quella effettuata nelle organizzazioni.

Basandosi sui risultati evidenziati dalla ricerca in ambito organizzativo, propongono 10 ipotesi relative a come dovrebbe funzionare il *goal setting* nello sport e che vengono qui di seguito presentate.

1. Obiettivi specifici regolano l'azione in modo più preciso di obiettivi generali.

2. In relazione a obiettivi quantitativi specifici, più elevato è l'obiettivo, migliore sarà la prestazione, fermo restando un livello adeguato di abilità e d'impegno.

3. Obiettivi specifici e difficili miglioreranno maggiormente la prestazione, rispetto a obiettivi del tipo fai-del-tuo-meglio o a non obiettivi.

4. La formulazione di obiettivi a breve termine e a lungo termine migliora maggiormente la prestazione, rispetto alla sola formulazione di obiettivi a breve termine.

5. Gli obiettivi agiscono sulla prestazione guidando l'attività, mobilizzando l'impegno, aumentando la persistenza e motivando alla ricerca di strategie appropriate al compito.

6. La definizione degli obiettivi è efficace solo in presenza di feedback che evidenzino i progressi compiuti nella direzione del raggiungimento degli obiettivi.

7. Obiettivi difficili richiedono un notevole impegno, che determina prestazioni migliori.

8. L'impegno può essere ottenuto chiedendo all'atleta di accettare l'obiettivo, mostrando sostegno, permettendo la partecipazione alla scelta degli obiettivi, dell'allenamento, degl'incentivi e dei premi.

9. Il raggiungimento degli obiettivi è favorito dalla determinazione di un piano di azione o strategia, specialmente quando il compito è complesso o a lungo termine.

10. La competizione migliorerà la prestazione sino al grado in cui sarà necessario stabilire obiettivi più elevati e/o aumentare l'impegno.

In aggiunta a queste ipotesi Locke e Latham forniscono vari esempi riguardanti il funzionamento della tecnica del *goal setting* in diverse situazioni quali: obiettivi dell'allenamento, obiettivi di squadra e individuali, obiettivi durante la competizione e obiettivi per migliorare la fiducia in sé. Sebbene nello sport i ricercatori si siano orientati allo studio di alcune di queste ipotesi, la prima considerazione che ne deriva è che, nel loro complesso, tali indagini confermano l'efficacia del *goal setting*, anche se non con la stessa ampiezza con cui è stata dimostrata valida nel mondo del lavoro. Infatti, il 90% degli studi condotti in ambito lavorativo ha rilevato l'efficacia delle tecniche di scelta degli obiettivi, Burton [1993], invece, ha mostrato che questa percentuale nello sport pur essendo molto elevata si situa intorno al 75%. In questi studi gli atleti che hanno stabilito obiettivi difficili e specifici, forniscono prestazioni migliori rispetto ad atleti che si sono impegnati su obiettivi del tipo fai-del-tuo-meglio o che non avevano obiettivi.

5.1. Gli attributi degli obiettivi in ambito sportivo

La ricerca in psicologia dello sport sull'efficacia del processo di *goal setting* ha indagato sulle stesse variabili che sono state trattate in ambito lavorativo e questo paragrafo è dedicato alla sintesi di questi risultati.

Un numero ampio di queste indagini ha voluto verificare l'ipotesi secondo cui obiettivi difficili e specifici determinano un miglioramento maggiore della prestazione rispetto a obiettivi del tipo fai-del-tuo-meglio o non obiettivi. Weinberg, Bruya e Jackson [1985] sono stati fra i primi autori a testare questa ipotesi durante un programma scolastico di educazione fisica. I giovani dovevano compiere il maggior numero di esercizi addominali che erano in grado di effettuare in un periodo di tre minuti e venivano misurati i miglioramenti ottenuti durante un periodo di cinque settimane. Dai risultati non è emersa nessuna differenza fra i diversi gruppi e ad analoghe conclusioni sono giunte altre indagini condotte dal gruppo di Weinberg. In contrasto con questi dati, altre indagini hanno trovato differenze a favore della scelta di obiettivi specifici rispetto all'obiettivo fai-del-tuo-meglio. Ad esempio, servendosi sempre di una prova di esercizi addominali in bambini assegnati alla condizione obiettivi specifici e difficili è stato evidenziato che, al termine di un periodo di dieci settimane, la loro prestazione era significativamente migliorata rispetto a quella dell'altro gruppo. Analoghi risultati sono stati evidenziati in bambini che effettuavano altri tipi di prove fisiche, se posti in condizioni in cui gli obiettivi erano specifici e difficili [Erbaugh e Barnett 1986]. Inoltre, sempre in una prova di esercizi addominali, è stato dimostrato che soggetti con obiettivi a breve termine e a lungo termine fornivano prestazioni migliori, rispetto a chi aveva solo obiettivi a lungo termine o a chi aveva come obiettivo l'istruzione fai-del-tuo-meglio [Hall e Byrne 1988].

Nel complesso le ricerche che hanno affrontato la questione della specificità degli obiettivi hanno prodotto risultati contrastanti e che potrebbero essere stati causati da problemi inerenti alle metodologie usate. Ciò è attribuibile alla difficoltà di controllare i gruppi che seguivano l'istruzione fai-del-tuo-meglio. Infatti, i soggetti posti in questa condizione non dovrebbero avere la possibilità di formulare degli obiettivi personali, altrimenti la loro condizione sperimentale diventa simile a quella dei soggetti che hanno obiettivi specifici e, pertanto, il confronto diventa fra diversi tipi di obiettivi specifici e non fra mete specifiche e mete generali. A conferma di questa ipotesi negli studi in cui non sono emerse differenze, emerge chiaramente che una buona parte dei soggetti del gruppo fai-del-tuo-meglio aveva stabilito obiettivi personali. Invece, quando a questi soggetti è stato impedito di formulare obiettivi personali sono emerse differenze significative fra i due gruppi e ovviamente a favore dei soggetti che avevano obiettivi specifici [Weinberg *et al.* 1988].

Per quanto riguarda l'analisi della variabile che si riferisce alla difficoltà dell'obiettivo da raggiungere, è stato dimostrato che la prestazione migliora quando la meta scelta è moderatamente difficile. Obiettivi troppo difficili, raggiunti cioè solo dal 10% dei soggetti, non servono per incrementare la prestazione in quanto sono percepiti come irrealistici [Kyllo e Landers 1995]. La superiorità degli obiettivi di moderata difficoltà può dipendere da tre fattori. Il primo si riferisce al rapporto fra abilità e obiettivo. Se un atleta valuta di non essere sufficientemente capace di raggiungere un obiettivo, difficilmente sarà motivato a impegnarsi in un'attività che con molta probabilità sarà per lui frustrante. Il secondo riguarda la relazione fra difficoltà dell'obiettivo e una dimensione psicologica, la fiducia in se stessi o autoefficacia. Questa deve essere intesa come la convinzione di un atleta nella propria capacità di sapere affrontare un determinato compito [Bandura 1977]. Pertanto, l'autoefficacia influenza direttamente la percezione della difficoltà del compito e la successiva prestazione. Un atleta con un basso livello di autoefficacia relativo a un compito non sarà motivato da un obiettivo difficile. Il terzo fattore fa riferimento alla teoria della motivazione alla riuscita: un obiettivo troppo difficile ha scarse probabilità di essere raggiunto e un obiettivo troppo facile è poco incentivante. Al contrario, un obiettivo moderatamente difficile presenta una probabilità di successo accettabile e il suo raggiungimento è molto incentivante, di conseguenza un atleta che si percepisce competente per quel compito sarà molto motivato a impegnarsi per avere successo.

Un'altra area che è stata studiata riguarda la prossimità degli obiettivi: l'uso di obiettivi a lungo termine associati alla definizione di obiettivi a breve termine dovrebbe migliorare maggiormente la prestazione, rispetto all'uso esclusivo di obiettivi a lungo termine. Le ricerche in ambito sportivo hanno confermato questa ipotesi riguardante l'efficacia di combinare insieme questi due tipi obiettivi. Gli obiettivi a breve termine aumentano l'efficacia di quelli a lungo termine, che da soli possono apparire come troppo spostati nel futuro e poco motivanti le azioni immediate. Inoltre gli obiettivi a breve termine consentono una monitorizzazione continuativa della prestazione sportiva e stimolano la motivazione.

5.2. Il modello della scelta degli obiettivi competitivi

È stato visto che le ricerche condotte nello sport non hanno sempre confermato la relazione positiva fra scelta degli obiettivi e incremento della prestazione. In alcuni casi ciò è dipeso da problemi di carattere metodologico, in altri dal non aver preso in considerazione le caratteristiche psicologiche dei soggetti, quali l'autoefficacia e l'orientamento motivazionale. Burton [1992; 1993], ritenendo che queste differenze individuali svolgano un ruolo determinante nella scelta degli obiettivi, ha formulato un modello che identifica stili individuali di scelta degli obiettivi competitivi (cfr. fig. 1.3).

Come è stato illustrato in precedenza, la ricerca nell'ambito dell'orientamento motivazionale ha evidenziato l'esistenza, nelle situazioni di riuscita, di due diversi approcci alla prestazione: l'orientamento al compito e l'orientamento al risultato. Gli individui che seguono la prima modalità sono orientati al raggiungimento di obiettivi personali, quali il miglioramento delle abilità o la padronanza in un compito, attraverso un processo che è autoreferenziato. Viceversa, gli atleti orientati al risultato

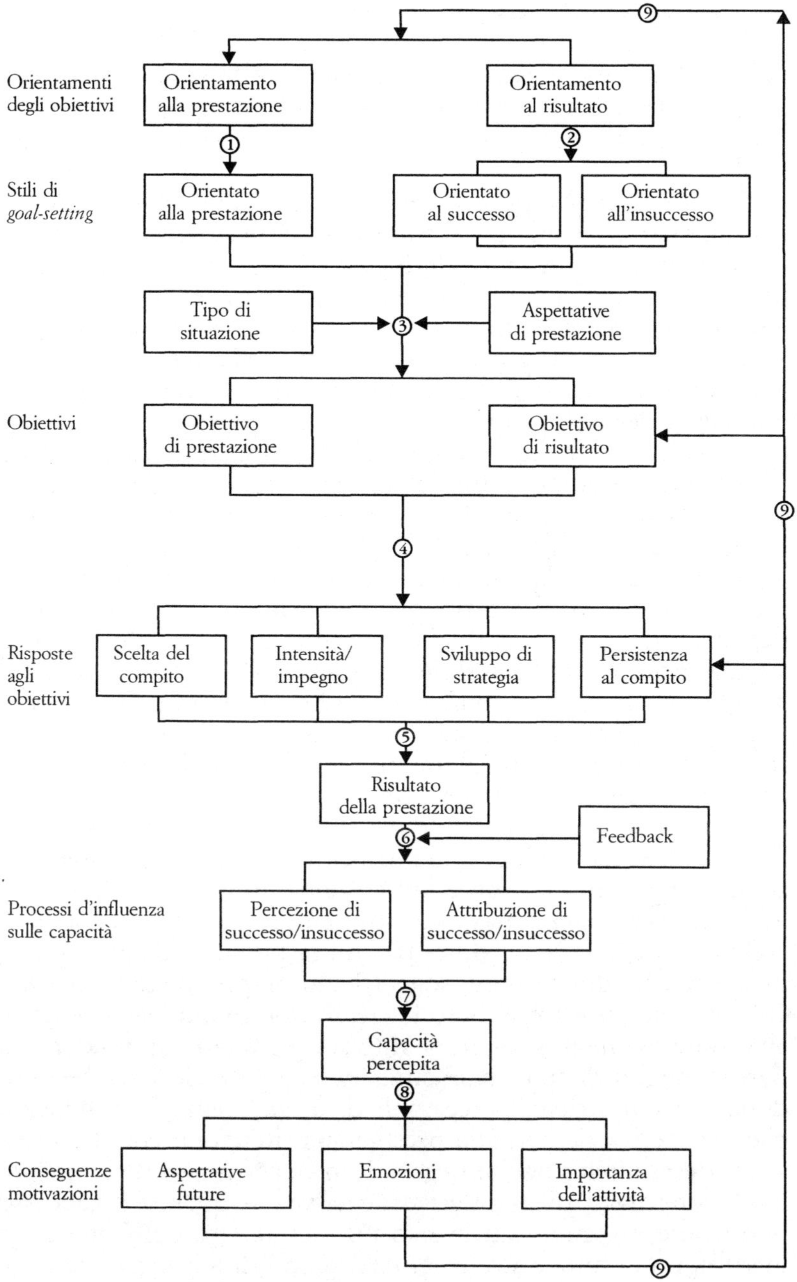

FIG. 1.3. Modello di scelta degli obiettivi competitivi.

Fonte: Burton [1992].

basano il loro successo sul confronto sociale insito nella competizione sportiva e la vittoria o la sconfitta rappresentano per essi parametri attraverso cui confermare o disconfermare la loro abilità.

Sulla base del rapporto fra il tipo di orientamento motivazionale scelto dall'atleta e il suo grado di percezione di competenza si costituiscono tre stili di *goal setting*: orientato al compito, orientato al successo e orientato all'insuccesso. Questi stili individuali interagiscono con il tipo di situazione (ad esempio, allenamento o gara) e con le aspettative dell'atleta e solo in seguito vengono determinati gli obiettivi. A questo punto l'atleta, dopo aver definito i suoi obiettivi, è consapevole del tipo d'impegno che deve mettere in atto per raggiungere queste mete ed è, pertanto, in grado di modulare le sue azioni (scelta del compito, impegno, strategia di sviluppo e persistenza motivazionale) durante lo svolgimento della prestazione.

Al termine della sua prestazione l'atleta sarà più o meno soddisfatto del risultato ottenuto e fornirà un'interpretazione personale del successo o della sconfitta. L'interazione fra queste due componenti determinerà il grado di competenza che il soggetto si attribuisce come atleta. Queste valutazioni eserciteranno un'influenza sulle sue aspettative future, sulle sue emozioni e sulla percezione d'importanza dell'attività svolta. Inoltre, Burton propone alcune ipotesi che si riferiscono a come l'orientamento degli obiettivi al risultato o alla prestazione influenza la scelta degli obiettivi specifici. Gli atleti orientati alla prestazione sono motivati a imparare e a migliorare le loro abilità e valutano ogni situazione, indipendentemente dal livello di abilità percepita, come un'opportunità per raggiungere queste loro mete. In altri termini, soggetti con un grado scarso o notevole di abilità mostrerebbero lo stesso tipo di motivazione sia in allenamento che in gara, in quanto sono guidati dal desiderio di dare il meglio di sé in ogni situazione. Infatti, le ricerche condotte sul tema della percezione di abilità hanno sottolineato che i soggetti orientati alla prestazione ritengono che il successo sia determinato dall'impegno. L'insuccesso non determina in loro l'affermarsi di aspettative negative, in quanto il successo può essere raggiunto attraverso un incremento dell'impegno o lo sviluppo di nuove strategie. Allo scopo di massimizzare il loro impegno stabiliscono obiettivi difficili, anche se ciò aumenta la possibilità di commettere degli errori; sono individui ottimisti e le emozioni negative determinano in loro un incremento della motivazione a continuare in quella attività.

Un secondo gruppo di soggetti è composto dagli atleti orientati al successo, i quali valutano le loro prestazioni in funzione dei risultati che ottengono. Sono atleti che vincono frequentemente e il cui obiettivo è di ripetere il più sovente possibile questa esperienza. Attribuiscono il successo a un fattore stabile e interno qual è l'abilità, mentre l'insuccesso viene attribuito a fattori instabili quali la mancanza d'impegno o la scarsa preparazione mentale. Di norma, affrontano l'insuccesso in maniera costruttiva. Preferiscono porsi obiettivi di media difficoltà, al fine di contenere in termini ragionevoli la probabilità di commettere degli errori. Coloro che, invece, mostrano uno stile di *goal setting* orientato all'insuccesso, pur se sono centrati sul risultato, evidenziano una scarsa percezione della propria abilità, determinata dall'aver ottenuto frequenti risultati negativi. Il loro obiettivo principale è d'impedire che gli altri si accorgano della loro scarsa abilità e temono che le situazioni agonistiche possano svelare questo loro limite. Conseguentemente, vivono le competizioni come situazioni ansiogene e, spesso, forniscono prestazioni al di sotto del loro livello di abilità. Questi individui, rispetto a coloro che sono orientati al successo, attribuiscono gli eventuali successi a fattori instabili, quali la fortuna o la scarsa abilità degli avversari, mentre interpretano i frequenti insuccessi in termini di fattori interni stabili, come la mancanza di abilità. Così facendo traggono poca soddisfazione dai successi, mentre gli insuccessi determinano un forte stato di ansia e con il passare del tempo questi risultati negativi favoriscono l'abbandono della pratica sportiva agonistica.

Le ricerche condotte da Burton [1993] hanno confermato la validità di questo modello. Ad esempio, è stato evidenziato che al termine di un periodo di cinque mesi in cui un gruppo di nuotatori era stato addestrato ad essere maggiormente orientato alla prestazione, si aveva un miglioramento della prestazione effettiva e una maggior consapevolezza rispetto a nuotatori che non avevano seguito un programma di *goal setting* competitivo. Ciò è coerente con quanto è stato dimostrato valido anche in ambiente scolastico, in cui le classi con un orientamento alla prestazione ottengono risultati accademici migliori, rispetto a classi meno orientate in tal senso. In un'altra indagine un campione di ginnaste, suddiviso in tre gruppi, ha seguito un programma di *goal setting* di sette settimane. In accordo con il modello di Burton: 1) nessuna delle ragazze del gruppo orientato all'insuccesso ha partecipato alle cinque gare che erano previste; 2) le ginnaste orientate alla prestazione sono migliorate in modo significativo da una prova all'altra; 3) le ginnaste orientate al successo hanno inaspettatamente peggiorato le loro prestazioni nel corso della stagione; 4) le ginnaste orientate alla prestazione hanno valutato in termini più positivi l'allenamento tramite *goal setting* rispetto agli altri due gruppi.

Altre ricerche dovranno, comunque, migliorare la conoscenza del modello di *goal setting* applicato allo sport e fornire ulteriori conoscenze sullo stile di *goal setting* individuale degli atleti. Inoltre, le ricerche che sinora sono state condotte si sono indirizzate allo studio delle strategie di scelta degli obiettivi stabilite dagli atleti, ignorando completamente il ruolo svolto dagli allenatori. Allo stato attuale non vi sono conoscenze su come avvenga l'interazione fra obiettivi scelti dall'allenatore e quelli degli atleti, anche perché tradizionalmente questi sono definiti dal tecnico e raggiunti dagli atleti. L'uso della tecnica del *goal setting* prevede invece che l'atleta si responsabilizzi sulla scelta delle mete da raggiungere e conseguentemente anche il rapporto allenatore-atleta dovrà modificarsi in questa direzione. Le ricerche dei prossimi anni dovranno, quindi, non soltanto fornire maggiori conoscenze sull'utilizzo della tecnica di *goal setting* nello sport, ma anche verificare in che misura questa tecnica modifica l'interazione fra l'allenatore e i suoi atleti.

Capitolo secondo

Sport e personalità

Il principale obiettivo delle scienze dello sport è di comprendere e predire la prestazione sportiva. In psicologia dello sport lo studio della personalità tradizionalmente ha avuto il compito di studiare il comportamento degli atleti al fine di fornire delle previsioni sulla qualità delle loro performance future. Le ricerche svolte in questo ambito si sono orientate principalmente a rispondere a due quesiti: «Gli atleti posseggono un unico caratteristico profilo di personalità?», «Le prestazioni di successo sono correlate alla presenza di specifiche caratteristiche di personalità?». La prima domanda pone l'accento sull'eventuale esistenza di differenze individuali di personalità in relazione alla scelta di praticare uno sport di squadra o uno individuale, di contatto o in parallelo, oppure in funzione del livello di competenza sportiva degli atleti. La seconda domanda, invece, pone l'ipotesi dell'esistenza di una relazione di causa-effetto fra una singola dimensione psicologica, come ad esempio il livello di ansia di tratto, e il risultato della prestazione in situazioni differenti, ad esempio sport di squadra o individuale oppure compito facile o compito difficile. Sino alla fine degli anni '70 il modello prevalentemente utilizzato dagli psicologi per effettuare queste predizioni sui comportamenti degli atleti è stato quello dei tratti di personalità. In seguito questo approccio è stato quasi del tutto abbandonato in quanto non ha prodotto risultati che hanno permesso di predire in modo attendibile il comportamento sportivo. Altri due modelli hanno avuto una notevole e significativa applicazione in psicologia dello sport e a questi verrà dato ampio spazio nel capitolo. Il primo si riferisce al modello di autoefficacia introdotto da Bandura [1977], che si basa sull'assunto che una percezione di efficacia personale è necessaria per portare a termine con profitto una determinata attività. Il secondo riguarda il modello di ansia di tratto e di stato competitiva di Martens [1977; Martens, Vealey e Burton 1990], che ipotizza che il comportamento dell'atleta possa essere compreso solo attraverso lo studio integrato degli effetti delle variabili intrapersonali e di quelle ambientali.

1. Le teorie classiche della personalità

Per molti anni scopo delle ricerche sulla personalità condotte in ambito sportivo è stato quello di tentare d'individuare un insieme abbastanza costante di dimensioni psicologiche che permettessero di distinguere gli atleti dal resto della popolazione e all'interno del gruppo degli sportivi identificare quelle caratteristiche che potessero differenziare gli atleti di alto livello da quelli di livello inferiore o gli esperti dai principianti [Antonelli e Salvini 1978]. Inizialmente, l'approccio dominante è stato quello dei tratti di personalità, che in seguito è stato almeno in parte sostituito dal modello interazionista. L'approccio psicodinamico ha avuto invece una diffusione limitata e le poche ricerche che sono state condotte, per verificare la validità delle ipotesi derivabili da questo modello, non hanno prodotto risultati significativi [Vealey 1992]. Sulla base di queste considerazioni le teorie classiche sulla personalità descritte in questa sezione riguarderanno solo quelle che hanno trovato un'ampia e significativa applicazione in psicologia dello sport.

1.1. I tratti di personalità

Nel 1984 Fisher in una rassegna su queste tematiche ha evidenziato che i circa 1.000 studi condotti nell'area della personalità dell'atleta hanno prodotto risultati tra loro molto contrastanti e scarsamente significativi. A questo riguardo, è curioso notare che, circa 20 anni prima, ad analoghe conclusioni era già giunto un altro studioso quando affermava che

> durante gli ultimi 30 anni la maggior parte degli studi di psicologia dello sport ha indagato sulla psicologia degli atleti [...]. I tratti di personalità sono stati valutati attraverso l'uso di strumenti analoghi a quello di Cattell [...] e i profili sono stati comparati con le norme formulate in precedenza [...]. Sfortunatamente, questi studi sono in gene-

rale frammentari e non sono inseriti in un preciso contesto teorico. Inoltre, il confronto fra questi risultati e la formulazione di principi generali è quasi impossibile, poiché i ricercatori si sono spesso serviti di strumenti tra loro diversi [Cratty 1973, 81].

Non deve, comunque, stupire che questo tipo di considerazione sia stata possibile già all'inizio degli anni '70, infatti si contavano circa 600 ricerche che avevano avuto come oggetto la relazione fra personalità e sport e, pertanto, la valutazione di Cratty si fondava su un numero molto ampio di studi pubblicati. In ogni caso, per comprendere come si sia giunti alla formulazione dei più recenti orientamenti della ricerca sulla personalità è necessario soffermarsi sui contributi degli anni '60 e '70. Tale periodo è stato dominato da indagini che si sono servite del modello dei tratti di personalità, così come è stato concettualizzato da Allport, Cattell, Eysenck e Guilford. Con il termine *tratto*, in generale ci si vuole riferire a un insieme relativamente omogeneo di comportamenti, che un individuo manifesta in un numero abbastanza ampio di situazioni. Il *Questionario dei 16 fattori di personalità* (16PF) [Cattell 1965] è lo strumento di misura che è stato più utilizzato nella ricerca in ambito sportivo per studiare i tratti di personalità. Hardman [1973] ha confrontato fra loro i risultati ottenuti tramite la somministrazione del questionario 16PF di Cattell di 42 differenti campioni di sportivi di 16 diverse discipline, non evidenziando alcun profilo di personalità tipico degli atleti e trovando anzi un'ampia variazione dei risultati fra i praticanti lo stesso sport.

L'allenamento sportivo è una situazione che richiede agli atleti di effettuare le esercitazioni in modo coscienzioso e scrupoloso e di essere perseveranti nell'impegno e, conseguentemente, ci si aspetterebbe che gli atleti rispetto alla popolazione generale si differenzino sulla base di questa variabile psicologica. Nel 16PF questa dimensione è costituita dal Fattore G ma i risultati riassunti da Hardman non confermano questa ipotesi. Infatti da essi emerge che il range dei punteggi presenta un'ampia variabilità nei 42 campioni, con 11 studi che hanno evidenziato un range medio, 8 che si pongono sopra la media e 23 al di sotto della media. Come si può vedere tali dati sono piuttosto contrastanti, non consentono alcuna generalizzazione su questa dimensione psicologica ed evidenziano che, una variabile così importante come quella descritta dal Fattore G, non può essere misurata in modo attendibile tramite un questionario di tratti di personalità. L'unica variabile psicologica che mostra una tendenza omogenea in tutti i campioni studiati riguarda l'intelligenza: 8 gruppi mostrano una variazione media e i restanti 29 gruppi livelli sopra la media.

In sintesi, escludendo quest'ultimo fattore correlato all'intelligenza, questi studi non hanno rilevato la presenza di tratti di personalità che permettano di distinguere gli atleti dalla popolazione normale.

Un altro limite delle ricerche condotte negli anni '70 consiste in errori effettuati dai ricercatori nel determinare il piano d'indagine e riguardano essenzialmente la pianificazione, le procedure e gli strumenti di misurazione, l'analisi e l'interpretazione [Martens 1975]. Per quanto riguarda la fase di pianificazione i problemi rilevati sono stati i seguenti: *a*) molte rassegne e bibliografie riportano solo gli articoli che hanno evidenziato interazioni fra sport e personalità e, così, i successivi lavori di ricerca citano a loro volta solo questo tipo di bibliografie. In tal modo solo i risultati positivi vengono riportati e questo incrocio tende a ripetersi a catena; *b*) un'altra questione riguarda la divulgazione al pubblico di questi dati; vi è pressione da parte della stampa, soprattutto negli Stati Uniti dove questo tipo d'indagine si è maggiormente sviluppata, a richiedere dei risultati positivi e non contraddittori. Per soddisfare questa esigenza è stato più semplice riportare le conclusioni di uno o due studi isolati, che preferibilmente evidenziano una qualche relazione positiva fra caratteristiche psicologiche degli atleti e pratica sportiva; *c*) infine, si evidenzia che gli autori delle rassegne sono stati poco critici nei confronti dei lavori che analizzavano e hanno dimostrato, invece, un approccio eccessivamente fiducioso e ottimistico nei riguardi dei risultati delle ricerche.

Fra le questioni connesse al metodo sono emersi tre problemi principali. Il primo concerne la classificazione, definita da Martens [1975] come la difficoltà a caratterizzare in modo preciso chi è un atleta. Spesso si confonde, ad esempio, tra coloro che seguono programmi sportivi in campus estivi e atleti professionisti o fra principianti e atleti di college. Pertanto la risposta a questa domanda, apparentemente ovvia, merita una particolare attenzione e, all'interno degli articoli, nel paragrafo dedicato alla presentazione dei soggetti andrebbe descritto con precisione a quale specifico tipo di popolazione sportiva è indirizzata l'indagine. Il secondo si riferisce alla selezione del campione. Spesso le ricerche hanno studiato specifici gruppi sportivi scolastici o appartenenti a società sportive, in cui molti fattori psicosociali come la vicinanza geografica, il livello socioeconomico, la razza o altre variabili ancora interagiscono fra loro per mantenere salda l'unione. In tal senso questi gruppi sportivi stanno insieme per una svariata serie di fattori, di cui la pratica sportiva ed eventualmente la disciplina rappresentano solo una dimensione. Pertanto le generalizzazioni derivate dai risultati non dipenderanno semplicemente dallo sport o dal livello di competenza degli atleti ma anche da queste altre variabili e la maggior parte delle ricerche che sono state condotte non hanno considerato queste variabili aggiuntive. Infine, vanno considerati i sistemi di misurazione utilizzati da cui sono derivati ulteriori problemi. La questione è la seguente: i test utilizzati sono appropriati all'ambito sportivo? Dall'analisi dei test proposti dai ricercatori emerge che la maggior parte dei questionari somministrati per identificare le caratteristiche di personalità dell'atleta sono stati costruiti per misurare caratteristiche personologiche patologiche. Il *Minnesota Multiphasic Personality Inventory* è il simbolo di questa contraddizione; infatti, pur essendo stato ideato per diagnosticare disturbi psicopatologici, è stato molto utilizzato per rilevare le caratteristiche di personalità degli atleti.

In relazione alle analisi statistiche utilizzate in queste ricerche, Martens ha evidenziato un ampio uso di analisi univariate, anche se lo studio della personalità è per definizione multivariato. Le tecniche univariate permettono solo il confronto fra due o più gruppi su una singola variabile, ma non consentono di comprendere l'interazione fra più variabili psicologiche. Inoltre, spesso viene utilizzato in modo improprio il profilo medio di personalità. Infatti, l'identificazione di questo profilo è corretto solo nei casi in cui, all'interno del gruppo studiato, la variabilità è molto ridotta e, pertanto, la media del gruppo è realmente rappresentativa degli atleti componenti il campione studiato. Nei casi di maggior variabilità, la media non identifica alcun atleta in quanto è fortemente influenzata dai punteggi estremi e costituisce un artefatto che può condurre a interpretazioni errate.

Per quanto riguarda l'interpretazione dei risultati appare chiaro che le limitazioni descritte in precedenza tendono a rendere problematica l'interpretazione dei dati. Ad esempio, se in una indagine la denominazione «atleti di successo» non è stata ben definita dai ricercatori, nella successiva fase di discussione dei risultati il confronto con le scoperte di altre ricerche potrà risultare ambiguo se non impossibile, a causa della difficoltà di confrontare fra loro campioni magari nominalmente simili ma in realtà differenti, in quanto definiti in base a parametri diversi. Inoltre, è stata evidenziata una tendenza a interpretare in termini di causa-effetto risultati che evidenziano solo l'esistenza di una relazione fra due variabili. La ricerca ha, ad esempio, ripetutamente rilevato che gli atleti sono più dominanti dei non atleti. L'interpretazione corretta evidenzia che questa caratteristica psicologica è associata con la prestazione sportiva, sbagliato sarebbe invece sostenere che la pratica sportiva incrementa la dominanza.

Uno studio condotto da Schurr, Ashley e Joy [1977] ha in qualche modo affrontato, risolvendoli, alcuni dei limiti insiti nell'approccio dei tratti di personalità ed è stato riportato in alcune rassegne come esempio positivo su cui avrebbe potuto orientarsi la ricerca che fa riferimento a questo modello. Il campione studiato era composto da circa 2.000 soggetti (atleti e non atleti) a cui era stato somministrato il test di Cattell. Il gruppo degli atleti era composto da coloro che partecipavano al programma sportivo universitario e globalmente praticavano 12 differenti sport. È emerso che il gruppo degli atleti non si distingueva da quello dei non atleti, ma che emergevano differenze quando altre variabili venivano prese in considerazione. Infatti, interazioni significative sono emerse tra status della partecipazione (vincente e non-vincente) e sport (individuale *vs.* squadra, diretti *vs.* paralleli). Questi risultati sono così sintetizzabili:

- gli atleti di sport di squadra sono meno astratti nel ragionamento, più estroversi e più dipendenti dei non atleti;
- gli atleti di sport individuali sono meno astratti, meno ansiosi e più dipendenti dei non atleti;
- gli atleti di sport diretti (calcio, football americano, pallacanestro e lotta) sono meno astratti, più estroversi e più indipendenti dei non atleti;
- gli atleti di sport che si svolgono in parallelo (baseball, golf, ginnastica e nuoto) sono meno astratti, meno ansiosi e meno indipendenti dei non atleti;

- gli atleti di sport individuali sono meno dipendenti, meno ansiosi, meno estroversi e meno emotivi degli atleti di sport di squadra;
- gli atleti di sport diretti sono più aggressivi degli atleti di sport in parallelo;
- tra vincitori e non vincitori non si evidenziano differenze.

Da notare è anche che questa ricerca è una delle poche ad aver analizzato anche i fattori di secondo ordine del modello di Cattell (livello di ansia, estroversione, indipendenza, emozionalità), ognuno dei quali componendosi di più dimensioni psicologiche appartenenti ai fattori primari rappresenta una caratteristica psicologica relativamente più stabile. Ancor oggi, a distanza di circa 20 anni dalla pubblicazione di questo lavoro, l'effettiva validità di questa indagine viene posta in discussione da chi sostiene che, nonostante alcuni pregi che la differenziano da molte delle ricerche condotte servendosi di questo approccio, in essa continuano ad essere presenti molti dei limiti presentati in precedenza, quali ad esempio la mancanza di ipotesi specifiche e l'uso di un approccio prevalentemente descrittivo e di spiegazioni *a posteriori* o la non chiarezza nel definire il gruppo dei non atleti, al cui interno potrebbero essere presenti atleti non praticanti sport nel college ma in società sportive al di fuori dell'ambito accademico.

In conclusione, le ricerche che si sono servite del modello dei tratti di personalità non hanno permesso di formulare predizioni attendibili della prestazione sportiva e, inoltre, la maggior parte dei comportamenti individuali risulta inspiegabile sulla base di questo modello. Pertanto, questa analisi conferma quanto già emerso dallo studio della personalità in altri contesti e cioè che è possibile derivare predizioni dei comportamenti futuri degli atleti solo attraverso l'analisi dell'interazione delle caratteristiche psicologiche con quelle situazionali e quelle socioculturali.

1.2. L'approccio interazionista

Nel tentativo di uscire dalla contrapposizione fra ruolo delle dimensioni psicologiche individuali e rilevanza delle caratteristiche situazionali, alcuni autori hanno proposto un modello di personalità che pone l'accento sull'interazione persona-situazione

[Endler e Magnusson 1976]. L'azione di un soggetto deriva dall'interazione continua fra individuo e le situazioni che incontra. Quindi, non solo le situazioni influenzano la persona, ma, nel contempo, l'individuo seleziona attivamente le situazioni da affrontare e i processi cognitivi agiscono nel favorire questo tipo di attività. Ad esempio, atleti abitualmente fiduciosi nelle proprie capacità possono ridurre questa loro sicurezza e peggiorare la loro prestazione in presenza di una intensa pressione competitiva.

Sulla base di questo modello interazionista non è più quindi sufficiente raccogliere dati relativi a dimensioni psicologiche individuali, ma diventa necessario scegliere specifiche situazioni sportive a cui far riferire le risposte degli atleti. In ambito non sportivo, già negli anni '60 Endler e colleghi avevano proposto un modello teorico che prendeva in considerazione nello stesso tempo l'individuo, la situazione e le sue reazioni. Avevano inoltre sviluppato un questionario per la valutazione dell'ansia che consentiva la valutazione di queste tre variabili. I risultati di queste prime indagini furono confortanti in quanto l'interazione fra queste tre dimensioni consentiva di spiegare circa il 30% della variabilità comportamentale, mentre se le caratteristiche psicologiche individuali e le situazioni venivano valutate separatamente la porzione spiegata era minima (5% circa in ambedue i casi) e solo di poco superiore (10% circa) se si considerava l'interazione fra persona e situazione [Endler e Hunt 1969].

Nello sport l'obiettivo dei ricercatori che intendono seguire l'approccio interazionista è di costruire questionari che contengano la descrizione di situazioni sportive significative per gli atleti e che valutino un'unica dimensione psicologica (ad esempio, ansia precompetitiva, capacità di collaborare, livelli di energia). Un esempio di ricerca di questo tipo è stata realizzata per studiare l'ansia nella pallacanestro [Fisher e Zwart 1982]. I giocatori valutavano il loro grado di ansia in diverse situazioni di gioco: pregara, partita e postgara. Le situazioni indagate riguardavano specifici momenti connessi alla prestazione quali ad esempio: «A due secondi dal termine della partita con il punteggio di 70 a 70 sbagli un canestro», «La folla è molto rumorosa e tu sei il principale bersaglio dei suoi commenti», «Il tuo allenatore ti sta criticando per un brutto passaggio» e «Sei nello spogliatoio dopo aver perso una partita che pensavi di vincere».

In ogni caso questo approccio così come è stato descritto ha trovato scarsa applicazione in psicologia dello sport, mentre un notevole interesse ha suscitato un altro modello interazionista e cioè quello realizzato per lo studio dell'ansia di tratto e di stato da Spielberger e colleghi [Spielberger 1966; Spielberger, Gorsuch e Lushene 1970]. Nel tentativo di eliminare la confusione riguardante la natura dell'ansia intesa sia in termini di reazione a situazioni specifiche, che come tratto relativamente costante dell'individuo e indipendente dalle circostanze, Spielberger e colleghi hanno introdotto la distinzione fra due tipi di ansia. La prima, denominata ansia di tratto, fa riferimento a una modalità stabile di percepire come ansiogene un'ampia varietà di situazioni della vita quotidiana. La seconda, l'ansia di stato, è considerata come uno stato emotivo passeggero, che si manifesta quando un individuo percepisce come ansiogene specifiche situazioni e si caratterizza con un sentimento di tensione e di eccessiva preoccupazione, con modificazioni a carico del sistema nervoso autonomo coerenti con le caratteristiche della personalità biologica del soggetto. In psicologia dello sport questo modello è stato ancor più contestualizzato da Martens [1977; Martens, Vealey e Burton 1990] attraverso la formulazione di una teoria sport-specifica di ansia di tratto competitiva e di ansia di stato competitiva e la costruzione di due distinti questionari per la valutazione di queste dimensioni psicologiche.

Tale approccio interazionista ha consentito così ai ricercatori di creare specifici costrutti e sistemi di misurazione adeguati al contesto sportivo, abbandonando in modo definitivo il rigido approccio basato sulla teoria dei tratti di personalità.

Il lavoro di Nideffer [1976; 1979] e quello di Morgan [1985] rappresentano altri due modelli interazionisti molto conosciuti in psicologia dello sport. Morgan si è servito di un modello che non segue l'approccio tratto-stato così come è stato formulato da Martens. Ipotizza, invece, che un certo numero di tratti e di condizioni di stato interagiscono nel determinare la salute mentale degli atleti e che coloro che si pongono sul versante positivo di questo modello esprimono prestazioni di carattere superiore. Per descrivere questa situazione si serve dei tratti di secondo ordine o delle dimensioni di estroversione-introversione e neuroticismo-stabilità di Eysenck e del modello di ansia di tratto-stato di Spielberger. Ipotizza che uno stato mentale positivo è determinato da un elevato livello di estroversione e bassi livelli di neuroticismo e di ansia di tratto e di stato. A completamento di questa descrizione aggiunge la valutazione degli stati dell'umore, che riflettono condizioni di stato influenzabili dalle situazioni da affrontare e che si devono caratterizzare per elevato vigore (sentirsi attivi, pronti, pieni di energia) e ridotta tensione, depressione, rabbia, confusione e stanchezza.

Il modello di stile attentivo e interpersonale di Nideffer ipotizza alcune relazioni fra processi attentivi e prestazione umana. A questo riguardo sostiene che: *a*) i processi attentivi possono essere considerati sia come tratti distintivi della persona che come condizioni di stato; *b*) l'abilità a servirsi dell'attenzione e a spostarla da un focus attentivo a un altro è correlata al livello di attivazione dell'individuo in un determinato momento; *c*) le variabili interpersonali interagiscono con le situazioni, determinando livelli diversi di attivazione, che a loro volta influenzano l'attenzione e di conseguenza la prestazione. Anche se le ricerche condotte per verificare le ipotesi iniziali di Nideffer non ne hanno completamente confermato la validità, uno dei meriti maggiori di questo autore è di aver stimolato negli ultimi 20 anni la produzione di una notevole mole di lavori sul concetto di stile attentivo individuale. I contributi di Nideffer e di Morgan verranno descritti in modo più dettagliato nei capitoli successivi dedicati ai processi cognitivi e ai livelli di attivazione, mentre quello di Martens verrà presentato qui di seguito.

2. L'autoefficacia

In generale, un individuo mantiene il suo impegno in un'attività nuova e difficile se ha fiducia nella sua capacità di condurla a termine in modo positivo e anche la stessa motivazione a scegliere determinati compiti e a fornire il massimo dell'impegno si basa sulla sicurezza individuale di riuscire a raggiungere il risultato desiderato. In questo ambito una delle principali concettualizzazioni riguardanti la fiducia personale fa riferimento al modello di autoefficacia di Bandura [1977; 1986]. Secondo questo approccio:

le aspettative di padronanza personale hanno effetto sia sull'inizio che sulla durata del comportamento che fa fronte al problema. Le persone, che sono fermamente convinte della propria efficacia, hanno buone probabilità di ottenere effetti positivi nel caso in cui tentino di affrontare una data situazione. A questo livello iniziale, l'autoefficacia, così come viene percepita, influenza la scelta delle situazioni comportamentali. Le persone temono e cercano di evitare situazioni minacciose che essi credono vadano oltre le loro capacità, mentre intraprendono delle attività e si comportano con sicurezza quando si giudicano capaci di tenere saldamente in mano situazioni che altrimenti le avrebbero intimorite [...]. Le aspettative di efficacia determinano, inoltre, in quale misura e per quanto tempo gli sforzi saranno mantenuti, indipendentemente dagli ostacoli e dalle esperienze negative. Maggiore è l'autoefficacia percepita, più energici saranno gli sforzi messi in atto [Bandura 1977, 193-194].

L'autoefficacia viene così definita come la fiducia che una persona ripone nella propria capacità di affrontare un compito specifico [Bandura 1986]. Tale modello enfatizza in modo particolare la percezione soggettiva di capacità, che riflette ciò che un individuo si crede in grado di fare. In altre parole, anche se un atleta può essere oggettivamente in grado di effettuare un determinato esercizio, ma nel contempo ritiene di non averne le capacità, mostrerà un basso livello di autoefficacia. In generale, per quanto riguarda compiti conosciuti, è comunque presente una relazione positiva fra autoefficacia e competenza posseduta, in quanto le prestazioni anteriori sono il principale riferimento per la costruzione di questa convinzione di sicurezza. L'autoefficacia è considerata come compito-specifica e, pertanto, diversi gradi di autoefficacia possono essere percepiti in funzione di compiti differenti.

Sulla base di queste considerazioni ogni individuo sceglierà di partecipare ad attività che gli garantiscono buoni margini di successo, rispetto ad altre che potrebbero con più facilità sfociare in insuccessi.

Quest'ultima considerazione serve anche a introdurre i concetti di aspettativa del risultato e di aspettativa di efficacia. Il primo si riferisce alla previsione espressa da un individuo secondo cui un determinato comportamento condurrà a esiti positivi, il secondo, invece, riguarda la convinzione di poter attuare con successo proprio quel comportamento necessario a produrre i risultati previsti [Bandura 1977]. Secondo la teoria sociale cognitiva, è necessario che gli individui vengano incentivati nei loro comportamenti e le aspettative di risultato svolgono questo ruolo. Ad esempio, una persona che corre alle cinque del mattino per un'ora potrebbe trovare particolarmente negativo effettuare questo allenamento in questo orario e pensare di abbandonare quest'attività, ma se ritiene che ciò sia utile per non crescere di peso e mantenersi in forma, che sono quindi aspettative di risultato, probabilmente si sentirà motivata a continuare questo suo impegno anche in quell'orario. Inoltre mantenendo inalterato questo allenamento, nel corso del tempo svilupperà aspettative di efficacia che, basandosi sui risultati ottenuti, saranno sempre più positive.

Le aspettative di efficacia si formano in base a quattro fonti principali: esecuzione di prestazioni, esperienze vicarie, persuasioni verbali e attivazione emotiva.

La percezione di autoefficacia basata su esperienze personali positive è particolarmente importante. Quindi esperienze di padronanza personale consolidano le aspettative future, mentre esperienze negative producono l'effetto opposto. Il modello ipotizza, inoltre, che successi ripetuti consentono un ampliamento dell'autoefficacia anche ad altre aree prestative, in cui il soggetto in precedenza si valutava in modo negativo a causa di preoccupazioni riguardanti suoi limiti personali. A ulteriore conferma del valore delle esperienze pratiche nel favorire cambiamenti nei comportamenti e negli atteggiamenti individuali, è stato dimostrato che il trattamento psicoterapeutico delle paure determina risultati più positivi quando viene condotto in situazioni reali, rispetto a quello prodotto in trattamenti che si servono della sola desensibilizzazione simbolica. Nello sport, l'applicazione di questo approccio si basa sul modellamento partecipante. Tale approccio consiste nella strutturazione da parte dell'allenatore di situazioni in cui gli atleti possono mostrare il proprio livello di maestria in condizioni di difficoltà e di competitività via via crescenti. Inoltre, questa capacità di affrontare situazioni agonistiche sempre più intense viene favorita dall'uso di esercizi mentali in cui l'atleta si ripete mentalmente le immagini necessarie al raggiungimento dell'obiettivo scelto.

Le esperienze vicarie sono utili in quanto si basano sul desiderio di poter agire come coloro che si osservano. Infatti, vedere altre persone che senza alcun timore forniscono prestazioni simili a quelle che si vorrebbe avere può generare nell'osservatore la convinzione che anche lui migliorerà se persevererà nel suo impegno. Si suggerisce che le persone ricevano più benefici osservando: *a*) altri individui che superano le difficoltà grazie al loro impegno, piuttosto che attraverso l'osservazione di azioni attuate con facilità da esperti; *b*) modelli di comportamento diversificati che conducono allo stesso risultato positivo; *c*) azioni che portano a risultati positivi ben definiti piuttosto che a esiti ambigui.

Bandura ha evidenziato che gli individui sono spesso convinti che la suggestione e la persuasione verbale siano utili per affrontare con successo situazioni che in precedenza li mettevano in difficoltà. Purtroppo, le aspettative di efficacia che ne derivano sono, invece, meno forti di quelle prodotte dalla esperienza pratica. È, pertanto, da auspicare l'integrazione fra azione e persuasione verbale al fine di migliorare l'aspettativa di efficacia.

Il quarto fattore associato all'autopercezione di efficacia riguarda l'attivazione emotiva. La legge di Yerkes e Dodson spiega che livelli di attivazione troppo bassi o troppo elevati sono incompatibili con una prestazione ottimale. Tra attivazione e fiducia si stabilisce una relazione circolare, in base alla quale un livello ottimale di attivazione fisiologica ed emotiva agisce positivamente sulla percezione di autoefficacia e, viceversa, questa sensazione di sicurezza stimola l'affermarsi e il mantenimento di livelli adeguati di attivazione.

2.1. La misurazione dell'autoefficacia

Un aspetto centrale per la validazione del modello di autoefficacia riguarda le modalità di misurazione di questa dimensione psicologica. Bandura ha proposto l'impiego di una tecnica che comprende la valutazione di tre aspetti dell'autoefficacia: il livello, la forza e la generalità in ogni compito da eseguire o ciascuna componente dell'abilità.

Il livello di autoefficacia viene definito dalla relazione fra i compiti o unità di abilità che sono necessari per esprimere una determinata azione e ciò che il soggetto ritiene di essere in grado di esprimere. Pertanto, nell'analisi di questo livello a un atleta viene proposta una lista di compiti a cui deve rispondere affermativamente se ritiene di essere in grado di affrontarli con successo e negativamente se li considera non raggiungibili allo stato attuale delle sue abilità. Una questione importante che deve essere tenuta sotto controllo dal ricercatore riguarda la distinzione fra intenzione e abilità. Infatti, Morris [1995] ha posto in evidenza che talvolta le scale che misurano il livello di autoefficacia sono ambigue, in quanto non chiariscono se la richiesta posta al soggetto è di esprimersi in funzione di ciò che è veramente in grado di fare o se invece riguarda ciò che intende fare. Se questa variabile non è tenuta in sufficiente considerazione si potrebbe determinare un errore nell'interpretazione dei risultati. Ad esempio, un atleta che, basandosi sul proprio livello di abilità, rispondesse negativamente a un quesito che gli chiede se è in grado di correre 10 km in 40 minuti, potrebbe essere equiparato ad un altro che, pur valutandosi capace di fornire questa prestazione, non ne ha però l'intenzione e che, pertanto, risponderebbe in maniera ugualmente negativa alla stessa domanda.

Altra caratteristica determinante consiste nella forza dell'autoefficacia. Infatti, Bandura [1986] ritiene necessario valutare la forza della convinzione personale di fornire una prestazione ottimale, proprio in quei compiti che il soggetto ritiene di saper affrontare, in quanto dotato di un livello di abilità sufficientemente adeguato. Tale valutazione esclude per principio i compiti nei quali un individuo non si ritiene competente, in quanto se, nella valutazione dell'autoefficacia, il primo gradino è stato rappresentato dalla identificazione del livello di autoefficacia per uno specifico compito, questo secondo passo serve per verificare la forza della convinzione personale e, cioè, di sentirsi in grado di manifestare il comportamento derivato dalle abilità che il soggetto si riconosce.

Infine, il terzo aspetto misurato riguarda la generalità dell'autoefficacia e fa riferimento al numero di aree che un individuo crede di poter affrontare con successo. In relazione alle prestazioni sportive è possibile giungere a una valutazione globale di quanto un individuo si percepisce autoefficace come atleta. Per giungere a questa conclusione è necessario valutare più aree che compongono la vita dello sportivo e determinare un punteggio globale di autoefficacia. Tale valutazione potrà basarsi sulla competenza tecnica specifica, sulla preparazione fisica, sulla capacità di affrontare con successo la pressione competitiva, sulla capacità di collaborare con l'allenatore, sul seguire uno stile di vita quotidiano adeguato all'impegno sportivo e così di seguito.

Nella valutazione dell'autoefficacia Bandura [*ibidem*], inoltre, precisa la necessità di definire con precisione quali siano le «capacità generative» relative ad uno specifico compito e di evitare domande troppo generali e globali. Pertanto, se si intende valutare la percezione di efficacia di un individuo in relazione alla frequenza dei suoi allenamenti, sarà inutile porre solo una domanda globale del tipo: «Quanto sei sicuro di allenarti tre volte la settimana in modo regolare?», in quanto troppe variabili possono influire nel determinare il tipo di risposta che il soggetto fornirà. Al contrario, sarà necessario porre una serie di quesiti che prendano in considerazione tutti i possibili fattori che potrebbero ostacolare questo tipo di pratica regolare. Alcuni potrebbero riferirsi al conflitto con altri impegni, alla mancanza di miglioramento, o al parere contrario di altre persone per lui importanti.

In contrasto con questo approccio, basato sulla formulazione di domande scelte in base alla variabile da studiare, alcuni ricercatori hanno voluto costruire un test di 22 item centrato sulla valutazione della fiducia in se stessi in relazione a diverse abilità fisiche (ad esempio, forza, velocità e tempi di reazione) [Ryckman *et al.* 1982]. I risultati ottenuti con questo sistema di misura standard, rispetto a quelli evidenziati tramite altre misure più orientate sulla specificità del compito da eseguire, si sono mostrati meno predittivi del livello di prestazione che in seguito è stata fornita. Ciò è coerente con l'ipotesi di Bandura, secondo cui per formulare ipotesi altamente predittive del rendimento futuro di un individuo in una particolare attività, è necessario servirsi di strumenti di misurazione che sono specifici per quel determinato compito. Si conferma, viceversa, che l'utilizzo di sistemi di misurazione standardizzati riduce la possibilità di effettuare previsioni attendibili.

2.2. Gli antecedenti dell'autoefficacia nello sport

Buona parte della ricerca che ha analizzato l'applicazione del modello di autoefficacia nello sport e nell'attività fisica si è orientata alla comprensione degli effetti dei quattro antecedenti (esecuzione dell'azione, esperienze vicarie, persuasione verbale e stato fisiologico) sulla percezione di efficacia nello sport e nelle situazioni competitive.

L'esecuzione delle azioni costituisce senza dubbio il principale fattore per formulare una valutazione di autoefficacia. La ricerca condotta in ambito sportivo ha dimostrato che l'esecuzione della prestazione migliora la percezione di efficacia e che le informazioni che l'atleta trae dalla valutazione delle sue prestazioni sono molto importanti per l'affermarsi di una condizione psicologica di fiducia nelle proprie capacità [Brody, Hatfield e Spalding 1988; McAuley 1985b].

Servendosi della dimensione denominata «esperienze vicarie» sono state condotte molte ricerche e ciò è stato anche favorito dal fatto che nello sport viene spesso richiesto agli atleti di osservare compagni più esperti o atleti di livello superiore per comprendere come migliorare le proprie prestazioni individuali. Tale approccio si è dimostrato valido in compiti di resistenza muscolare [George, Feltz e Chase 1992], nella ginnastica [McAuley 1985b] e in compiti di equilibrio [Lirgg e Feltz 1991]. Alcune indagini si sono servite del modellamento che fornisce informazioni di efficacia attraverso la comparazione fra la prestazione individuale e quella di un modello. George e colleghi hanno richiesto a studentesse di college di guardare un videotape in cui una persona effettuava una prova di resistenza di estensione della gamba e di compiere la stessa prestazione. I soggetti compilavano questionari di autoefficacia in due occasioni e solo coloro che attribuivano un certo grado d'importanza a questo tipo di prestazione venivano in seguito inseriti nello studio. Inoltre, i modelli osservati erano quattro: atleta maschio, non atleta maschio, atleta femmina e non atleta femmina. I risultati confermano quelli trovati da Gould e Weiss [1981] secondo cui un modello dello stesso sesso dell'osservatore che manifesta un buon livello di competenza, rispetto a modelli dissimili, stimolerà in modo maggiore la fiducia in sé dell'osservatore e la sua conseguente prestazione di resistenza. Inoltre, Lirgg e Feltz [1991] hanno riscontrato che gli osservatori riducevano in modo significativo la loro convinzione di efficacia quando guardavano un modello che, anche se era stato presentato come competente, agiva in modo poco abile, rispetto a coloro che osservavano un modello che forniva una prestazione in modo competente.

Non sono molti gli studi condotti per analizzare il ruolo della persuasione sulla percezione individuale di efficacia. È stato studiato il ruolo del dialogo interno positivo, della visualizzazione, della falsificazione della prestazione e della reinterpretazione in termini più positivi dell'attivazione. I risultati emersi da queste indagini sono nel complesso contraddittori e Feltz [1992] li commenta affermando che potrebbero essere attribuiti alla grande differenza fra le tecniche utilizzate dai ricercatori, che presenterebbero gradi di persuasione diversi. Ad esempio, in relazione a una prestazione di resistenza non è stato trovato alcun effetto derivato dall'uso di strategie dissociative (pensare a qualsiasi cosa purché non sia associato alla prestazione o a sensazioni corporee) e di un dialogo interno positivo nel caso in cui ai soggetti non era stato detto che l'uso di queste strategie cognitive avrebbe favorito l'incremento della prestazione [Weinberg 1985]. Al contrario, quando i soggetti dovevano convincere loro stessi della loro efficacia e di possedere un livello adeguato di attivazione, i risultati hanno evidenziato un aumento significativo della forza durante la prestazione [Wilkes e Summers 1984]. Viene così messo in luce il ruolo dell'autoconsapevolezza nel favorire un effetto positivo del dialogo interno.

Uno dei più comuni esempi di persuasione verbale è quello fornito dall'allenatore, che attraverso la conoscenza dell'atleta può alterare le informazioni e i feedback che fornisce sia in allenamento che in gara. Yan Lan e Gill [1984] hanno provato a convincere i soggetti che un elevato livello di attivazione era sinonimo di prestazioni ottimali. I risultati non hanno confermato questa ipotesi, ma d'altra parte non era stata effettuata alcuna prova per verificare che questi avessero realmente creduto ai suggerimenti ricevuti. La maggior parte delle ricerche sono state spesso condotte su principianti e i risultati non possono essere altrettanto validi per atleti di livello superiore. Fitzsimmons e colleghi [1991] hanno, quindi, studiato la percezione di autoefficacia in atleti esperti per verificare se feedback falsi potevano influenzare la loro prestazione. Gli atleti, pesisti, sono stati divisi in modo casuale in tre gruppi diversi per quanto riguarda i feedback che ricevevano sulla loro prestazione: corretta informazione sulla prestazione, falso feedback positivo (prestazione superiore a quella realmente fornita) e falso feedback negativo (prestazione inferiore a quella realmente fornita). Dai risultati è emerso che sebbene la manipolazione in termini positivi del feedback determinava un incremento della prestazione successiva, questo miglioramento era in realtà molto limitato in quanto, trattandosi di atleti esperti, tra una prova e l'altra non potevano avvenire cambiamenti rilevanti. Gli autori concludono che è difficile estendere i risultati delle ricerche sulla persuasione condotte su atleti di basso livello o principianti ad atleti la cui esperienza è stata consolidata in centinaia di sedute di allenamento. Altri ricercatori si sono posti la seguente domanda: «Queste manipolazioni dei risultati delle prestazioni influenzano la percezione di efficacia che gli atleti hanno di se stessi?»; Feltz e Riessinger [1990] hanno voluto verificare la validità di questa ipotesi in un gruppo di soggetti a cui veniva suggerito di servirsi di una strategia di visualizzazione positiva dopo essere usciti sconfitti dal confronto con un loro pari. Successivamente gli stessi fornivano altre due prestazioni che regolarmente perdevano. Dai risultati è emerso che, sebbene il trattamento di visualizzazione svolgesse una funzione positiva aumentando nell'immediato la percezione di efficacia, la successiva esperienza d'insuccesso riconduceva le aspettative a livelli inferiori a quelli pretrattamento. Al fine d'identificare le loro fonti d'informazione ai soggetti è stato, inoltre, chiesto su quali fattori basavano il loro sistema di credenza. Dall'esame di queste risposte emerge chiaramente: *a*) che la maggior parte delle persone basava il suo sistema di credenze sulla propria esperienza e sul confronto con l'avversario; *b*) quanto sia difficile modificare queste credenze derivate da prestazioni pratiche; *c*) che, quindi, la fonte principale d'informazione non sta nel trattamento a cui i soggetti sono stati esposti. In sintesi, questi risultati evidenziano che le manipolazioni dovute al trattamento (visualizzazione positiva) hanno solo un effetto a breve termine, che scompare immediatamente dopo un insuccesso e che la percezione che i soggetti hanno della loro prestazione non deve essere influenzata negativamente dal trattamento sperimentale, in quanto costituisce la principale fonte informativa individuale.

Questi risultati sulla ridotta efficacia della persuasione verbale pur se formulata nelle sue forme più varie, contrastano in modo evidente con la convinzione degli insegnanti e degli allenatori, i quali ritengono che tali modalità possono risultare efficaci. Infatti, da un'indagine condotta da Weinberg e Jackson [1990] su 222 maestri di tennis di scuola superiore è emerso che essi attribuivano notevole importanza al dialogo interno positivo e alla persuasione verbale come strategie per incrementare la percezione di efficacia. Appare evidente che questi allenatori non erano consapevoli che le esperienze dei loro allievi neutralizzavano questo tipo di approccio, e che invece il principale modo per favorire lo sviluppo di sentimenti di autoefficacia risiedeva nel favorire il raggiungimento di prestazioni positive.

Infine, il quarto fattore identificato da Bandura per costruire l'autoefficacia personale riguarda lo stato fisiologico. Pochi studi sono stati condotti prendendo in considerazione questa variabile: il lavoro di Feltz [Feltz 1982; Feltz e Mugno 1983] ha evidenziato che la valutazione cognitiva del proprio livello di attivazione rappresenta un affidabile predittore dell'autoefficacia in una determinata situazione. Al contrario, non è stata invece trovata alcuna relazione fra autoefficacia e attivazione oggettiva dei parametri fisiologici. Ciò significa che non è importante quanto sia realmente attivato un atleta ma invece è rilevante l'interpretazione di questa sua condizione psicofisiologica. Nel caso in cui questa valutazione sia positiva l'atleta svilupperà maggiormente una condizione soggettiva di fiducia nelle proprie capacità di affrontare quel determinato impegno agonistico. Si evidenzia così che i processi cognitivi coinvolti nel percepire l'attivazione e quelli che intervengono nel processo di valutazione della propria percezione di efficacia interagiscono all'interno dello stesso contesto. Una indagine recente di Rudolph e McAuley [1995] ha studiato la relazione fra percezione di efficacia e risposte cortisolo-salivari in soggetti adulti fisicamente attivi e meno attivi. È stata scelta questa variabile fisiologica in quanto numerosi studi hanno dimostrato che alti livelli di plasma e di cortisolo salivare sono associati a stati psicologici negativi, come un'aumentata depressione e un umore disforico [O'Connor *et al.* 1989].

È stato, così, ipotizzato che i soggetti più attivi avrebbero dovuto manifestare livelli più bassi di cortisolo durante e dopo un periodo di corsa intensa e un più elevato livello di autoefficacia sia prima che al termine dell'attività. Dai risultati è emerso che in relazione al livello di cortisolo i soggetti fisicamente più attivi dimostravano una più rapida dissipazione dopo l'esercizio mentre durante l'attività i valori erano simili a quelli dei soggetti meno attivi. Questi risultati sono coerenti anche con quelli riportati da Mathur, Toriola e Dada che hanno mostrato che soggetti allenati e soggetti non allenati presentavano livelli maggiori di cortisolo durante l'esercizio e che, dopo un periodo di riposo, i valori dei soggetti allenati ritornavano a livello di base mentre quelli dei non allenati continuavano a restare elevati. In relazione ai livelli di autoefficacia è emerso che coloro che erano fisicamente più attivi, rispetto ai soggetti meno attivi, possedevano una più elevata percezione di fiducia nelle proprie capacità nelle fasi pre e postesercizio. Un altro dato interessante che emerge da questo studio, a conferma ulteriore del modello di Bandura, riguarda il fatto che pur se tutti i soggetti hanno dimostrato un incremento nei livelli di autoefficacia in seguito ad attività intensa, l'effetto era molto più forte per i soggetti meno attivi. Questo dato conferma che in questo gruppo di soggetti la mancanza di esperienza nell'esecuzione di esercizi di tipo aerobico ha loro permesso un elevato incremento dell'autoefficacia che, invece, nei soggetti più attivi non può più presentarsi con la stessa intensità.

2.3. Autoefficacia e prestazione sportiva

Il lavoro di Feltz [Feltz 1982; Feltz e Mugno 1983] ha esaminato l'influenza dell'autoefficacia in termini di meccanismo cognitivo che media i comportamenti sportivi. Questo modello di autoefficacia suggerisce che, nel corso di una serie di prove, la percezione di competenza permette di predire in modo migliore il comportamento che verrà attuato, rispetto a quanto può essere fatto dalle prestazioni precedenti e dall'attivazione fisiologica. Questo autore studiando prestazioni di tuffo ha confermato che l'autoefficacia è la principale determinante della qualità dell'esecuzione nella prima di quattro prove consecutive. Nelle successive tre prove, invece, il principale predittore della prestazione risiedeva nel tuffo eseguito in precedenza. Da queste indagini deriva che l'autoefficacia costituisce un importante meccanismo cognitivo che consente di spiegare il comportamento sportivo, sebbene con il progredire delle prove la qualità dell'azione sportiva precedente diventa l'elemento principale che influenza la prestazione successiva.

Un'altra indagine che ha testato il modello di autoefficacia è rappresentata da uno studio di McAuley [1985a] che ha esaminato la relazione fra autoefficacia e ansia di stato nella ginnastica. Il campione era composto da ragazze principianti e con livelli di ansia di stato elevati. Questi soggetti sono stati suddivisi in due gruppi sottoposti a diverso tipo di modellamento. Nel primo denominato di aiuto partecipante, un modello mostrava il comportamento da eseguire e in seguito aiutava fisicamente il soggetto durante l'esecuzione di quattro prove di allenamento. Nel secondo chiamato di non aiuto, veniva presentata la stessa dimostrazione iniziale ma durante le prove il soggetto non veniva fisicamente aiutato. Un gruppo di controllo osservava solo una videoregistrazione degli esercizi. Dai risultati è emerso che nelle due condizioni di modellamento l'autoefficacia cresceva, l'ansia si riduceva e la prestazione migliorava. Quindi, l'ansia si riduceva in funzione dell'aumento della percezione individuale di competenza.

Le ricerche che hanno studiato la relazione fra autoefficacia e prestazione in situazioni sportive competitive hanno evidenziato che livelli elevati di autoefficacia sono associati a prestazioni ottimali. Ad esempio, Weiss, Weise e Klint [1989] hanno trovato durante un torneo di giovani ginnasti una correlazione elevata fra autoefficacia e prestazione. George [1994] ha introdotto alcuni interessanti elementi di novità nell'analisi della relazione fra autoefficacia, prestazione precedente e prestazione attuale. Infatti, come è stato descritto in precedenza, Feltz ha evidenziato che le esperienze passate esercitano una più forte e omogenea influenza sull'autoefficacia, rispetto a quanto quest'ultima la svolga sulla prestazione. George ha condotto una ricerca nel baseball, studiando i processi di autoefficacia nella ricezione, in un periodo di nove partite. I risultati differiscono da quelli di Feltz, in quanto non è stata evidenziata un'influenza diretta della prestazione precedente su quelle seguenti. Questi dati sono stati interpretati in termini di differenze situazionali e relative al compito. Infatti, nell'indagine di Feltz sulle prestazioni di tuffo le quattro prove erano ripetute a brevi intervalli di tempo e variavano poco in termini di richiesta motoria. Nelle situazioni competitive reali, come è il caso di queste situazioni di baseball, i giocatori fornivano le loro prestazioni a intervalli di tempo variabili e dovevano far fronte a richieste motorie variate. Pertanto, è possibile che i giocatori si servissero maggiormente della loro percezione di efficacia, dovendo rispondere a situazioni caratterizzate da un certo grado di variabilità. Inoltre, il riferimento alla prestazione precedente poteva essere meno valido non solo perché essa era distante nel tempo ma anche perché la situazione attuale presentava caratteristiche diverse da quelle precedenti.

2.4. Autoefficacia e attività fisica

I benefici globali dell'attività fisica sono stati ampiamente documentati [Seraganian 1993], meno conosciuti sono, invece, i meccanismi motivazionali che determinano l'adesione e il mantenimento di un'attività regolare. È stato comunque riscontrato fra coloro che praticano la corsa a livello amatoriale che il loro coinvolgimento è derivato dal desiderio di mantenersi in forma, di stare con gli amici, di divertirsi e di rilassarsi [Minocchi 1991]. Fra i vari modelli che sono stati proposti per analizzare questi fenomeni, quello di Bandura ha offerto lo spunto per comprendere in modo più approfondito come ciò che un individuo pensa di se stesso favorisca uno stile di vita fisicamente attivo. Inoltre, un numero consistente di risultati derivati dalla psicologia della salute e dalla medicina comportamentale ha già evidenziato che l'autoefficacia interviene nel favorire quei comportamenti preventivi che promuovono la salute, quindi presumibilmente riscontrabili anche in ambito sportivo. L'autoefficacia interviene, ad esempio, nel ridurre l'incidenza dell'abbandono connesso a programmi di riduzione di peso e nel mantenere tale impegno per un periodo superiore a sei mesi e interviene anche nella predizione dei comportamenti di fumo ed è correlata con comportamenti d'igiene dentale preventiva.

McAuley [1992a], in una rassegna dedicata al rapporto fra autoefficacia e attività fisica, si è proposto di considerare la percezione di efficacia in una doppia prospettiva, riguardante cioè gli antecedenti e le conseguenze. La prima questione consente di rispondere alla domanda relativa al modo in cui l'autoefficacia favorisce l'adesione e la persistenza nel condurre una vita fisicamente attiva. La seconda si riferisce al modo in cui l'attività fisica promuove, come conseguenza, un sentimento di efficacia personale.

La teoria dell'autoefficacia prevede che coloro che si percepiscono efficaci in relazione alle loro capacità fisiche adotteranno e manterranno con maggiore probabilità uno stile di vita in cui l'attività fisica svolge una funzione rilevante. Sallis e colleghi [1986] analizzando differenti variabili che avrebbero potuto favorire l'attività fisica, hanno evidenziato che la percezione di efficacia costituiva una variabile attendibile nella scelta di praticare attività e nel mantenimento di un livello moderato di attività.

McAuley e Jacobson [1991] hanno indagato sulla relazione fra autoefficacia e attività fisica in un gruppo di donne sedentarie di mezza età, studiandone il comportamento durante un programma di attività aerobica di modesta intensità. I soggetti erano suddivisi in base alla loro frequenza di partecipazione e all'attività aerobica che registravano sul loro quaderno, in gruppi basati sul livello partecipazione (buono o scarso) e sulla qualità dell'esercizio (buona o scarsa). Dai risultati è emerso che livelli di partecipazione positiva erano riscontrabili in soggetti più magri e che avevano ridotto il loro peso durante il periodo di attività, mentre livelli di scarsa partecipazione erano prevalenti in soggetti più grassi e che erano aumentati di peso. Differenze significative sono emerse anche dall'analisi dei gruppi definiti in base alla qualità dell'esercizio. Infatti, coloro che appartenevano al gruppo buoni esercizi, rispetto alle donne del gruppo scarsi esercizi, si percepivano maggiormente in grado di affrontare le situazioni poste dall'attività fisica. Infine, dalla valutazione effettuata da tutti i partecipanti al termine del programma è emerso che i buoni partecipanti, rispetto agli altri soggetti, percepivano che la loro condizione era migliorata, si erano maggiormente divertiti, la loro prestazione era stata più positiva e avevano raggiunto con più frequenza i loro obiettivi personali. Nonostante l'interesse di questi risultati, il limite che li caratterizza risiede sia nella ridotta durata del periodo di attività fisica (due mesi) sia nell'essersi serviti come misure della qualità dell'esercizio dei resoconti personali riportati sul proprio quaderno. McAuley [1992b] ha studiato in un gruppo di adulti sedentari di mezza età la relazione fra percezione di autoefficacia e durata del periodo di esercizio. Dai risultati è emerso che l'autoefficacia prediva la frequenza e l'intensità di esercizio sino a un periodo di tre mesi mentre in seguito, a cinque mesi, la qualità dell'esperienza precedente di pratica costituiva il miglior predittore. Altri studi [Dzewaltowski 1989] hanno trovato che anche nei giovani l'autoefficacia era un predittore significativo dell'adesione a programmi di attività fisica.

Alcune indagini hanno esaminato in che modo altri aspetti connessi all'esercizio fisico (impegno e persistenza) sono influenzati dall'autoefficacia. È stato osservato che il raggiungimento degli obiettivi stimola positivamente il senso di autoefficacia e si è evidenziata una stretta relazione fra *goal setting* e autoefficacia: per gli individui è necessario stabilire obiettivi di cui abbiano la percezione che siano raggiungibili attraverso il loro impegno [Bandura e Cervone 1983]. Servendosi di prove eseguite su cicloergometro [McAuley *et al.* 1991] è stata valutata l'aspettativa di efficacia in relazione alla pratica fisica (camminare, andare in bicicletta ed eseguire esercizi addominali) in un campione di adulti (45-65 anni) prima e dopo aver effettuato un lavoro submassimale. Dai risultati emerge una crescita delle cognizioni di efficacia al termine delle prove rispetto alle valutazioni iniziali, a conferma che le prestazioni precedenti favoriscono lo sviluppo dell'autoefficacia. In tutte le misurazioni sono state rilevate differenze di genere a favore dei maschi, che mostravano una più grande fiducia nelle proprie capacità fisiche. È da rilevare, però, che dopo un periodo di allenamento di 20 settimane, le donne mostravano livelli di efficacia simili a quelli degli uomini. Anche in questo caso, lo sviluppo della percezione di competenza fisica è associato alla positività delle esperienze precedenti, che a loro volta stimolano più elevati livelli di sicurezza nelle proprie capacità fisiche.

Infine, un'altra indagine [Holloway, Beuter e Duda 1988] ha evidenziato che la partecipazione ad un programma di sviluppo della forza muscolare migliora non solo la percezione di efficacia in relazione ad un compito specifico connesso con questa attività (sollevamento pesi), ma anche l'autoefficacia in aree diverse quali l'autodifesa e l'abilità a confronti di opposizione. Tale studio pone una questione interessante che dovrà essere affrontata dalle ricerche future e che riguarda la possibilità di utilizzare in aree comportamentali diverse l'acquisizione di capacità specifiche per un determinato ambito di attività.

In sintesi, le ricerche hanno evidenziato che l'autoefficacia nella popolazione normale sedentaria costituisce un mediatore significativo nella scelta di praticare con regolarità l'attività fisica e che uno stile di vita attivo migliorando la capacità di autoregolazione psicologica riduce gli effetti negativi dello stress.

Altro campo d'interesse degli studi sull'autoefficacia riguarda il ruolo svolto dalla percezione di efficacia in programmi di attività fisica effettuati da individui colpiti da vari tipi di malattie (disturbi cardiocircolatori e diabete). Ewart e colleghi [1986] hanno svolto alcuni lavori che sembrano confermare il ruolo dell'autoefficacia. Dai risultati è emerso che l'autoefficacia prediceva la prestazione successiva e che, in funzione del risultato ottenuto alla prova, successivamente aumentava la consapevolezza della propria efficacia. Questa aumentata percezione di competenza era fortemente correlata ad attività che coinvolgevano ampie masse muscolari e a prestazioni simili a quelle allenate (ad esempio, camminare, correre, salire le scale) piuttosto che a compiti più dissimili (attività sessuale, sollevamento pesi e impegno statico). Inoltre, il tipo di consapevolezza manifestato al termine della prestazione, piuttosto che il risultato oggettivo della prova, era maggiormente correlato alla probabilità di svolgere anche a casa questo tipo di attività fisica. Ciò a dimostrazione dell'estrema importanza dell'interpretazione soggettiva (ciò che si pensa di saper fare) rispetto al risultato reale della propria attività fisica (ciò che si sa fare). Lo stesso gruppo di ricercatori ha anche indagato sul ruolo svolto dai processi interpersonali in soggetti con infarto del miocardio. Studiando il rapporto tra marito e moglie, è stato rilevato che prima del trattamento le opinioni tra i coniugi divergevano e che, in generale, le mogli ritenevano che i mariti erano poco capaci fisicamente. In seguito al trattamento, solo le mogli che avevano avuto l'opportunità di partecipare attivamente alle prove del marito, effettuandole loro stesse con la medesima intensità, evidenziavano aumenti significativi nella fiducia attribuita ai loro mariti. Inoltre, tale risultato determinava anche un miglioramento nella percezione della validità della consulenza medica. Anche in questo caso, pertanto, si evidenzia che le prestazioni precedenti determinano un incremento della percezione di efficacia. In tal senso, il supporto sociale non agisce direttamente sui comportamenti ma in modo indiretto attraverso la mediazione dell'autoefficacia.

Sono state condotte indagini su soggetti diabetici adulti, per i quali viene riconosciuta l'importanza di svolgere dell'esercizio fisico regolare [Gordon 1993]. In generale in questi soggetti la partecipazione a programmi di attività fisica è limitata in quanto sono in sovrappeso e conducono una vita sedentaria. È stato evidenziato che la principale ragione per non praticare dell'attività fisica si riferisce alla percezione che svolgere esercizi fa sentire male, specie in coloro che in passato hanno praticato solo per brevi periodi [Ary *et al.* 1985]. Altre ragioni si riferiscono alla mancanza di tempo, alle condizioni meteorologiche, alla critica di altri e al non aver un partner con cui condividere questa esperienza. Inoltre, i risultati delle indagini hanno mostrato che, anche se i soggetti diabetici erano convinti della maggiore utilità dell'attività fisica rispetto alle diete, non mettevano ugualmente in atto questa loro convinzione in quanto, allo stesso tempo, si consideravano incapaci di perseguire un programma di esercizio fisico.

Le ricerche condotte su diversi tipi di pazienti evidenziano, pertanto, il ruolo positivo dell'attività fisica nel migliorare le loro condizioni di salute e sottolineano la funzione mediatrice dell'autoefficacia nel favorire l'adesione a tali programmi.

3. L'ansia

L'ansia è uno degli stati psicologici più comunemente sperimentati dagli individui per evidenziare una condizione di agitazione individuale caratterizzata da timore, nervosismo, preoccupazione o panico. In termini generali rappresenta, quindi, uno stato di depressione o agitazione associato a sentimenti di distress [Lazarus e Averill 1972].

L'ansia è stata, infatti, correlata al concetto di stress, così come è stato introdotto da Selye [1956]. Questo autore ha definito lo stress come una risposta non specifica di attivazione esibita dall'organismo quando deve affrontare un'esigenza imprevista o adattarsi a una novità disorganizzante. In tal senso lo stress è di per se stesso una reazione fisiologica adattativa, caratteristica della vita, che può tuttavia assumere anche un significato spiacevole o patogenetico quando è prodotta in modo troppo intenso e/o per lunghi periodi di tempo e/o non si accompagna a risposte sufficientemente efficaci. Inoltre, Selye ha distinto due tipi di stress, uno positivo denominato *eutress* e uno negativo chiamato *distress*. Generalmente, in psicologia dello sport, si tende a identificare il distress con il concetto di ansia.

Stress specifici sono scatenati dalla presenza di stimoli altrettanto specifici chiamati, appunto, stressor, che possono essere di natura fisica, psicologica o sociale. In accordo con Janke [1976] questi stimoli stressanti possono essere così sintetizzati.

1. Stressor esterni: *a*) cambiamenti degli stimoli sensoriali in termini di sovrastimolazione (rumore, luce, vibrazioni) o riduzione delle informazioni sensoriali sino alla deprivazione sensoriale totale; *b*) stimoli dolorosi (elettrico, termico, chimico o per stimolazione meccanica o lesione); *c*) situazioni di pericolo reali o simulate (ad esempio, salto con il paracadute, situazioni di sfida, operazioni chirurgiche e incidenti).

2. Stimoli che determinano la deprivazione dei bisogni fondamentali di: cibo, acqua, sonno, attività e temperatura costante.

3. Stress da prestazione: *a*) pressione eccessiva (pressione del tempo, distrazioni, eccessivi carichi lavorativi); *b*) pressione troppo ridotta (compiti monotoni dello stesso tipo); *c*) insuccesso in situazioni prestative, insoddisfazione nel lavoro e valutazioni.

4. Stressor sociali: *a*) isolamento sociale; *b*) conflitti interpersonali; *c*) cambiamento di abitudini; *d*) perdita di persone amate; *e*) isolamento dai genitori.

5. Altri stressor: *a*) conflitto (decidere fra più alternative); *b*) incertezza e imprevedibilità degli eventi futuri.

Nello sport questi stressor sopra elencati possono essere rappresentati in termini specifici dagli esempi seguenti.

1. Stress esterni: *a*) in tutti gli sport acquatici (nuoto, nuoto sincronizzato, pallanuoto, gran fondo, tuffi e immersione) l'elemento acqua determina un cambiamento radicale negli input sensoriali rispetto alle normali stimolazioni della vita quotidiana; *b*) nel tiro a volo le cuffie che gli atleti adoperano creano una condizione di parziale isolamento sensoriale; *c*) nello sport il rischio d'infortuni è presente, anche se in misura diversa a seconda della disciplina praticata.

2. Stimoli che portano alla deprivazione di bisogni primari: *a*) il cambiamento di fuso orario può determinare la deprivazione del sonno; *b*) gareggiare in condizioni climatiche non ottimali (elevate o basse temperature, eccessivi livelli di umidità).

3. Stress da prestazione: *a*) eccessiva pressione psicologica; *b*) eccessiva monotonia e ripetitività degli allenamenti; *c*) insuccessi; *d*) conflitti con gli sponsor, con i media e con i tifosi.

4. Stressor sociali: *a*) conflitti con allenatori, compagni, dirigenti o altre figure; *b*) isolamento sociale (mancanza di amici, continui viaggi); *c*) conflitti con i genitori e con la scuola.

5. Altri stressor: *a*) conflitti (processi decisionali durante azioni sportive); *b*) incertezza sul proprio futuro sia in relazione alla carriera agonistica sia all'attività da intraprendere al termine della stessa.

Martens riassume in questo modo il significato di questo processo:

lo stress è il processo che coinvolge la percezione di sostanziale squilibrio fra le richieste ambientali e le capacità di risposta, in condizioni in cui l'insuccesso nell'affrontare questa situazione viene percepito come determinante importanti conseguenze e livelli elevati di ansia di stato [1977, 9].

In tal modo lo stress viene definito non come semplice stimolo o risposta, bensì in termini di sequenze di eventi che determinano uno specifico comportamento. Infine lo stress non è interpretato sulla base delle sole richieste ambientali o su caratteristiche esclusivamente individuali, ma deriva dall'interazione fra questi due momenti, sostanziati dalla percezione soggettiva della situazione e dalla rilevanza che le conseguenze hanno per l'individuo.

3.1. L'ansia di tratto-stato

Un approccio che ha avuto una grande diffusione nello studio dell'ansia nello sport, risale al modello di Spielberger [1966; 1983] che distingue fra ansia di tratto e ansia di stato. Quest'ultima caratteristica si riferisce a processi o reazioni che si manifestano con un certo grado d'intensità in relazione a specifici stimoli o situazioni e che producono sentimenti di tensione e di timore, associati a modificazioni a carico del sistema nervoso autonomo. In tal senso l'ansia di stato può essere considerata come una condizione di distress psicologico.

Per ansia di tratto l'autore si riferisce, invece, a disposizioni relativamente stabili a rispondere sempre nello stesso modo in presenza di stimoli; il soggetto appare predisposto a percepire un ampio numero di stimoli o circostanze oggettivamente non pericolosi come minacciosi e a rispondere a questi con livelli elevati di ansia di stato, che sono sproporzionati per intensità alla rilevanza oggettiva del pericolo. Anche in questo approccio il concetto fondamentale risiede nell'attribuire grande rilevanza alla interpretazione cognitiva del soggetto circa la pericolosità o meno dello stimolo. Pertanto, la memoria e i pensieri stimolati da un particolare evento, uniti alle abilità del soggetto nel fronteggiare gli eventi e alle esperienze passate relative ad analoghe situazioni, svolgono un ruolo decisivo nella valutazione di uno stimolo. Lo stesso stimolo potrà, così, essere vissuto in modo minaccioso da un individuo, per un altro costituirà una sfida e per un terzo sarà irrilevante. Per Spielberger, il vissuto di sentirsi minacciati consiste in uno stato mentale dominato da due caratteristiche: *a*) è orientato al futuro, anticipa eventi percepiti come potenzialmente negativi e non ancora accaduti; *b*) è mediato da processi mentali complessi: percezione, pensieri, memoria e giudizi sono coinvolti nella fase di valutazione. Inoltre determina una reazione emotiva costituita da sentimenti di tensione, timore e nervosismo, da pensieri connotati in modo spiacevole e da modificazioni fisiologiche.

Secondo Spielberger la calma e la serenità sono condizioni psicologiche che denotano assenza di ansia di stato, mentre sono indice di un livello moderato condizioni caratterizzate da timore, tensione, preoccupazione e nervosismo. A livelli più estremi l'ansia di stato è associata a sentimenti molto intensi di paura e terrore, a pensieri catastrofici e ad attacchi di panico. Dal punto di vista fisiologico le modificazioni più evidenti riguardano: l'aumentata frequenza cardiaca e pressione sanguigna, la respirazione accelerata e fasi di apnea, la secchezza della bocca, la dilatazione delle pupille e l'aumentata sudorazione, a cui si aggiunge un aumento eccessivo della tensione muscolare.

In tal senso la teoria di ansia di tratto-stato ha fornito un quadro generale entro cui esaminare le principali variabili della ricerca sull'ansia e sullo stress. Inoltre, come è stato sopra illustrato, la valutazione cognitiva svolge un ruolo fondamentale nel determinare l'affermarsi di condizioni di ansia, ma una funzione altrettanto rilevante è quella svolta dai meccanismi di difesa che sono impegnati nell'eliminare o ridurre gli stati ansiosi. Infatti, in un individuo che non è stato in grado di affrontare con successo una situazione valutata come minacciosa, prima di essere sovrastato dallo stato ansioso, possono intervenire meccanismi difensivi che dovrebbero ridurre la spiacevolezza di questo stato emotivo. Tali processi investono meccanismi psicobiologici, che intervengono nel modificare la valutazione iniziale di minaccia. In termini energetici questo impegno può anche rivelarsi molto gravoso se lo stato ansioso è di particolare intensità ed essendo orientato principalmente alla riduzione dell'ansia di stato, lascia inalterate le cause che lo hanno determinato e le probabilità di una futura ricaduta in presenza delle stesse condizioni.

In sintesi:

- il costrutto di ansia si riferisce a complessi processi psicobiologici, organizzati secondo sequenze di eventi ordinati in modo temporale;
- la percezione e la valutazione del soggetto di un determinato evento (interno o esterno), l'abilità individuale a fronteggiare situazioni e le esperienze passate, così come il pericolo oggettivo rappresentato dallo stimolo, determinano l'affermarsi o meno di una condizione di ansia di stato;
- livelli moderati o elevati di ansia di stato sono presenti con maggiore frequenza in soggetti con elevati livelli di ansia di tratto, rispetto a soggetti che mostrano bassi livelli di ansia di tratto;
- uno stimolo valutato come minaccioso determina una reazione di ansia di stato d'intensità proporzionata alla percezione di minaccia, che può essere eliminata per mezzo dell'intervento di meccanismi difensivi o di strategie efficaci di gestione dello stress.

3.2. L'ansia di tratto competitiva

Martens [1977] applicando il modello di Spielberger ha definito l'ansia di tratto competitiva in termini di tendenza a percepire le situazioni competitive come minaccianti e a rispondere a queste situazioni con sentimenti di timore e di tensione. Il modello di Martens comprende quattro elementi (cfr. fig. 2.1.). Il primo si riferisce alla situazione competitiva oggettiva, rappresenta le richieste effettive poste dal contesto e comprende: la rilevanza della competizione, le caratteristiche degli avversari, la difficoltà del compito, le condizioni di gara, i rinforzi estrinseci e la presenza durante la competizione di persone significative per l'atleta. Queste richieste ambientali determinano cosa un atleta deve fare per ottenere un risultato per lui positivo.

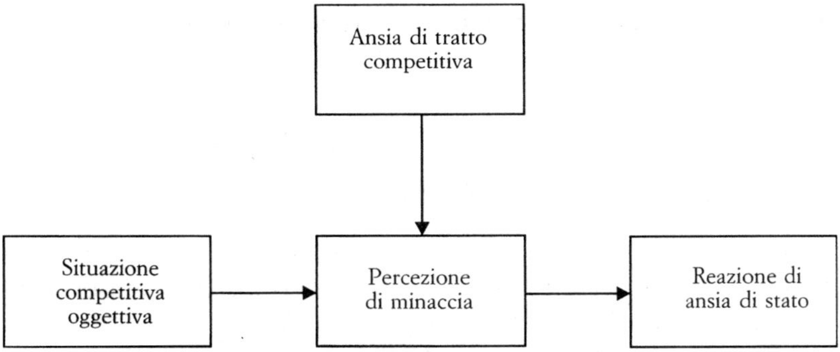

FIG. 2.1. Ansia di tratto competitiva come mediatrice fra lo stimolo competitivo e la risposta.

Fonte: Martens, Vealey e Burton [1990].

Il secondo fattore si riferisce alla situazione competitiva soggettiva e pone l'accento su come l'atleta percepisce, accetta e valuta la situazione oggettiva di gara. Tale aspetto risulta mediato dall'insieme delle caratteristiche psicologiche individuali. Secondo Martens questa dimensione di percezione soggettiva della situazione agonistica, che si riferisce a processi psicologici individuali, può essere identificata attraverso la valutazione del livello di ansia di tratto competitiva, che costituisce un parametro essenziale per valutare la tendenza dell'atleta a percepire come minacciante la situazione competitiva oggettiva.

Il terzo elemento si riferisce alle reazioni individuali alla competizione che possono essere di tre tipi: reazioni comportamentali, ad esempio prestazione adeguata al proprio livello di abilità; reazioni fisiologiche, modificazioni più o meno adeguate alle richieste competitive; e reazioni psicologiche, variazioni nei livelli di ansia di stato o di percezione di competenza. Infine, una quarta dimensione comprende le conseguenze della prestazione, che nello sport sono associate al risultato ottenuto dall'atleta in una gara. Generalmente le conseguenze sono positive in caso di vittoria e negative in caso di sconfitta e la conoscenza della storia sportiva del soggetto in relazione ai suoi successi/insuccessi è utile nel determinare come un atleta si avvicinerà ai successivi impegni agonistici.

In sintesi, l'ansia di tratto competitiva è una variabile di personalità che se presente aumenta la probabilità che una situazione agonistica sia vissuta con livelli moderati o elevati di ansia di stato e ciò si manifesta attraverso un'interpretazione di tipo ansiogeno della situazione competitiva oggettiva (cfr. fig. 2.1).

3.3. L'ansia di stato competitiva

Le prime ricerche condotte servendosi del modello di ansia di tratto competitiva se da un lato confermarono l'importanza del modello sport-specifico di Martens, dall'altro misero in luce la necessità di valutare anche la dimensione dell'ansia di stato competitiva. È stata così evidenziata l'utilità di identificare non solo come un atleta vive abitualmente la competizione, ma anche di conoscere come lo stesso atleta vive uno specifico evento agonistico. Inizialmente, Martens modificò la scala di ansia di stato di Spielberger, selezionando 10 item che erano più sensibili a valutare le caratteristiche delle situazioni sportive competitive, ma questa scelta venne rapidamente abbandonata in quanto non permetteva di rilevare se l'ansia provata era cognitiva e/o fisica. Infatti, la ricerca ha rilevato la necessità d'interpretare questi concetti correlati all'ansia e allo stress in una cornice più specificatamente multidimensionale e a questo proposito sono state identificate due dimensioni: una cognitiva e l'altra collegata all'attivazione emotiva. Sulla base di queste considerazioni sono stati costruiti alcuni questionari che hanno preso in considerazione le dimensioni cognitiva e somatica e Martens, per definire le caratteristiche dell'ansia di stato competitiva, si è servito del modello elaborato da Morris, Davis e Hutchings [1981]. Questi ultimi definiscono l'ansia cognitiva come una condizione dominata da aspettative negative e preoccupazioni cognitive riguardanti la situazione, se stessi e le conseguenze. Nello sport tale stato si può manifestare in termini di aspettative negative rispetto alla propria prestazione e al risultato della gara: maggiore è l'importanza attribuita a questi pensieri, maggiore sarà il livello dell'ansia cognitiva. L'ansia somatica riguarda invece le modificazioni fisiologiche e affettive determinate dall'approssimarsi dell'evento sportivo. Pertanto, l'importanza di distinguere fra ansia di stato cognitiva e ansia di stato somatica nasce dalla constatazione che queste due dimensioni sono prodotte da sistemi diversi, hanno antecedenti differenti e influenzano in modo diverso il comportamento e l'azione sportiva. Come si è visto queste dimensioni possono essere considerate indipendenti da un punto di vista concettuale e anche dal punto di vista fenomenologico gli individui possono sperimentare un solo tipo di stato ansioso senza dover avvertire anche l'altro. Ciò nonostante è stato pure suggerito che questa indipendenza può essere solo relativa, in quanto è stato notato che questi due aspetti possono variare in maniera analoga nelle situazioni stressanti, essendo ambedue sensibili ai cambiamenti dei livelli di attivazione.

Al di là di queste considerazioni teoriche, i risultati delle ricerche hanno evidenziato la relativa indipendenza di queste due dimensioni e ciò ha indotto Martens e colleghi a riformulare il test per l'ansia di stato competitiva del 1980, in una nuova versione definitiva pubblicata nel 1990. I dati su cui Martens e collaboratori si sono basati sono i seguenti.

1. *Evidenze basate sulle analisi dei dati.* Liebert e Morris [1967] sono stati i primi a studiare le relazioni fra queste variabili. Dal loro test, il *Worry/Emotionality Inventory* (WEI), la dimensione emotiva e quella cognitiva sono emerse, contrariamente alle ipotesi, come molto correlate. Successive modificazione del WEI hanno significativamente ridotto questa correlazione [*ibidem*]. In generale questi risultati sono stati interpretati come una prova della relativa indipendenza fra la dimensione cognitiva e quella somatica. Le correlazioni rilevate deriverebbero dal fatto che le situazioni stressor conterrebbero elementi capaci di stimolare ambedue queste componenti.

2. *Evidenze basate su differenze negli antecedenti dell'ansia di stato cognitiva e somatica.* Martens e colleghi ritengono che questa evidenza sia la più convincente nel dimostrare l'indipendenza delle due variabili. L'ipotesi è che l'ansia somatica possa derivare da livelli elevati di attivazione in assenza di processi di autovalutazione. Mentre l'ansia cognitiva risulterebbe da situazioni che prioritariamente stimolano solo meccanismi di autovalutazione e non di attivazione. È stato anche evidenziato un diverso sviluppo temporale per l'ansia cognitiva e somatica. Quest'ultima aumenterebbe sino all'inizio della prestazione e diminuirebbe in modo significativo durante il suo svolgimento. L'ansia cognitiva, invece, cambierebbe prima o durante la prova solo in seguito a manipolazioni delle aspettative di successo [Morris e Engle 1981]. Altre indagini, che si sono sempre servite della manipolazione degli antecedenti, non hanno confermato quanto

sopra descritto [Deffenbacher e Diez 1978]. Questi risultati tra loro discordanti confermano secondo Martens e colleghi l'idea che è difficile identificare condizioni sperimentali che stimolino in modo separato le componenti cognitive e somatiche dell'ansia, in quanto molte situazioni elicitano risposte di due tipi.

3. *Evidenze basate sulla relazione fra prestazione e componenti dell'ansia*. Sino a quando in psicologia dello sport non è stato evidenziato in modo esplicito il concetto di ansia di stato competitiva, sono state poche le ricerche che si sono interessate di studiare la relazione fra prestazione e ansia situazionale. L'ipotesi di Martens è che l'ansia di stato somatica influenzerebbe in tono minore la prestazione rispetto all'ansia cognitiva, a meno che non raggiunga livelli particolarmente elevati e tali da spostare su questi sintomi interni allarmanti l'attenzione dell'atleta, centrata in quei momenti sulla preparazione della prestazione che dovrà effettuare. Inoltre, la percezione di autoefficacia svolge un ruolo positivo sulla prestazione mentre, viceversa, aspettative negative sono correlate a prestazioni scarse. In quest'ottica l'ansia cognitiva sembrerebbe avere maggiore influenza sulla prestazione rispetto alla sua componente somatica. Wine [1980] ha messo in evidenza che l'ansia cognitiva agisce sulla prestazione bloccando l'efficacia dei processi attentivi; infatti in compiti di scrittura è l'ansia cognitiva e non quella somatica a interferire sulla prestazione. Infine, Deffenbacher [1977] ha evidenziato una relazione complessa fra le due dimensioni dell'ansia e ipotizza che l'ansia sia particolarmente negativa solo quando ambedue le dimensioni sono molto elevate.

4. *Evidenze basate sulla riduzione dell'ansia*. La tesi dell'indipendenza delle due dimensioni dell'ansia conduce alla scelta di trattamenti che per essere efficaci dovrebbero avere come obiettivo la riduzione del sistema maggiormente attivato. L'interazione fra ansia cognitiva e ansia somatica dovrebbe comunque consentire non solo la diminuzione della componente ansiosa trattata in modo specifico, ma dovrebbe servire a ridurre anche l'altra variabile. I dati hanno parzialmente confermato questa ipotesi e hanno evidenziato che l'ansia cognitiva è più resistente al trattamento rispetto all'ansia somatica e che richiede un approccio cognitivo relativamente complesso. Parecchie indagini hanno rilevato che i trattamenti di carattere somatico o cognitivo sono ugualmente efficaci nel ridurre l'ansia di stato cognitiva, anche se negli studi che hanno invece trovato la su-

periorità di un metodo rispetto all'altro è stata applicata una terapia cognitiva. Resta comunque vero che i risultati che riguardano la relazione fra riduzione dell'ansia e prestazione successiva non sono particolarmente incoraggianti nel valutare l'indipendenza delle due dimensioni. Infatti nella maggior parte degli studi in cui la prestazione è migliorata ambedue le forme dell'ansia erano diminuite [Martens, Vealey e Burton 1990].

3.4. Ansia di tratto competitiva e prestazione sportiva

Al fine di valutare l'ansia di tratto competitiva Martens [1977] ha elaborato lo *Sport Competition Anxiety Test* (SCAT) che ha rappresentato, in psicologia dello sport, la prima scala costruita per valutare una dimensione psicologica in termini specificatamente sportivi. Probabilmente proprio a causa di questa sua caratteristica il modello di Martens ha ottenuto grande popolarità fra gli psicologi dello sport, basti pensare che già nel 1990 si contavano circa 90 studi pubblicati che si erano serviti dello SCAT. Come è stato detto in precedenza, per ansia di tratto competitiva s'intende la tendenza a valutare come minacciose le situazioni agonistiche e a sviluppare stati d'animo fondati sul timore e la tensione.

L'analisi della letteratura su questa dimensione psicologica verrà suddivisa seguendo i parametri del modello di ansia competitiva e relativa ai fattori intrapersonali, ai fattori situazionali, alla percezione di minaccia, all'ansia di stato e alle conseguenze della prestazione.

Alcune indagini hanno evidenziato interessanti relazioni fra l'ansia di tratto competitiva e altre dimensioni di personalità sport-specifiche rilevando nel complesso un rapporto inversamente proporzionale fra ansia e fiducia nelle proprie capacità di atleta. Willis [1982] ha riscontrato una relazione positiva fra ansia di tratto e paura di fallire e una negativa con il desiderio di controllare gli altri, non ha trovato, invece, alcuna relazione fra ansia di tratto e motivazione alla riuscita nello sport. In relazione a quest'ultima variabile, l'ansia di tratto non è correlata a nessuna delle dimensioni motivazionali misurate tramite lo *Sport Orientation Questionnaire* [Gill e Deeter 1988] che valuta il grado di competitività e l'orientamento degli atleti alla vittoria e al raggiungimento di obiettivi personali. È stata evidenziata una relazione negativa fra ansia di tratto competitiva e fiducia in sé nello sport [Vealey 1986] e percezione di abilità [Gould, Horn e Spreeman 1983]. Altre due ricerche non hanno confermato questa relazione, non evidenziando alcun rapporto fra diversi livelli di ansia di tratto e percezione di abilità [Passer 1983; Brustad e Weiss 1987]. Secondo Martens e colleghi questi ultimi risultati, discordanti rispetto a quelli precedenti, sono dovuti alle caratteristiche dei campioni utilizzati. Infatti i partecipanti a queste due ultime indagini erano bambini e sottoposti a situazioni meno competitive, mentre in Vealey e Gould e colleghi i soggetti erano atleti di scuola superiore e juniores di élite.

Infine, nel baseball/softball seguendo il modello di stile attentivo e interpersonale di Nideffer [1976; 1979] è stata evidenziata una correlazione positiva fra livelli di ansia di tratto e la tendenza a confondersi in presenza di molti stimoli ambientali e interni e a sviluppare un tipo di attenzione stabilmente troppo ristretto [Albrecht e Feltz 1987]. In tal senso, viene confermato da questi risultati che l'ansia svolge una funzione che disturba l'efficacia dei processi attentivi.

Nei bambini, in ricerche condotte su praticanti baseball/softball e pallacanestro, è stata evidenziata una relazione positiva fra l'ansia di tratto competitiva e bassi livelli di autostima [Brustad 1988; Brustad e Weiss 1987]. Questi dati evidenziano, pertanto, che nei bambini il livello di autostima predice in modo attendibile l'ansia di tratto competitiva.

In relazione alla variabile età, le norme inizialmente stabilite da Martens [1977] indicavano che l'ansia di tratto competitiva aumenta con il progredire dell'età, fatta eccezione per i maschi di college che mostravano livelli inferiori a quelli degli studenti di scuola superiore. Le norme nuove [Martens, Vealey e Burton 1990] si discostano parzialmente da quelle precedenti, mostrando che sino al termine della scuola superiore l'ansia di tratto aumenta sia nei maschi sia nelle femmine ma che, successivamente, durante il college l'ansia è inferiore in ambedue i sessi rispetto alle fasce di età precedenti. Altre ricerche hanno confermato questi risultati, particolarmente quelle che si sono servite di giovani il cui tipo di partecipazione era molto orientato a livello agonistico.

Diverse sono le variabili situazionali indagate per identificare quelle che possono maggiormente influire sull'ansia di tratto.

La condizione più tipica è quella di gara ed è opinione comune di allenatori e atleti che l'ansia influenzi negativamente la prestazione. Questa ipotesi è stata testata in svariate ricerche su atleti di differenti discipline sportive ma non è stata evidenziata alcuna relazione fra ansia di tratto competitiva e livello di prestazione [Miller e Miller 1985].

Dall'esame riguardante la tipologia di partecipazione non sono emersi risultati omogenei, alcuni studi non hanno evidenziato differenze nei livelli di ansia di tratto competitiva tra non atleti, partecipanti a corsi di educazione fisica e atleti a livello amatoriale o agonistico [Colley, Roberts e Chipps 1985; Robinson e Carron 1982]. Altri studi hanno invece evidenziato alcune differenze [Gill, Dzewaltowski e Deeter 1988], rilevando che i soggetti non praticanti mostrano punteggi di ansia di tratto competitiva superiori ai praticanti. Questi dati discordanti in relazione ai livelli di ansia dovranno essere affrontati da nuove indagini, che prendano in considerazione anche altre variabili individuali, situazionali, riguardanti il tipo di pressione ambientale, o caratteristiche socioeconomiche e razziali che sinora sono state poco studiate in modo sufficientemente integrato.

Nel modello di ansia di tratto competitiva i fattori situazionali e quelli intrapersonali interagiscono nel creare la percezione della minaccia. Passer [1983] ha suggerito che la paura di fallire e la paura della valutazione sono le principali fonti di minaccia. Questa ipotesi è stata confermata dalle ricerche che hanno indagato su questo tema [Rainey e Cunningham 1988], evidenziando che soggetti con un elevato livello di ansia di tratto mostrano stati d'animo suscitati da questi due tipi di paure. Inoltre, Rainey e Cunningham hanno anche rilevato nelle atlete una relazione positiva fra importanza attribuita allo sport e ansia di tratto. Questi autori hanno mostrato che gli atleti con livelli elevati di ansia di tratto sono molto preoccupati di non commettere errori, di non giocare bene, di perdere e sviluppano sentimenti negativi a riguardo delle loro prestazioni future. Ad esempio, in un gruppo di lottatori juniores di élite, coloro che mostravano livelli elevati di ansia immaginavano di essere al fondo della classifica al termine di un torneo, sapevano che il loro nervosismo li avrebbe ostacolati durante le gare, avevano problemi di sonno e non si sentivano sostenuti dai genitori. Inoltre, ipotizzavano che si sarebbero sentiti molto ansiosi 24 ore prima dell'incontro, 1 ora prima, 2 minuti prima e, in particolare, quando dovevano affrontare avversari per loro difficili. Queste previsioni li differenziavano in modo significativo dai lottatori che avevano livelli bassi di ansia di tratto competitiva. Tra i due gruppi non si evidenziavano differenze nella predizione dei livelli di ansia relativi a 1 settimana prima dell'inizio della competizione e agli incontri con avversari deboli. Feltz e Albrecht [1986] hanno mostrato che i giovani fondisti ansiosi, rispetto a coloro che non lo sono, erano più preoccupati di fornire prestazioni inferiori al loro livello di abilità, di migliorare rispetto alla loro ultima prestazione, di essere mentalmente pronti per correre, di gareggiare bene e di partecipare a gare.

Per quanto riguarda la relazione fra ansia di tratto e ansia di stato competitiva questa è stata inizialmente confermata attraverso il confronto dei punteggi forniti allo SCAT e al test di Spielberger relativo alla dimensione di stato. In particolare, è stato rilevato che in situazioni competitive i soggetti con livelli elevati di ansia di tratto, rispetto a quelli con livelli bassi, mostravano livelli più alti di ansia di stato [Martens 1977; Martens, Vealey e Burton 1990].

Successivamente, Martens e collaboratori hanno modificato gli item del test di Spielberger, sino a giungere alla creazione di un nuovo questionario che valutava l'ansia di stato in situazioni competitive. Il *Competitive State Anxiety Inventory-2* (CSAI-2) si basa sull'ipotesi che l'ansia è un costrutto multidimensionale dominato da due dimensioni psicologiche: l'ansia somatica e l'ansia cognitiva. Nel corso del processo di validazione dello CSAI-2 è stato evidenziato che l'ansia di tratto competitiva costituiva un valido predittore dell'ansia di stato cognitiva e somatica. È comunque emersa una relazione più significativa con la componente somatica, probabilmente dovuta ad una maggiore prevalenza nello SCAT di item correlati a questa dimensione rispetto a quella cognitiva. Tale prevalenza è stata sinora confermata solo da un'altra indagine condotta su giocatori di rugby [Maynard e Howe 1987]. Altri studi hanno invece rilevato risultati discordanti. Ad esempio, Karteroliotis e Gill [1987] hanno trovato una correlazione fra ansia di tratto e ansia di stato cognitiva in condizioni di riposo, a metà della competizione e al termine della competizione, mentre in relazione alla dimensione somatica era presente una correlazione solo a metà della competizione. Crocker, Alderman e Smith [1988] hanno invece rilevato una correlazione positiva fra ansia di tratto e le due dimensioni di stato sia prima che dopo un periodo di allenamento psicologico in un gruppo di pallavolisti di alto livello. Questi risultati tra loro non omogenei hanno permesso a Martens e colleghi di ipotizzare che fattori situazionali non considerati in queste indagini, potrebbero invece spiegare la diversità fra questi dati.

Le ricerche di laboratorio [Murphy e Woolfolk 1987] non hanno evidenziato alcuna relazione fra ansia di tratto competitiva e prestazione motoria. Ciò non tanto perché non vi sia una relazione fra queste due variabili, ma in quanto è probabilmente necessario prendere in considerazione, non solo il semplice risultato finale, ma anche altri fattori più di tipo qualitativo. Fra gli studi che hanno esaminato la relazione fra ansia competitiva e prestazione sportiva due ricerche sono particolarmente significative. Nella prima [Sonstroem e Bernardo 1982], condotta su un gruppo di giocatrici di pallacanestro, le prestazioni di gioco sono state confrontate creando tre gruppi di atlete sulla base dell'interazione fra tre livelli di ansia di tratto e tre di ansia di stato. Dai risultati emerge una conferma della teoria a U capovolta di Yerkes e Dodson, secondo cui livelli moderati di attivazione caratterizzano le prestazioni migliori. In particolare, è stato messo in evidenza che livelli moderati di ansia di stato, rispetto a livelli bassi o alti, determinano la qualità della prestazione, indipendentemente dai valori di ansia di tratto. Nella seconda indagine [Weinberg e Genuchi 1980], è stato evidenziato che giocatori di golf con livelli bassi di ansia di tratto, prima dell'inizio della competizione, mostravano livelli bassi di ansia di stato e, in seguito, fornivano prestazioni migliori rispetto a giocatori con livelli moderati o alti di ansia. Questi due ultimi gruppi non si differenziavano, invece, in relazione alla prestazione. Inoltre, da questi risultati emerge che la relazione fra ansia di stato e prestazione era più forte rispetto a quella fra ansia di tratto e prestazione. Dai risultati di questi due studi condotti nella pallacanestro e nel golf emerge che uno sport come il secondo che comporta un maggiore grado di coordinazione fine richiede livelli bassi di ansia di stato per consentire al golfista di esprimersi al massimo, mentre in una prestazione come quella cestitica, che richiede una coordinazione fine ma anche una di tipo più globale, sono tollerati livelli più elevati di ansia di stato.

Infine, in relazione al rapporto fra ansia di tratto competitiva e condizioni individuali al termine della competizione, è stato evidenziato che: 1) gli effetti dell'ansia di tratto sull'ansia di stato postcompetitiva sono minimi rispetto a quelli svolti dal risultato della prestazione e, inoltre, indipendentemente dal risultato maggiore è stato il divertimento durante la competizione minore è il livello di ansia al termine della gara; 2) le aspettative relative alle successive competizioni sono correlate al risultato e non all'ansia di tratto, anche se i perdenti che mostrano un livello elevato di autostima mostrano ugualmente elevate aspettative postcompetitive, rispetto ai perdenti con livelli bassi di autostima; 3) nessuna relazione è emersa fra ansia di tratto e attribuzione causale, in quanto l'interpretazione fornita dai soggetti è in funzione del risultato, nei termini previsti dalla teoria dell'attribuzione e precedentemente descritti; 4) gli allenatori sono poco competenti nel predire l'ansia di tratto competitiva, anche se i tecnici con maggiore esperienza sono più capaci degli allenatori con minor esperienza [Martens, Vealey e Burton 1990].

3.5. Ansia di stato competitiva e prestazione sportiva

Sin dalle prime indagini condotte servendosi del modello dell'ansia di tratto è parso evidente il bisogno di conoscere non solo questa componente relativamente stabile della personalità ma anche la dimensione sport specifica dell'ansia di stato. Pertanto, come è già stato detto in precedenza, Martens modificò la scala di ansia di stato di Spielberger e colleghi, scegliendo 10 item particolarmente sensibili alla valutazione dei cambiamenti connessi al contesto pregara e denominando questa nuova scala *Competitive State Anxiety Inventory* (CSAI). In seguito, partendo dalla considerazione che l'ansia di stato è un concetto multidimensionale Martens e colleghi hanno voluto introdurre anche nella ricerca in ambito sportivo la distinzione fra ansia somatica e ansia cognitiva. La prima si riferisce agli elementi fisiologici e affettivi del vissuto ansioso, mentre la seconda riguarda le aspettative negative relative alla prestazione e ogni forma di pensiero negativo. Il significato di valutare in modo separato queste due dimensioni si fonda sull'ipotesi che siano attivate da differenti tipi di antecedenti e producano effetti diversi sulla prestazione. Nonostante che queste due dimensioni possano essere considerate come concettualmente indipendenti, è stato però notato che in situazioni stressanti possono variare in modo analogo, in quanto questi contesti contengono elementi che attivano ambedue le variabili [Morris, Davis e Hutchings 1981]. Ad esempio, lo scatenarsi di determinate reazioni somatiche quali l'aumento della frequenza cardiaca o la sudorazione eccessiva può stimolare l'affermarsi di pensieri negativi e, quindi, di una condizione di ansia di stato cognitiva. Le ricerche condotte da Martens, Vealey e Burton [1990] hanno permesso di giungere a una formulazione di questa misura di ansia, che è stata denominata CSAI-2. Tale questionario non solo distingue fra ansia somatica e ansia cognitiva ma comprende una terza dimensione, denominata fiducia in sé. Quest'ultimo fattore e l'ansia cognitiva rappresentano i poli opposti del continuum costituito dalla valutazione cognitiva effettuata dal soggetto. L'estremo comprendente la fiducia in sé corrisponde ad assenza di ansia cognitiva di stato, mentre al polo opposto la presenza di ansia cognitiva comporta la mancanza di fiducia in quella specifica situazione competitiva.

Martens e colleghi [*ibidem*] hanno esaminato come il tipo di sport praticato e specifiche differenze individuali intervengono a influenzare l'ansia di stato. Innanzitutto è stata evidenziata una correlazione positiva fra ansia di tratto, valutata tramite lo SCAT, e ansia somatica e cognitiva e una negativa con la fiducia in sé. In particolare, la correlazione più elevata riguarda il rapporto fra ansia di tratto e ansia somatica, evidenziando che lo SCAT è un questionario in cui prevale la componente somatica dell'ansia di tratto rispetto all'ansia di tratto cognitiva. Non sono, invece, emerse differenze significative in relazione al genere.

Inoltre, questi ricercatori hanno analizzato queste variazioni in relazione a quattro confronti principali.

1. *Confronto fra sport individuali e sport di squadra.* Gli atleti di sport individuali (ginnastica, nuoto e atletica leggera) rispetto a quelli di squadra (pallacanestro e pallavolo) hanno mostrato livelli significativamente più elevati di ansia di stato cognitiva e somatica e più bassi di fiducia in sé. Quest'ultima variabile costituiva la dimensione più discriminante fra sport individuali e sport di squadra. Inoltre, in relazione al genere, le atlete mostravano punteggi significativamente peggiori rispetto agli atleti in tutte e tre le dimensioni e l'ansia di stato cognitiva

era la variabile maggiormente discriminante fra i sessi, seguita dall'ansia somatica e dalla fiducia in sé.

2. *Comparazione fra sport con valutazione oggettiva o soggettiva della prestazione.* Gli atleti di sport con valutazione soggettiva (ginnastica) rispetto a quelli con valutazione oggettiva della prestazione (nuoto e atletica leggera) hanno mostrato livelli di ansia cognitiva significativamente più elevati e livelli di fiducia in sé più bassi. Nessuna differenza è emersa in relazione all'ansia di stato somatica. L'ansia cognitiva era la variabile maggiormente discriminante fra questi due gruppi. Inoltre, le ragazze hanno mostrato livelli più elevati di ansia di stato cognitiva e somatica e più bassi di fiducia in sé rispetto ai ragazzi. In relazione al genere, l'ansia somatica rappresentava la variabile più rilevante, seguita dall'ansia cognitiva e per ultima dalla fiducia in sé.

3. *Confronto fra sport di contatto e non di contatto.* Gli atleti degli sport di contatto (lotta) rispetto a quelli non di contatto (ginnastica e atletica leggera) hanno mostrato livelli significativamente peggiori in ognuna delle tre dimensioni. L'ansia di stato somatica e la fiducia in sé costituivano le dimensioni che differenziavano maggiormente gli atleti di questi gruppi.

4. *Confronto fra atleti di alto e basso livello.* Gli atleti di basso livello hanno evidenziato livelli significativamente peggiori in ognuna delle tre dimensioni. L'ansia cognitiva e la fiducia in sé erano le variabili che maggiormente discriminavano gli atleti di questi due gruppi.

Martens e colleghi hanno anche evidenziato che: *a*) alcuni giorni prima della competizione l'ansia di stato somatica è significativamente più bassa rispetto a quella cognitiva, ma aumenta rapidamente a partire dalle 24 ore precedenti sino all'inizio della competizione. L'ansia cognitiva rimane invece pressoché inalterata; *b*) in sport in cui è stato possibile valutare l'ansia durante la competizione (ad esempio, nel golf dopo la prima buca) è stato rilevato che l'ansia di stato cognitiva era maggiore durante la competizione, rispetto alle fasi precedenti l'inizio della gara e a situazioni non competitive; l'ansia somatica era invece superiore prima della gara rispetto alla condizione «durante la competizione» e alla situazione non competitiva; *c*) la fiducia in sé in situazioni non di gara era significativamente più elevata rispetto alla condizione «durante la competizione», mentre era uguale a quella sperimentata prima della gara.

In relazione al rapporto fra dimensioni dello CSAI-2 e altre dimensioni psicologiche individuali altri ricercatori hanno evidenziato che l'ansia di tratto competitiva è positivamente correlata all'ansia di stato somatica e cognitiva ed è emerso in modo chiaro che l'ansia somatica è maggiormente correlata all'ansia di tratto. È stata inoltre rilevata una correlazione positiva fra l'abilità a restringere il focus attentivo in modo efficace e la fiducia in sé, e una negativa fra le due dimensioni dell'ansia di stato e questa abilità attentiva [per un'analisi dettagliata di questi risultati vedi Martens, Vealey e Burton 1990]. Sempre in rapporto a caratteristiche del modello di stile attentivo di Nideffer [1976; 1979] è stata evidenziata una relazione positiva fra fiducia in sé e ampiezza del focus attentivo e una correlazione positiva fra ansia cognitiva e sovraccarico di stimoli interni ed esterni e fra ansia somatica e sovraccarico di stimoli interni [Albrecht e Feltz 1987].

Le scale dello CSAI-2 sono state confrontate anche con altre misure che valutavano la fiducia in sé e la percezione di efficacia [Vealey 1986; Yan Lan e Gill 1984]. Vealey ha confrontato i livelli di ansia di stato con un modello da lei proposto di fiducia in sé di tratto e di stato specifica per l'attività sportiva. Secondo questa ricercatrice il grado di fiducia in sé, corrisponde al grado di sicurezza percepito da un atleta quando affronta con successo le situazioni sportive. Ha trovato che le due dimensioni della fiducia in sé erano negativamente correlate con l'ansia di stato somatica e cognitiva e positivamente correlate con la fiducia in sé. Inoltre, la fiducia in sé di stato era maggiormente correlata alle dimensioni di ansia di stato dello CSAI-2, rispetto alla fiducia in sé di tratto.

Molte sono le ricerche che hanno indagato sul rapporto fra ansia di stato e prestazione e i loro risultati sono stati così sintetizzati da Burton [1989]:

- l'ansia cognitiva è maggiormente correlata alla prestazione rispetto all'ansia somatica ed è correlata in modo negativo alla prestazione;
- l'ansia somatica segue un andamento a U capovolta in relazione alla prestazione, pertanto un certo grado di tensione somatica è necessario per performare in modo efficace, mentre livelli superiori determinano l'affermarsi di una condizione ansiosa negativa;
- la fiducia in sé è correlata positivamente alla prestazione;

• l'ansia somatica incide maggiormente su prestazioni di breve durata e/o ridotta o elevata complessità, rispetto a prestazioni di lunga durata e moderata complessità.

Risultati diversi e parzialmente in contrasto con questo modello multidimensionale sono stati evidenziati da Hardy e colleghi [ad esempio, Hardy 1990; Parfitt e Hardy 1987] evidenziando come anche livelli elevati di ansia di stato cognitiva e somatica possono svolgere una funzione positiva sulla prestazione. Infatti, Parfitt e Hardy hanno trovato, in uno studio sulla pallacanestro, che l'ansia cognitiva, prima della partita, era correlata positivamente a prestazioni di rimbalzo e tiro, mentre l'ansia somatica era correlata in modo positivo all'altezza raggiunta al test di Sargent, ma negativamente a prove di memoria a breve termine e a compiti di agilità motoria. Sulla base di questi dati i ricercatori hanno proposto l'uso di un diverso modello (che verrà presentato nel capitolo seguente), la teoria della catastrofe, per spiegare il rapporto fra queste dimensioni individuali e la prestazione.

Capitolo terzo

Processi di autoregolazione e livelli di attivazione

È difficile racchiudere in una definizione unitaria il concetto di attivazione e, infatti, anche in psicologia dello sport, sulla scia degli studi classici di Hebb, Duffy, Lacey, Malmo e di altri ricercatori, sono state proposte alcune definizioni. Magill [1990], ad esempio, descrive l'attivazione come sinonimo di motivazione quando afferma che motivare un individuo significa attivarlo in modo tale che si prepari a eseguire un compito. Cox [1994] sostiene che l'attivazione può essere identificata con lo stato di allerta, dato che un individuo attivato è in uno stato fisiologico di prontezza. Martens [1987] propone di sostituire il termine di attivazione con quello di energia psicologica, a suo avviso più facilmente comprensibile dagli allenatori. Per energia psicologica Martens intende una condizione psicologica dominata da vigore, vitalità e intensità e che costituisce il fondamento della motivazione.

Inoltre, il concetto di attivazione è stato spesso usato come sinonimo di ansia e contro questa identificazione già Spielberger [1966] aveva evidenziato che, sebbene l'ansia consista in un aumento dei livelli di attivazione, essa implica sentimenti e pensieri connotati in modo spiacevole e pertanto si differenzia dalla nozione di attivazione. Al contrario, quest'ultima comprende condizioni molto diverse tra loro, che vanno da un estremo in cui nell'individuo dominano i processi di recupero (sonno profondo o rilassamento) a quello opposto in cui sono prevalenti i processi di consumo e di mobilizzazione dell'energia individuale. Consiste, quindi, in uno stato di prontezza a trattare le informazioni e a rispondere agli stimoli, influenzando così in modo evidente ogni prestazione umana.

Molte sono le teorie che sono state proposte per spiegare l'interazione fra livelli di attivazione individuali e processi di autoregolazione messi in atto dai soggetti per ottimizzare le loro prestazioni. Pertanto, questo capitolo è stato suddiviso in tre paragrafi principali per affrontare questa area di ricerca che presenta non solo risvolti teorici, ma che ha coinvolto gli psicologi sportivi nella ricerca di modalità operative per insegnare agli atleti ad affrontare le situazioni competitive partendo da una condizione psicofisiologica ottimale. Il primo paragrafo presenta le teorie classiche assieme a quelle più attuali che hanno contribuito a tracciare un quadro esplicativo di come attivazione, autoregolazione e prestazione interagiscono. Il secondo paragrafo è invece relativo ai sintomi che permettono d'identificare livelli di attivazione eccessivi o troppo scarsi con indicazione delle principali tecniche che possono essere utilizzate per modificare con successo questi diversi livelli di attivazione. Il terzo paragrafo riguarda l'uso delle immagini mentali e delle tecniche di ripetizione mentale utilizzate dagli atleti in allenamento per migliorare le loro competenze sportive, oltre che prima della gara per favorire la concentrazione e un livello ottimale di attivazione.

1. Attivazione e prestazione: modelli teorici

Per spiegare la relazione fra attivazione, processi di autoregolazione e prestazione sono state proposte differenti teorie. Due modelli divenuti ormai classici sono la *drive theory* e l'approccio della U capovolta e, soprattutto, quest'ultima ha ottenuto notevole credito in psicologia dello sport. Più recentemente sono stati introdotti nuovi modelli e, fra questi, ha trovato ampia diffusione quello relativo alla identificazione della zona individuale di funzionamento ottimale. Verranno descritti anche altri due approcci, la teoria della catastrofe e la *reversal theory*, particolarmente interessanti in quanto propongono una nuova maniera d'interpretare la relazione fra attivazione e prestazione, anche se sinora non sono stati ancora condotti ampi programmi di ricerca che ne possano confermare a pieno titolo la validità.

1.1. La «drive theory»

La *drive theory* o teoria della pulsione deriva dal modello dell'apprendimento di Hull [1943] e poi modificato da Spence e Spence [1966]. Secondo questo modello la prestazione (*P*) è una funzione della pulsione (*drive*, *D*) per la forza dell'abitudine (*H*) ovvero $P = D \times H$. Per Hull la pulsione consiste nell'attivazione fisiologica non specifica che guida l'individuo al soddisfacimento dei bisogni generali e l'abitudine si riferisce alla prevalenza delle risposte corrette o di quelle scorrette. Aumenti di attivazione incrementano la probabilità che si manifesti la risposta dominante. Se questa è corretta, come ad esempio nel caso di abilità il cui apprendimento è ben stabilizzato, l'aumento dell'attivazione determinerà un miglioramento della prestazione. Al contrario, se la risposta dominante risulta essere sbagliata, come, ad esempio, nel caso in cui il soggetto si trova nelle fasi iniziali dell'apprendimento, l'aumento dell'attivazione determinerà una riduzione della prestazione. Secondo questo approccio esiste una relazione lineare positiva fra attivazione e prestazione.

Questa teoria ha ricevuto qualche conferma dagli studi che hanno esaminato la relazione attivazione-prestazione su compiti semplici [Sonstroem 1984] e dalla ricerca condotta in psicologia sociale. Infatti, Zajonc [1965] ha evidenziato che la presenza di spettatori o di altri partecipanti facilita la prestazione di compiti semplici o delle risposte dominanti, ma che queste stesse condizioni ostacolano l'esecuzione di compiti complessi o nuovi.

Nonostante questi primi risultati positivi sono almeno tre le ragioni che hanno messo in discussione la validità di questo modello. La prima si riferisce alla difficoltà di testare questa ipotesi in ambito motorio, in quanto è difficile stabilire gerarchie di abitudini relative ad abilità motorie che vadano da semplici a complesse. Una seconda motivazione è che gli studi che sono stati realizzati non hanno confermato la predizione di base di questo modello, secondo cui a un incremento della prestazione corrisponderebbe un aumento dell'attivazione. Infine, è esperienza comune degli atleti che un eccessivo livello di attivazione conduce invece a un decremento della prestazione.

In relazione alla prima di queste ragioni, che hanno posto in discussione questo approccio, è stato dimostrato che per alcuni compiti motori è possibile creare delle gerarchie di risposte corrette [Hunt e Hillery 1973]. Ciononostante, il punto centrale della critica consiste nell'impossibilità di effettuare la stessa operazione per compiti complessi come sono quelli presenti in sport come il tennis, la scherma o gli sport di squadra. Pertanto, anche se in alcune situazioni di laboratorio è stato possibile ottenere risultati che confermano almeno in parte questo approccio, ciò non è stato possibile in riferimento a situazioni reali. Tale considerazione ha condotto i ricercatori a sostenere che il limite maggiore della teoria della pulsione consiste proprio nella sua impossibilità di spiegare i comportamenti reali.

Più recentemente, considerazioni non così altrettanto negative sono state invece effettuate da Oxendine [1984], il quale sostiene che una relazione lineare positiva fra attivazione e prestazione è presente in attività motorie che comprendono la forza, la resistenza e la velocità. Si tratta in generale di compiti che sono stati molto ben appresi e che non richiedono un trattamento informativo impegnativo. Di conseguenza, un aumento dell'attivazione determinerebbe l'affermarsi di una risposta motoria corretta. Inoltre, esistono alcuni resoconti individuali che confermerebbero che individui particolarmente attivati possono alzare pesi superiori alle loro stesse aspettative. In ogni caso anche queste esperienze costituiscono prestazioni eccezionali che si presentano in condizioni particolari di emergenza o di pericolo per la vita. Questa attivazione eccezionale sarebbe dovuta ad un aumento della epinefrina che favorirebbe prestazioni superiori e, ovviamente, non ripetibili in situazioni normali quali sono quelle sportive.

1.2. Il modello della U capovolta

Un successivo modello nasce sulla base del lavoro condotto nel 1908 da Yerkes e Dodson e identifica una relazione curvilineare fra prestazione e attivazione. Questa teoria postula che la prestazione è favorita da un grado di attivazione ottimale, al di sopra e al di sotto del quale la prestazione risulterebbe deteriorata (cfr. fig. 3.1). Secondo questo approccio il comportamento deriverebbe dall'associazione tra un'attivazione corticale di base, a carico del sistema reticolare ascendente di attivazione, e una più specifica riguardante le esigenze di una determinata azione e derivata dall'attivazione di particolari aree corticali. Bassi livelli di attivazione corticale determinerebbero prestazioni ridotte così come livelli troppo elevati di attivazione corticale provocherebbero prestazioni altrettanto negative, in quanto si

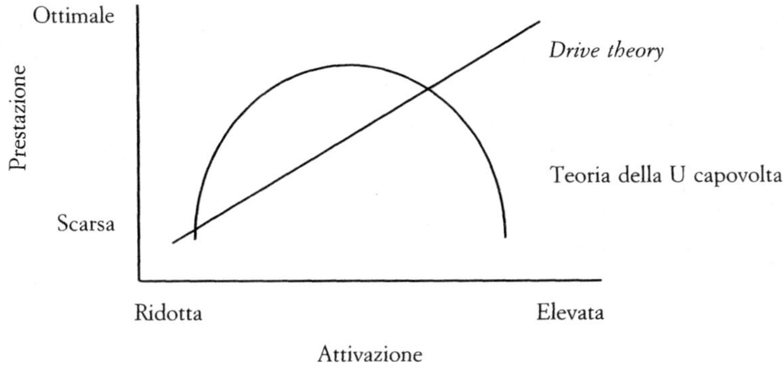

FIG. 3.1. Teoria della U capovolta e *drive theory*.

avrebbe un deficit nell'organizzazione delle sequenze di risposta. Prestazioni efficaci sarebbero, invece, favorite da livelli intermedi di attivazione. È stato osservato che all'attivazione corticale si accompagna anche un aumento dell'attività di alcune componenti del sistema nervoso autonomo. Le dimensioni fisiologiche più studiate hanno riguardato: la frequenza cardiaca, la frequenza respiratoria, la conduttanza cutanea del palmo della mano e il tono muscolare. Le indagini hanno purtroppo evidenziato una scarsa correlazione non solo fra l'attività EEG e le variabili fisiologiche studiate, ma queste stesse non varierebbero in modo tra di loro omogeneo.

In psicologia dello sport un certo numero di ricerche ha confermato la validità di questo modello sia in studi di laboratorio sia in studi sul campo. Ad esempio, Martens e Landers [1970] hanno trovato che, in un compito di equilibrio, i soggetti posti in una condizione di stress moderato fornivano prestazioni migliori rispetto ai soggetti posti in condizioni di ridotto o elevato livello di stress. A conferma di ciò Sonstroem e Bernardo [1982] hanno riscontrato che giocatrici con livelli moderati sia di ansia di tratto sia di ansia di stato fornivano prestazioni migliori rispetto agli altri soggetti e che coloro che mostravano livelli elevati di ansia fornivano le prestazioni peggiori. Fenz e colleghi [Fenz e Epstein 1967; Fenz e Jones 1972] hanno misurato i livelli di attivazione di paracadutisti attraverso la valutazione di indici psicofisiologici (conduttanza della pelle, frequenza cardiaca e frequenza respiratoria) confermando l'ipotesi della U capovolta. Infatti, anche se tutti i paracadutisti mostravano un aumento dei livelli di attivazione nel periodo compreso fra il loro arrivo in aeroporto e il momento del lancio, negli esperti questi livelli scendevano a un grado intermedio poco prima della sua effettuazione, mentre nei principianti avveniva la reazione opposta. Inoltre, negli attimi precedenti il lancio, i paracadutisti migliori dei due gruppi mostravano una riduzione dell'attivazione, significativamente maggiore, rispetto ai peggiori di ambedue i gruppi.

Una delle difficoltà nell'applicazione di questo modello riguarda l'influenza svolta da compiti diversi per complessità sui livelli di attivazione: è difficile, infatti, determinare quale sarà il livello di attivazione ottimale per compiti differenti. Già la teoria della pulsione di Hull aveva evidenziato una riduzione nella prestazione di compiti non ben appresi in concomitanza di livelli elevati di attivazione. Analogamente anche l'ipotesi della U capovolta prevede che i compiti complessi possano venire imparati in condizioni di ridotta attivazione, mentre quelli semplici tollerano livelli anche elevati di attivazione. Negli anni '70 è stata formulata una classificazione degli sport in funzione della loro complessità e del grado di richiesta di controllo muscolare [Oxendine 1970]. A un estremo sono state poste quelle discipline sportive che richiedono un fine controllo muscolare, accuratezza e velocità nell'esecuzione (ginnastica, pattinaggio artistico, golf e tuffi), mentre all'estremo opposto sono state collocate quelle che richiedono un controllo motorio di tipo più globale (sollevamento pesi, fondo, contrasti nei giochi di squadra). Il primo tipo di attività viene svolto con maggior efficacia in presenza di livelli ridotti di attivazione, mentre le altre richiedono livelli di attivazione più elevati. Queste ipotesi sono state confermate da Weinberg e Genuchi [1980] in uno studio condotto sui giocatori di golf. Dai risultati è emerso che nel golf, sport che richiede una fine regolazione dei movimenti, livelli bassi di ansia di tratto e di ansia di stato favorivano le prestazioni migliori.

Nonostante che la teoria della U capovolta abbia ricevuto numerose conferme empiriche, molte critiche sono state ad essa rivolte. Già nel 1980 Landers affermava che questo modello non spiega la relazione fra attivazione e prestazione ma che, più modestamente, rileva che fra queste due variabili vi è una relazione curvilineare senza però fornire una spiegazione credibile del perché e come l'attivazione influenza la prestazione. Hardy

[1990] ha sostenuto un'idea analoga dimostrando che se il livello di ansia cresce oltre il limite ottimale e conseguentemente la prestazione viene ridotta, un decremento dell'ansia non produce un miglioramento della prestazione così come, invece, viene proposto dall'ipotesi della U capovolta. Al contrario la prestazione subisce un ulteriore deterioramento. Infine, ulteriori critiche sono state formulate da coloro che hanno proposto approcci multidimensionali alla comprensione della relazione fra prestazione e attivazione [Kerr 1990; Hardy 1990].

1.3. La zona individuale di funzionamento ottimale

Partendo dall'adattamento in russo [Hanin e Spielberger 1983] del questionario di ansia di tratto e di stato (STAI) di Spielberger, Gorsuch e Lushene [1970] Hanin ha formulato la sua teoria della zona individuale di funzionamento ottimale (IZOF). Perlomeno in questi primi studi, in Hanin è implicita l'identificazione fra il concetto di ansia e quello di attivazione, in quanto è attraverso l'uso del questionario dell'ansia che l'autore giunge a identificare il livello di attivazione di un atleta. Questo lavoro ha origini strettamente applicative, in quanto nasce dall'esigenza di comprendere quale sia il livello di attivazione preferito da un atleta prima di fornire prestazioni di alto livello. Lo scopo di questa valutazione è formulare predizioni efficaci delle prestazioni future in funzione del livello di attivazione e di orientare l'ansia del giovane in direzioni positive per la sua carriera sportiva.

Su questa base, in uno studio condotto su 22 ginnaste il questionario di ansia di stato è stato compilato cinque giorni prima di una gara; le atlete dovevano rispondere pensando a come si sarebbero sentite prima dell'inizio della competizione. Tale valutazione è stata in seguito confrontata con quella fornita un'ora prima della gara, riscontrando fra queste due misurazioni una correlazione positiva. Sulla base di questa e di altre valutazioni Hanin è giunto a identificare una metodica per la definizione del livello di ansia di stato ottimale basandola su due procedure: 1) misurazione sistematica del livello di ansia di stato pregara e sua relazione con la prestazione fornita; 2) valutazione retrospettiva dell'ansia sperimentata in gare di successo. In questa seconda situazione all'atleta veniva chiesto di valutare come si era sentito prima delle sue prestazioni migliori o prima di prestazioni in cui aveva gareggiato con facilità ed efficacia [Hanin 1980; 1989]. Dalla valutazione di 250 atleti russi di alto livello sono emerse differenze individuali molto ampie nei livelli di ansia di stato ottimale, a conferma della necessità di stabilire un profilo individuale di attivazione, che non può essere tracciato attraverso l'uso di una legge generale come quella ipotizzata dall'ipotesi della U capovolta.

Che il livello di ansia preagonistica vari, quindi, su base individuale e non solo in relazione alle caratteristiche del compito è stato anche evidenziato in un'indagine condotta su un ampio numero di arbitri di pallavolo in cui sono state rilevate diverse modalità di risposta ansiosa [Ceridono *et al.* 1986]. In base al rapporto tra ansia prima della gara e ansia durante la gara sono state identificate diverse tipologie. Un primo gruppo è stato costituito da arbitri la cui ansia raggiunge il picco massimo un'ora prima della gara per scendere rapidamente durante la partita e ancor di più al suo termine. Un secondo gruppo è stato composto da arbitri la cui ansia raggiunge livelli medi un'ora prima della gara, si mantiene allo stesso livello durante e diminuisce soltanto dopo che la partita è finita. Un terzo gruppo è stato formato da arbitri il cui stato ansioso è basso prima e dopo la gara e raggiunge il picco massimo durante l'incontro. I soggetti del primo gruppo, rispetto a quelli del secondo e del terzo, sono stati quelli che hanno mostrato i livelli di ansia più elevati un'ora prima della partita e minori durante e un'ora dopo il termine dell'incontro. Questa indagine, anche se non aveva come proposito iniziale l'identificazione della zona individuale di attivazione ottimale, ha evidenziato che in presenza di uno stesso compito, arbitrare una partita di pallavolo, i direttori di gara mostrano livelli di ansia relativamente diversi tra loro, dai quali è possibile ipotizzare l'esistenza di differenze nei livelli di attivazione. Tale indagine è, quindi, in accordo con l'ipotesi di Hanin e nega la validità del modello della U capovolta.

Morgan e colleghi hanno confermato i risultati ottenuti da Hanin [Morgan *et al.* 1987; 1988], trovando che la zona di funzionamento ottimale è presente nei fondisti di élite. In particolare su un campione di 27 fondiste di livello internazionale è stato evidenziato che le prestazioni migliori erano state fornite dal 48% delle atlete con livelli di attivazione pregara ridotta, dal 22% con un'attivazione moderata e dal 30% con un livello elevato di attivazione. Anche i risultati riguardanti le prestazioni peggiori hanno mostrato lo stesso tipo di andamento ed erano state fornite con livelli di attivazione ridotta, moderata o elevata rispettivamente dal 30%, 37% e 33% delle fondiste. Gli autori spiegano che questi risultati mostrano che:

- la teoria della pulsione è disconfermata, in quanto il 48% delle atlete ha riportato di aver fornito le prestazioni con un basso livello di attivazione;
- l'ipotesi della U capovolta è disconfermata dal 78% delle atlete che sostengono di aver fornito le prestazioni migliori con livelli di attivazione bassa o elevata;
- la teoria del rilassamento viene negata dal 52% delle fondiste che hanno fornito le prestazioni migliori con livelli moderati o alti di attivazione.

Una evoluzione recente introdotta da Hanin nel suo studio dei livelli di attivazione ottimale si riferisce alla sostituzione del costrutto di ansia, quale indicatore pregara da valutare, con l'analisi delle emozioni piacevoli/spiacevoli. Infatti in studi recenti [Hanin 1995] il concetto di zona individuale di funzionamento è stato esteso all'analisi degli schemi emotivi ottimali o non ottimali. Sono state identificate combinazioni di emozioni che determinano un impatto positivo o negativo sulla prestazione. Tramite un'intervista agli atleti viene chiesto di determinare: *a*) quali sono le emozioni piacevoli/spiacevoli che svolgono un'azione facilitante sulle loro prestazioni e viceversa quali sono quelle emozioni positive e negative che agiscono in modo limitante sulle loro prestazioni; *b*) con quale intensità si manifestano queste emozioni; *c*) quali sono i gradi di variazione delle singole emozioni. Al fine di giungere a definire con esattezza questo profilo individuale, questo tipo di valutazione viene ripetuta includendo sia situazioni di ricordo di prestazioni ottimali passate, sia anticipazioni di come ci si sentirà poco prima del prossimo evento sportivo e sia misurazioni effettuate nel periodo pregara. In seguito vengono definite strategie individuali per migliorare la capacità di entrare in questa condizione. Secondo Hanin tali procedure sono efficaci anche per migliorare la consapevolezza dell'atleta e l'abilità a predire e a regolare il proprio sistema emotivo prima degli eventi sportivi più importanti.

L'elemento innovativo introdotto per primo da Hanin nello studio del vissuto dell'esperienza dell'atleta è l'uso di un approccio orientato all'individuo, che identifica le condizioni ottimali di funzionamento di quello specifico atleta. Al contrario di come è stato fatto sinora in cui, prevalentemente, si era ricercato un profilo di attivazione che si potesse riferire in qualche modo ad una norma prestabilita. È il caso della teoria della pulsione che ipotizza un miglioramento della prestazione in funzione dell'aumento dell'attivazione o dell'ipotesi della U capovolta che, anche se in maniera più sfumata rispetto alla *drive theory* e con aggiustamenti determinati dal tipo di compito da eseguire, suggerisce che livelli di attivazione intermedi sono positivi per la prestazione sportiva. Hanin, come è stato descritto, si discosta totalmente da questo approccio definendo il modello IZOF e dimostrando che livelli ottimali di ansia precompetitiva possono essere bassi, medi o elevati e sono definibili solo su base individuale. Per validare questa nuova ipotesi sono state condotte una serie di ricerche in diverse discipline sportive [Hanin e Syrja 1995]. Globalmente è stata evidenziata la capacità degli atleti di ricordare le loro esperienze di successo e d'insuccesso e d'identificare le emozioni che hanno favorito o limitato le loro prestazioni. Inoltre è stata confermata la validità strettamente soggettiva di queste valutazioni: emozioni considerate da alcuni come favorenti la prestazione sono state identificate da altri come limitanti. O ancora, per alcuni è stata positiva la presenza di determinate emozioni solo se si manifestavano con un basso grado d'intensità, mentre per altri le stesse emozioni assumevano un valore positivo se erano presenti a un livello particolarmente intenso.

Da queste indagini derivano alcune considerazioni di carattere generale. La prima riguarda l'identificazione di un'ampia gamma di emozioni positive/negative che possono facilitare/limitare la prestazione e che determinano il livello di attivazione ottimale o non ottimale. Inoltre, l'atleta che si trova nella sua condizione ottimale di attivazione è così in grado di: *a*) produrre sufficiente energia per cominciare e continuare la sua prestazione; *b*) utilizzare in modo efficace l'energia prodotta sino al termine della prestazione; *c*) recuperare energia in modo efficace al termine della prestazione o tra una prova e l'altra.

In sintesi, questo modello consente di valorizzare il vissuto psicologico ed emotivo degli atleti. Infatti, non si tenta d'imporre un modo di essere precostituito, ma di favorire una condizione di autoconsapevolezza da parte degli atleti, che li porta a scegliere autonomamente quale sia la condizione psicologica pregara che essi ritengono come più opportuna per loro. In tal senso, il lavoro dello psicologo è quello di affiancare l'atleta in questo processo d'identificazione della zona individuale di funzionamento ottimale, senza peraltro voler imporre un tipo di attivazione che non sia già stato sperimentato come positivo ed efficace dall'atleta stesso. Infine, questo tipo di valutazione consente di strutturare e visualizzare le esperienze soggettive degli atleti e monitorare in modo accurato i parametri individuali più significativi, attraverso la realizzazione di programmi psicologici individualizzati.

1.4. Nuovi approcci: la teoria della catastrofe e la «reversal theory»

La teoria della catastrofe è stata per la prima volta formulata da un matematico francese per spiegare le discontinuità che avvengono nel mondo fisico e in seguito è stata introdotta nelle scienze naturali e sociali [Zeeman 1976]. La forma a cuspide è quella più semplice per spiegare questo modello che è tridimensionale ed è formato da un fattore normale, un fattore *splitting* e una variabile dipendente. Il fattore normale è associato a cambiamenti della variabile dipendente: aumentando il primo aumenta anche la seconda. Il fattore *splitting* determina gli effetti del fattore normale sulla variabile dipendente. La biforcazione è l'area in cui sono possibili due tipi di valori del fattore normale: in funzione cioè del suo incremento/decremento vi saranno due diversi effetti sulla variabile dipendente [Hardy 1990].

Nella sua applicazione allo studio della relazione fra ansia e prestazione, viene ipotizzato che l'ansia cognitiva costituisca il fattore *splitting* e l'attivazione fisiologica il fattore normale. Questa seconda dimensione si riferisce al grado di risposta fisiologica simpaticotonica generalizzata e, in qualche misura, è simile al concetto di ansia somatica. L'ansia cognitiva viene considerata quale fattore *splitting*, in quanto può determinare se l'effetto dell'attivazione fisiologica (il fattore normale) sarà scarso, moderato o catastrofico (cfr. fig. 3.2). La variabile dipendente è rappresentata dalla prestazione sportiva che si correla positivamente all'incremento dei livelli di attivazione fisiologica. Più complessa è la comprensione del tipo di mediazione

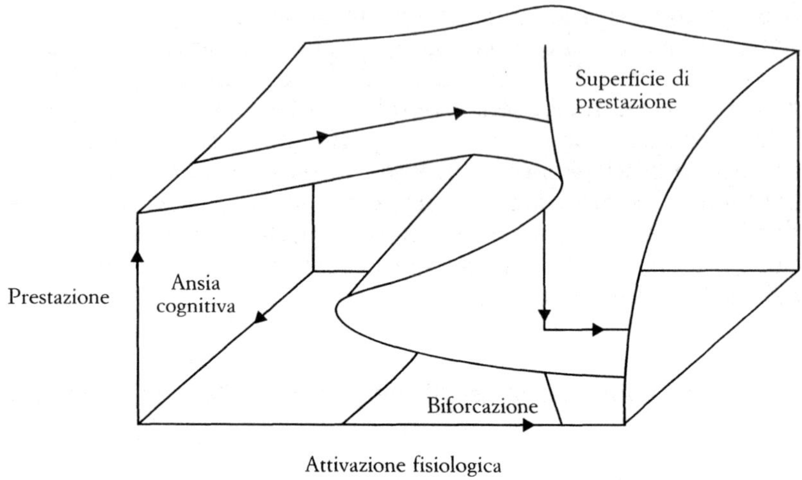

FIG. 3.2. Modello tridimensionale della teoria della catastrofe relativo alla relazione fra attivazione (cognitiva e somatica) e prestazione.

Fonte: Fazey e Hardy [1988].

svolto dalla dimensione cognitiva. Nella prima monografia apparsa su questo tema, Fazey e Hardy [1988] hanno suggerito che gli atleti, nello svolgimento di compiti semplici o comunque ben appresi, forniscono prestazioni ottimali in condizioni di elevata attivazione fisiologica solo se sono in grado di eliminare o controllare gli effetti negativi di questa attivazione e di massimizzarne quelli positivi. In questa situazione, uno stato di preoccupazione eccessiva potrebbe disturbare quest'attività di autoregolazione, distraendo l'attenzione del soggetto e determinando, a livello consapevole o inconsapevole, dubbi sulla positività del grado di attivazione fisiologica. Da questa impostazione deriva, pertanto, che la relazione fra livello di attivazione e prestazione varia in funzione del livello di ansia cognitiva e che effetti negativi sulla prestazione si avranno solo in presenza di livelli elevati di ansia cognitiva.

Questi autori hanno verificato due ipotesi da cui è derivata una prima conferma di questo modello. La prima si riferisce all'idea che l'attivazione fisiologica e l'ansia somatica non costituiscono di per se stesse dei fattori limitanti la prestazione, mentre si produrranno effetti catastrofici solo in associazione a livelli elevati di ansia cognitiva. La seconda ipotesi suggerisce che, in condizioni di elevata ansia cognitiva, la prestazione seguirà andamenti diversi a seconda che l'atleta si trovi in una condizione di attivazione crescente o decrescente [*ibidem*]. I soggetti di questo esperimento erano giocatrici di pallacanestro che sono state testate il giorno precedente una partita di campionato da loro valutata importante: la frequenza cardiaca è stato il parametro fisiologico considerato e l'ansia cognitiva è stata valutata attraverso la somministrazione dello CSAI-2, mentre il compito da eseguire consisteva in tiri a canestro. Un gruppo ha effettuato queste prove in condizioni d'incremento della frequenza cardiaca con una variazione da 150/160 a 190/200 battiti al minuto e successivamente ha ripetuto la prova in condizioni di riduzione della frequenza cardiaca, mentre un secondo gruppo effettuava le prove in modo inverso. In totale le giocatrici effettuavano 70 tiri, di cui 20 erano di riscaldamento, a cui seguivano 10 serie di cinque tiri ognuna delle quali veniva svolta in una condizione fisiologica differente. Dallo CSAI-2 è emerso che il giorno precedente la partita i soggetti si trovavano in una condizione di ansia cognitiva e somatica significativamente più elevata rispetto a quella avvertita il giorno successivo all'incontro. I risultati hanno mostrato che, nella condizione d'incremento dell'attivazione e di elevata ansia cognitiva, la prestazione migliorava sino quasi all'apice della frequenza cardiaca (190 battiti) per crollare quando raggiungeva il massimo (200 battiti). Nella condizione di decremento dell'attivazione la prestazione di tiro migliorava solo quando l'attivazione tendeva al valore minimo previsto (150/160). Questo tipo di dissociazione non è stata invece identificata in condizioni di ridotta ansia cognitiva. Inoltre, Hardy e colleghi hanno anche evidenziato che l'ansia cognitiva poteva favorire sia prestazioni positive che prestazioni negative. Questi risultati evidenziano il potenziale guadagno o la catastrofica caduta della prestazione che possono avvenire quando i soggetti si trovano nella condizione di elevata ansia cognitiva.

Per fornire una prima interpretazione di questi risultati apparentemente paradossali e in particolare riguardanti la relazione fra ansia cognitiva e attivazione fisiologica, Hardy ipotizza che nei soggetti eccessivamente preoccupati per la loro performance assuma un ruolo importante la relazione fra aspettativa di esprimersi al massimo delle proprie capacità e qualità delle loro prestazioni precedenti. In tal senso minore è questa discrepanza, maggiore dovrebbe essere la motivazione e l'impegno a fare bene, così come la probabilità di fornire una prestazione positiva. Di conseguenza, livelli anche elevati di ansia cognitiva possono non ostacolare la prestazione, in quanto l'atleta è comunque convinto di essere in grado di affrontare con successo la pressione competitiva che in quel momento sta avvertendo. Se al contrario il compito viene percepito come troppo difficile o impossibile, si determinerà nel soggetto una riduzione della motivazione e dell'impegno. In questo caso l'ansia cognitiva non verrebbe contrastata dalla consapevolezza di essere in grado di fare bene e avrebbe così il sopravvento. Ovviamente altre spiegazioni di questi risultati sono possibili e fra queste sono interessanti da affrontare in future indagini quelle che riguardano l'interferenza del livello di attivazione sulla prestazione, che potrebbe: favorire l'insorgenza di distrazioni, ridurre la capacità di trattare le informazioni o orientare i soggetti a prestare eccessiva attenzione all'impegno da erogare piuttosto che alla prestazione da effettuare.

I limiti attuali di questo approccio consistono:

• nella identificazione preliminare del fattore normale con l'attivazione fisiologica [ad esempio, Fazey e Hardy 1988]. Infatti non è chiara quale sia la relazione fra questa dimensione e il costrutto di ansia somatica, normalmente usato in psicologia dello sport;

• nella ridotta conferma empirica dovuta alla recente introduzione di questo modello interpretativo. Non vi è per ora una evidenza diretta che confermi la teoria della catastrofe, anche se Hardy e Parfitt [1991] hanno mostrato che un livello elevato di attivazione della frequenza cardiaca, associato a un livello elevato di ansia cognitiva, determina modificazioni catastrofiche della prestazione.

Gould e Krane [1992] riconoscono due aspetti positivi del modello della catastrofe. Il primo consiste nel considerare in modo integrato gli effetti dell'ansia cognitiva e dell'attivazione fisiologica sulla prestazione. Il secondo consiste nell'aver riconosciuto che nella realtà la relazione fra attivazione e prestazione sportiva raramente si presenta sempre in modo perfettamente simmetrico come ipotizzato dal modello della U capovolta e che, come ogni altra prestazione umana, anche quella sportiva è difficilmente prevedibile e può venire compresa solo tramite lo studio della relazione fra attivazione e ansia cognitiva.

Un altro nuovo approccio che è stato introdotto nello studio della relazione fra ansia e prestazione è la *reversal theory* [Apter 1984], proposta in psicologia dello sport da Kerr [1990]. Nella sua formulazione originaria, questo modello si focalizza sulla relazione fra attivazione ed emozioni ed è stato utilizzato come quadro di riferimento generale per spiegare la personalità e la motivazione. L'orientamento motivazionale dell'esperienza individuale gioca un ruolo fondamentale in questa teoria. La motivazione viene definita come: lo studio della struttura dell'esperienza e del modo secondo cui questa stessa struttura cambia nel tempo. In questo quadro assumono notevole rilevanza i fattori cognitivi ed emotivi. Viene suggerito che la relazione fra attivazione ed emozioni dipende dall'interpretazione cognitiva del livello di attivazione. Quando quest'ultimo è elevato può essere interpretato in termini di eccitamento (condizione piacevole) o di ansia (condizione spiacevole), mentre quando il livello di attivazione è basso può essere interpretato come rilassamento (condizione piacevole) o noia (condizione spiacevole). Il tono edonico si riferisce alla connotazione emotiva piacevole-spiacevole dell'esperienza individuale (cfr. fig. 3.3).

Un altro concetto guida è quello di stati metamotivazionali, definiti come stati che rivelano il modo in cui un soggetto interpreta alcuni aspetti della sua motivazione. Per cui ognuna delle due curve rappresentate nella figura 3.3 rappresenta un differente stato metamotivazionale delimitato da due poli opposti (noia-eccitamento o rilassamento-ansia). La teoria ipotizza l'esistenza di differenti stati metamotivazionali e quelli introdotti in psicologia dello sport sono lo stato telico (dal greco «telos» che significa obiettivo) e quello paratelico. Il primo corrisponde ad una condizione in cui vengono preferiti livelli bassi di attivazione associati a uno stato piacevole di rilassamento, mentre livelli elevati di attivazione sono percepiti in termini di ansia spiacevole. In questi individui prevalgono comportamenti pianificati, orientati allo scopo e si tende a evitare livelli elevati di attivazione. Nello stato paratelico, al contrario, sono preferiti livelli elevati di attivazione che vengono vissuti in termini di piacevole eccitamento, mentre livelli bassi sono considerati spiacevoli e determinano uno stato di noia. In questa

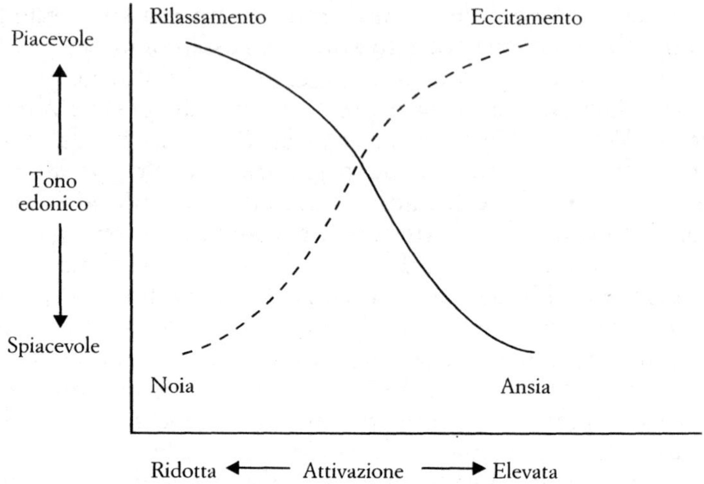

FIG. 3.3. Relazione fra tono edonico e livello di attivazione nello stato telico e in quello paratelico.

Fonte: Apter [1982].

condizione i comportamenti tendono a essere spontanei, giocosi, orientati al presente e al piacere immediato. La teoria prevede che possono avvenire rovesciamenti (*reversals*) immediati da una condizione metamotivazionale ad un'altra. In particolare viene postulata l'esistenza di tre diversi tipi di circostanza che possono determinare dei rovesciamenti: 1) eventi contingenti, come ad esempio quando si modifica una caratteristica ambientale; 2) condizioni frustranti, in cui i bisogni individuali non sono soddisfatti in un particolare stato metamotivazionale; 3) saturazione, quando un individuo trascorre molto tempo in uno stato aumenta la probabilità di un rovesciamento. Per spiegare questa possibilità di rovesciamento psicologico Apter [1984] riporta gli esempi di due attività a rischio, quali il paracadutismo e l'arrampicata. Sono queste attività in cui situazioni di pericolo possono favorire l'insorgenza di uno stato di ansia, stato telico connotato in termini spiacevoli e di elevato livello di attivazione, ma nel momento in cui tale pericolo viene padroneggiato, l'ansia si tramuta immediatamente in eccitamento, stato paratelico connotato in termini piacevoli e sempre di elevato livello di attivazione. Questi cambiamenti evidenziano uno dei principi della *reversal theory*, che postula che pur se ogni individuo mostra una certa predisposizione verso uno specifico stato metamotivazionale, può in ogni momento spostarsi sullo stato opposto.

Kerr, proponendo questo modello per lo studio della relazione fra attivazione e prestazione sportiva, identifica quattro stati che derivano dalla relazione fra stress e attivazione: 1) ansia, elevato stress ed elevata attivazione; 2) eccitamento, basso stress ed elevata attivazione; 3) noia, elevato stress e bassa attivazione; 4) rilassamento, basso stress e bassa attivazione (cfr. fig. 3.3). Kerr e Cox [1988; 1990] hanno esaminato gli effetti della dominanza telica e dello stato metamotivazionale nello squash su giocatori di tre diversi livelli di abilità. Agli atleti è stato somministrato il *Telic State Measure* (TSM) che misura la tendenza di un individuo a rimanere nel suo stato dominante durante uno specifico evento e che si compone di quattro domande che chiedono ai soggetti di valutare: 1) quanto seria o giocosa è la percezione di quell'attività; 2) quanto avrebbero preferito pianificarla in anticipo o essere spontanei; 3) quanto si sentono attivati; 4) che livello di attivazione avrebbero preferito avere. Ogni soggetto fornisce un punteggio su una scala a sei punti dotata ai suoi estremi di specifici aggettivi che la definiscono (seria-giocosa, pianificata-spontanea, bassa attivazione - elevata attivazione, preferenza per un'attivazione bassa - preferenza per un'attivazione elevata). Lo stato telico è caratterizzato da bassi punteggi e lo stato paratelico è identificato dalla scelta di punteggi elevati. Un quinto item misura la discrepanza fra l'attivazione preferita e quella attuale e deriva dalla sottrazione del punteggio fornito all'item 4 meno quello attribuito all'item 3.

Dai risultati è emerso che la maggior parte dei soggetti dei tre gruppi si trovava nella condizione telica e i giocatori di squash più esperti avevano sperimentato gradi minori di tensione-stress rispetto agli altri due gruppi di livello di abilità inferiore. Un'altra indagine ha indagato su eventuali differenze nella condizione psicologica di vincitori e perdenti [Kerr 1990; Cox e Kerr 1990]. Fra questi due gruppi sono emerse differenze solo in relazione all'item che misura la differenza fra attivazione percepita e attivazione preferita. Nell'arco di quattro partite, i vincenti non hanno modificato in modo significativo le loro risposte, mentre fra gli sconfitti è aumentata la discrepanza fra come si sentivano attivati durante la competizione e come avrebbero voluto sentirsi.

I risultati di queste indagini forniscono un primo fondamento empirico all'applicazione della *reversal theory* alla prestazione sportiva e la base per ulteriori e più comprensivi progetti di ricerca. L'elemento maggiormente interessante della teoria della catastrofe e della *reversal theory* risiede nell'essersi poste come valide alternative alla classica teoria della U capovolta e nell'aver evidenziato l'importanza del ruolo svolto dai processi cognitivi nell'interpretazione del livello di attivazione fisiologica.

1.5. Attivazione e prestazione

Sebbene da quanto sinora descritto sia emersa la difficoltà di definire quale sia l'esatto livello di attivazione che sta alla base delle prestazioni migliori, è comunque possibile formulare alcune linee guida di utilità operativa.

Yerkes e Dodson [1908] ipotizzarono originariamente che, in compiti complessi, le prestazioni migliori sono favorite da livelli di attivazione moderati. La verifica di questa ipotesi nell'ambito motorio ha presentato vari problemi, primo fra tutti quello di definire quali sono i compiti complessi e i compiti semplici. Una possibile soluzione consiste nell'identificare la complessità del compito in funzione della richiesta di elaborazione d'informazione e della complessità della risposta motoria. Su questa linea è anche l'osservazione comune secondo cui i compiti complessi sono quelli in cui i processi decisionali sono coinvolti nella scelta delle possibili azioni. L'esecuzione efficace di tali compiti sarebbe pertanto bloccata o limitata da livelli elevati di attivazione. Da ciò deriva che gli sport a prevalente determinazione tattica (sport di squadra, tennis) e, più in generale, quelli in cui la prestazione è strettamente dipendente dai cambiamenti che si verificano nell'ambiente richiedono livelli di attivazione più bassi. Al contrario, prestazioni caratterizzate da forza, resistenza e velocità richiedono livelli elevati di attivazione [Schmidt 1988].

Anche nei compiti che richiedono un elevato controllo motorio e precisione, come ad esempio le prestazioni di tiro, livelli elevati di attivazione producono effetti negativi sulla prestazione. A questo riguardo una ricerca condotta su bambini che dovevano effettuare dei lanci, ha evidenziato che coloro a cui veniva detto che dovevano impegnarsi maggiormente mostravano un aumento della contrazione muscolare prima, durante e dopo i lanci successivi. Queste modificazioni determinavano un peggioramento nella prestazione ed erano più marcate nei bambini con livelli elevati di ansia [Weinberg e Hunt 1976]. Ciò sta a indicare che suggerire ai soggetti d'impegnarsi maggiormente nei compiti di precisione può determinare un peggioramento della prestazione.

Sulla base della complessità del compito Oxendine [1970] ha proposto una classificazione degli sport in funzione del presunto livello di attivazione richiesto. Ha suggerito che:

- livelli bassi di attivazione sono richiesti nella pallacanestro per effettuare i tiri liberi, nel tiro con l'arco, nel tiro a volo, nel bowling o nel golf nel *putting*;
- livelli leggermente più elevati si riscontrano nel baseball nel lanciatore, nel football americano in colui che dirige il gioco, nel tennis e nella scherma;
- livelli moderati di attivazione si evidenziano nella ginnastica, nel pugilato, nel salto in alto, nel calcio e nella pallacanestro;
- livelli elevati di attivazione sono efficaci nel nuoto, nella lotta e nel judo, nel salto in lungo;
- livelli particolarmente elevati di attivazione sono presenti nelle azioni di contrasto nel football americano e in altri giochi di squadra, nei pesisti e nella corsa veloce.

Fra le ricerche che sembrano confermare questo schema, si trovano quelle che hanno proposto l'utilizzo di tecniche per provocare livelli elevati di attivazione. Shelton e Mahoney [1978] hanno trovato che pesisti istruiti ad attivarsi attraverso strategie d'incitamento del tutto personali, miglioravano in modo significativo la loro prestazione in un compito di forza statica semplice (dinamometro manuale).

Un'altra variabile che è importante considerare nello studio della relazione fra attivazione e prestazione riguarda il livello di abilità di chi fornisce la prestazione. Martens e Landers [1969], in soggetti che dovevano muovere una freccia in modo da farla coincidere con un bersaglio in arrivo, hanno evidenziato che i più ansiosi inizialmente fornivano prestazioni significativamente peggiori rispetto ai meno ansiosi ma che questa differenza si annullava con l'aumento del numero di prove. Ciò sembra confermare l'ipotesi che quando un'abilità è stata appresa, gli individui sono in grado di controllare con più facilità livelli elevati di attivazione. A questo riguardo è possibile supporre che gli atleti molto esperti e coloro che sono impegnati in compiti semplici, per fornire una prestazione efficace, necessitano di un livello moderato di attivazione. Diversamente, gli atleti meno esperti e coloro che sono impegnati in compiti complessi richiedono livelli di attivazione relativamente più bassi. Infine, deve essere preso anche in considerazione che, in generale, la presenza del pubblico facilita l'esecuzione di compiti semplici o delle risposte dominanti del soggetto (corrette o sbagliate che possano essere), mentre invece le prestazioni di tipo complesso possono venire limitate dalla presenza degli spettatori.

Un terzo fattore da considerare in questa analisi riguarda il ruolo svolto dalle differenze individuali. In sintonia con quanto espresso in precedenza è possibile sostenere che esiste per ogni individuo una specifica zona di funzionamento ottimale. I dati della ricerca psicofisiologica e quelli derivati dall'autovalutazione dell'ansia confermano l'esistenza di un'ampia variazione interindividuale sia nelle misure di base dell'ansia e dell'attivazione, sia nella reattività individuale alle situazioni di pressione competitiva e di recupero. In altri termini, il livello assoluto di attivazione non determina di per se stesso un incremento o un decremento della prestazione, ma è prioritaria l'interpretazione soggettiva dell'atleta. Se questa interpretazione della sua condizione psicofisiologica sarà positiva l'atleta si sentirà pronto a dare il meglio di sé, se invece la valutazione cognitiva sarà negativa il soggetto non si sentirà pronto o perché troppo attivato e quindi eccessivamente ansioso o in quanto troppo poco attivato e quindi poco motivato o annoiato.

Spielberger [1989] ha evidenziato che le esperienze d'insuccesso sono favorite da livelli elevati di ansia di stato e che i soggetti che si trovano in questa condizione forniscono le loro prestazioni migliori solo se sono impegnati in compiti semplici o quando sono in una condizione di basso livello di attivazione. Al contrario, le loro prestazioni peggiori sono fornite in relazione a compiti complessi e nuovi. Molte ricerche hanno confermato questo dato, per cui i soggetti ansiosi lavorano meglio in condizioni di ridotta attivazione, mentre i soggetti poco ansiosi sono più efficaci in situazioni di maggiore stress [Weinberg e Ragan 1978].

Anche se i processi attentivi verranno analizzati più avanti, va ricordato che a un livello ottimale di attivazione dovrebbe corrispondere un grado altrettanto efficace di selettività percettiva, con la conseguente eliminazione di tutti i segnali irrilevanti per quel compito. Viceversa, in presenza di livelli bassi di attivazione un atleta può non essere in grado di eliminare gli stimoli irrilevanti dovuti a un focus percettivo poco discriminante, mentre a livelli elevati di attivazione la sua focalizzazione può diventare troppo ristretta e tale da non consentire la selezione dei segnali rilevanti per la prestazione.

2. La regolazione dell'attivazione

La maggior parte degli allenatori e degli atleti è d'accordo nel ritenere che il grado di competenza dell'atleta nel saper autoregolare il proprio livello di attivazione è uno dei fattori decisivi della prestazione. Infatti, ci sono situazioni in cui gli atleti sono attivati in modo eccessivo e devono così servirsi di strategie per la riduzione di questi livelli. Mentre vi sono situazioni opposte, in cui il grado di attivazione è troppo basso e devono essere utilizzate strategie che la incrementino sino a un livello ottimale. Molte strategie di attivazione o di disattivazione sono state utilizzate da allenatori, atleti e psicologi dello sport. Alcune di queste sono tecniche somatiche, come il rilassamento neuromuscolare progressivo e il controllo del respiro, altre invece sono tecniche cognitive, come gli esercizi di ripetizione mentale o il dialogo interno. In particolare, in questa parte verranno presentati sia i sintomi di attivazione eccessiva o ridotta sia le tecniche per intervenire su queste condizioni negative. Inoltre verrà descritto in che modo può essere identificata la zona individuale di funzionamento ottimale e in che modo la conoscenza dell'umore dell'atleta è particolarmente utile per predire le sue prestazioni future.

2.1. Sintomi di attivazione eccessiva o ridotta

La maggior parte degli allenatori e degli atleti sono consapevoli dell'importanza che ha per la prestazione il trovarsi in una condizione di attivazione ottimale. La diffusione di programmi di preparazione psicologica per gli atleti di alto livello, realizzati allo scopo d'incrementare sempre più la loro capacità di affrontare in modo efficace gli eventi sportivi, dimostra quanto la componente psicologica sia ormai considerata come un elemento essenziale della preparazione alla gara e, in particolare, dei grandi appuntamenti sportivi. In relazione al rapporto fra prestazione e attivazione è necessario conoscere quali sono le cause e i segnali di attivazione eccessiva o troppo ridotta. I sintomi di attivazione eccessiva possono essere distinti in fisici, comportamentali e psicologici e sono così sintetizzabili:

- sintomi fisici: includono uno stato di tensione muscolare eccessiva, difficoltà di respirazione, difficoltà o eccesso di sudorazione, disturbi allo stomaco, sensazione di fatica e riduzione della coordinazione motoria;
- sintomi comportamentali: comprendono stati di agitazione generalizzata, rallentamento o eccessivo aumento della velocità di prestazione, aumento di reazioni irrazionali o superstiziose, riduzione della componente agonistica;
- sintomi psicologici: comprendono un dialogo interno negativo, pensieri irrazionali, riduzione della motivazione, uno stile attentivo troppo ristretto e stati d'animo connotati in modo negativo e spiacevole.

Fra le possibili cause che determinano questa condizione negativa sono identificabili cinque aree di valutazione cognitiva che favoriscono l'affermarsi di questo stato di attivazione non efficace: le richieste della situazione, le risorse individuali per affrontare in modo efficace queste stesse richieste, le conseguenze prodotte dalla situazione, il significato che viene attribuito dall'atleta a queste conseguenze e la consapevolezza delle proprie reazioni fisiche. Inoltre, anche la fiducia in se stessi e le reazioni dell'ambiente sociale influenzano il livello di attivazione dell'atleta. Infatti, la mancanza di fiducia nelle proprie capacità di saper affrontare con efficacia le situazioni competitive può determinare uno stato di attivazione eccessiva. L'affermarsi di forme di pensiero irrazionale costituisce un esempio tipico di mancanza di fiducia in se stessi ma anche l'eccessiva enfasi posta sul risultato da ottenere (vincere) può funzionare da causa scatenante di uno stato di attivazione esagerato. Le cause sociali connesse a stati di attivazione esasperata derivano essenzialmente dalle aspettative delle persone importanti per gli atleti (partner, amici, genitori, allenatore, sponsor e altri ancora) e dai media sportivi. In questo caso, l'attivazione eccessiva sarebbe determinata dalla percezione dell'atleta di non essere più accettato se non conferma le loro aspettative.

I fattori ambientali possono anche intervenire nell'incrementare in modo esagerato l'attivazione, fra questi la non conoscenza del luogo della competizione, condizioni meteorologiche estreme o il timore di eventi incontrollabili. Ad esempio, i Giochi olimpici di Atlanta sono stati caratterizzati da temperature e umidità particolarmente elevate e molte finali si sono svolte in momenti della giornata particolarmente torridi. È possibile che queste condizioni, unitamente alla grande pressione competitiva evidente in una finale olimpica, abbiano richiesto agli atleti un'ancor più attenta autoregolazione dei loro livelli di attivazione, in modo tale da non affrontare in condizioni di attivazione eccessiva la gara decisiva per l'assegnazione delle medaglie.

La situazione opposta a quella descritta riguarda le condizioni di attivazione estremamente ridotte, che si presentano con minor frequenza, date le caratteristiche delle competizioni, che sono situazioni in cui è sempre presente un certo grado di pressione competitiva. Le reazioni tipiche di questo tipo di attivazione sono così riassumibili:

- sintomi fisici: comprendono bassi livelli di frequenza cardiaca, di respirazione e di adrenalina e, più in generale, comprendono tuttti i sintomi che caratterizzano una situazione di ridotta energia psicofisica;
- sintomi comportamentali: le azioni sono lente, poco rapide e la preparazione alla gara può essere condotta in modo svogliato e impreciso; l'atleta può apparire sonnolento e facilmente distraibile;
- sintomi psicologici: evidenziano una scarsa motivazione a gareggiare, difficoltà nella concentrazione e un sentimento generalizzato di distanza psicologica da quel contesto.

Una delle cause principali che determinano questa condizione di ridotta attivazione risiede nella condizione di eccessiva sicurezza da parte dell'atleta. In certe situazioni gli atleti pensano di poter facilmente battere un avversario e di conseguenza possono non attivarsi in modo sufficiente. Ciò si assocerebbe anche a una ridotta motivazione o mancanza d'interesse (è il caso, ad esempio, delle partite amichevoli in cui un'intera squadra può non essere motivata ad affrontare gli avversari). Csikszentmihalyi [1975] ha ipotizzato che gli atleti che valutano che la loro abilità sia di gran lunga superiore alla situazione competitiva da affrontare, sperimenteranno con maggiore probabilità una condizione psicologica dominata da un sentimento di noia e di scarso interesse. Inoltre, uno stato di fatica, determinato da un periodo di allenamenti particolarmente intensi può determinare una difficoltà a raggiungere lo stato di attivazione adeguato e anche gli infortuni e i problemi nutrizionali possono limitare la capacità di attivarsi in modo efficace.

2.2. Il profilo degli stati dell'umore

Lo studio degli stati dell'umore è un tema d'indagine molto diffuso in psicologia dello sport, poiché consente la valutazione di una condizione che, se da un lato coinvolge in modo totale il soggetto, dall'altro si presenta come transitoria e fluttuante. In tal senso, l'umore può essere considerato come quella condizione affettiva di fondo piacevole/spiacevole che accompagna ogni azione o pensiero umano. Non a caso è stato evidenziato che le due principali dimensioni dell'umore sono la piacevolezza-spiacevolezza (indicate da termini quali felice, entusiasta, contento *vs.* arrabbiato, triste) e il grado di attivazione (eccitato, teso *vs.* rilassato, addormentato) [Watson e Tellegen 1985].

La valutazione degli stati dell'umore avviene attraverso la somministrazione del *Profile of Mood State* (POMS) di McNair, Lorr e Droppleman [1971] che, originariamente, è stato ideato per misurare i cambiamenti che derivano dal trattamento psicoterapeutico dei pazienti. In seguito, il POMS è stato utilizzato anche in contesti diversi da quello per cui era stato previsto ed è stato ampiamente usato in ambito sportivo. Una rassegna recente identifica più di 94 studi che si sono serviti del POMS per discriminare fra atleti di successo e atleti con un grado minore di successo [Rowley *et al.* 1995].

Il POMS è composto da 58 aggettivi che descrivono diverse sensazioni a cui il soggetto deve rispondere su una scala Likert a 5 punti che va da «per nulla» a «moltissimo». Il punteggio che il soggetto fornisce a ogni aggettivo è in funzione dell'intensità con cui ha sperimentato quella sensazione nell'ultima settimana. Molte ricerche hanno modificato queste istruzioni, chiedendo all'atleta di rispondere in funzione di come si sentiva in un preciso momento. Dalla somma dei punteggi derivano sei scale così denominate: Tensione, Depressione, Aggressività, Vigore, Stanchezza e Confusione. Viene anche calcolato un punteggio che identifica il punteggio globale dell'umore, che si ricava sommando i punteggi delle cinque scale che hanno una connotazione spiacevole (Tensione, Depressione, Aggressività, Stanchezza e Confusione), sottraendo il punteggio dell'unica scala che è composta da aggettivi che descrivono sensazioni positive e piacevoli (Vigore) e aggiungendo 100 per ottenere un valore positivo: più basso è il valore che si ottiene migliore è lo stato globale dell'umore. La versione italiana è stata curata da Farnè e colleghi [1991] e i dati normativi si riferiscono a studenti universitari. Comunque, eventuali confronti con questi dati devono essere condotti con cautela in quanto spesso gli studenti universitari presentano livelli di disagio psicologico superiori a quelli della popolazione generale [Violani 1996]. Questo limite è anche evidente nelle norme americane, pur essendo attribuibile a motivi diversi. Infatti, queste ultime dovrebbero essere considerate solo come un primo tentativo, in quanto sono state ottenute su studenti di un'unica università americana e, pertanto, non possono essere considerate valide per l'intera popolazione.

Il tema dell'umore ha trovato spazio in questa parte dedicata allo studio della relazione fra attivazione e prestazione, in quanto è stato ipotizzato che vi sia un rapporto positivo fra la dominanza degli stati positivi dell'umore (scala del Vigore), connotati da un vissuto in cui prevalgono sensazioni quali il sentirsi pieno di vita, attivo, pieno di energia, di buon umore, pronto, pieno di iniziativa, forte e senza preoccupazioni, e prestazioni di successo. Viceversa, è stata suggerita una relazione negativa con gli stati descritti dalle scale della Tensione, Depressione, Aggressività, Stanchezza e Confusione. La ricerca non ha però evidenziato con chiarezza se l'umore corrisponde realmente ad uno stato fluttuante e non stabile oppure se è maggiormente identificabile come una caratteristica relativamente stabile della personalità. Morgan [1985] ha trovato delle correlazioni significative fra il POMS e alcune dimensioni di personalità e anche nella versione italiana è riportata un'attendibilità elevata fra due prove successive, che confermerebbe una sensibilità delle scale del POMS a caratteristiche psicologiche relativamente stabili.

Morgan e collaboratori sono i ricercatori che hanno condotto su questo tema il maggior numero di ricerche, evidenziando che gli atleti di successo manifestano stati dell'umore più positivi rispetto agli atleti di minor successo [Morgan e Johnson 1977; Morgan *et al.* 1988]. Sulla base di queste indagini è stato evidenziato il cosiddetto profilo dell'iceberg, che si riferisce a un profilo degli stati dell'umore caratterizzato dalla presenza di punteggi significativamente al di sopra della norma per la scala del Vigore e per punteggi significativamente al di sotto della norma in relazione alle altre cinque scale.

Profili di questo tipo sono stati identificati da questi autori nei fondisti, nei lottatori e nei canottieri statunitensi. Questi risultati sono stati ottenuti da Morgan nel periodo 1972-1976, durante il quale come consulente del comitato olimpico statunitense ha potuto testare gli atleti di vari sport e confrontare i risultati degli atleti selezionati per le Olimpiadi con quelli degli atleti esclusi. Gli atleti non selezionati mostravano punteggi più elevati alle scale di Tensione, Depressione, Aggressività, Fatica e Confusione e più bassi alla scala del Vigore. Un'indagine condotta sulla quasi totalità degli atleti e delle atlete appartenenti alle squadre nazionali italiane ha evidenziato lo stesso tipo di andamento [Cei *et al.* 1994]. In particolare il gruppo degli atleti ha mostrato punteggi significativamente migliori rispetto alla norma italiana maschile, mentre il gruppo delle atlete si differenzia, rispetto alla norma femminile, in relazione alle scale della Depressione e della Confusione, evidenziando livelli significativamente più bassi e nella scala del Vigore con punteggi più elevati. È interessante notare che le atlete hanno mostrato un punteggio di Vigore significativamente più elevato anche rispetto ai maschi non sportivi. Questo dato consente di affermare che esiste una relazione positiva fra attività sportiva di alto livello e percezione di sé come individuo attivo, pieno di energia e pronto all'azione.

Sempre in questa ricerca, il profilo dell'iceberg degli atleti e delle atlete italiani di vertice a livello mondiale (definiti tali in quanto fra i primi 10 nella loro specialità), rispetto agli atleti nazionali di livello inferiore, si differenzia ulteriormente, mostrando nei primi punteggi significativamente migliori in tutte le scale dell'umore (cfr. fig. 3.4). Questo risultato è particolarmente rilevante per due motivi: 1) a differenza della quasi totalità delle indagini nordamericane che sono state condotte su

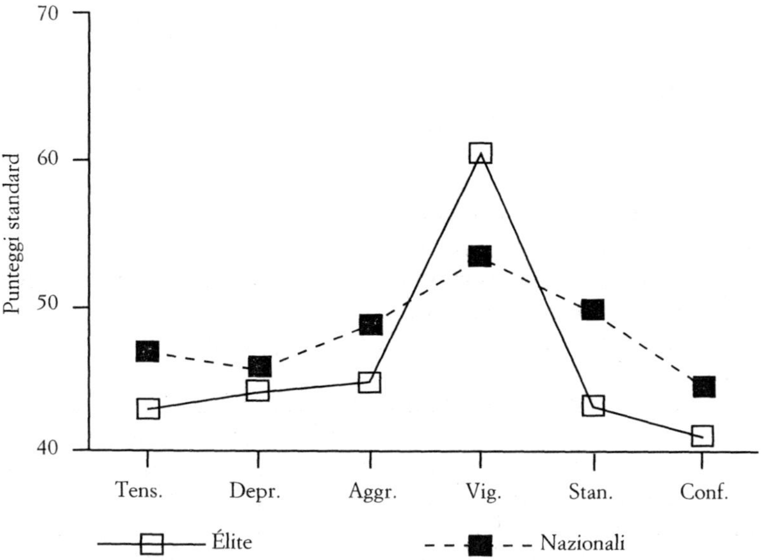

FIG. 3.4. Il profilo degli stati dell'umore degli atleti e atlete italiani di vertice mondiale e nazionale.

Fonte: Cei *et al.* [1994].

gruppi molto ridotti di atleti, questa indagine si caratterizza per la notevole ampiezza e omogeneità del campione studiato, che comprende infatti la quasi totalità degli atleti e delle atlete di massimo livello; 2) il successo sportivo è stato definito in modo univoco basandosi sui risultati ottenuti nelle due più importanti manifestazioni sportive a cui un atleta può partecipare (olimpiadi e campionati del mondo). Inoltre, è stato evidenziato che, per quanto riguarda l'umore, ai vertici delle classifiche mondiali non si presentano differenze di genere. In sintesi è emerso che:

- gli atleti e le atlete di élite non si differenziano tra loro in modo significativo in relazione al profilo dell'umore;
- gli atleti nazionali, in relazione alla scala del Vigore, si differenziano in modo negativo rispetto agli atleti di vertice mondiale;
- gli atleti e le atlete di élite, rispetto ai nazionali, hanno mostrato un minor grado di Aggressività e Confusione;
- le atlete di livello nazionale hanno evidenziato stati dell'umore più negativi rispetto agli altri gruppi in relazione alla

Tensione, Depressione, Stanchezza, e disturbo globale dell'umore;

- il punteggio globale dell'umore degli atleti nazionali è migliore di quello delle atlete nazionali.

In questa indagine italiana trova così conferma l'ipotesi, già rilevata da altre ricerche nordamericane, che il successo sportivo è associato a una condizione mentale positiva. Infatti dalla rassegna di queste indagini condotte in prevalenza su atleti di vertice emerge che gli sportivi nordamericani mostrano il tipico profilo dell'iceberg, specialmente durante i periodi di allenamento e talvolta anche prima delle competizioni [Vanden-Auweele *et al.* 1993].

Uno degli assunti che stanno alla base del concetto di umore, consiste nel ritenere che esso è influenzabile dalle situazioni ambientali che l'individuo si trova a vivere. A questo riguardo sono state evidenziate differenze negli stati dell'umore pregara in funzione del ruolo dei giocatori: titolari, riserve in panchina e giocatori in tribuna [Beccarini, Cei e Manili 1995]. Obiettivo di questa ricerca è stato quello di studiare l'evoluzione temporale degli stati dell'umore prima di sei partite giocate durante una tournée in Australia della nazionale italiana di rugby. Le differenze prepartita più evidenti sono emerse fra i titolari e le riserve in panchina. In particolare i titolari erano significativamente meno depressi, arrabbiati, stanchi e confusi. È ipotizzabile che il ruolo di riserve in panchina abbia posto questi giocatori in una condizione psicologica negativa, che da un punto di vista pratico potrebbe influenzare la loro prontezza a entrare in campo qualora l'allenatore lo richiedesse. La negatività di questa condizione, rispetto a quella di chi gioca o di chi sta in tribuna, risiede nell'incertezza della propria funzione in quel contesto, in cui non si può fare nulla poiché si tratta solo di aspettare l'eventuale decisione dell'allenatore di sostituire un giocatore in campo con uno della panchina, sapendo, inoltre, che questa opportunità verrà offerta non a tutti ma solo ad alcuni. Dal punto di vista operativo, questi risultati aprono ampi spazi d'intervento per gli allenatori. Infatti, se il profilo dell'umore delle riserve in panchina rappresenta la risposta negativa di questi giocatori alla loro condizione, obiettivo dell'allenatore dovrebbe essere quello di affrontare questa situazione, migliorando lo stato dell'umore e quindi di attivazione dei giocatori, così da renderli mentalmente pronti a entrare in gioco quando se ne presentasse l'occasione. Ad esempio, al fine di raggiungere questo obiettivo l'allenatore potrebbe affidare ad ognuno di questi giocatori obiettivi specifici e chiaramente definiti. In tal modo i giocatori potrebbero essere più motivati a vivere attivamente la partita, anche se non saranno in campo sin dalle fasi iniziali dell'incontro. È possibile che questi nuovi compiti possano impedire agli atleti di sperimentare questi stati dell'umore così negativi, rendendoli pronti ad affrontare le richieste agonistiche della partita. È da notare che durante questa tournée la squadra italiana ha fornito prestazioni globalmente molto positive e non vi sono state esibizioni negative. È quindi ipotizzabile che gli stati dell'umore positivi evidenziati nei titolari siano stati anche favoriti dai risultati positivi via-via accumulati durante questa trasferta.

2.3. Tecniche per la riduzione dell'attivazione

Numerose sono le tecniche psicologiche che consentono di ridurre livelli eccessivi di attivazione, quelle utilizzate nello sport sono state descritte in una rassegna recente su questo tema da Zaichkowsky e Takenaka [1993] e saranno riportate seguendo lo schema proposto da questi autori.

Il controllo del respiro è una delle tecniche più semplici da apprendere per indurre uno stato di rilassamento in grado di eliminare una condizione di attivazione eccessiva. Anche se durante l'attività sportiva l'apparato respiratorio risulta particolarmente sollecitato, molti atleti non sono in grado di controllare in modo adeguato la propria respirazione, pertanto in situazioni di eccessiva attivazione respirano troppo velocemente e superficialmente o addirittura trattengono il respiro sino a stare in una condizione di apnea. È invece ben noto che il controllo del respiro favorisce il rilassamento e aumenta la quantità di ossigeno utilizzabile dal sistema cardiovascolare in relazione all'attività muscolare. Conseguentemente, lo sviluppo di questa abilità da parte dell'atleta costituisce uno degli elementi chiave per l'autoregolazione del livello di attivazione. Per raggiungere questo obiettivo, la semplice effettuazione di alcuni respiri profondi consente all'atleta di ridurre immediatamente l'attivazione e d'inserire altre modalità di gestione più positiva del pregara.

Il rilassamento progressivo neuromuscolare [Jacobson 1929] rappresenta, fra le diverse tecniche di disattivazione, il rilassamento muscolare allo stato puro. Si propone di educare l'atleta alla riduzione volontaria del tono muscolare e d'indurre così uno stato di maggior calma mentale. Ciò avviene attraverso esercizi che consentono al soggetto di diventare cosciente delle sensazioni provocate dallo stato di tensione e di quelle determinate dalla sua scomparsa nel momento in cui i muscoli si rilassano. Consiste di esercizi di graduale contrazione-distensione di specifici distretti muscolari. L'atleta viene allenato a diventare consapevole delle differenze insite nelle due opposte condizioni. Gli esercizi devono essere svolti con cadenza giornaliera e coinvolgono la maggior parte dei muscoli del corpo. In questa prima fase gli esercizi sono svolti in posizione supina e l'obiettivo da raggiungere è di ottenere il rilassamento generale di tutto il corpo. La seconda fase viene condotta stando seduti su di una poltrona e, tramite lo stesso tipo di esercizi, consentirà al soggetto di rilassarsi durante l'attività quotidiana. Infine, la terza parte consiste in una sorta di programma di decondizionamento, il soggetto prende coscienza delle tensioni che avverte durante la sua attività quotidiana in occasione di situazioni che modificano il suo stato d'animo in modo spiacevole e s'impegna a ridurre al minimo o a eliminare questi disturbi. Oggi sono a disposizione degli atleti anche delle audiocassette che propongono questo tipo di programma. Nel mondo sportivo nordamericano il rilassamento progressivo neuromuscolare è abbastanza diffuso, tanto che in uno dei migliori libri di psicologia per allenatori le modalità di utilizzo di questa tecnica vengono descritte nel dettaglio [Martens 1987].

Un'altra tecnica di rilassamento che è stata molto utilizzata per ridurre stati di attivazione eccessiva è il training autogeno di Schultz [1966]. Si basa sull'apprendimento di esercizi di difficoltà crescente che gradualmente determinano il rilassamento globale del soggetto. La differenza sostanziale rispetto alla tecnica di Jacobson consiste nel far ripetere mentalmente al soggetto delle frasi affermative, semplici e brevi, che determinano questa condizione di calma, mentre nell'altro sistema tale risultato viene ottenuto attraverso esercizi di contrazione e rilasciamento dei vari distretti muscolari.

Diversi autori hanno proposto l'apprendimento di tecniche di rilassamento che comprendono aspetti del metodo di Jacobson e di quello di Schultz, integrandoli in una forma originale [Cei 1987; Suinn 1983]. Scopo principale di questi programmi non è solo d'insegnare all'atleta a rilassarsi, ma anche di metterlo in grado di applicare quanto appreso sul campo. In tal modo, se prima dell'inizio della competizione valuterà che è eccessivamente attivato, potrà ridurre questo stato di tensione e riportarlo su livelli per lui migliori. Per ottenere questo risultato l'atleta si sarà in precedenza esercitato ad abbassare il livello di attivazione in situazioni di allenamento di difficoltà crescente, quali, ad esempio, quelle di simulazione della gara o in altre ancora scelte insieme al suo allenatore.

È utile, comunque, ricordare che nonostante il training autogeno o le sue successive modificazioni siano ampiamente utilizzati nella consulenza psicologica ad atleti come tecniche per la riduzione dell'attivazione, esistono pochissimi studi che ne abbiano testato in modo attendibile la validità e la maggior parte delle conferme, relative all'utilità di questo approccio, derivano dall'esperienza stessa degli psicologi dello sport.

Anche la meditazione, nata in oriente ma diffusasi anche in occidente, può essere utilizzata come tecnica di autoregolazione dell'attivazione. Wallace e Benson [1972] hanno dimostrato che la meditazione trascendentale determina un abbassamento del consumo di ossigeno, della frequenza cardiaca e della frequenza respiratoria e un aumento delle onde alfa. La tecnica consiste nella ripetizione del mantra (suono di una sillaba, semplice e ripetuto in modo ritmico) mentre il soggetto è seduto in un ambiente tranquillo. Benson [1975] ha dimostrato che risposte psicofisiologiche analoghe possono essere ottenute attraverso la meditazione, senza per altro dover far propria la componente mistica e religiosa della meditazione, confermando la validità di questo approccio nel ridurre il livello di attivazione e l'ansia. Si può ipotizzare che l'efficacia di questo approccio consista nel fatto che questi esercizi esigono un controllo della postura, della respirazione e della mente: il soggetto si esercita con gli occhi aperti, deve essere in una condizione di tensione muscolare ottimale in quanto si trova seduto, è attivo e focalizzato e, pertanto, è in una condizione vigile in cui deve integrare i segnali esterni a sé con quelli interni. In tal modo l'atleta migliora la capacità di regolare il suo livello di attivazione in funzione del compito da eseguire e potrà, in seguito, trasferire questo apprendimento anche all'ambito sportivo.

L'*imagery* è una delle tecniche più utilizzate in psicologia dello sport per ottimizzare i processi di autoregolazione e per questa ragione qui viene fornito solo un breve accenno, mentre questo tema verrà affrontato nel dettaglio, più avanti. Il ricorso all'uso di immagini mentali viene anche chiamato visualizzazione o ripetizione mentale e la maggior parte delle tecniche psicoterapeutiche o di preparazione psicologica la comprendono al loro interno. In ambito sportivo è stata utilizzata per scopi molto diversi: per l'apprendimento e l'allenamento delle abilità sportive e delle strategie, per la risoluzione dei problemi, per esercitare le abilità psicologiche, per migliorare la percezione, come aiuto all'atleta nel recupero da infortuni e per controllare le risposte di attivazione.

Per la spiegazione della sua efficacia sono state formulate diverse teorie che verranno presentate in seguito nella sezione dedicata all'uso delle immagini mentali nello sport; in ogni caso nonostante la pluralità di modelli proposti, dalla ricerca emerge che l'uso delle immagini mentali determina cambiamenti significativi sulla prestazione. Lo dimostrano anche gli stessi atleti, campioni che hanno raggiunto risultati di eccellenza nel loro campo come lo sciatore Jean Claude Killy, il golfista Jack Nicklaus, il tuffatore Greg Louganis, la tennista Chris Evert-Lloyd, il saltatore Dwight Stones e molti altri che hanno pubblicamente riconosciuto l'importanza della ripetizione mentale nella loro preparazione della gara.

L'ultima tecnica psicologica che viene presentata riguarda il biofeedback, che consente il controllo delle funzioni dell'organismo tramite l'uso di un apparecchio a cui il soggetto viene collegato. Letteralmente la parola biofeedback può essere tradotta con «informazione biologica di ritorno» o «retroazione biologica». Le informazioni biologiche più comunemente utilizzate sono quelle relative al tono muscolare (EMG), alla temperatura cutanea (TEMP), alla risposta galvanica della pelle (GSR), alla frequenza cardiaca (FC), alla frequenza respiratoria (FR) e alle onde elettroencefalografiche (EEG). Queste informazioni vengono rilevate sul soggetto da uno speciale apparecchio, mediante adeguati sensori, e ritornano al soggetto stesso sotto forma di segnali visivi o sonori, che evidenziano quasi istantaneamente qualsiasi variazione nei livelli di attivazione delle funzioni misurate. Il biofeedback è stato ampiamente utilizzato per ridurre stati ansiosi pregara particolarmente intensi e per accelerare, al termine della prestazione, le fasi di recupero dell'energia fisica e psicologica attraverso l'induzione di stati di disattivazione profonda.

Nella consulenza psicologica il biofeedback è abbastanza diffuso e recentemente l'associazione degli allenatori canadesi ha realizzato un programma di preparazione psicologica denominato «Mind over Muscle: Peak Performance through Biofeedback»; che comprende un biofeedback portatile (GSR) che, unitamente alle altre tecniche proposte, ha l'obiettivo di migliorare la capacità di tolleranza dello stress competitivo. Anche il cardiofrequenzimetro può rappresentare un utile indice per identificare il livello ottimale della frequenza cardiaca e per insegnare all'atleta, tramite il biofeedback, modalità per regolare in modo consapevole questa dimensione fisiologica.

2.4. Tecniche per l'incremento dell'attivazione

La prestazione sportiva è prevalentemente associata a una condizione di pressione competitiva, nella quale gli atleti con più frequenza possono sperimentare uno stato di attivazione eccessiva. Ciononostante, accade che un atleta possa invece trovarsi prima della gara nella condizione opposta, caratterizzata quindi da un ridotto livello di attivazione fisiologica e psicologica. In queste situazioni è necessario che l'atleta sia in grado di autoregolare la sua attivazione o che l'allenatore strutturi l'ambiente o proponga attività che servano per raggiungere questo stesso risultato. Diverse tecniche sono state proposte per affrontare e risolvere con successo questo problema [Harris 1986; Martens 1987] e un esempio di questo tipo d'indagini è fornito da Shelton e Mahoney [1978] che hanno condotto uno studio per indagare sulla natura e l'impatto di strategie cognitive d'incitamento in pesisti che dovevano affrontare un compito di forza. Ai soggetti veniva chiesto di usare la loro tecnica preferita di attivazione prima di eseguire la prova richiesta. I risultati hanno evidenziato un miglioramento della prestazione di questi atleti rispetto a quella del gruppo di controllo, che era stato istruito a dare il meglio di sé durante la prova e che prima di effettuare il test era impegnato in un compito cognitivo distraente così da evitare l'uso di strategie spontanee d'incitamento. Dalle interviste condotte al termine dell'esperimento è emerso che le strategie maggiormente utilizzate si potevano così catalogare: 1) affermazioni di autoefficacia e di abilità personale; 2) controllo dell'attenzione; 3) aumento dell'attivazione; 4) tecniche d'immaginazione mentale. La maggior parte dei pesisti aveva utilizzato una combinazione di queste strategie e la strategia più utilizzata è stata quella dell'autoregolazione dell'attenzione.

Sulla base della letteratura disponibile su questo tema Zaichkowsky e Takenaka hanno proposto alcune tecniche per favorire un efficace incremento dei livelli di attivazione. Innanzitutto è necessario che gli atleti siano consapevoli di quali sono i parametri che segnalano una condizione di scarsa attivazione e che vi sono i modi per ovviare a questo stato.

In precedenza, si è visto che la respirazione è una tecnica efficace nella riduzione dell'attivazione ma è stato dimostrato che può anche essere utile nei casi in cui serva, invece, incrementarla. L'aumento, ad esempio, del ritmo del respiro associato, nella fase di inspirazione, a immagini di energia conduce a un aumento dell'attivazione.

Anche gli esercizi di stretching e più in generale il riscaldamento effettuato dall'atleta costituiscono un ottimo sistema di attivazione non solo organica, ma anche mentale. Inoltre, l'associazione di questa attività a immagini mentali energizzanti favorisce una più rapida crescita del livello di attivazione. Anche la musica e le videocassette sono utilizzate frequentemente dagli atleti come strumenti per mobilitare l'energia personale. Anche negli sport di squadra, la realizzazione di videotape motivazionali individualizzati può servire come tecnica d'incitamento. Questi video sono composti di due parti, secondo la descrizione fornita da Gipson [1990] che li ha realizzati per la nazionale statunitense di pallavolo: nella prima il giocatore vede se stesso nell'atto di eseguire azioni particolarmente efficaci e nella seconda l'accento viene spostato sui momenti migliori vissuti dalla squadra. Per ogni giocatore sono stati anche realizzati dei videotape che mostrano solo le azioni maggiormente positive ed efficaci. Questi video possono essere visti dall'atleta e utilizzati per incrementare la fiducia nelle proprie capacità, avendo a disposizione un modello positivo per incitarsi a giocare sempre in quel modo. Se a fianco dell'atleta c'è l'allenatore, quest'ultimo può sottolineare gli aspetti che ritiene più utili in vista delle prossime partite e può rinforzare ed elaborare i commenti del giocatore. Ogni video può includere anche una colonna sonora o della musica selezionata dall'atleta stesso per aumentare la sua efficacia motivazionale. Non va dimenticato infatti che l'ascolto musicale è, comunque, una strategia spontanea di autoregolazione dei livelli di tensione di cui si servono molti atleti in modo autonomo.

Altre modalità si riferiscono all'uso di parole guida specifiche per ciascun atleta per incrementare l'attivazione, all'abilità di saper trarre dall'ambiente circostante le motivazioni giuste per incitarsi positivamente o alla capacità di tradurre sentimenti interni sgradevoli (ad esempio, la rabbia) in energia positiva per la prestazione. Anche in relazione a queste tecniche spontaneamente utilizzate dagli atleti non esistono risultati di ricerche ma resoconti riferiti dagli atleti stessi, dal loro staff tecnico o dai media; è esemplare ed è diventata famosa, in tal senso, un'immagine di cui si serviva Mohammed Ali e che si riferisce al suo stile di pugile: «Muoversi come una farfalla, pungere come un'ape».

Anche la consapevolezza di gareggiare contro un avversario nettamente inferiore o superiore può determinare negli atleti una condizione di attivazione insufficiente. Un modo per incrementare e migliorare questa condizione è di stabilire obiettivi che siano raggiungibili ma che nel contempo rappresentino una sfida. Gli atleti saranno così orientati, indipendentemente dalle caratteristiche degli avversari, a raggiungere specifici obiettivi personali o di squadra e saranno stimolati a mantenere un elevato livello di concentrazione e di attivazione. Burton [1989] ha evidenziato che quando gli atleti definiscono con chiarezza obiettivi realistici sono meno ansiosi, più concentrati e più fiduciosi nelle proprie abilità, forniscono prestazioni migliori e si percepiscono più soddisfatti.

L'allenatore può svolgere un ruolo decisivo nel determinare negli atleti livelli adeguati di attivazione. Nel calcio sono emblematici gli interventi nello spogliatoio, nei quali l'allenatore esorta, anche con espressioni colorite, la sua squadra a impegnarsi al massimo delle possibilità. Spesso per stimolare ulteriormente i giocatori vengono anche utilizzate le dichiarazioni dei futuri avversari che sono apparse sui quotidiani. Oppure l'allenatore, per favorire un maggior grado di competizione all'interno della squadra e aumentare di conseguenza i livelli di attivazione, può utilizzare in modo strategico la regola che giocheranno solo i giocatori più motivati. Ad esempio, l'allenatore cinese della nazionale italiana femminile di pallavolo usava spesso ripetere alle sue giocatrici questa frase: «La squadra è forte se le riserve sono forti». Per lui significava che le ragazze che giocavano meno spesso dovevano ugualmente impegnarsi al massimo delle loro capacità durante gli allenamenti, perché solo in questo caso anche le altre compagne si sarebbero impegnate al loro meglio e tutte le 12 giocatrici sarebbero diventate più forti.

3. L'uso delle immagini mentali e della ripetizione mentale

La maggior parte dei sistemi di valutazione delle abilità mentali e dei conseguenti programmi di preparazione psicologica considerano le immagini mentali e la ripetizione mentale come abilità rilevanti per l'atleta. Mahoney, Gabriel, e Perkins [1987] hanno individuato un sistema di valutazione basato sull'analisi di cinque temi principali: ansia, concentrazione, fiducia in sé, preparazione mentale, motivazione ed enfasi posta sulla squadra. Nell'area connessa alla preparazione mentale viene chiesto esplicitamente all'atleta di valutare la sua abilità a ripetersi mentalmente la sua prestazione (esempi di item: «Prima di gareggiare ripeto spesso la mia prestazione» o «Quando mi alleno mentalmente, talvolta compio errori nella ripetizione mentale»). Confrontando fra loro due gruppi di atleti diversi per livello di abilità, è emerso che in relazione alla preparazione mentale gli atleti di élite, rispetto a quelli di livello inferiore, si esercitavano maggiormente con immagini che determinavano sensazioni cinestesiche e che erano focalizzate internamente. Un altro sistema di valutazione che prevede la valutazione delle abilità mentali degli atleti è quello proposto da Salmela e collaboratori [Draper, Salmela e Durand-Bush 1995] allo scopo di fornire agli psicologi sportivi che lavorano nell'ambito della consulenza con gli atleti un feedback riguardante le abilità mentali necessarie per raggiungere livelli di eccellenza nella prestazione sportiva. L'*Ottawa Mental Skill Assessment Tool* (OMSAT) contiene 11 scale che misurano le abilità di base degli atleti (*goal setting*, fiducia in sé e impegno), le loro abilità affettive (reazioni allo stress, paura, rilassamento e livelli di energia) e le abilità cognitive (immagini mentali, ripetizione mentale, focalizzazione e rifocalizzazione). Questo strumento di misura contiene all'interno dell'area cognitiva due scale che valutano, la prima l'abilità a servirsi in modo spontaneo d'immagini mentali (esempi di item: «Le mie immagini mentali sono vivide e ben definite» o «Mentre sto immaginando, posso sentire i movimenti che faccio abitualmente») e la seconda l'uso sistematico di esercizi di ripetizione mentale (esempi di item: «Nel mio sport mi esercito mentalmente tenendo in mente la prestazione ottimale» o «Nel mio sport mi esercito mentalmente seguendo una routine giornaliera»). Altri autori hanno invece elaborato un questionario specifico per la valutazione dell'uso delle immagini mentali: *Imagery Use Questionnaire*, composto di 37 item [Hall, Rodgers e Barr 1990]. Dai risultati della ricerca condotta su atleti di sei sport (football americano, hockey su ghiaccio, calcio, squash, ginnastica e pattinaggio artistico) è emerso che:

- gli atleti utilizzano le immagini mentali maggiormente in relazione alla gara piuttosto che in allenamento; sembrerebbe quindi che ritengano le immagini mentali più efficaci come tecnica per incrementare la prestazione, piuttosto che come aiuto per migliorare l'apprendimento;
- spesso immaginano se stessi che vincono o nell'atto di ricevere un premio e raramente immaginano di perdere. Questo risultato sembrerebbe confermare il ruolo motivazionale che la ripetizione mentale può assumere;
- gli atleti si servono in ugual misura di immagini esterne o interne. Questo risultato è in contrasto con quelli di altre indagini [Mahoney, Gabriel e Perkins 1987] ed evidenzia che la prospettiva immaginativa non sarebbe un fattore rilevante;
- alcuni dati sottolineano l'importanza della componente cinestesica delle immagini, maggiormente rilevante nella ginnastica e nel pattinaggio rispetto al football americano, al calcio e allo squash;
- gli atleti si allenano mentalmente in modo poco strutturato e poco regolare. Questo dato confermerebbe ulteriormente che essi considerano la ripetizione mentale più utile come tecnica per migliorare la prestazione piuttosto che come tecnica di allenamento;
- maggiore è il livello di abilità degli atleti, più frequente è l'uso delle immagini mentali sia in allenamento che come preparazione alla gara. Gli atleti che praticano attività competitiva, rispetto a quelli di livello amatoriale, si servono più di

frequente di immagini connesse alla vittoria. Inoltre, indipendentemente dal livello competitivo raggiunto (regionale, nazionale o internazionale) tutti gli atleti hanno sviluppato l'abilità di visualizzare e sentire se stessi nell'atto di eseguire la loro prestazione.

I risultati di queste indagini confermano la rilevanza delle immagini mentali per gli atleti e soprattutto il lavoro di Hall e colleghi rappresenta la prima indagine che abbia analizzato, in modo estensivo, l'uso delle immagini mentali in ambito sportivo, tramite la creazione di uno strumento di valutazione ideato appositamente per rispondere a questa esigenza conoscitiva. Nei paragrafi seguenti verranno presentate le teorie principali che sono state proposte per spiegare l'efficacia delle immagini mentali e come queste vengono utilizzate dagli atleti.

3.1. Definizioni di immagine mentale

In ambito sportivo sono stati introdotti termini diversi per illustrare il concetto di immagine mentale fra cui i più utilizzati sono i seguenti: *imagery*, *visualization*, *visual motor behavior rehearsal*, *mental practice*, *covert practice*, *ideomotor training*, *visuomotor training*. Prima di orientarsi alla comprensione delle diverse teorie che sono state elaborate per spiegare il fenomeno delle immagini mentali è necessario fare chiarezza sui termini che verranno utilizzati.

La parola «imagery» trova la sua traduzione nel termine italiano immagine ed è la più usata quando si parla di immagini mentali. La migliore definizione è stata fornita da Richardson [1969]: l'*imagery* si riferisce a tutte quelle esperienze quasi-sensoriali e quasi-percettive di cui siamo coscienti e che per noi esistono in assenza di quelle condizioni di stimolo che realmente determinano quelle specifiche reazioni sensoriali e percettive. Questa definizione identifica almeno tre caratteristiche tipiche delle immagini mentali. La prima si riferisce alla capacità individuale di provare le sensazioni e di avere le percezioni tipiche dell'azione reale, attuandole attraverso un processo mentale. In secondo luogo il soggetto è consapevole di quest'attività, dei risultati che su di lui produce e li provoca attraverso un'azione mentale volontaria. Terzo, non è necessaria la presenza degli antecedenti che determinano la prestazione per realizzare questa condizione psicofisica, pertanto uno sciatore può immaginare la sua discesa seduto comodamente su una poltrona senza dover stare in mezzo alla neve, indossare la tuta e gli sci.

Un'altra definizione è stata proposta da Oxendine [1984] che ha descritto l'esercizio mentale in termini di ripetizione di un compito, senza movimento osservabile, con lo specifico intento di favorire l'apprendimento. Questa definizione è però di carattere troppo globale e non esclude un'ampia varietà di processi mentali, quali, ad esempio, la ripetizione verbale di una sequenza di movimenti, il semplice pensare a un'azione motoria o il visualizzare un atleta particolarmente esperto mentre esegue un movimento. L'*imagery* è qualcosa di più complesso e specifico, si riferisce alla ripetizione mentale di un gesto motorio come se lo si stesse eseguendo in quel preciso istante, completo del suo corredo di sensazioni cinestesiche e visuo/audio-percettive. A questo riguardo Suinn [1983] ritiene che si debba distinguere fra ripetizione mentale e ripetizione delle immagini mentali. Nel primo caso, per ripetizione mentale si deve intendere ogni forma di esercizio mentale che avviene in assenza del movimento reale e che comprende, ad esempio, il pensare all'azione da eseguire o il ripeterla verbalmente. Per ripetizione delle immagini ci si deve invece riferire a qualcosa di maggiormente restrittivo, che identifica un esercizio mentale in cui le immagini mentali sono caratterizzate da sensazioni sensomotorie che reintegrano l'esperienza reale.

3.2. La teoria psiconeuromuscolare

La ricerca riguardante gli effetti della ripetizione mentale sullo sviluppo e la stabilizzazione delle abilità motorie e sportive ha sempre suscitato un notevole interesse nei ricercatori siano essi psicologi dello sport o studiosi dell'apprendimento motorio. La teoria psiconeuromuscolare è stata proposta come possibile spiegazione di questo fenomeno. Si basa sull'assunto, noto anche come effetto Carpenter, secondo cui la ripetizione mentale determina un moderato innalzamento del livello di attivazione dei muscoli interessati all'esecuzione reale, strutturalmente analogo a quello determinato dal movimento reale e tale da fornire un messaggio di ritorno cinestesico percepibile dal soggetto.

Già alla fine del secolo scorso sono state condotte indagini che avevano evidenziato questo tipo di risultati. La più nota è forse quella realizzata dallo stesso Carpenter, che ha portato alla definizione del principio ideomotorio, secondo cui un'immagine mentale produce un'attività muscolare simile a quella riscontrabile durante l'esecuzione dello stesso movimento, ma di ampiezza inferiore. Negli anni '30 Jacobson ha condotto diverse ricerche in questo settore, mostrando che la ripetizione mentale determinava un certo grado di attivazione nei muscoli interessati al movimento immaginato. In anni più recenti alcuni ricercatori hanno rilevato gli stessi risultati, evidenziando che la ripetizione per immagini mentali determina una ridotta ma misurabile attivazione neuromuscolare, coerente con il compito motorio immaginato [Harris e Robinson 1986; Jowdy e Harris 1990]. Esempi di compiti motori immaginati sono quelli utilizzati da Jacobson: piegare un braccio, salire su una fune e gonfiare una gomma. Una delle ricerche che maggiormente sostengono la teoria psiconeuromuscolare è quella di Rawlings e colleghi [1972] che si sono serviti di un compito che prevedeva l'acquisizione di una abilità percettivo-motoria. I soggetti, dopo aver effettuato il primo giorno una serie di 25 prove di allenamento, dal secondo al nono giorno sono stati sottoposti a situazioni diverse. Il primo gruppo ha continuato ad eseguire 25 prove al giorno; il secondo gruppo non ha più effettuato alcuna prova e il terzo gruppo ha continuato a praticare l'esercizio ma solo mentalmente. Al decimo giorno tutti i soggetti hanno ripetuto le prove. Dai risultati è emerso che il gruppo che aveva effettuato solamente le ripetizioni mentali era migliorato quasi quanto il gruppo che si era esercitato in modo pratico. Nessun miglioramento mostrava invece il secondo gruppo che non si era mai esercitato dal secondo al nono giorno. Sulla base di questi e altri risultati Schmidt [1988] ha ipotizzato che queste forme di attivazione sono determinate da un insieme di fattori scatenati dalle immagini mentali. Uno di questi si riferisce all'apprendimento degli elementi cognitivi del compito: il soggetto pensa quali tipi di cose devono essere tentate e le conseguenze di ogni azione possono essere previste in base al collegamento con esperienze precedenti simili. In tal modo si evidenzierebbe che la ripetizione mentale consente rapide associazioni con gli elementi cognitivi del compito piuttosto che favorire direttamente l'apprendimento motorio. Questi elementi cognitivi sono di solito più rilevanti nelle fasi iniziali dell'apprendimento e i risultati sembrano confermare l'ipotesi che gli esercizi mentali sono maggiormente utili in queste prime fasi piuttosto che in quelle più avanzate. Schmidt sostiene anche che, oltre alla dimensione cognitiva, esistono anche altre componenti che vengono attivate e che sono quelle relative al programma motorio. In particolare dalle ricerche sul linguaggio implicito, in cui al soggetto viene data l'istruzione di ripetersi mentalmente una frase, è emerso che questa attività produce delle modificazioni a livello della muscolatura vocale analoghe a quelle che si manifestano durante l'espressione verbale reale. Il soggetto riceverebbe informazioni di ritorno dagli organi del Golgi, in quanto questi rispondono anche a lievi modificazioni. Tali informazioni giungerebbero alla corteccia premotoria e rafforzerebbero il programma motorio connesso a quel compito specifico.

In ambito sportivo, Harris e Robinson [1986] hanno valutato l'attivazione dei deltoidi in studenti praticanti karate: il compito consisteva nell'immaginarsi per cinque volte di alzare lateralmente il braccio e di tenere la posizione per 10 secondi. I risultati hanno mostrato che, durante l'*imagery*, vi era un aumento significativamente maggiore dell'attività del deltoide destro. La ripetizione mentale era effettuata tramite l'uso di una audiocassetta in cui erano registrate le istruzioni di rilassamento e quelle di *imagery*. Successivamente, Jowdy e Harris [1990] utilizzando lo stesso metodo hanno voluto verificare se soggetti esperti si differenziavano dai principianti. I soggetti che hanno partecipato a questa indagine erano giocolieri il cui compito consisteva nell'immaginare un esercizio effettuato con tre palle da tennis e il muscolo misurato era il bicipite. I risultati dell'esercizio di immaginazione mentale hanno prodotto nei due gruppi lo stesso livello di attivazione muscolare; inoltre da questa ricerca sono emersi due ulteriori aspetti: 1) i giocolieri esperti utilizzavano maggiormente in questo esercizio mentale il flessore del polso piuttosto che il bicipite; 2) il grado di attivazione muscolare variava in funzione dell'abilità dei soggetti nel creare immagini mentali. Infatti, in relazione a questo tipo di competenza, i soggetti di ambedue i gruppi che erano stati meno abili a produrre immagini mentali avevano prodotto una minore ampiezza di attività muscolare rispetto ai soggetti più abili a immaginare.

Globalmente i dati della ricerca confermano l'esistenza di una relazione fra la produzione di immagini mentali e l'incremento di attività muscolare, anche se gli effetti della pratica mentale non possono essere scatenati dal feedback che giunge alla corteccia premotoria da parte dell'attività muscolare ma hanno origine da operazioni che avvengono a livello del sistema nervoso centrale. Inoltre, in aggiunta a questa critica, Feltz e Landers [1983] in un lavoro di sintesi su questo tema concludono affermando che: è molto dubbio che gli esercizi mentali determinino l'attivazione solo dei muscoli che saranno utilizzati durante la prestazione reale. Infatti, l'obiezione principale che questi autori fanno ai lavori iniziali di Jacobson è che gli elettrodi per la misurazione degli incrementi di EMG non sono stati posti con precisione sul muscolo interessato a quel movimento e quindi non è stato possibile verificare se anche altri muscoli non coinvolti nel movimento immaginato si siano attivati. In tal modo la teoria neuromuscolare non può essere convalidata, poiché l'attivazione muscolare, anziché essere specifica, coinvolge aree corporee più ampie quali un arto se non addirittura tutto il corpo.

3.3. La teoria dell'attivazione

Secondo la teoria dell'attivazione, l'*imagery* favorisce l'affermarsi di un livello di attivazione ottimale per eseguire una specifica prestazione. L'uso delle immagini mentali permetterebbe di: *a*) dirigere l'attenzione sui pensieri rilevanti per quel compito ed evitare di porre attenzione a quelli non pertinenti; *b*) preparare l'atleta all'azione, sviluppando il livello di attivazione adeguato e orientandolo a fornire una buona preparazione e *c*) creare un livello minimo di tensione che aiuta a porre i muscoli in una condizione di maggior prontezza e, pertanto, la ripetizione mentale potrebbe abbassare la soglia sensoriale dell'atleta e facilitare la prestazione di un'ampia varietà di compiti motori. A questo riguardo le strategie d'incitamento usate dagli atleti rappresentano un modo per mettere in uno stato di allerta i muscoli o altre variabili fisiologiche sinora poco studiate.

Un aspetto che sinora è stato poco approfondito riguarda la

funzione svolta dalle emozioni durante la produzione di immagini mentali. Feltz e Riessinger [1990], in un compito di resistenza muscolare, hanno comparato l'influenza di «*imagery* emotive in vivo» associate a feedback, rispetto a una condizione di solo feedback. Il compito motorio consisteva nello stare seduti con le gambe piegate nella cosiddetta posizione dello sciatore o della sedia fantasma. Dai risultati è emerso che i soggetti che effettuavano questa prova nella condizione di *imagery* («Immagina d'incitarti, di sentirti competente, di resistere più a lungo del tuo avversario») + feedback (al termine di ognuna delle due prove eseguite), rispetto al gruppo che aveva ricevuto solo il feedback, hanno resistito più tempo in quella posizione, sviluppando nel contempo una maggiore percezione di autoefficacia. Ciò evidenzierebbe il ruolo positivo svolto dalle immagini emotive in un compito di resistenza isometrica.

Un'altra indagine ha studiato il ruolo di tre diversi tipi di immagini mentali: paura e rabbia come immagini a contenuto emotivo e rilassamento come condizione non emotiva [Murphy, Woolfolk e Budney 1988]. I soggetti dovevano stringere un dinamometro il più forte possibile dopo aver visualizzato le immagini mentali che gli erano state proposte. I risultati ottenuti non hanno evidenziato differenze significative, ciò a dimostrazione dell'inefficacia delle immagini attivanti emozioni; infatti, le immagini di rabbia e paura non hanno favorito risultati migliori rispetto a quelli mostrati nel pretest. È da notare che il 75% dei soggetti credeva di aver fornito la migliore prestazione dopo le immagini di rabbia mentre questo in realtà si è verificato solo nel 28% dei casi. Lee [1990] ha sostenuto che bisognerebbe indagare sulle seguenti questioni: se le immagini mentali hanno un effetto sulla prestazione in quanto favoriscono l'emergere di uno stato mentale positivo, il contenuto dell'*imagery* non dovrebbe essere così importante, mentre se al contrario agiscono sulla prestazione tramite la ripetizione degli elementi rilevanti del compito, allora il contenuto dell'*imagery* è rilevante. Per verificare queste ipotesi sono stati realizzati due esperimenti in cui i soggetti dovevano effettuare, in 30 secondi, il maggior numero di esercizi addominali che erano in grado di eseguire. Dopo cinque minuti di riposo dovevano ripetere l'esercizio. Prima di compiere questa nuova serie di esercizi i soggetti venivano divisi in tre gruppi aventi le seguenti istruzioni: il primo usava *imagery* compito-rilevanti (immaginava di fornire una buona prestazione), il secondo si serviva di *imagery* irrilevanti (ricercava nella memoria condizioni di umore positivo) e il terzo doveva contare alla rovescia. Dai risultati è emerso che il gruppo che si era servito d'immagini mentali rilevanti per il compito aveva fornito prestazioni migliori, rispetto agli altri due gruppi che erano stati equivalenti in termini prestativi e, quindi, si confermerebbe l'ipotesi che la ripetizione mentale del compito svolge una funzione di preparazione del compito stesso e non esercita solo un'influenza generica sull'umore. In un secondo esperimento è stata introdotta anche la somministrazione del POMS al fine di valutare l'umore percepito durante l'*imagery*. I risultati sono stati analoghi a quelli della precedente indagine, con un miglioramento della prestazione del 14% circa, rispetto alla valutazione di base, nel gruppo che si serviva di *imagery* rilevanti per il compito. Mentre il gruppo con *imagery* non rilevanti per il compito migliorava solo del 7,7% e il gruppo di controllo del 3,7%. I risultati del POMS non hanno contribuito a predire in alcun modo le prestazioni. Lee conclude affermando che dai risultati di questi due esperimenti emerge che il contenuto delle immagini è importante per migliorare la prestazione e che gli effetti dell'*imagery* non derivano dall'umore percepito durante la prova.

3.4. La teoria simbolica dell'apprendimento

Questa teoria sostiene l'ipotesi che la pratica mentale fornisce al soggetto l'opportunità di allenare gli elementi simbolici di un compito motorio e di preparare e pianificare mentalmente la prestazione. Le componenti spazio-temporali delle azioni motorie da compiere sono gli elementi fondamentali di queste immagini mentali. Nella loro rassegna sull'efficacia delle ripetizioni mentali nello sport, Feltz e Landers [1983] hanno evidenziato che gli effetti positivi della pratica mentale sono principalmente associati agli aspetti cognitivo-simbolici del compito piuttosto che a quelli motori. Questi effetti deriverebbero, contrariamente a quanto proposto dall'ipotesi psiconeuromuscolare, da un'attività che si svolge a livello del sistema nervoso centrale. In queste indagini era stato evidenziato che la ripetizione mentale, rispetto alla ripetizione verbale, aveva un'influenza maggiore sulla prestazione motoria e, inoltre, era stato riscontrato che la ripetizione mentale di compiti in cui era presente una componente simbolica influenzava più positivamente la prestazione motoria, rispetto alla ripetizione mentale di compiti motori in cui questa è assente. In sostanza, queste prime indagini hanno messo in luce che le caratteristiche del compito influenzano l'efficacia delle ripetizioni mentali sulla prestazione motoria reale.

In generale, anche studi più recenti hanno confermato la validità di queste conclusioni e dalla rassegna di Feltz e Landers sugli effetti della pratica mentale, condotta su 60 studi, emerge chiaramente il ruolo positivo dell'*imagery* sulla prestazione motoria. In essa viene evidenziato che in questi studi, indipendentemente dalle caratteristiche dei campioni utilizzati, dei disegni sperimentali e delle metodologie applicate, la distinzione fra gli aspetti motori e quelli simbolici dell'apprendimento motorio è particolarmente significativa ed è tale da confermare la validità della teoria simbolica dell'apprendimento. I compiti motori dovrebbero pertanto essere posti lungo un ipotetico continuum ai cui estremi sono posti i compiti altamente cognitivi e quelli scarsamente cognitivi. La ripetizione mentale di compiti a prevalenza simbolica, non ancora appresi, favorisce la memorizzazione degli elementi cognitivi e la loro connessione; questa tecnica si viene, così, ad aggiungere alle modalità di apprendimento più tradizionalmente utilizzate e in tal senso l'*imagery* svolge una funzione programmante l'azione motoria.

Si hanno invece poche informazioni sul tempo che deve essere dedicato alla ripetizione mentale e sul numero di ripetizioni da eseguire per ottenere un risultato positivo. Frester [1985] sostiene, in una rassegna sui risultati delle ricerche condotte in Europa orientale, che il numero di ripetizioni mentali varia a seconda del livello di apprendimento dell'atleta e delle caratteristiche del compito motorio. Afferma, inoltre, che in allenamento si sono dimostrate valide da tre a cinque ripetizioni per ciascun compito motorio, mentre in gara queste possono essere ridotte a una o due.

Un altro aspetto che sembra influenzare l'efficacia della pratica mentale riguarda il livello di competenza motoria del soggetto. Fitts [1964; Fitts e Posner 1967] ha evidenziato che l'allievo nel corso del processo di apprendimento atttraversa tre fasi distinte tra loro, che ha così denominato: cognitiva, associativa e autonoma. La fase cognitiva è caratterizzata dalla necessità del soggetto di comprendere cosa deve fare, come viene valutata la prestazione e quanto bene deve eseguire le prime prove. Questa attività a prevalenza cognitiva comporta anche la determinazione delle strategie più appropriate per apprendere. Secondo Fitts in questa prima fase la maggior parte dei miglioramenti sono di tipo verbale-cognitivo, in quanto l'allievo è maggiormente focalizzato su cosa deve fare piuttosto che sugli schemi motori in se stessi. La seconda fase è caratterizzata, invece, dalla preoccupazione del soggetto su come eseguire un determinato gesto motorio e in quest'ottica la componente cognitivo-verbale è di scarso significato. Nella terza fase, dopo anni di pratica, l'abilità è diventata largamente automatizzata e il compito può essere eseguito controllando la maggior parte delle interferenze che intervenivano in precedenza. Egli indica che la ripetizione mentale può essere particolarmente utile nella prima fase dell'apprendimento e che questa tecnica può aiutare l'individuo nell'organizzare il programma a livello centrale. Molte delle ricerche citate in precedenza possono servire da conferma di questa ipotesi. Infatti l'*imagery* può essere molto efficace, purché il soggetto abbia una qualche esperienza del movimento e, quindi, anche movimenti non appresi ma che comprendono elementi conosciuti possono trarre beneficio dalla pratica mentale, in quanto quest'ultima favorisce la memorizzazione del nuovo programma motorio.

In ogni caso la ricerca sulla relazione fra ripetizioni mentali e stadi di apprendimento è stata sinora limitata e solo in futuro, con l'apporto di nuovi dati, si potrà comprendere meglio questo rapporto. Indubbiamente, se è probabile che nella fase iniziale dell'apprendimento la pratica mentale può servire da organizzatrice del comportamento motorio, è altrettanto vero che gli atleti di alto livello, quindi coloro che sono esperti, si servono di frequente delle immagini mentali. Resta così per il momento senza risposte certe la domanda relativa alla differente funzione dell'*imagery* in queste diverse fasi di sviluppo dei programmi motori.

3.5. La teoria bioinformazionale

La ricerca che ha indagato sul fenomeno dell'*imagery* sportiva è particolarmente significativa, anche se i modelli teorici utilizzati presentano come si è visto alcuni limiti. Infatti, la teoria psiconeuromuscolare, che offre una spiegazione efficace dei cambiamenti nell'attività elettromiografica durante il processo di *imagery*, non può spiegare comunque in termini causali gli effetti prodotti dalla pratica mentale. Anche la teoria simbolica dell'apprendimento, per quanto prenda in considerazione la componente cognitiva dell'*imagery*, rappresenta pur sempre un approccio limitato. Altre teorie [Kosslyn 1981; Paivio 1971] sebbene molto note fra gli psicologi cognitivi hanno suscitato scarso interesse in psicologia dello sport in quanto non tengono in considerazione l'esperienza corporea e non conducono a nessuna forma di applicazione pratica. Ciononostante, dalla psicologia clinica provengono due teorie interessate a spiegare l'azione dell'*imagery* sul comportamento e sono la teoria bioinformazionale di Lang [1977; 1979] e la teoria del triplo codice di Ahsen [1984].

La teoria di Lang affronta in modo diretto la psicofisiologia dell'*imagery*: questo autore ipotizza che le immagini mentali sono organizzate in modo specifico in un insieme funzionalmente ben organizzato e fissato nel cervello. Il modello postula che le immagini contengono due tipi di sistemi: le proposizioni stimolo, che riguardano le caratteristiche dello scenario che deve essere immaginato e le proposizioni risposta, che si riferiscono alle azioni fornite da colui che immagina. Le prime comprendono, ad esempio, le immagini mentali relative al luogo dove si svolge l'attività sportiva, all'abbigliamento sportivo che s'indossa, o agli attrezzi sportivi che eventualmente si utilizzano. Le seconde riguardano asserzioni relative alle risposte motorie e agli aspetti fisiologici. Pertanto, l'immagine contiene anche un programma motorio che ha al suo interno le istruzioni relative a come rispondere all'immagine. Sulla base di questo assunto, Lang ha ipotizzato che se avvengono dei cambiamenti nel comportamento reale o nell'immagine mentale anche l'altra caratteristica di conseguenza non resterà immutata, ma subirà una modificazione analoga e ciò spiegherebbe l'efficacia terapeutica del processo di *imagery*. Se, invece, non vi è alcuna relazione fra le caratteristiche psicofisiologiche delle azioni reali e quelle delle immagini, il trattamento con probabilità non avrà un esito positivo.

Inoltre, Lang e altri ricercatori hanno dimostrato che l'*imagery* determina un'ampia varietà di reazioni psicofisiologiche.

Negli studi condotti sui pazienti fobici è stato evidenziato che, durante l'*imagery*, maggiore è l'ampiezza di queste modificazioni fisiologiche, più rilevanti sono i cambiamenti a livello del comportamento [Lang, Melamed e Hart 1970]. Nello specifico la domanda a cui si è tentato di rispondere in psicologia clinica è la seguente: immagini mentali di paura producono un incremento dell'attivazione maggiore rispetto a immagini mentali neutre? Le indagini condotte si sono servite in prevalenza di studenti di college che immaginavano situazioni da loro considerate paurose; hanno rilevato che la frequenza cardiaca, e in modo minore l'attività elettrodermica, aumentavano maggiormente durante immagini mentali di situazioni paurose rispetto alle situazioni neutre. Altri studi hanno riscontrato modificazioni della frequenza respiratoria [una descrizione di queste tematiche, non in ambito sportivo, è presente in Cuthbert, Vrana e Bradley 1991]. Sulla base dei dati disponibili, Cuthbert e colleghi concludono affermando che la produzione di immagini mentali vivide è favorita da istruzioni specifiche date ai soggetti e, in accordo con quanto già proposto da Lang, ritengono necessaria la presenza di tre elementi chiave nelle istruzioni: 1) la richiesta di evocare un'immagine; 2) lo *script* o descrizione dettagliata di ciò che si deve immaginare; 3) la necessità che l'individuo sia motivato a svolgere questo compito. L'elemento che ha ricevuto maggiore attenzione da parte di altri ricercatori è quello riguardante la descrizione di ciò che deve essere immaginato e in particolare è stato trovato che, nelle istruzioni fornite al soggetto, la presenza di immagini relative alle azioni (proposizioni di risposta) determina una maggiore attivazione fisiologica rispetto a istruzioni che contengono solamente informazioni sul contesto (proposizioni di stimoli).

Un altro aspetto che, come si vedrà, è già stato utilizzato in psicologia dello sport, riguarda l'ampiezza delle risposte fisiologiche in seguito a due tipi di allenamento: il *response training* e lo *stimulus training*. Nella prima situazione, l'allenamento centrato sulla risposta, viene chiesto al soggetto di immaginare come se stesse in quel preciso momento realmente agendo in una situazione. In seguito deve descrivere allo sperimentatore quanto immaginato. A sua volta, il ricercatore rinforza ogni espressione di coinvolgimento comportamentale e fisiologico presente nelle immagini riferite dal soggetto. Nell'allenamento centrato sullo stimolo il soggetto viene selettivamente rinforzato nella descrizione dei dettagli degli stimoli presenti nelle immagini mentali. Le ricerche hanno dimostrato la superiorità dell'allenamento centrato sulla risposta, rispetto a quello centrato sullo stimolo, nel favorire la produzione di modificazioni fisiologiche.

Le ricerche realizzate in ambito motorio e sportivo hanno utilizzato procedure che rientrano nell'ambito della teoria bioinformazionale. Inoltre, lo sport consente di testare in modo diretto l'ipotesi secondo cui l'*imagery* di determinate azioni motorie determina un coinvolgimento somatico appropriato alle azioni da eseguire. A conferma di ciò Bird [1984] ha evidenziato in cinque atleti di differenti discipline sportive (sport equestri, canottaggio, sci d'acqua, nuoto e pallacanestro) livelli di attivazione neuromuscolare coerenti con l'attività svolta. Bird ha misurato distretti muscolari diversi in funzione della loro importanza nello specifico sport praticato, comparando le risposte EMG durante l'*imagery* di un evento che avrebbe dovuto determinare l'attività muscolare prevista (condizione rilevante), con quelle di un altro evento che non avrebbe dovuto provocare modificazioni EMG (condizione irrilevante). I risultati sono stati in larga parte coerenti con queste ipotesi: l'attività EMG aumentava nella condizione rilevante, mentre nella condizione irrilevante non si evidenziava alcuno scostamento da valori di rilassamento muscolare. Questo tipo di procedura sperimentale, di confronto degli effetti dell'*imagery* di situazioni rilevanti e irrilevanti nello stesso sito muscolare, consente inoltre di disconfermare l'ipotesi secondo la quale durante il processo di *imagery* avviene solamente un aumento globale della tensione muscolare. Inoltre, questa indagine evidenzia anche che, nel caso di un tiro libero nella pallacanestro, l'*imagery* e l'azione reale determinano uno schema di risposta analogo, pur se nel primo caso l'ampiezza dell'attivazione è più ridotta. In tal modo si conferma ulteriormente l'assunto che l'attivazione muscolare prodotta dall'immagine mentale rispecchia quella determinata dall'esecuzione del gesto motorio.

Il metodo sviluppato negli anni '70 da Suinn è simile nella sua essenza al modello di Lang. Suinn ha denominato questo sistema di allenamento motorio «ripetizione visuomotoria del comportamento» (*Visuo-Motor Behavior Rehearsal*, VMBR) e consiste nella ripetizione di un singolo gesto motorio o di sequenze di azioni. Per illustrare il coinvolgimento del corpo in questa attività di *imagery*, Suinn spiega che ciò che avviene durante il processo di immaginazione costituisce una copia abbastanza precisa dell'esperienza, una specie di pensiero del corpo simile alla potenza illusiva di certi sogni notturni e che, probabilmente, la principale differenza fra il sogno e il VMBR risiede nel fatto che la ripetizione per immagini è soggetta al controllo volontario. Inoltre, per questo autore l'*imagery* non è solo visiva ma è anche tattile, uditiva, emotiva e muscolare. Alcuni esempi di questo tipo sono presentati da Suinn: una nuotatrice riportava che le sue immagini mentali diventavano a colori quando durante il VMBR si tuffava in acqua e sentiva il freddo dell'acqua. Una sciatrice della squadra statunitense di sci alpino, durante il VMBR, avvertiva lo stesso tipo d'irritabilità che provava in gara.

Il modello di Lang è stato testato in ambito sportivo per la prima volta da Hecker e Kaczor [1988]. Ad atlete di softball sono state proposte quattro situazioni: una neutra di rilassamento, una non familiare di paura (essere su un aereo che sta per esplodere), una familiare di attività fisica (esercizio con i pesi) e una familiare sport specifica (stare sotto pressione nel box di battuta). La variabile misurata era la frequenza cardiaca e tutte le scene comprendevano proposizioni di risposte, fatta eccezione per la situazione neutra. I risultati hanno evidenziato un incremento maggiore in relazione alle scene familiari di attività fisica e a quelle sport specifiche rispetto alle scene di paura. Gli autori sostengono così di aver fornito dati a conferma della teoria di Lang, poiché le scene familiari hanno determinato un incremento della frequenza cardiaca dovuto al fatto di poter essere facilmente recuperate nella memoria dei soggetti. Stessa spiegazione è fornita per interpretare la mancanza di attivazione nell'*imagery* della situazione di paura: infatti questa, essendo inventata dai ricercatori, non poteva essere recuperata dalle atlete nella loro memoria a lungo termine.

Un altro elemento che emerge dalla teoria bioinformazionale riguarda la rilevanza della prospettiva immaginativa, e cioè se l'*imagery* viene effettuata da una prospettiva interna (il soggetto immagina di stare compiendo una determinata azione) o da una esterna (il soggetto vede se stesso eseguire un gesto motorio come in un film). Secondo la teoria, le proposizioni di risposta hanno maggior efficacia se riescono a stimolare una prospettiva interna ed è perfettamente in accordo con quanto evidenziato già da Mahoney e Avener [1977]. Infatti è stato mostrato che spesso gli atleti di alto livello preferiscono spontaneamente l'*imagery* interna rispetto a quella esterna. Doyle e Landers [1980] e Murphy, Jowdy e Durtschi [1989] hanno confermato questi risultati: i primi, analizzando le modalità di *imagery* di tiratori (fucile e pistola) di élite (livello internazionale) e sub-élite (livello nazionale e juniores), hanno trovato che i due gruppi si distinguevano in funzione dell'*imagery* mentale e della fiducia in sé. L'élite si serviva di *imagery* interne, mentre l'altro gruppo si serviva in prevalenza di un misto fra *imagery* interne ed esterne. Murphy e colleghi hanno evidenziato in un gruppo di atleti di élite che con il progredire della loro carriera sportiva la maggior parte di essi era giunto a servirsi in prevalenza di immagini interne, che riteneva più efficaci per migliorare la prestazione rispetto a quelle esterne. Analogamente il 66% degli allenatori considerava le immagini interne più efficaci di quelle esterne, solo il 7% di loro riteneva quest'ultime più efficaci. Inoltre il 50% degli atleti sosteneva che l'uso di *imagery* interne rendeva più vivide le immagini mentali, il 62% che sviluppava l'abilità di sentire i movimenti del corpo durante l'*imagery* e il 64% che incrementava l'abilità di diventare più emotivamente coinvolti durante l'*imagery*. Viceversa in chi si serviva di una prospettiva esterna questi ultimi tre fattori mostravano le seguenti percentuali: 31%, 12% e 23%. Le esperienze degli atleti confermano quindi che, spontaneamente, la maggior parte dei soggetti preferisce servirsi d'immagini interne e, pertanto, le proposizioni di risposte svolgono un ruolo fondamentale per incrementare questa tendenza. Resta da comprendere in modo più approfondito il ruolo delle immagini esterne in quegli atleti che le considerano più efficaci.

3.6. Il modello del triplo codice

Un altro modello di cui Murphy e Jowdy [1992] propongono l'utilizzo nello studio dell'*imagery* sportiva è quello denominato del triplo codice [Ahsen 1984]. Questo approccio inserisce al suo interno un aspetto essenziale nel processo d'*imagery*, che si riferisce al significato che l'immagine riveste per l'individuo. Questa teoria si basa come è evidente dalla sua denominazione su tre elementi fra loro interagenti: l'immagine, la risposta somatica e il significato. Secondo questa prospettiva l'immagine costituisce una sensazione centralmente attivata, che possiede tutti gli attributi di una sensazione ma che risulta nel contempo interna. Rappresenta il mondo esterno con un livello di realismo sensoriale che consente all'individuo d'interagire con l'immagine come se stesse operando nel mondo reale. Le risposte somatiche corrispondono alle modificazioni provocate dalle immagini e sono analoghe a quelle descritte nel modello di Lang. Il terzo elemento è quello che si riferisce al preciso significato che un'immagine ha per uno specifico individuo. Dal punto di vista applicativo, nel lavoro di consulenza psicologica appare spesso in tutta la sua evidenza l'importanza svolta da questo terzo fattore nel favorire l'identificazione di immagini mentali soggettivamente significative, che a loro volta determinano una condizione di attivazione fisiologica e muscolare efficace. In altri termini, le immagini mentali «lavorano» se l'atleta le riconosce come aventi un significato personale e se, di conseguenza, non vengono percepite come una sterile ricerca di qualcosa che non si conosce o che non ha mai fatto parte del proprio vissuto di atleta o peggio ancora la cui presenza o assenza sia del tutto indifferente nella preparazione di una gara.

Murphy e Jowdy hanno inserito questo modello nella loro rassegna sull'*imagery* proprio perché dal contatto con gli atleti emerge chiaramente come sia necessario suggerire immagini mentali che siano fortemente agganciate al vissuto personale di ciascuno. A questo proposito riportano l'esperienza condotta da uno di loro (Murphy) con un gruppo di giovani pattinatori: lavorando in precedenza con un altro pattinatore erano state identificate delle immagini che gli consentivano di rilassarsi e di concentrarsi prima di iniziare il proprio programma. Queste ripetizioni mentali comprendevano immagini di «una palla lucente che volava intorno all'atleta [...] che entrava nel corpo sino al suo centro [...] dorata e calda [...] che dava pace e l'energia necessaria per svolgere il programma». Lo stesso insieme d'immagini mentali venne proposto al gruppo di pattinatori e i risultati furono assolutamente sorprendenti. Infatti, uno riferì che la palla era scoppiata nello stomaco, un altro era stato accecato dalla luce che emanava e un altro ancora aveva immaginato d'inalare un pallone pieno di elio. Questa esperienza, anche se può apparire paradossale, non è così infrequente quando si suggeriscono agli atleti immagini mentali standardizzate e non definite su base individuale. Pertanto, l'identificazione delle immagini mentali deve sempre coinvolgere l'atleta, al fine di formulare immagini mentali per lui realmente significative. Solo in questo modo è possibile che l'individuo, durante l'*imagery*, possa attingere alla sua memoria per produrre immagini vivide in grado di determinare modificazioni psicofisiologiche coerenti con quanto sta immaginando. D'altra parte gli atleti di vertice mondiale hanno sviluppato immagini mentali molto precise. La maggior parte di loro, infatti, usa quotidianamente le immagini mentali per prepararsi a raggiungere gli obiettivi di allenamento, per migliorare le abilità, per immaginare il successo sportivo e rinforzare la convinzione di essere capaci di raggiungere l'obiettivo finale. Gli atleti migliori hanno sviluppato un punto di vista interno che, come è stato detto anche in precedenza, corrisponde realmente ai sentimenti e ai pensieri prodotti durante l'azione sportiva.

3.7. Fattori che mediano l'efficacia dell'«imagery»

Sebbene le ricerche che hanno indagato sull'efficacia dell'*imagery* pregara non sempre ne hanno confermato la validità, psicologi e atleti sono generalmente concordi nel sostenerne la validità nella preparazione psicologica alla competizione. Il libro *Psyched: Inner Views of Winning* degli psicologi canadesi Orlick e Partington [1986] costituisce in questo campo uno degli esempi più interessanti. Contiene le storie di 20 olimpionici che documentano, come viene detto nell'introduzione, la delicata interazione fra lo «stato del corpo» e lo «stato della mente». Da queste testimonianze emerge con chiarezza il ruolo positivo svolto dall'*imagery* training così descritto dagli autori:

> Tutti i migliori atleti hanno ben sviluppato l'abilità a formare immagini mentali e quotidianamente se ne servono. Usano l'*imagery* per prepararsi a fare ciò che vogliono fuori dal training, per perfezionare le abilità durante l'allenamento e per vedere se stessi nel momento del successo.
>
> Le immagini raffinate che hanno sviluppato per eseguire mentalmente le abilità e le prestazioni, avvengono secondo una prospettiva interna, come se realmente stessero eseguendo le abilità, coinvolgendo i sentimenti connessi all'azione e l'eccitamento, come se fossero realmente

là. La maggior parte di questi atleti, ogni volta prima di effettuare le abilità, richiamava alla mente queste immagini o i sentimenti.

È interessante notare che all'inizio questi atleti non avevano un buon controllo delle loro immagini mentali. È stato attraverso una persistente pratica quotidiana che hanno perfezionato queste abilità [*ibidem*, 6].

Gli atleti confermano nelle loro testimonianze la validità di questo approccio: Alex Baumann (medaglia d'oro nei 200 m e 400 m nuoto, Olimpiadi di Los Angeles): «Il miglior modo che ho imparato per prepararmi mentalmente alla gara è stato di riuscire a visualizzarla nella mia mente» [*ibidem*, 15]. Sylvie Bervier (medaglia d'oro nel trampolino, Olimpiadi di Los Angeles): «Ripetevo continuamente i tuffi nella mia testa. La sera, prima di andare a dormire, ripetevo sempre i miei tuffi. Dieci tuffi [...]. Facevo ogni cosa come se fossi realmente là» [*ibidem*, 22]. Gaetan Boucher (medaglia d'oro nei 1.000 m e 1.500 m, pattinaggio su ghiaccio, Olimpiadi di Sarajevo):

Ho praticato l'*imagery* per sei o sette anni [...]. Mi ricordo quando ero al primo anno in nazionale. Non sapevo nulla dell'*imagery*. Chiesi a un compagno di squadra cosa faceva prima della gara e mi rispose che immaginava la gara. Quando ero giovane mi era stato detto di non pensare alla gara nei giorni precedenti, altrimenti diventi troppo nervoso. Così non l'avevo mai fatto. Rimasi sorpreso di sentire che lui si ripeteva la corsa. Cominciai a farlo tanto per vedere che succedeva. Talvolta mi dimenticavo. Dopo una gara pessima, mi ricordai che mi ero dimenticato di ripeterla mentalmente. Da allora ho cercato di farlo sempre [*ibidem*, 35].

Nel complesso l'*imagery* trova una collocazione stabile nei programmi di preparazione psicologica e lo sviluppo di questa abilità, unitamente a quello di altre competenze psicologiche, è considerato come molto significativo. A questo riguardo gli psicologi sportivi sono riusciti a creare programmi d'*imagery* personalizzati e modificabili in funzione delle necessità esistenziali e di allenamento degli atleti. Da quanto riportato si evidenzia quanto sia presente nella preparazione degli atleti di livello mondiale la dimensione dell'immagine mentale, praticata come allenamento quotidiano. Altre conferme alla rilevanza dell'uso dell'*imagery* derivano dalle ricerche che sono state condotte su questo tema e che riguardano: le differenze individuali nell'abilità a immaginare, la prospettiva (interna-esterna) delle immagini mentali usate, il processo di *imagery* in relazione al risultato e la funzione del rilassamento associato all'*imagery*. Le ricerche hanno mostrato che chi è abile nel produrre spontaneamente buone immagini mentali è favorito nello svolgere esercizi di ripetizione mentale. Questo tipo di abilità ben si correla alla produzione d'immagini vivide (chiarezza e realtà) e alla loro controllabilità. Diversi ricercatori hanno riscontrato che queste due caratteristiche sono correlate a prestazioni sportive di successo e in particolare l'uso di immagini mentali cinestesiche è molto correlato con il fornire prestazioni di successo alle Olimpiadi.

L'*imagery* si è dimostrata correlata anche al miglioramento della prestazione in prove motorie [Goss *et al.* 1986; Ryan e Simons 1982]. Ancora una volta le caratteristiche di vividezza, controllabilità e le sensazioni cinestesiche sono state rilevate come dominanti nelle immagini mentali. Ryan e Simons hanno evidenziato una superiorità nella prestazione nei soggetti che mostravano immagini particolarmente intense oppure cinestesiche, rispetto a coloro che non riuscivano ad avere immagini mentali di questo tipo. In relazione all'apprendimento di movimenti, Goss e colleghi hanno riscontrato che i soggetti con elevata *imagery* visiva e cinestesica mostravano un vantaggio significativo, rispetto ai soggetti nella condizione opposta di ridotta *imagery* visiva e cinestesica. Infine, Ryan e Simons [1981] non hanno trovato alcuna correlazione fra prestazioni fornite in un compito principalmente motorio e abilità immaginativa, mentre hanno rilevato risultati a favore dei soggetti che producevano immagini vivide in un compito maggiormente cognitivo.

Nell'ambito della teoria bioinformazionale è stato rilevato che, durante scene affettive standard, i soggetti che producono buone immagini mostrano un maggior incremento della frequenza cardiaca, del livello di conduttanza cutanea, dei movimenti oculari e della frequenza respiratoria, rispetto ai soggetti che non sono capaci. Inoltre, questi soggetti beneficiano maggiormente del training centrato sulla risposta rispetto a quelli dotati di scarsa capacità immaginativa. I risultati, però, cambiano quando si tratta di fornire immagini mentali di situazioni positive o negative costruite su base individuale e non standard. Infatti, in questo caso le differenze fra i due tipi di gruppi scompaiono e ambedue mostrano un incremento delle risposte fisiologiche. Da questi risultati sembra così derivare che la differenza principale fra questi gruppi risiede solo nella superiorità dei soggetti con una buona capacità immaginativa di formulare immagini mentali vivide anche in relazione a situazioni standard e non familiari. Questa differenza in relazione a scene familiari e non familiari evidenzia come sia necessario, per molti soggetti, l'accesso alle informazioni immagazzinate nella memoria a lungo termine per determinare un incremento delle risposte fisiologiche [per una rassegna di questi aspetti in psicologia si veda Cuthbert, Vrana e Bradley 1991].

L'importanza dell'orientamento delle immagini mentali è stata descritta per la prima volta da Mahoney e Avener [1977]. Questi ricercatori hanno infatti distinto fra una prospettiva esterna e una interna. I soggetti nella prima condizione si percepiscono come se si stessero osservando agire, come in un film che loro guardano e di cui loro sono i protagonisti. Nella prospettiva interna, gli atleti s'immaginano come se stessero realmente agendo e sperimentano le sensazioni che provano durante l'esecuzione reale. In questa indagine è stato trovato che le ginnaste che si sono qualificate per entrare nella squadra olimpica statunitense di ginnastica, rispetto a coloro che ne sono state escluse, si servivano con maggior frequenza di immagini mentali interne e meno di esterne. È stato anche evidenziato che i ginnasti scelti a far parte della squadra olimpica erano più fiduciosi, mostravano una frequenza maggiore di sogni in cui avevano successo nella prestazione, nella vita quotidiana pensavano frequentemente alla prestazione e tendevano a servirsi della loro ansia pregara come stimolante per migliorare la prestazione. Altri studi hanno confermato questi dati iniziali. Rotella e colleghi [1980] hanno trovato che gli sciatori esperti ripetevano il tracciato di gara secondo una prospettiva interna, mentre quelli meno esperti si servivano di una prospettiva esterna. Mahoney e colleghi, come è stato visto in precedenza, in uno studio condotto su diverse centinaia di atleti, hanno trovato che quelli di alto livello si servono principalmente di immagini interne (esempio: «Immagino cosa sentirò nei miei muscoli»), rispetto a quelli di livello più basso (esempio: «Mi vedo gareggiare proprio come se stessi guardando un videotape»).

In sintesi, sembra che fra le variabili che mediano l'efficacia del processo immaginativo quella relativa all'abilità a produrre immagini mentali vivide, controllate e a prevalenza cinestesica, costituisca un fattore significativo e importante. A questo si associa la negatività di immagini d'insuccesso, che determinano un decremento della prestazione. Di conseguenza emerge la validità di produrre immagini mentali positive, che contrastano il diffondersi di quelle negative, confermando, in tal modo, la rilevanza del pensiero positivo. Si è ipotizzato che gli atleti di successo mostrerebbero una prospettiva interna durante l'*imagery* ma i risultati non sono sempre concordanti e gli studi dovrebbero orientarsi non tanto verso la dimostrazione della superiorità di una prospettiva sull'altra, quanto sul verificare in quali casi queste due modalità immaginative possono rivelarsi più efficaci. Ad esempio, le fasi iniziali dell'apprendimento potrebbero essere caratterizzate dalla prevalenza di immagini esterne dovuta alla ridotta memorizzazione delle sensazioni cinestesiche mentre per movimenti ben appresi potrebbe essere più utile la condizione opposta.

È probabile che altri fattori intervengano nel favorire un uso efficace delle immagini mentali, fra queste la componente motivazionale individuale è di grande rilevanza nell'aiutare l'atleta a fornire immagini mentali vivide e controllate, ma è altrettanto vero che l'*imagery* a sua volta può essere da stimolo per l'incremento della motivazione.

3.8. La ripetizione visuomotoria del comportamento

Il sistema proposto da Suinn [1972; 1990; 1993], la ripetizione visuomotoria del comportamento (VMBR), inizia con una fase di rilassamento a cui ne segue una di immaginazione mentale condotta in uno stato di calma. Kolonay [1977] è stato fra i primi a convalidare questa metodica utilizzandola su giocatori di pallacanestro di otto squadre di college. Le squadre sono state suddivise in quattro gruppi: solo rilassamento, ripetizione mentale senza rilassamento, rilassamento e ripetizione mentale (VMBR) e nessun allenamento mentale. L'allenamento è stato fornito attraverso cassette audio, prima dell'inizio di 15 allenamenti, per un periodo di sei settimane. Il compito consisteva in tre tiri liberi. La prestazione dei soggetti nella condizione VMBR è risultata incrementata del 7%, mentre non è cambiata quella dei gruppi nella condizione di solo rilassamento o solo ripetizione mentale. La spiegazione fornita da

Suinn in relazione all'efficacia dell'associazione tra rilassamento e ripetizione mentale, è che quando l'*imagery* viene praticata da sola, questa non è altro che una versione più raffinata del semplice «pensare ai tre tiri liberi». Ugualmente, secondo Suinn, l'uso del solo rilassamento non fornisce al soggetto strumenti per affrontare lo stress con successo. Weinberg, Seabourne e Jackson [1981] hanno replicato questa indagine in un gruppo di atleti di karate. Nella situazione di controllo, diversamente che nella ricerca precedente, sono state fornite informazioni placebo sul significato spirituale e filosofico di questa arte marziale. La valutazione è stata effettuata sulle abilità tecniche del karate. In relazione al miglioramento delle singole abilità dai risultati sono emerse differenze significative solo a favore di una di esse, in cui il gruppo nella condizione VMBR ha fornito prestazioni significativamente migliori degli altri gruppi. Per quanto riguarda la combinazione di diverse abilità, i soggetti nella situazione VMBR hanno mostrato gli incrementi maggiori rispetto agli altri gruppi, senza però che questi miglioramenti abbiano raggiunto la significatività statistica. Altri studi condotti su praticanti pallacanestro, baseball e tennis [Lane 1980; Noel 1980; Suinn 1993] hanno evidenziato alcuni aspetti positivi del VMBR ma non hanno rilevato differenze significative fra i gruppi. Unica eccezione è rappresentata dallo studio di Noel sul tennis, in cui è emerso che i giocatori esperti miglioravano significativamente nella accuratezza del servizio nella condizione VMBR, mentre quelli meno abili mostravano una riduzione della prestazione dopo VMBR. L'interpretazione di Suinn [1983] di questo risultato è che i giocatori esperti, tramite il VMBR, raffinano sempre più l'efficacia del servizio, mentre quelli meno esperti corrono con maggiore probabilità il rischio di ripetersi mentalmente anche i loro errori e quindi di peggiorare la loro prestazione. Nideffer [1971] ha fornito un programma mentale basato sul VMBR a un gruppo di tuffatori, che dovevano ripetersi aspetti dei loro tuffi, quali il movimento del corpo o la posizione del corpo in relazione a quella dell'acqua, per un tempo di 10 minuti giornalieri per un mese. I soggetti hanno mostrato una riduzione dell'ansia, un aumento del numero di tuffi effettuati e un incremento di tuffi nuovi. Difficile è comunque scindere quali sono stati gli effetti specifici del VMBR rispetto a quelli derivati dall'allenamento, in quanto non era stato previsto un gruppo di controllo. Cei, Marangoni e Zoccolotti [1994] hanno rilevato su praticanti taekwondo che il VMBR migliorava in modo significativo la prestazione, rispetto al gruppo di controllo che praticava solo l'allenamento fisico, in diverse abilità raggruppate sotto il termine «forma», che consiste in una rapida sequenza di tecniche motorie da eseguire in trenta secondi. L'allenamento tramite VMBR, senza la fase iniziale di rilassamento, è stato condotto negli ultimi 20 minuti prima della fine dell'allenamento nel seguente modo: 1) l'atleta esegue per due volte l'esercizio; 2) l'atleta ripete mentalmente due/tre volte lo stesso esercizio; 3) l'atleta esegue il compito; 4) l'atleta ripete immediatamente l'esercizio nello stesso modo se l'esecuzione è stata corretta o con le correzioni necessarie nel caso di un'esecuzione errata. In questo periodo di tempo il gruppo di controllo praticava l'allenamento tradizionale. Da queste ricerche emerge, quindi, l'utilità del VMBR nel migliorare l'acquisizione e il miglioramento delle competenze sportive degli atleti.

Un altro capitolo della ricerca che si è servita del metodo di Suinn riguarda l'uso del VMBR nell'eliminazione delle risposte sbagliate. Alcune indagini si sono poste l'obiettivo della riduzione di livelli troppo elevati di ansia. Bennett e Stothart [1978] hanno lavorato su atleti di quattro sport (ginnastica, badminton, tiro con l'arco e lotta) e, in aggiunta al rilassamento, il campione sperimentale si serviva del VMBR per controllare cognitivamente l'ansia, servendosi d'immagini di prestazioni. Le abilità cognitive allenate comprendevano lo sviluppo della capacità d'identificare l'ansia, di ricordarsi come affrontarla, di autoregolare lo stress tramite il rilassamento e di formulare affermazioni di autorinforzo. Dai risultati è emerso che il gruppo VMBR, rispetto a quello di controllo, ha mostrato al termine del periodo di trattamento una riduzione nei livelli di ansia. In base alle valutazioni fornite dagli allenatori non sono emerse differenze significative nelle prestazioni prima e dopo il trattamento, che è stato di sette settimane. Altri due studi sono stati condotti da Weinberg, Seabourne e Jackson [1981; 1982]. Ambedue le ricerche hanno rilevato una riduzione nei livelli di ansia di stato negli atleti (karate) nella condizione di solo rilassamento e nella condizione VMBR, nessun miglioramento vi è stato negli atleti nella condizione solo *imagery* e nel gruppo di controllo. Inoltre è emerso che anche un breve trattamento di una giornata di VMBR, se realizzato subito prima della prova test finale, può avere un effetto facilitatorio sulla prestazione stessa, anche se un addestramento maggiore di sei settimane consente di ottenere un risultato migliore. Infine in una ricerca successiva [Seabourne *et al.* 1985] la tecnica di base è stata adattata alle esigenze individuali allo scopo di renderla più efficace. Il trattamento ha avuto una durata superiore a quello delle indagini precedenti (cinque mesi) e il VMBR è stato integrato all'interno del normale programma di allenamento. Dai risultati è emerso un incremento della prestazione e una significativa riduzione dell'ansia precompetitiva.

A proposito di variabili diverse da quelle dell'ansia, Gravel, Lemieux e Ladouceur [1980] si sono serviti del VMBR per controllare pensieri negativi e svalutanti degli atleti. La tecnica di Suinn è stata utilizzata per immaginare scene in cui erano presenti pensieri ripetitivi negativi (sentirsi inferiori agli avversari o essere preoccupati delle condizioni in cui si svolgerà la gara) e che, in seguito, dovevano essere bloccati. Il campione è stato composto da atleti universitari di sci di fondo che sono stati casualmente divisi in due gruppi. Dai risultati è emerso che i soggetti inseriti nel gruppo che aveva imparato delle tecniche per bloccare i pensieri mostravano una significativa riduzione di questi pensieri svalutanti, rispetto al gruppo di controllo che, invece, non aveva imparato queste tecniche. Inoltre, questo dato è stato ulteriormente confermato in un *follow up* effettuato 21 giorni dopo il termine del trattamento. Gli atleti hanno anche riportato che il VMBR era servito a imparare a focalizzarsi sul loro corpo durante la corsa.

Per riassumere, si può affermare che le ricerche che si sono avvalse della tecnica di Suinn hanno mostrato la validità dell'uso dell'*imagery* per migliorare la prestazione sportiva. Resta da chiarire quale sia il ruolo del rilassamento, che nel VMBR precede la fase immaginativa, in quanto la maggior parte delle indagini non hanno evidenziato benefici derivati dall'uso combinato di rilassamento e *imagery*. Sembrerebbe, infatti, che la ripetizione mentale sia *in primis* responsabile dei cambiamenti nella prestazione. Il rilassamento si è rilevato utile nel ridurre gli stati ansiosi pregara, ma anche per questa condizione dovrebbe essere meglio compreso il ruolo delle immagini mentali associate alla distensione. È stato evidenziato inoltre che procedure di VMBR individualizzate sono più efficaci che procedure standardizzate.

Allo scopo di fornire indicazioni per migliorare la prestazione la ricerca dovrebbe orientarsi in modo più approfondito alla comprensione di tre variabili, che influenzano l'uso del VMBR. La prima riguarda il contenuto della ripetizione mentale in funzione di diversi obiettivi (attivazione pregara, controllo dell'ansia eccessiva, incremento della prestazione o altri ancora). Inoltre, lo studio di questo primo fattore dovrebbe consentire una migliore conoscenza delle caratteristiche stesse di questo allenamento mentale. In particolare, dovrebbero definirsi le sue varie fasi, la lunghezza del periodo di allenamento e come dovrebbe essere integrato nel training giornaliero.

La seconda variabile da approfondire si riferisce alle caratteristiche dell'atleta: la sua abilità a produrre immagini mentali e il suo livello di abilità. In realtà la ricerca condotta in psicologia clinica ha dimostrato che, per quanto riguarda il primo elemento, la produzione di immagini mentali familiari è possibile anche in soggetti che di base mostrano qualche difficoltà a produrre immagini vivide. Pertanto la costruzione di scene sportive ben conosciute dall'atleta dovrebbe permettere di evitare questa difficoltà. Per quanto riguarda la questione relativa al livello di abilità è necessario studiare la funzione del VMBR in atleti di diverso grado di competenza. Probabilmente anche gli obiettivi dovrebbero essere diversi, centrati a seconda del livello di abilità più sul miglioramento tecnico o sul miglioramento delle prestazioni. Ciò sarebbe in accordo con il modello di Fitts, secondo cui nelle fasi iniziali dell'apprendimento la componente cognitivo-verbale può essere migliorata proprio attraverso la pratica mentale.

La terza variabile, correlata a quanto appena detto, si riferisce alle richieste poste dal compito. Se l'obiettivo è di fornire la migliore prestazione di cui si è capaci durante la finale olimpica o se, invece, è d'imparare un nuovo movimento anche il VMBR dovrebbe essere così flessibile da poter essere adattato a queste due situazioni così diverse tra loro.

Capitolo quarto

L'attenzione: dalla teoria all'applicazione

L'interesse verso lo studio dei processi cognitivi è presente in psicologia sin dalle sue origini. William James nel suo testo classico, *Principi di psicologia* (1890), così si esprime sull'attenzione:

> Ogni persona conosce l'attenzione [...]. Focalizzazione, concentrazione della coscienza sono la sua essenza. Implica l'esclusione di alcune cose al fine di trattarne altre efficacemente, è una condizione opposta alla confusione, allo stupore e allo stordimento, che in francese è chiamata distraction e Zerstrentheit in tedesco [James 1890; trad. it. 1901, 403-404].

Nel novecento in seguito al diffondersi della teoria comportamentista e della teoria della Gestalt da parte dei ricercatori viene a mancare l'interesse verso lo studio dei processi mentali, ma a partire dagli anni '50 con l'affermarsi delle teorie cognitiviste, i processi di elaborazione dell'informazione diventano nuovamente oggetto di indagine scientifica. Bagnara [1984] fa notare che questa rinascita d'interesse verso l'attenzione è stata determinata da almeno tre fattori. Il primo, interno al comportamentismo, risiede nel desiderio dei ricercatori di comprendere non più solo le questioni relative alla selezione della risposta ma anche quelle connesse alla selezione dello stimolo. Diventa così necessario ipotizzare l'esistenza e l'utilizzo di un processo attivo di selezione sull'ambiente e la selettività è proprio una delle caratteristiche dell'attenzione, come già avevano evidenziato molti anni prima James e Titchener. Il secondo fattore è inerente allo sviluppo dei nuovi sistemi di comunicazione e delle nuove tecnologie, che obbligano l'uomo a trattare sempre più informazioni contemporaneamente e a fare i conti con forme di fatica mentale sino ad allora quasi del tutto sconosciute.

Infine, lo sviluppo della teoria dell'informazione, della cibernetica, degli studi sull'intelligenza artificiale e dell'informatica hanno fornito nuovi strumenti per analizzare e comprendere il funzionamento della mente umana.

In ambito sportivo l'attenzione è una delle aree di ricerca più indagate in quanto è considerata essere una delle componenti fondamentali della prestazione e dell'apprendimento delle abilità motorie e sportive [Abernethy 1993; Nideffer 1976; Ripoll 1991; Schmidt 1988]. Non deve pertanto sorprendere che gli psicologi sportivi l'abbiano inserita fra le abilità fondamentali da sviluppare negli atleti e che, conseguentemente, i programmi di preparazione psicologica comprendano tecniche per il suo miglioramento.

1. L'attenzione

Le rassegne più recenti su questo tema hanno evidenziato che l'attenzione è stata studiata secondo almeno quattro prospettive, ognuna delle quali sottolinea aspetti diversi dei processi attentivi, che verranno presentati in questo capitolo. La prima si riferisce alle caratteristiche di selettività, in tal senso l'attenzione viene descritta come una variabile che agisce da moderatrice sulle fasi di scelta e acquisizione delle informazioni. Ciò significa, conoscere come e su che base gli stimoli ambientali vengono selezionati da parte degli atleti e come varia questa competenza in funzione del loro livello di abilità. La seconda prospettiva riguarda la questione relativa al limitato numero d'informazioni che possono essere trattate contemporaneamente. Riguarda, ad esempio, la comprensione di come, negli sport a prevalente determinazione tattica, sia possibile agire più abilità nello stesso tempo (seguire la traiettoria della palla, il movimento degli avversari, quello dei compagni e decidere come continuare l'azione) e la conoscenza di questo fenomeno è importante per l'allenatore, l'atleta e lo psicologo dello sport. Un terzo aspetto è relativo al rapporto fra livelli di attivazione e attenzione. Viene qui evidenziata la necessità di conoscere qual è lo stato di attivazione che consente l'accesso alle limitate capacità di trattare le informazioni. Un quarto aspetto riguarda l'orientamento dell'attenzione nell'elaborazione dell'informazione.

1.1. Attenzione e selettività

Per attenzione selettiva si vuole descrivere il processo per cui, in una determinata situazione, alcune informazioni (interne o esterne al soggetto) vengono selezionate per essere trattate centralmente mentre altre vengono ignorate. Infatti, in ogni momento l'individuo è bombardato da un numero molto ampio d'informazioni, ma è in grado di trattarne solo una porzione ridotta. Per evitare di vivere nel caos l'individuo deve quindi operare una scelta, che potrà essere volontaria o involontaria, al fine di poter formulare programmi e risposte efficaci. Per gli atleti è vitale selezionare le informazioni corrette e ignorare quelle irrilevanti e bisogna tenere presente che tali informazioni variano in funzione dello sport praticato. Nei giochi sportivi, ad esempio, la selezione è sottoposta a limiti di tempo imposti dalla velocità della palla e la decisione di quali risposte selezionare deve essere effettuata sulla base delle informazioni ottenibili prima che la palla sia in volo o, al massimo, nelle sue fasi iniziali. La selezione delle informazioni rilevanti è quindi un processo fondamentale per fornire una risposta efficace ed è molto influenzata dal livello di competenza dell'atleta. Nel calcio giocatori poco esperti presteranno maggiore attenzione alla tecnica o all'esecuzione corretta di un tiro e meno alla componente tattica del gioco. Al contrario nei calciatori esperti prevale invece quest'ultima dimensione, mentre le altre, negli anni di allenamento, sono state automatizzate.

Per conoscere come avvenga questo processo di selezione, la ricerca si è orientata alla comparazione fra principianti ed esperti in relazione alla percezione visiva. Il compito base che è stato utilizzato è di mostrare la scena filmata di un atleta che compie una determinata azione sportiva, con il compito di individuare il più rapidamente possibile quale sia il risultato. Ad esempio, Abernethy e Russell [1987a; 1987b] hanno sottoposto a giocatori di badminton una scena filmata di un giocatore (visto dalla prospettiva dell'avversario) che effettuava una serie di colpi differenti. Secondo una modalità di occlusione temporale, il film era stato tagliato prima e dopo il contatto con la racchetta. Mentre secondo una modalità di occlusione spaziale differenti parti del corpo del giocatore venivano nascoste (ad esempio: braccio e racchetta o testa e volto). Inoltre, venivano registrati i movimenti oculari dei soggetti. Il compito degli atleti era di predire la direzione del colpo e di segnare, su un foglio di carta che riportava in scala il campo di badminton, dove sarebbe giunto il colpo. Dai risultati è emerso che i giocatori esperti erano maggiormente capaci, rispetto ai principianti, di servirsi dei segnali iniziali per predire il risultato finale. Inoltre, i giocatori esperti erano attenti al movimento del braccio e della racchetta, mentre i principianti erano focalizzati solo sulla racchetta. Da notare è, anche, che la focalizzazione sulle prime fasi di volo non migliorava in nessuno dei due gruppi l'accuratezza della risposta. In tal modo, l'abilità di comprendere rapidamente il risultato finale sulla base di pochi segnali iniziali, primi fra tutti gli spostamenti del braccio, consente al soggetto esperto di avere più tempo per scegliere, organizzare ed eseguire la risposta.

Nel complesso, le ricerche svolte in questo ambito evidenziano che gli esperti e i principianti non si differenziano in relazione a caratteristiche fisiche strutturali del sistema visivo. Emerge, invece, in modo sempre più evidente che tali differenze derivano dall'abilità nel manifestare un'attenzione selettiva, determinata dall'uso da parte degli esperti delle competenze specifiche acquisite tramite l'allenamento [Starkes e Deakin 1984].

Gli studi condotti con il metodo dell'occlusione temporale hanno dimostrato che le informazioni che precedono il volo della palla sono utili per predirne in seguito la velocità e la direzione e che gli esperti, rispetto ai principianti, sono più abili nell'afferrare queste informazioni dall'azione dell'avversario. È stato inoltre trovato che esperti e principianti si differenziano per quanto riguarda il tipo di ricerca visiva effettuata. Infatti, in studi sul tennis, gli esperti presentavano più fissazioni oculari sulla racchetta e sul braccio dell'avversario rispetto ai meno esperti [Goulet, Bard e Fleury 1989] e avevano tempi di fissazione più lunghi [Cauraugh, Singer e Chen 1993]. Differenze sono state trovate anche nei giochi sportivi, evidenziando che i calciatori con minor esperienza tendevano a fissarsi maggiormente sulla palla e sul giocatore a cui effettuare il passaggio, mentre quelli con più esperienza fissavano con più frequenza i giocatori non in possesso di palla [Williams *et al.* 1993]. Analoghi risultati sono emersi fra giocatori esperti e non esperti di pallacanestro: i primi danno maggiore rilevanza allo spazio vuoto fra la palla e il canestro, mentre i secondi ignorano questa informazione.

È stato riscontrato che gli esperti sono più abili nell'attribuire significato alle situazioni sport-specifiche, per la cui interpretazione si possono servire delle competenze sportive acquisite. Infatti, presentando in rapida sequenza scene di gioco ben definite (azioni di attacco) a principianti e a giocatori esperti di pallacanestro e di hockey su prato, questi ultimi mostravano una capacità di ricordo superiore ai primi. Nessuna differenza è, al contrario, emersa fra i due gruppi in relazione a situazioni non strutturate (ad esempio il time-out nella pallacanestro) [Allard e Burnett 1985]. Questi risultati confermano che gli esperti non sono in possesso di una capacità mnemonica strutturalmente più ampia, ma che questa superiorità è addebitabile all'abilità di prestare attenzione in modo selettivo alle situazioni tipiche del loro sport. Starkes e colleghi [1994] hanno voluto verificare se gli atleti esperti, rispetto ai non atleti, mostrano una maggiore rapidità di trattamento dell'informazione visiva. I soggetti erano sottoposti a 30 prove sperimentali in un compito di ricordo di lettere in tre diverse condizioni sperimentali. Queste tre situazioni variavano in relazione alla durata del tempo di esposizione che era di 50, 100 e 300 ms. Ai soggetti veniva chiesto di ricordare quante più lettere possibili nella posizione corretta. Fra i due gruppi non è stata evidenziata nessuna differenza. Sono state, invece, evidenziate differenze in relazione alla presentazione di scene che mostravano la posizione dei giocatori su una metà del campo per cinque secondi e i soggetti dovevano ricordarne tutti i dettagli disegnandoli su un apposito foglio. A questo compito i giocatori hanno fornito prestazioni significativamente migliori rispetto al gruppo dei non giocatori.

Altre ricerche si sono orientate allo studio dei processi di elaborazione dell'informazione in relazione alla fase di volo di una palla che si sta avvicinando. È stata ipotizzata l'esistenza di differenze nell'abilità dei soggetti a selezionare le variabili visive fondamentali, che informano sulla posizione della palla e sul suo tempo di arrivo. In compiti di coincidenza temporale che si sono serviti del movimento apparente piuttosto che di quello reale non sono emerse differenze fra esperti e principianti [Del Rey *et al.* 1983]. Fra questi due gruppi sono emerse, invece, differenze significative a favore degli esperti in relazione ad azioni reali d'intercettazione (ricevere e colpire la palla) nel tennis tavolo. È stato dimostrato che gli atleti di élite, rispetto ai non esperti, sono in grado di colpire la pallina in modo accurato e con la massima velocità inviandola oltre la rete su uno specifico punto bersaglio 30 volte su 40 e alla velocità di 17 metri al secondo. I principianti realizzano questo tipo di prestazione solo 7/8 volte [Bootsma e van Wieringen 1990]. Inoltre, anche dopo 1.600 prove di allenamento, i non esperti raggiungono solo un limite maggiore di 15 bersagli corretti su 40 e la velocità della palla è inferiore di più del 50% rispetto a quella degli atleti di alto livello [Bootsma *et al.* 1991].

In sintesi, l'indagine in questo ambito ha così permesso di evidenziare come l'informazione visiva viene raccolta e rielaborata, distinguendo in che modo si differenziano giocatori di basso livello (BL) rispetto a giocatori di alto livello (AL) [Ripoll 1987]:

1. nei BL l'informazione visiva è puntuale su ogni elemento della situazione, mentre negli AL è posta fra le situazioni e pone in relazione diversi avvenimenti;
2. nei BL l'informazione viene principalmente trattata a livello centrale, mentre negli AL esiste una complementarità fra visione centrale e visione periferica;
3. nei BL la lettura dei differenti avvenimenti è di tipo cronologico e si manifesta solo all'apparire dei primi segnali, mentre negli AL la lettura è sovente anticipata e l'atleta va a porre lo sguardo esattamente dove sta per apparire l'informazione;
4. nei BL viene analizzato un ampio numero di situazioni, mentre negli AL sono elaborati solo gli avvenimenti più significativi;
5. nei BL il tempo di analisi per ogni avvenimento è corto e l'informazione è incompleta, mentre negli AL il tempo di analisi è lungo e l'informazione è completa;
6. nei BL il tempo totale di analisi è elevato, mentre negli AL il tempo è ridotto;
7. nei BL il tempo trascorso fra presa d'informazione e risposta è lungo, mentre negli AL la risposta avviene durante l'analisi della situazione e il tempo è breve;
8. nei BL la risposta motoria spesso è non appropriata, mentre negli AL è pertinente.

Emerge, quindi, che la superiorità degli atleti esperti rispetto ai principianti è stata verificata in relazione allo sviluppo di migliori abilità anticipatorie, nel riconoscimento e la codifica di strutture situazionali complesse e nella estrazione d'informazioni corrette durante il volo della palla. Al contrario i giocatori di basso livello trattano l'informazione prevalentemente a livello di visione centrale, seguono gli avvenimenti in ordine cronologico e osservano ogni elemento della situazione di gioco, mostrando, così, una minore abilità nei processi di anticipazione.

L'abilità a selezionare i segnali corretti dipende comunque non solo dal livello di *expertise* degli atleti, ma anche da altri fattori. Ad esempio, per un portiere l'accuratezza nel comprendere dove terminerà un tiro in porta dipende dalle caratteristiche stesse del tiro e, analogamente, nel baseball i tempi di decisione del battitore, così come la previsione del punto esatto dove giungerà la palla variano anch'esse in funzione del tipo di tiro: per le palle veloci i segnali raccolti sin dalle prime fasi del lancio sono relativamente affidabili, mentre per altri tipi di palle i segnali iniziali non lo sono affatto e sono addirittura fuorvianti.

Ripoll [1988] ha trovato che anche il ruolo ricoperto da un giocatore influenza l'attenzione selettiva. Giocatori di pallavolo dovevano predire la posizione lungo la rete dove avrebbe attaccato la squadra avversaria. In questo compito gli allenatori si sono dimostrati più precisi e veloci, seguiti da chi nella squadra ricopre il ruolo di alzatore e, infine, dagli schiacciatori. Un altro fattore che sembra agire sull'attenzione selettiva è la fase strategica della partita. Nel baseball è stato evidenziato, tramite l'osservazione da parte dei giocatori di riprese filmate di partite, che la conoscenza del contesto strategico riduce i tempi di decisione e gli errori nel predire dove giungerà la palla sul piatto. Questo miglioramento avviene sia negli esperti che nei principianti, pur se i primi continuano a essere superiori in questi compiti. Pertanto la conoscenza della fase strategica della partita consente quindi di prevedere, con maggior probabilità di successo, i tipi di lanci che verranno effettuati dagli avversari.

1.2. Gli aspetti intensivi dell'attenzione

È noto che gli esseri umani hanno una limitata capacità di trattare più informazioni contemporaneamente e che lo svolgimento simultaneo di due compiti può comportare un decremento prestazionale in uno dei due compiti o una riduzione generale in ambedue. Infatti, se due compiti possono essere svolti simultaneamente in modo efficace, almeno uno non deve richiedere attenzione oppure la richiesta deve essere relativamente moderata. In questa situazione uno dei due compiti è eseguito quasi o del tutto automaticamente. Al contrario, se uno di essi viene eseguito meno bene, rispetto a quando viene presentato in modo separato, significa che l'impegno mentale richiesto è superiore a quello che può essere fornito dal soggetto e che si è verificata un'interferenza fra i due compiti. Il criterio d'interferenza è fondamentale per conoscere se un determinato compito richiede attenzione.

Nonostante le limitazioni connesse alle capacità attentive, queste non devono essere interpretate come rigidamente fisse. Infatti Kanheman [1973] ha suggerito che questa capacità può modificarsi, così come cambiano le richieste del compito. Ad esempio, se aumenta la difficoltà di due compiti simultanei, anche la capacità attentiva disponibile subisce un aumento e viene destinata ad affrontare la nuova situazione. A questo proposito teorie più recenti si sono focalizzate proprio sulla questione della flessibilità del processo informativo. Piuttosto che ipotizzare che l'attenzione possa essere diretta su uno stimolo alla volta, suggeriscono che queste risorse possono suddividersi su processi paralleli. Come avvenga questo processo è probabilmente in relazione alle caratteristiche dei compiti, alla loro importanza per il soggetto, alla loro difficoltà e ad altri fattori. Per quanto riguarda il tipo di compito, Castiello e Umiltà [1987] hanno indagato sull'impegno mentale nella ricezione. È stato evidenziato che giocatori professionisti di pallavolo variano il loro impegno mentale in funzione del tipo di situazione che devono affrontare. In particolare è emerso che la battuta flottante richiede maggior impegno mentale rispetto alla battuta in salto. Ciò sarebbe dovuto alle diverse caratteristiche presentate da queste battute. Nel secondo tipo di battuta il pallavolista che riceve calcola essenzialmente la traiettoria della palla e si concentra sul gesto da eseguire per controllare la forza e la velocità che questa battuta comporta. La battuta flottante, invece, non avendo una traiettoria altrettanto diritta e ben definita implica un maggior impegno di elaborazione delle informazioni in arrivo.

Infine, è stato ipotizzato che l'attenzione non può essere concettualizzata in termini di singola risorsa, bensì come insieme di risorse; ognuno di questi insiemi è fornito di una sua propria capacità ed è preposto ad affrontare certi tipi di processi informativi [McLeod 1977]. È stato, inoltre, ipotizzato che l'attenzione può, nello stesso momento, essere orientata su fasi separate del processo di esecuzione di un'azione [Allport, Antonis e Reynolds 1972]. Queste ipotesi sono particolarmente interessanti in quanto consentono di spiegare compiti in cui le abilità da eseguire contemporaneamente sono complesse, come ad esempio la lettura della musica e la contemporanea esecuzione del brano musicale. In ambito sportivo, specialmente nelle discipline a prevalente determinazione tattica, spesso gli atleti si trovano in situazioni analoghe, dovendo agire più abilità nello stesso istante. In tal senso diventa importante comprendere in quale modo gli atleti esperti riescono a rispondere a queste diverse sollecitazioni, mantenendo inalterata la qualità della loro prestazione.

È ovvio che l'allenamento rappresenta un modo per ridurre l'interferenza fra questi diversi compiti. Nel tempo, la pratica di un compito conduce alla sua automatizzazione e ciò significa che è possibile attivare determinate sequenze motorie tramite la memoria a lungo termine. Questo processo può avvenire in modo rapido, senza un apparente impegno mentale e non richiede un controllo volontario. L'esecuzione di una battuta nella pallavolo o di un servizio nel tennis da parte di un esperto, implica il sapere che in quel momento della partita si deve eseguire quel colpo ma l'atleta non deve pensare all'azione motoria in se stessa. A questo proposito, Kreiner-Phillips e Orlick [1993] riportano l'esperienza di molti atleti campioni del mondo, che affermano di essersi trovati in una condizione automatica quando hanno fornito le loro migliori prestazioni. Questa particolare condizione mentale è stata concettualizzata da Csikszentmihalyi [1975], il quale ipotizza che gli atleti, quando forniscono prestazioni eccellenti, si trovano in una situazione di estrema focalizzazione, senza avere però la percezione dell'impegno fisico e mentale che stanno producendo. In tal modo hanno l'impressione di eseguire automaticamente la propria prestazione e si percepiscono fiduciosi e pronti alla sfida.

Nella situazione opposta si trovano i principianti e gli atleti meno esperti in cui prevalgono processi controllati volontariamente. Molti esempi dimostrano come gli atleti passino, per mezzo dell'allenamento, da processi di questo tipo a processi regolati automaticamente. Nel calcio, nell'azione di dribblare un avversario, il giocatore poco esperto generalmente osserva il pallone, mentre quello esperto controlla la posizione degli avversari o cerca il compagno a cui effettuare il passaggio. In tal modo le risorse attentive, prima dedicate prevalentemente al controllo della palla, vengono in seguito dirette verso altri compiti, che implicano sia il controllo di ciò che avviene alla periferia visiva sia la decisione tattica da effettuare. Inoltre, portare su un piano consapevole l'esecuzione di azioni automatizzate può deteriorare la prestazione stessa. Ad esempio, se un atleta esperto si concentra in modo troppo analitico sull'azione o sul colpo da eseguire, ripercorrendo in modo preciso come deve muovere la testa, gli arti e il tronco, può facilmente entrare in quello stato che viene chiamato «paralisi dell'analisi» che impedisce l'esecuzione fluida dell'azione.

Nougier, Stein e Bonnel [1991] ipotizzano che l'esperto si caratterizza per l'abilità di passare da una modalità automatica ad una controllata e viceversa in funzione della complessità del compito. Questa distinzione fra processi automatici e processi controllati dovrebbe essere considerata non in termini dicotomici ma come un continuum. A tale proposito, Kanheman e Treisman [1984] hanno formulato l'esistenza di tre categorie di forte, media e debole automaticità. Difficile è comunque l'identificazione in termini operativi del grado di automaticità. Spesso nello sport molti processi operano in parallelo ed è probabile che alcuni siano poco automatizzati mentre altri lo saranno quasi totalmente. Singer, Lidor e Cauraugh [1993] hanno condotto un'indagine il cui scopo è stato di verificare se un principiante può essere istruito a non essere consapevole dell'azione da eseguire, come se fosse un soggetto esperto in quel compito. I partecipanti alla ricerca sono stati suddivisi in quattro gruppi a cui sono state fornite differenti strategie di apprendimento in un compito di precisione motoria (colpire un bersaglio con la mano non dominante). Le strategie proposte erano le seguenti: 1) strategia consapevole: il soggetto era invitato a seguire consapevolmente l'azione di tiro, sentire il movimento e il rumore della palla che colpiva il bersaglio; 2) strategia non consapevole: il soggetto doveva focalizzarsi su un segnale (ad esempio, il centro del bersaglio) ed eseguire automaticamente il movimento di tiro, cioè senza seguirlo consapevolmente; 3) strategia dei cinque passi [Singer 1988]: il soggetto doveva mettersi in una condizione di attivazione ottimale, ripetere mentalmente il tiro, focalizzarsi su un aspetto significativo, eseguire automaticamente (senza pensare al movimento e al risultato) e valutare l'azione; 4) strategia personale: il soggetto inserito nel gruppo di controllo doveva seguire una propria strategia personale, non indicata dallo sperimentatore. Dai risultati è emerso che i gruppi con strategia non consapevole e con la strategia dei cinque passi hanno fornito prestazioni significativamente migliori, rispetto ai gruppi con strategia consapevole e con strategia personale. Secondo gli autori questi risultati confermerebbero che anche i principianti possono adottare con successo strategie attentive non consapevoli come quelle presenti negli esperti, anche se resta da verificare la validità di queste conclusioni in compiti motori più complessi.

Un altro aspetto relativo al rapporto fra consapevolezza e automatizzazione riguarda le trasformazioni cognitive necessarie al passaggio da una condizione all'altra. Una interpretazione risiede nella possibilità che il processo di automatizzazione sia, almeno in parte, dovuto all'organizzazione di stimoli separati in unità significative più o meno ampie. Tale processo è stato denominato *chunking* [Miller 1956]. Infatti le ricerche condotte sulla memoria a breve termine, in cui si chiedeva ai soggetti di ricordare il maggiore numero di item di una lista, hanno evidenziato che questa capacità è limitata ed è di sette item circa (più o meno due). Il processo di *chunking* consente, invece, di raggruppare questi elementi individuali in sistemi più ampi, cosicché ognuno comprenda cinque item, e di ampliare la capacità della memoria a breve termine. Ericsson, Chase, e Faloon [1980] hanno mostrato che un soggetto con 175 giorni di allenamento a una tecnica di *chunking* efficace, era in grado di aumentare la capacità della sua memoria a breve termine da 7 a 79 item.

In ambito sportivo la ricerca sul *chunking* si è servita del paradigma adottato negli studi sui maestri di scacchi [Chase e Simon 1973]. Le indagini hanno studiato la capacità degli esperti e dei principianti di estrarre in un breve periodo di tempo le informazioni contenute in determinate scene che venivano loro presentate. È stato visto in precedenza (cfr. par. 1.1) che se a esperti e a principianti vengono fatte vedere situazioni di gioco che in seguito devono ricordare, ad esempio, nella pallacanestro per un tempo di quattro secondi, i giocatori esperti mostrano una significativa superiorità, rispetto ai non esperti, nell'accuratezza del ricordo delle posizioni dei giocatori (ad esempio, l'inizio di un'azione dopo un canestro). Mentre questa superiorità non si manifesta quando devono essere ricordate situazioni non strutturate (ad esempio la contesa per una palla persa). Si rileva, pertanto, che gli esperti hanno costruito degli insiemi percettivi significativi o *chunking*, che gli permettono d'individuare e riconoscere situazioni di gioco strutturate, mentre questa superiorità si annulla in relazione a eventi non strutturati. Inoltre, questa capacità riguarda prevalentemente la memoria e non l'attenzione, anche se nel contempo rappresenta un fattore concomitante che rinforza i processi di selezione dell'attenzione.

1.3. Attenzione e attivazione

Lo studio dei processi attentivi non può certamente prescindere dal considerare l'influenza su di essi esercitata dal livello di attivazione di un soggetto nell'atto di eseguire un compito motorio o sportivo. Kanheman [1973] ha suggerito che la quantità di capacità attentiva disponibile in un dato momento dipende dal livello di attivazione. Spesso gli atleti attribuiscono l'esecuzione negativa di un colpo o di un'azione al «non sentirsi pronti». Gli studi di laboratorio sui tempi di reazione confermano questo dato, infatti, un segnale di avvertimento dato prima di uno stimolo può favorire la rapidità della risposta. Questo stato di allerta è comunque instabile ed è stato verificato che i tempi di reazione sono rallentati se trascorrono più di quattro secondi tra il segnale di avvertimento e la presentazione dello stimolo. In ambito sportivo la relazione fra prestazione e attivazione è stata condotta principalmente nel contesto fornito dall'ipotesi della U capovolta (cfr. cap. 3). Easterbrook [1959] sostiene che, durante una prestazione, un individuo trae costantemente informazioni dall'ambiente: alcune di queste sono utili per la prestazione mentre altre non lo sono. In condizioni di ipoattivazione il soggetto analizza in modo indiscriminato le informazioni e questa mancanza di discriminazione determina prestazioni insufficienti. Risultati efficaci si hanno invece in presenza di un livello medio di attivazione in cui il soggetto restringe il suo focus attentivo solo agli elementi pertinenti per quel compito, mentre quelli irrilevanti vengono ignorati. Al contrario se il livello di attivazione continua a crescere, l'attenzione diventa troppo ristretta, stimoli prioritari possono venire così ignorati e la prestazione subisce un peggioramento. Pertanto, livelli troppo elevati di ansia e di attivazione producono un eccessivo restringimento del numero di segnali che possono essere utilizzati. Questa interpretazione di Easterbrook è coerente anche con quanto affermato da Kanheman [1973]. Infatti, questo autore sostiene che l'elemento maggiormente determinante la quantità d'impegno necessario per svolgere un compito dipende dalla valutazione che ne ha fatto il soggetto. Nei soggetti ansiosi o particolarmente preoccupati per una certa prestazione l'analisi di informazioni non rilevanti per l'esecuzione, ma bensì determinate da questo stato emotivo, occupano dello spazio all'interno del sistema di elaborazione dell'informazione, che invece dovrebbe essere a disposizione dell'analisi degli elementi del compito. Se questo doppio compito, che i soggetti ansiosi si trovano a dover affrontare, eccede le capacità disponibili, la prestazione subirà un evidente deterioramento. In altri termini, un'attività cognitiva irrilevante per il compito (ansia e preoccupazione), riduce l'efficacia dell'attività mentale per quel compito e può così determinare una prestazione negativa. Se, però, il soggetto è in grado di compensare questa attività irrilevante tramite un aumento del suo impegno mentale, che non comprometta l'analisi degli stimoli rilevanti per quel compito, si può verificare ugualmente una prestazione efficace.

Le caratteristiche dell'impegno mentale sono state rilevate anche tramite la misura di funzioni fisiologiche. La frequenza cardiaca è stata utilizzata nello sport per descrivere cambiamenti che accompagnano la preparazione all'azione nel tiro a volo [Hatfield, Landers e Ray 1987], nel tiro con l'arco [Salazar *et al.* 1988; 1990] e nel golf [Boutcher e Zinsser 1990; Crews e Landers 1993]. È stato evidenziato che in questi sport di precisione alcuni secondi prima di effettuare il colpo, vi è un rallentamento nella frequenza cardiaca nell'ordine di 4-11 battiti per minuto.

Le tecniche di registrazione elettroencefalografica hanno avuto una certa diffusione in quanto si ritiene che la presenza/assenza di determinate onde cerebrali possa essere considerata come indice di attivazione fisiologica. In tiratori e arcieri di alto livello è stato evidenziato un incremento delle onde alfa nella regione temporale dell'emisfero sinistro sino a 3-5 secondi prima del tiro [Salazar *et al.* 1990]. Hatfield e colleghi, tramite l'EEG, hanno rilevato nei tiratori un'attività corticale ridotta nell'emisfero sinistro pochi istanti prima di schiacciare il grilletto. Questi risultati sono stati interpretati in termini di passaggio nell'attimo dell'esecuzione dal controllo dell'emisfero sinistro verbale a quello dell'emisfero destro a prevalenza visuo-spaziale. Inoltre, il tempo in cui avvengono questi cambiamenti è parallelo a quello che riguarda la decelerazione cardiaca e questo dato suggerisce che ambedue riflettano un meccanismo attentivo comune. Una ricerca condotta su arcieri principianti ha evidenziato che queste modificazioni sono associate allo sviluppo della competenza nel tiro. Questi atleti hanno seguito un programma di allenamento di 12 settimane e la frequenza cardiaca e l'EEG sono state valutate al termine della seconda settimana e alla fine del periodo di addestramento. La comparazione fra queste due fasi di registrazione ha evidenziato due importanti cambiamenti. Primo, nella fase precedente il tiro gli arcieri mostravano una decelerazione della frequenza cardiaca, che è stata interpretata in termini di miglioramento della concentrazione. Secondo, nei tre secondi che precedevano il tiro vi era, al termine del periodo di allenamento, una maggiore attività EEG nell'emisfero sinistro rispetto a quella dell'emisfero destro [Landers *et al.* 1994]. In accordo con l'ipotesi secondo cui la frequenza cardiaca decelera e l'attività EEG dell'emisfero sinistro aumenta mano a mano che l'individuo migliora la sua capacità di focalizzarsi sui segnali specifici provenienti dall'ambiente esterno, gli autori della ricerca concludono affermando che questi cambiamenti psicofisiologici, ottenuti dopo un periodo di allenamento di 12 settimane, dimostrano che l'abilità attentiva degli arcieri è migliorata. In sintesi, il rallentamento della frequenza cardiaca è un tipo di risposta frequentemente evidenziabile fra gli atleti di discipline *closed* negli attimi che precedono la prestazione e l'ampiezza di questo decremento sembra essere correlata al livello di abilità dell'atleta. Pertanto, questi risultati evidenziano che con il crescere della competenza sportiva migliora la capacità di autoregolare i processi psicofisiologici in modo da renderli adeguati alle richieste della prestazione da fornire.

Recentemente, in aggiunta allo studio dei cambiamenti EEG che precedono la prestazione, è stata introdotta la misurazione dei potenziali corticali correlati ad eventi (ERPs) [Rugg e Coles 1995]. Con tale misurazione si viene a ovviare al fatto che la misurazione EEG è relativamente indipendente dagli stimoli esterni e si analizza il processo di elaborazione dell'informazione millisecondo per millisecondo [Zani e Rossi 1991]. Questi potenziali sono composti da due componenti principali: la componente esogena, sempre presente indipendentemente da come uno stimolo deve venire trattato e la componente endogena, che varia in funzione del tipo di elaborazione informativa richiesta. Studi che hanno esplorato questa dimensione sono stati condotti da Zani e Rossi [*ibidem*], che hanno evidenziato che le risposte degli atleti variano in funzione della disciplina praticata. Il paradigma sperimentale di cui si sono serviti questi autori è denominato «Oddball». Al soggetto vengono presentati due stimoli acustici diversi (toni puri di frequenza differente) con una probabilità di occorrenza dell'80% o del 20%. In funzione del disegno sperimentale, al soggetto viene chiesto di rispondere il più rapidamente possibile agli stimoli rari, oppure solo di contarli o di rilassarsi o d'ignorarli. Queste differenti risposte del soggetto consentono di rilevare eventuali modificazioni nei processi di elaborazione dell'informazione in funzione delle caratteristiche del compito (attivo, attivo ma senza risposta motoria o passivo). Una ricerca condotta su un gruppo di schermitori di alto livello e un gruppo di non atleti ha evidenziato nel complesso la presenza di una migliore efficacia prestazionale degli atleti nella velocità di risposta, indipendentemente dalla difficoltà del compito [Rossi *et al.* 1992]. Dall'analisi degli ERPs si è rilevato che questa stabilità deriva dall'utilizzo da parte degli schermitori di una strategia fondata sulla velocità e su un'analisi non esaustiva dello stimolo, sia quando lo stimolo a cui rispondere è abbastanza facile da discriminare (toni di 1.000 *vs.* 2.000 hertz) e sia quando è relativamente difficile (toni di 1.000 *vs.* 1.050 hertz). Quanto questa caratteristica di rapidità sia preesistente all'attività schermistica o sia stata da essa sviluppata è una questione irrisolta, in ogni caso emerge in modo evidente che questa disciplina richiede un notevole sviluppo della velocità di elaborazione e di esecuzione. Inoltre sono da preferire risposte tratte anche da un numero limitato d'informazioni e fornite in condizioni di ridotta certezza, piuttosto che attendere di raccogliere un maggior numero d'informazioni ma che non sarebbero utilizzabili data l'estrema rapidità dell'azione schermistica. A favore di questa interpretazione sono anche altri dati, che hanno evidenziato che gli schermitori, rispetto a un gruppo di controllo di non atleti, sono in grado elaborare informazioni tratte da un campo visivo ampio (30 gradi) in modo più rapido [Taddei, Viggiano e Mecacci 1991]. Con l'affermarsi di questa metodica di studio è stato possibile verificare l'ipotesi che sostiene che la pratica di allenamento negli sport a elevato impegno neuropsichico possa portare alla creazione di specifici stili attenzionali [Zani e Rossi 1987; 1991]. Zani e Rossi così riassumono i risultati di queste ricerche: 1) fra esperti di diverse discipline e specialità si possono identificare differenze individuali nel trattamento informativo; 2) queste differenze non derivano da diversità nei livelli neurofunzionali di attività, bensì *a*) dall'adozione volontaria di strategie cognitive e attentive in compiti che richiedono attenzione controllata e *b*) dall'uso automatico di differenti strategie attentive o stili attentivi determinati dall'elevato livello di competenza dei soggetti studiati.

1.4. L'orientamento dei processi attentivi

Sinora sono state descritte alcune componenti presenti nei processi attentivi ed è stato evidenziato che la capacità attentiva è limitata, che le informazioni da analizzare devono essere selezionate in modo accurato e che sono necessari livelli di vigilanza adeguati per attivare questi processi. In relazione a queste dimensioni le ricerche hanno, inoltre, confermato l'esistenza di differenze significative fra atleti principianti ed esperti. Un altro capitolo di ricerca che, in psicologia dello sport, si è andato affermando negli anni '80 riguarda lo studio dell'orientamento dell'attenzione e questo approccio ha fornito risposte significative relative al trattamento dell'informazione nello sport. La prima rassegna delle indagini su questo tema nello sport è stata fornita da Nougier, Stein e Bonnel [1991] e questo paragrafo riprenderà in larga parte quanto illustrato da questi autori. L'interesse per gli studi sull'orientamento dell'attenzione è rilevante non solo da un punto di vista teorico ma anche in quanto i partecipanti alle indagini sono stati prevalentemente soggetti che non solo possono essere definiti esperti, in quanto hanno raggiunto un livello elevato di competenza sportiva nelle loro specialità, ma sono anche di alto livello, intendendo con ciò coloro che fanno parte di squadre nazionali o di squadre professionistiche.

Il modello che è stato utilizzato è basato sulla cronometria mentale, che ha come obiettivo la misura del tempo di elaborazione dei sistemi mentali [Posner 1978]. È noto che l'orientamento dell'attenzione del soggetto verso un determinato punto dello spazio coinvolge movimenti del corpo, della testa e dello sguardo verso la fonte d'informazione corrispondente. Ciononostante, l'attenzione può essere diretta verso uno stimolo anche indipendentemente dai movimenti oculari. In tal modo l'orientamento spaziale dell'attenzione può presentare una direzione differente dall'orientamento visivo. Il metodo cronometrico viene usato nello sport per comprendere i fattori preparatori e i processi del movimento in accordo all'età dell'atleta, al suo livello di abilità, al periodo di allenamento e alla stanchezza. È evidente che l'atleta è sottoposto a un continuo bombardamento di stimoli e deve essere in grado di selezionare e di elaborare solo le informazioni utili alla sua prestazione. In tal senso possono distinguersi due tipi d'informazioni: quelle rilevanti su cui deve essere orientata l'attenzione e quelle irrilevanti che devono essere ignorate. La finta [Rossi e Nougier 1996] rappresenta una tipica situazione in cui un atleta tenta di mascherare le sue intenzioni e di fornirne di false mentre l'avversario deve cogliere quali sono le informazioni rilevanti, senza farsi trarre in inganno da quelle irrilevanti connesse alla finta. Maggiore è il livello di abilità dell'atleta maggiore sarà in queste situazioni la sua capacità di estrarre solo le informazioni corrette.

L'immagine del fascio di luce che selettivamente esplora l'ambiente è stata spesso usata per descrivere l'attenzione visiva. Posner e colleghi [Posner, Snyder e Davidson 1980] hanno elaborato la seguente metodologia per valutare le caratteristiche del raggio di luce attentivo. Il soggetto fissa il centro di uno schermo ai cui lati sono posti due quadrati. Trascorsi 500 ms sopra il punto di fissazione appare uno dei tre presegnali previsti, che fornisce indicazioni sulla probabilità di apparizione dello stimolo a cui il soggetto deve rispondere. Questi presegnali possono essere: una freccia, che indica che lo stimolo a cui rispondere ha maggiore probabilità (80%) di apparire nel quadrato indicato dalla freccia e minore probabilità (20%) di presentarsi nel quadrato opposto, e una croce indicante invece che lo stimolo ha uguali probabilità (50%) di apparire in ciascuno dei due quadrati laterali. Dopo un secondo appare lo stimolo in uno dei quadrati laterali e il soggetto deve rispondere il più rapidamente possibile premendo un tasto. Le prove in cui lo stimolo si presenta nella direzione prevista dalla freccia sono chiamate prove valide, e quelle in cui lo stimolo appare nella direzione opposta sono chiamate prove invalide. Posner e colleghi descrivono l'aumento di velocità nella risposta, che si verifica nella situazione valida come benefici attentivi, e la riduzione di velocità nella situazione invalida in termini di costi attentivi. La differenza fra i costi e i benefici determina l'ampiezza degli effetti attentivi.

In tal modo, viene evidenziata la flessibilità attentiva del soggetto [Keele e Neill 1979], intesa come abilità di spostare l'attenzione da una posizione ad un'altra nello spazio. Nello sport questa abilità di spostare in modo rapido l'attenzione e di dirigerla verso fonti informative significative è di particolare rilevanza. L'approccio di Posner assume grande importanza in quelle discipline in cui è richiesta una rapida e corretta anticipazione delle mosse dell'avversario (ad esempio, scherma, tennis e giochi sportivi). L'anticipazione percettiva consiste nel prevedere cosa sta per succedere sulla base di alcuni segnali presenti nell'ambiente e, a partire da questi, il soggetto seleziona le risposte che devono essere messe in atto. Pertanto, il paradigma di Posner è stato utizzato nello sport nella sua forma originaria analizzando costi e benefici in situazioni di laboratorio o introducendo delle variazioni per avvicinare il più possibile le situazioni stimolo a quelle del contesto sportivo che s'intendeva studiare. Nougier, Ripoll e Stein [1989] hanno confrontato fra loro non esperti e atleti esperti di differenti sport. I soggetti dovevano rispondere a stimoli posti in una delle posizioni indicate e poste a distanze diverse (8 gradi o 24 gradi rispetto al punto di fissazione). Anche questi esperimenti comprendevano situazioni valide, invalide e neutre. Dai risultati è emerso che: 1) le differenze nella velocità di risposta fra stimoli vicini e stimoli lontani era minore per gli atleti esperti rispetto ai non esperti; 2) gli atleti esperti mostravano piccole differenze fra costi e benefici.

Castiello e Umiltà [1986; 1988a; 1988b] hanno condotto diverse ricerche su questi temi. In una prima indagine hanno evidenziato in soggetti in età evolutiva che i più anziani (13-15 anni), rispetto ai più giovani (8-12 anni), forniscono risposte più rapide e tale differenza viene interpretata come effetto del miglioramento delle prestazioni di integrazione visivo-motoria con l'aumentare dell'età nel periodo evolutivo. Inoltre, le risposte erano più rapide al termine di una sessione di allenamento rispetto ai risultati ottenuti in condizione di riposo. Ciò sarebbe dovuto ad un aumento dei livelli di attivazione a seguito dell'attività fisica svolta, tale aumento a sua volta avrebbe influenzato positivamente il grado di vigilanza, come pure la capacità di rilevare con rapidità il segnale a cui rispondere. Se comunque l'allenamento fosse stato maggiormente stancante o stressante la prestazione avrebbe subito un decremento e non un miglioramento. Inoltre, in questo esperimento i costi e i benefici non sembrano dipendere dalla situazione di riposo o di attività e si evidenzia, quindi, che la capacità di orientare l'attenzione resta sostanzialmente invariata. Infine, i benefici sono uguali nei due gruppi di età diversa, mentre i costi sono più ridotti nei giovani di maggiore età. Anche altri autori [Nougier *et al.* 1989] hanno evidenziato che le strategie attentive migliorano in funzione dell'età, infatti minore è l'età dei soggetti, maggiori sono i costi e i benefici; da rilevare che queste differenze crescono anche in funzione dell'aumento del livello di competenza sportiva. In una indagine successiva [Castiello e Umiltà 1988a; 1988b] condotta su tenniste professioniste, è stato ugualmente evidenziato che le risposte fornite al termine dell'allenamento sono risultate più veloci di quelle date in condizioni di riposo e che le risposte fornite alle situazioni valide sono state quelle più veloci, seguite da quelle riguardanti le situazioni neutre e da quelle relative alle situazioni invalide. Anche in questo studio viene confermato il dato per il quale le prestazioni migliori vengono fornite dopo un periodo di attività fisica che, determinando un innalzamento del livello di attivazione, favorisce una maggior rapidità di risposta. Inoltre gli autori hanno modificato, in un secondo esperimento della stessa indagine, i tempi di apparizione del segnale a cui rispondere (intervallo breve di 40 ms e intervallo lungo di 500 ms) e le dimensioni del quadrato entro cui sarebbe apparso. I risultati hanno mostrato che le risposte: 1) all'intervallo breve erano più lente di quelle emesse dopo l'intervallo lungo; 2) alle situazioni valide erano più rapide di quelle delle situazioni neutre; 3) agli stimoli apparsi nel quadrato piccolo erano più rapide rispetto a quelle emesse in relazione a stimoli apparsi nei quadrati medio e grande. Infine, i tempi di reazione sono più brevi se lo stimolo appare nel quadrato piccolo e l'intervallo è lungo (500 ms).

Altre ricerche hanno riscontrato che l'ampiezza del focus attentivo varia in relazione al tipo di disciplina praticata. Negli sport di situazione o *open skill*, in cui la prestazione si deve adeguare ai continui cambiamenti imposti dall'ambiente, un'attenzione diffusa è più efficace per analizzare globalmente e rapidamente il campo visivo. Al contrario nelle discipline *closed skill* in cui la prestazione si svolge in condizioni ambientali relativamente costanti, come nel tiro al piattello e nel tiro con l'arco, sarebbe più efficace concentrarsi su una piccola estensione del raggio attentivo, che consente di esplorare una specifica area del campo informativo. In sport come il tennis, la scherma e i giochi di squadra sarebbe pertanto più efficace adottare un focus attentivo ampio. Questa ipotesi è stata indirettamente confermata dalle ricerche che hanno mostrato la superiorità degli atleti esperti, rispetto ai principianti, nel riconoscere e nel codificare complesse situazioni di gioco e dalle indagini sul *chunking* riportate in precedenza. Inoltre, gli atleti si focalizzerebbero su posizioni intermedie del campo visivo. È stato infatti dimostrato [Ripoll 1987; 1988] che i giocatori esperti guardano una zona d'incrocio fra diverse fonti informative contigue, che esiste una complementarità fra visione centrale e periferica e che la lettura degli avvenimenti è anticipata, mentre nei principianti l'informazione è trattata essenzialmente in visione centrale e la lettura avviene in modo sequenziale evento per evento. Inoltre negli esperti il tempo totale di analisi è ridotto mentre nei principianti è elevato.

Al contrario, in uno sport di precisione qual è il tiro con l'arco, in cui gli atleti devono mostrare un'attenzione molto focalizzata, Nougier e colleghi non hanno evidenziato negli arcieri esperti nessuna differenza nella rapidità delle risposte e, quindi, nessun effetto attentivo nelle tre situazioni (valida, invalida e neutra) quando gli stimoli sono vicini (8 gradi), mentre sono state riscontrate differenze significative quando gli stessi sono più lontani (24 gradi). Tali differenti risultati sembrano così confermare ulteriormente l'esistenza di una specifica ampiezza del raggio attentivo in funzione delle caratteristiche *open* o *closed* della disciplina sportiva e dell'abilità dell'atleta.

Da questi dati emerge con chiarezza il ruolo primario svolto dalla flessibilità attentiva e dall'automatizzazione nel favorire strategie attentive efficaci. La possibilità di automatizzare determinati processi mentali consente di distribuire in modo migliore le limitate risorse attentive e, soprattutto, di orientarle verso la gestione delle situazioni complesse e ad elevato livello d'incertezza.

2. Gli stili cognitivi

Gli atleti si avvicinano alla loro attività quotidiana con un determinato stile personale di percepire, ricordare o immaginare la propria attività. Questo modo tipico di ogni individuo di elaborare e organizzare ciò che vede e ciò che pensa costituisce il suo stile cognitivo. Lo stile cognitivo degli atleti non è qualcosa d'identificabile dall'esterno tramite la semplice osservazione e, pertanto, bisogna servirsi di sistemi di valutazione abbastanza complessi per identificare quello di ognuno. Va anche ricordato che oggi agli atleti viene continuamente richiesto di essere consapevoli su tutto ciò che riguarda la loro attività e di servirsi di specifiche tecniche cognitive (ad esempio, *goal setting*, visualizzazioni e tecniche di attivazione/disattivazione) per migliorare le loro abilità cognitive e le prestazioni.

In psicologia dello sport Nideffer [1976] è stato il primo autore a servirsi del concetto di stile attentivo per evidenziare l'importanza che lo stile cognitivo personale di un atleta può svolgere nell'influenzare la sua attività. E non è un caso, infatti, che abbia proposto contemporaneamente ad un sistema di valutazione dello stile attentivo anche un metodo cognitivo per incrementare questa abilità individuale. Questo approccio ha avuto molto successo nel mondo sportivo e negli anni passati ha rappresentato un esempio significativo di come sia possibile passare dalla valutazione di una componente dello stile cognitivo, quello attentivo, alla formulazione di sistemi di allenamento psicologico.

In questa parte dedicata all'analisi del ruolo degli stili cognitivi nello sport verranno presentati due aspetti che sono stati particolarmente studiati in psicologia dello sport. Riguardano il modello di stile attentivo proposto da Nideffer e lo studio delle strategie cognitive negli sport di resistenza.

2.1. Lo stile attentivo

Nideffer [1976; 1979; Cei 1987] è stato il primo ricercatore a sviluppare un questionario di autovalutazione dello stile attentivo, comprendente anche un nutrito numero di scale per l'identificazione dello stile interpersonale: il *Test of Attentional and Interpersonal Style* (TAIS). Il test si inserisce all'interno di un contesto teorico che accetta due assunti principali. Il primo si riferisce all'idea che gli individui possono descrivere in modo attendibile le proprie abitudini attentive, attraverso un processo d'introspezione. Su questa questione gli psicologi cognitivi sono divisi, alcuni infatti ritengono che l'introspezione non abbia accesso ai processi mentali e che svariati fattori intervengano per distorcere il ricordo [Boutcher 1990; Brewer *et al.* 1992]. In particolare, le riflessioni dei soggetti sui propri processi cognitivi dipenderebbero essenzialmente da teorie causali *a priori* e spesso le spiegazioni utilizzate per spiegare quali siano i fattori che influenzano i propri comportamenti non sarebbero superiori a quelle fornite da osservatori esterni.

Il secondo assunto su cui si è basato Nideffer [1980] si fonda sull'idea che per essere in grado di predire la prestazione di un atleta in una situazione competitiva bisogna innanzitutto sapere se, in situazioni non stressanti, è capace di sviluppare il tipo di attenzione richiesto. Pertanto rispondendo a un certo numero di domande relative a come l'atleta ha funzionato in passato, è possibile definire con un buon grado di accuratezza quali sono le caratteristiche positive e negative del suo stile attentivo. Nonostante le riserve che sono state avanzate sull'uso di un questionario di autovalutazione come misura attendibile dei processi cognitivi, in psicologia dello sport, il TAIS ha rappresentato per anni il test più utilizzato per identificare le abilità attentive degli atleti e il modello di Nideffer è stato usato dagli psicologi sportivi di tutto il mondo, anche per le evidenti ricadute applicative che l'autore ha costantemente aggiornato [Nideffer 1985; 1992; 1993; Nideffer e Sharpe 1978].

Accettate queste due premesse generali il modello di Nideffer prevede quattro proposizioni chiave.

1. I processi attentivi possono essere considerati sia come tratti distintivi della personalità che come condizioni di stato.

2. Differenti tipi di sport richiedono differenti stili attentivi.

3. L'efficacia della prestazione è dipendente dal grado in cui lo stile attentivo individuale è compatibile con le richieste attentive sport-specifiche.
4. L'abilità a servirsi di uno stile attentivo adeguato alla situazione è correlata al livello di attivazione generale dell'atleta.

Questo modello descrive i processi attentivi in un sistema a due dimensioni: l'ampiezza e la direzione. La prima caratteristica si riferisce alla quantità d'informazione a cui un individuo può prestare attenzione e può variare lungo un continuum ai cui estremi il soggetto presta attenzione a molte o poche fonti informative. In tal senso l'attenzione può essere ampia o ristretta. La direzione riguarda se l'oggetto dell'attenzione è interno all'individuo (pensieri, stati emotivi o sensazioni fisiche) o è esterno (stimoli ambientali, ad esempio avversari, giudice di gara, pubblico, situazioni di gara, condizioni meteorologiche o altre ancora). Conseguentemente, queste due caratteristiche danno luogo a quattro dimensioni attentive. Un atleta può adottare un focus attentivo ampio e rivolto verso l'esterno, che è efficace in quelle situazioni in cui deve integrare contemporaneamente molti stimoli ambientali. È il caso dei giochi di squadra in cui il giocatore deve leggere rapidamente la situazione e reagire con precisione. Bond e Sargent [1995] definiscono questa modalità attentiva come consapevolezza periferica, e ritengono sia rilevante non solo nelle discipline *open skill*, in cui l'atleta deve reagire ai continui cambiamenti che avvengono nell'ambiente, ma anche in alcuni sport di precisione (tiro a volo), in cui l'atleta deve essere in grado di adeguarsi a cambiamenti improvvisi delle condizioni atmosferiche (modificazione della luminosità, colpi di vento, variabilità della temperatura). Un focus attentivo esterno ristretto si evidenzia, ad esempio, quando un arciere si concentra solo sul bersaglio da colpire o quando un calciatore si concentra su dove indirizzare un calcio di punizione. Gli atleti che hanno sviluppato questa abilità sono in grado di mantenersi concentrati sul compito per il tempo necessario e riescono a non farsi distrarre facilmente da ciò che succede intorno a loro. Quando un atleta adotta un focus attentivo interno ampio sta spostando la sua concentrazione sui propri pensieri, stati d'animo o sensazioni fisiche. Ciò accade, ad esempio, quando un atleta deve pianificare la sua gara, quando deve riportare alla mente determinate sensazioni connesse alle sue prestazioni migliori, o quando al termine di una prima fase di gara deve disattivarsi mentalmente per riposarsi. Secondo Nideffer l'atleta attua uno stile attentivo interno ristretto quando deve ricordarsi un singolo esercizio dell'allenamento o una parola/immagine-chiave efficace per favorire la concentrazione.

Nideffer ipotizza, inoltre, che non solo le varie discipline sportive richiedano differenti stili attentivi, ma che all'interno di un dato sport sia necessario adottare modalità attentive diverse. Nella pallacanestro è necessario uno stile attentivo ampio verso l'esterno durante le fasi di gioco ma i tiri liberi richiedono un restringimento della focalizzazione sul bersaglio da centrare. Nel canottaggio, prima dell'inizio della gara, è necessario un focus attentivo interno ristretto per controllare la tensione muscolare nelle spalle e negli arti, mentre dopo l'inizio la concentrazione è prevalentemente di tipo esterno per sentire le istruzioni del timoniere. In generale, Nideffer [1993] ha suggerito che le discipline *closed skill* (nuoto, tuffi e pattinaggio) richiedono un tipo di attenzione ristretto. Questa ipotesi è stata verificata su un campione molto ampio di atleti australiani di alto livello: i praticanti discipline *closed* mostravano uno stile attentivo più ristretto rispetto agli atleti di discipline *open* o di squadra. Cei, Guadagni e Rossi [1992] non hanno invece evidenziato differenze fra i praticanti queste diverse discipline, ciò potrebbe comunque essere dovuto alle differenti caratteristiche dei campioni. Quello di Nideffer era composto solo da atleti di alto livello, che avevano quindi sviluppato specifiche abilità attentive, mentre quello italiano comprendeva atleti di diversi livelli di abilità. Per cui è possibile che in quest'ultimo gruppo le differenze fra i tre gruppi si siano appiattite, in quanto ognuno di essi era formato da atleti con un diverso livello di competenza.

Inoltre, è necessario che lo stile attentivo individuale sia coerente con le richieste attentive poste dalla disciplina praticata, in quanto se questi differiscono in maniera marcata la prestazione può subire un decremento. Ad esempio, se un ginnasta prima di eseguire la sua prova al cavallo mantiene un focus attentivo ampio verso l'esterno, può venire distratto da qualche stimolo ambientale e non essere pronto così a concentrarsi solo sulla sua prestazione. Al contrario risulta positiva la concentrazione sulle sensazioni cinestesiche, che determina un restringimento della sua focalizzazione solo sugli elementi connessi alla prestazione.

Infine, l'efficacia dello stile attentivo è influenzata dal livello di attivazione dell'atleta. Stati di attivazione troppo bassi si accompagnano ad una condizione psicologica in cui possono prevalere scarsa motivazione, noia, pensieri irrilevanti o percezione di stanchezza e la conseguente impossibilità di orientare l'attenzione in modo efficace. Stati di attivazione eccessivamente elevati determinano un restringimento del focus attentivo, una riduzione della flessibilità attentiva o un aumento della distraibilità. Nideffer, in accordo con quanto formulato in precedenza da Easterbrook [1959], ipotizza che in condizioni di stress eccessivo gli individui adottino involontariamente un focus attentivo interno ristretto, che può contribuire a commettere degli errori, perché l'atleta non reagisce alle richieste della situazione sportiva ma è distratto da sensazioni interne di disagio (elevata frequenza cardiaca, tensione muscolare, disturbi allo stomaco, ecc.) o dai suoi pensieri. Un livello di attivazione ottimale consente, invece, di mantenere un buon livello di flessibilità attentiva e di adottare lo stile attentivo più adeguato per quella situazione.

Il TAIS è composto da 144 item che descrivono situazioni della vita quotidiana, il cui obiettivo è la misurazione delle caratteristiche attentive e interpersonali ritenute importanti per predire le prestazioni. È composto da 17 scale: 6 valutano lo stile attentivo, 2 il controllo comportamentale e cognitivo e 9 lo stile interpersonale. Le scale attentive sono le seguenti.

1. Focus ampio verso l'esterno (BET): valuta in che misura il soggetto si percepisce in grado d'integrare contemporaneamente molti stimoli esterni.
2. Sovraccarico da stimoli esterni (OET): valuta quanto il soggetto si percepisce distratto dagli stimoli esterni.
3. Focus ampio verso l'interno (BIT): valuta in quale grado il soggetto si considera capace d'integrare contemporaneamente molti stimoli interni.
4. Sovraccarico da stimoli interni (OIT): valuta quanto il soggetto si confonde a causa di stimoli interni.
5. Focus attentivo ristretto (NAR): valuta la capacità di restringere l'attenzione in modo adeguato al compito.
6. Focus attentivo ridotto (RED): valuta in che misura il soggetto ritiene di commettere errori dovuti a un restringimento eccessivo della propria attenzione su informazioni non rilevanti

per quel compito. Può evidenziare anche la difficoltà di passare da un focus interno a uno esterno o viceversa.

Punteggi relativamente elevati nelle scale che misurano il focus attentivo ampio verso l'esterno (BET) e verso l'interno (BIT) e il focus attentivo ristretto (NAR) indicano uno stile attentivo efficace. Mentre punteggi relativamente elevati nelle altre tre scale (OET, OIT e RED) evidenziano uno stile attentivo inefficace, caratterizzato dalla tendenza ad andare in sovraccarico di stimoli esterni e interni e a restringere in modo eccessivo il focus attentivo su stimoli irrilevanti.

Nideffer [1976] in uno studio iniziale ha riscontrato che i nuotatori che fornivano prestazioni negative mostravano uno stile attentivo caratterizzato dalla tendenza ad andare in sovraccarico di stimoli esterni e interni, erano incapaci d'integrare pensieri e idee e di restringere in modo efficace l'attenzione. In studi successivi condotti da Landers e collaboratori è stato evidenziato che i tiratori meno esperti andavano in sovraccarico di stimoli esterni, mentre i tiratori migliori erano maggiormente in grado di restringere l'attenzione sugli stimoli rilevanti per la loro prestazione [Landers e Courtet 1979; Landers, Furst e Daniels 1981]. Altre ricerche hanno mostrato differenze fra atleti esperti e non esperti in altri sport individuali [Bond e Sargent 1995] e di squadra [Maynard e Howe 1989; Cei, Cannavò e Costa 1991]. Ad esempio, nel rugby sono state evidenziate differenze nello stile attentivo associate al ruolo ricoperto dal giocatore. I mediani, rispetto a chi ricopriva altri ruoli, si percepivano più capaci d'integrare fra loro le informazioni ambientali e ritenevano di non commettere errori dovuti a un'attenzione troppo ridotta. Alcuni studi non hanno invece evidenziato differenze fra atleti esperti e non esperti [Summers, Miller e Ford 1991; Van Shoyck e Grasha 1981].

Un'indagine svolta su 225 atleti di discipline *closed*, 325 di discipline *open* e 268 atleti di sport di squadra di livello nazionale e internazionale ha mostrato differenze associate ai diversi gruppi di discipline [Bond e Nideffer 1989]. Nello specifico è emerso che i praticanti sport *closed*, rispetto agli atleti delle discipline *open*, evidenziavano maggiormente un tipo di attenzione ristretta. Mentre gli atleti di discipline *open* tendevano a mostrare un focus attentivo ampio e rivolto all'esterno. Inoltre, i praticanti discipline *closed* si consideravano meno distraibili degli atleti delle discipline *open* e degli sport di squadra. Cei,

Guadagni e Rossi [1992] hanno condotto un'indagine su 146 atleti di sport *closed* e su 186 di sport *open*. È emerso che:

- i più giovani, rispetto alla fascia di età superiore, si considerano meno capaci d'integrare efficacemente idee e informazioni da più aree diverse e ritengono di compiere meno errori dovuti al pensare a troppe cose contemporaneamente;
- nel sottocampione degli atleti di alto livello, emergono differenze a favore della fascia di età adulta non solo nella capacità di orientare internamente l'attenzione, ma anche nella capacità di focalizzare l'attenzione su molti stimoli esterni e nella tendenza a trattare molte informazioni contemporaneamente. Ciò farebbe supporre che con il crescere dell'età esista una tendenza al miglioramento della capacità di percepirsi concentrati su stimoli interni ed esterni;
- nel campione globale, le femmine, rispetto ai maschi, hanno manifestato una minor capacità di gestire il sovraccarico e la tendenza ad avere un focus attentivo meno capace di restringere l'attenzione in modo adeguato;
- nel sottocampione di atleti di alto livello non sono invece emerse differenze significative fra maschi e femmine;
- i praticanti sport *closed* si percepiscono maggiormente in grado di trattare nello stesso tempo molte informazioni, rispetto agli atleti di sport *open*. Questa apparente incongruenza con le caratteristiche proprie delle discipline *open* e *closed*, potrebbe essere interpretata distinguendo fra situazioni di gara e sedute quotidiane di allenamento. Probabilmente, infatti, le metodiche di allenamento negli sport *closed* determinano una tendenza sia a trattare molte informazioni interne, dovute agli alti livelli di coordinazione che sono richiesti, che molte informazioni esterne, dato l'ampio utilizzo di forme di allenamento multivariato.

Uno dei limiti del TAIS è che misura lo stile attentivo individuale in situazioni della vita quotidiana senza far alcun riferimento a situazioni sportive ed è quindi difficili fornire delle previsioni attendibili sulle prestazioni future di un atleta servendosi dei risultati che emergono dal test. Per ovviare a questa difficoltà alcuni autori hanno realizzato delle versioni sport-specifiche delle scale attentive [baseball/softball: Albrecht e Feltz 1987; pallavolo: Cei, Cannavò e Costa 1991; calcio: Fisher e Taylor 1980; tennis: Van Schoyck e Grasha 1981]. Il vantaggio fornito da questi nuovi test consiste nel fornire agli atleti un contesto sportivo pertinente in cui autovalutare le proprie capacità attentive. La prima versione sport specifica è stata quella realizzata per il tennis (T-TAIS). È emerso che le dimensioni attentive dell'atleta possono essere descritte in termini di ampiezza (da molto ampia a molto ristretta), mentre la dimensione della direzione dell'attenzione (esterna o interna) non emerge come componente rilevante, in quanto gli item spesso comprendono aspetti sia di questa dimensione che dell'ampiezza. Inoltre il T-TAIS, rispetto alla prova originaria, si correla maggiormente con il livello di abilità del tennista. I risultati confermano in parte l'ipotesi di Nideffer secondo cui lo stile attentivo varia lungo la dimensione dell'ampiezza, in particolare le scale BET, BIT e INFP sono correlate positivamente. Come è stato detto la versione sport specifica del TAIS ha consentito di discriminare fra atleti di diverso livello di abilità e ciò è in accordo con quanto formulato da Martens [1977] nei riguardi di un altro costrutto, quello dell'ansia di tratto competitiva. Secondo questo autore è, infatti, necessario costruire degli strumenti di misura che facciano specifico riferimento a costrutti sport specifici. Le variazioni del TAIS vanno in questa direzione e le ricerche condotte sul tennis, il baseball/softball, il calcio e la pallavolo sembrano confermare che questi nuovi strumenti permettono di identificare in modo più evidente i punti di forza e di debolezza degli atleti e di formulare sulla base delle risposte al test suggerimenti pratici ed esercizi mentali più pertinenti. Quando ci si pone la questione della realizzazione di versioni sport specifiche del TAIS sono comunque presenti diversi problemi teorici e due sembrano essere quelli più rilevanti. Il primo interrogativo da porsi è quello della riproposizione, anche in queste versioni, dei punti di debolezza del questionario originario che sono stati evidenziati all'inizio di questo paragrafo. Infatti, la nuova versione non è altro che una riscrittura in termini specifici delle frasi del TAIS, in tal senso le scale sono le stesse e così pure i riferimenti teorici. Pertanto i problemi connessi al TAIS continuano a essere presenti, mentre perdono di rilevanza quelle critiche che sostengono che è un test di concentrazione generico o un test che misura solo dei tratti di personalità. La seconda obiezione si riferisce al fatto che non è ipotizzabile la costruzione di TAIS per ogni disciplina sportiva. Per risolvere quest'ultima questione, Albrecht e Feltz propongono di aggiungere a ogni item le parole «Quando pratico il mio sport...», che consentirebbero di contestualizzare maggiormente le risposte alle singole affermazioni.

Moran [1996] ha sintetizzato in sette punti le principali critiche che sono state formulate nei confronti del TAIS. La prima è già stata accennata poco più sopra. Questo test sarebbe solo una misura generica di concentrazione e, inoltre, non è specifico per gli atleti. Pertanto è difficile tradurre le indicazioni che derivano dai risultati in suggerimenti utili per gli atleti o verificarne la validità. Le versioni sport specifiche hanno rappresentato un tentativo di ovviare a questa problematica, attraverso la formulazione di item pertinenti al contesto sportivo che si vuole studiare. Le indagini sembrano confermare la miglior validità predittiva di queste nuove versioni [Summers e Ford 1990]. La seconda critica si riferisce alla validità fattoriale. Landers [1982] non ha trovato gli stessi fattori rilevati da Nideffer. Inoltre, la dimensione dell'ampiezza è sicuramente multidimensionale piuttosto che omogenea. Infatti, molti item fanno parte di più scale attentive e non pesano invece solo su una unica. Terzo, il TAIS non discrimina in modo significativo atleti di diversi livelli di abilità in sport in cui è rilevante l'attenzione selettiva [Summers e Ford 1990]. Le versioni sport specifiche hanno invece permesso d'identificare le differenze inizialmente previste dal TAIS. Ad esempio Cei, Guadagni e Rossi [1992] hanno rilevato, tramite una versione specifica per la pallavolo, che giocatori di pallavolo di alto livello, rispetto a giocatori di basso livello, mostravano un focus attentivo più ampio sia interno che esterno, non erano distratti da stimoli esterni, commettevano pochi errori dovuti a una concentrazione troppo ristretta ed erano in grado di trattare molte informazioni contemporaneamente. Gli stessi atleti al TAIS si differenziavano solo in relazione a due dimensioni, evidenziando quelli di alto livello una maggiore capacità di restringere l'attenzione in modo adeguato alle situazioni e di non focalizzarsi in modo troppo ristretto. Questi risultati, che evidenziano in relazione a situazioni proprie della disciplina praticata una differenza nella capacità di discriminazione fra atleti di livelli diversi di abilità, sono anche coerenti con quelli di altre indagini che hanno rilevato la superiorità degli atleti esperti, rispetto ai non esperti, solo nella percezione di situazioni di gioco e non in situazioni non sport specifiche.

Inoltre, il modello di Nideffer non distingue fra informazioni rilevanti per il compito e quelle non rilevanti, tale esclusione pone dei problemi in quanto l'attenzione riguarda esattamente la capacità di focalizzarsi su informazioni pertinenti per il compito. Una quinta critica viene da quegli autori che hanno evidenziato che il TAIS non misura la flessibilità attentiva, che costituisce invece una variabile cruciale di questo processo mentale [Summers, Miller e Ford 1991]. Un altro punto critico riguarda l'affermazione di Nideffer, che sostiene che l'incremento eccessivo dell'attivazione determina un restringimento della focalizzazione. Ricerche condotte in laboratorio non hanno evidenziato questo tipo di relazione. Coté, Salmela e Papathanasopoulu [1992] hanno richiesto a un gruppo di soggetti di rispondere a un compito di tempi di reazione verbale a 5 scelte mentre pedalavano su un cicloergometro. Dai dati è emerso che l'aumento della frequenza cardiaca non portava a un restringimento del focus attentivo. Infine, Nougier e colleghi sollevano la questione riguardante la validità di misurare tramite processi non implicati in situazioni motorie, quelli specifici che invece sono implicati nelle abilità motorie complesse. A supporto di questi dubbi vi sono i risultati delle ricerche cha hanno studiato la relazione fra TAIS e processi decisionali e modalità di elaborazione dell'informazione visiva [Dewey, Brawley e Allard 1989] da cui nessuna relazione significativa è emersa.

In risposta a questi problemi riguardanti attenzione, attivazione e prestazione sportiva Nideffer [1993] ha replicato in modo piuttosto insolito sostenendo che gli studi che hanno voluto validare il TAIS sono stati condotti «su individui relativamente normali e senza che venisse sistematicamente manipolato il loro livello di attivazione» [*ibidem*, 548]. In tal modo, afferma infatti che la misurazione dello stile attentivo non sia di per se stessa sufficiente per predire la prestazione, ma che sia invece necessario aumentare il livello di attivazione, per evidenziare lo stile attentivo dominante dell'individuo.

Secondo altri autori il TAIS misura essenzialmente caratteristiche o disposizioni psicologiche individuali piuttosto che processi cognitivi connessi alla pratica sportiva [Nougier, Stein e Bonnel 1991]. Nonostante queste osservazioni critiche molti autori [Moran 1996] ritengono che la teoria dello stile attentivo sia utile dal punto di vista applicativo, in quanto è immediatamente comprensibile da allenatori e atleti, e li motiva a esplorare i differenti tipi di concentrazione richiesti nelle loro discipline. Probabilmente è questo il motivo principale per cui il TAIS trova ancor oggi un'ampia diffusione in psicologia dello sport.

2.2. Le strategie cognitive nei fondisti

Per gli psicologi sportivi lo studio delle strategie cognitive dei fondisti è particolarmente interessante, in quanto questi atleti si sottopongono a un elevatissimo stress psicofisico durante il quale devono fornire il meglio di sé. Il primo studio sistematico condotto sulle strategie cognitive dei fondisti è stato effettuato da Morgan e Pollock [1977], su un campione composto da atleti di livello mondiale e da mezzofondisti di livello inferiore. Per classificare le strategie utilizzate durante la corsa gli autori hanno utilizzato i termini *associazione* e *dissociazione*. Nella prima condizione gli atleti si focalizzano sulle sensazioni provenienti dal loro corpo e sono consapevoli dei fattori fisici fondamentali per quel tipo di prestazione. Nella strategia di dissociazione, invece, i pensieri dell'atleta sono concentrati su qualsiasi cosa, eccetto che sulle sensazioni corporee. Durante la competizione le strategie cognitive del gruppo di élite rispetto a quelle dell'altro gruppo si sono differenziate in funzione di queste due caratteristiche. Infatti, per contrastare gli stimoli dolorosi gli atleti di livello inferiore si servono della strategia dissociativa, mentre quelli di élite usano quella associativa e conseguentemente modulano il loro passo. Inoltre, secondo Morgan e Pollock, durante la corsa i maratoneti esperti non attribuiscono molta importanza alla cosiddetta zona del dolore, per almeno due motivi che li differenziano dai soggetti meno esperti. Il primo si riferisce alla loro superiorità fisiologica, che gli permette di correre al loro limite incontrando un grado minore di difficoltà. Il secondo, riguarda il fatto che evitano questa zona del dolore, poiché sono capaci di autoregolarsi durante l'intero arco della corsa, basandosi proprio sulle loro sensazioni interne.

In un lavoro successivo Morgan [1978] ha chiarito ulteriormente cosa si deve intendere con queste due strategie. Nella fase associativa il podista, nello sforzo di massimizzare la prestazione e ridurre al minimo i disagi o le sensazioni dolorose, si focalizza continuamente sulle sensazioni fisiche quali sono la respirazione, la temperatura, la pesantezza dei polpacci e delle cosce e le sensazioni addominali. Questa modalità cognitiva è abbastanza impegnativa per gli atleti, in quanto richiede l'abilità di concentrarsi per lunghi periodi di tempo. La fase dissociativa si presenta quando l'atleta in modo volontario si distrae dai feedback sensoriali che incessantemente riceve dal corpo. Questa modalità cognitiva può comprendere: fare calcoli matematici, immaginare di nuotare, sentire una musica, costruire una casa o qualsiasi altro pensiero o immagine mentale. Il problema che pone questa strategia cognitiva riguarda il pericolo di non prestare attenzione ai segnali significativi che provengono dal corpo. Tale strategia è comunque positiva, in quanto consente di focalizzare l'attenzione su stimoli mentali piacevoli, piuttosto che su stimoli stressanti. Una ricerca condotta sin dal 1975 da Popkin, Stillner e Pierce [US Department of Health and Human Services 1981, cit. in Sachs 1984b], sui partecipanti alla corsa annuale su slitta trainata da cani di 1.049 miglia che si svolge in Alaska, ha evidenziato che questi soggetti, allo scopo di affrontare con efficacia gli effetti dello stress, utilizzano frequentemente una strategia di «non attenzione», focalizzandosi esternamente e non su loro stessi o sulla loro condizione.

Sachs [1984a; 1984b] ha suggerito che le strategie di associazione e dissociazione coinvolgano in modo diverso i due emisferi cerebrali. L'associazione, che è una strategia analitica, sembra interessare maggiormente l'emisfero sinistro. La dissociazione può invece attivare sia l'uno che l'altro degli emisferi. Infatti, i soggetti che mentalmente eseguono operazioni matematiche o che scrivono delle lettere si servirebbero di funzioni dell'emisfero sinistro, mentre coloro che sentono della musica probabilmente attiverebbero quello destro. Sachs ha suggerito, in contrasto con Morgan e Pollock, che i fondisti che si servono di strategie dissociative, incrementando l'attività dell'emisfero destro, migliorerebbero maggiormente la qualità della loro corsa, rispetto agli atleti che si servono delle altre strategie. È, comunque, difficile classificare gli atleti secondo queste due categorie, infatti in uno studio condotto su 60 fondisti Sachs ha rilevato che durante la corsa tutti passavano da una strategia ad un'altra, pur se il 68% si serviva in prevalenza di strategie dissociative, il 25% di strategie associative e il restante 7% di ambedue le strategie con la stessa frequenza.

Inoltre, alcune delle ricerche iniziali [Sachs 1984b] hanno evidenziato che i maratoneti si servono di tre tipi di strategie dissociative: diversive (meditazione, fantasie), soluzioni di problemi (ad esempio, calcoli matematici) e spontanee (seguire il corso spontaneo dei pensieri e delle immagini mentali). Infine, sempre in questi studi realizzati all'inizio degli anni '80 da Sachs, molti atleti hanno indicato una maggiore tendenza ad associare nelle prime e nelle ultime fasi della corsa e a dissociare nel resto del tempo. Ciò servirebbe a monitorizzare in modo consapevole le reazioni del proprio organismo nelle fasi iniziali e a verificare e sostenere il proprio stato di forma nelle fasi finali. Gli atleti hanno indicato che, per gareggiare al limite massimo delle loro capacità, durante le gare e nei momenti difficili tendevano a usare con più frequenza strategie associative, rispetto a quanto fatto in allenamento.

Le strategie dissociative hanno una lunga tradizione nella cultura orientale. Ripetendo il mantra in sincronia con il respiro sarebbe possibile giungere a ignorare le sensazioni di fatica e di dolore. È interessante notare che i resoconti antropologici riguardanti monaci tibetani allenati all'arte del *lung-gom* (letteralmente significa: dolcezza dei piedi) evidenziano strategie di dissociazione che hanno permesso di fornire prestazioni eccezionali [Morgan e Pollock 1977].

Nel complesso gli studi hanno comunque mostrato che i fondisti passano alternativamente da una strategia all'altra in funzione della situazione (ad esempio, gara o allenamento). Morgan e colleghi [1988], replicando l'indagine di Sachs, hanno trovato che il 72% degli atleti di élite durante la corsa si serve di strategie associative, mentre il 28% di ambedue le modalità. Nessun atleta affermava di usare solo la strategia dissociativa e modalità diverse emergevano in relazione all'allenamento: il 21% usava l'associazione e il 43% la dissociazione. Summers e colleghi pur trovando nei maratoneti principianti una preferenza per l'uso di strategie dissociative durante l'allenamento (69%), hanno rilevato che durante la gara questa stessa modalità era utilizzata solo dal 6% degli atleti e che il 30% circa praticava l'associazione. In più del 60% non emergeva comunque una netta preferenza fra queste strategie attentive. In una ricerca più recente [Ogles *et al.* 1993-1994] è stata ulteriormente confermata l'ipotesi che i maratoneti usano più frequentemente in allenamento che in gara la strategia dissociativa.

Ricerche condotte in laboratorio hanno invece riscontrato la superiorità delle strategie attentive dissociative rispetto a quella associativa. Gill e Strom [1985] hanno trovato in soggetti che eseguivano un compito di resistenza (esercizi di estensione della gamba) che il maggior numero di ripetizioni era associata ad uno stile attentivo orientato all'esterno piuttosto che a uno stile interno. Padgett e Hill [1989] hanno sottoposto due gruppi di soggetti a una prova di 30 minuti di bicicletta a una determinata velocità. Il primo gruppo usava una strategia associativa e, pertanto, si focalizzava sulle sensazioni interne e il secondo gruppo era implicato in una strategia dissociativa, dovendo rispondere a delle domande. Questo secondo gruppo, rispetto al primo, ha fornito una migliore prestazione e ha percepito che la durata del compito era minore.

Questa disomogeneità nei risultati può essere dovuta a diverse variabili che non sono state tenute in sufficiente considerazione nelle ricerche sinora realizzate. Un primo punto riguarda il livello di competenza dei fondisti. È infatti probabile che le strategie associative siano maggiormente usate dai maratoneti esperti nell'esecuzione di compiti familiari di resistenza, mentre quelli non esperti in presenza di compiti nuovi, allo scopo di ridurre il loro livello di stress, si servirebbero maggiormente di strategie attentive dissociative. Anche le condizioni climatiche possono influenzare la scelta della strategia da utilizzare. Ad esempio, le condizioni dei maratoneti in Florida [Sachs 1984b] in cui sono elevate sia la temperatura sia l'umidità richiedono l'uso di modalità associative, che favoriscono il controllo delle sensazioni corporee soprattutto nelle fasi iniziali e finali della corsa. Questo tema della flessibilità attentiva (passaggio da una modalità cognitiva all'altra) è stato studiato da Silva e Applebaum [1989] sui primi 50 classificati nelle *US Marathon Trials*. È emerso che questi atleti usavano ambedue le strategie attentive; in particolare gli atleti di successo spostavano la loro attenzione da associativa a dissociativa nella fase iniziale della gara, le prime 5-8 miglia. Tra le 18-24 miglia si servivano di strategie dissociative per tenere lontano la sensazione di dolore. Al contrario, coloro che si erano classificati oltre il cinquantesimo posto nelle fasi iniziali della corsa adottavano uno stile dissociativo che tendevano a mantenere sino al termine. Un'altra ricerca ha voluto testare le ipotesi di Morgan e Pollock servendosi di soldati canadesi di fanteria che dovevano effettuare una marcia di tre ore con uno zaino di 24 kg sulle spalle. I soldati sono stati suddivisi in gruppi che seguivano due diverse strategie cognitive, che erano state loro in precedenza insegnate. Dai risultati è emerso che durante la marcia i soldati usavano le due modalità attentive. Questi dati sono analoghi a quelli rilevati su un gruppo di maratoneti principianti, in cui il 63% non manifestava una netta preferenza per una delle due strategie cognitive [Summers *et al.* 1982].

Un problema che le prossime ricerche dovranno affrontare riguarda l'uso di misure maggiormente standardizzate per poter confrontare in modo più omogeneo i risultati. Infatti, non è stato ancora dimostrato che l'identificazione delle strategie utilizzate dagli atleti attraverso la tecnica del ricordo *a posteriori* sia un sistema attendibile e soprattutto abbia la stessa validità per tutti gli atleti. In un altro ambito, quello della identificazione della zona individuale di funzionamento ottimale pregara (IZOF), è stato visto che Hanin e colleghi si servono di più valutazioni per rilevare l'IZOF: tra queste solo una è costituita dal ricordo *a posteriori* delle emozioni connesse alle prestazioni migliori, mentre vengono effettuate delle interviste prima dell'inizio della gara per verificare se realmente ciò che è stato memorizzato corrisponde a ciò che realmente è stato provato dall'atleta. Ad oggi le ricerche sulle strategie cognitive dei fondisti mancano di questa precisione. Infatti, sono rare le ricerche che si sono servite della registrazione diretta dei pensieri o dell'intervista durante la gara. Un'altra questione è posta dalla tendenza a interpretare il focus esterno come sinonimo di strategia dissociativa, bisognerebbe definire con maggior precisione cosa s'intende con questi termini. Ad esempio, il controllo degli avversari in gara si prefigura in termini di focus attentivo esterno, ma certamente non corrisponde a una strategia dissociativa, che ha lo scopo di distrarre il fondista dalla corsa che sta effettuando. Infine, sarebbe da approfondire l'ipotesi formulata da Sachs, sul differente coinvolgimento degli emisferi cerebrali durante l'uso della dissociazione e sulla maggiore efficacia di immagini mentali che attivano con maggior intensità l'emisfero destro.

3. Migliorare la concentrazione nello sport

L'interesse verso la comprensione dei meccanismi cognitivi si è andato sviluppando parallelamente alla crescita d'interesse verso la costruzione di programmi di sviluppo delle abilità mentali degli atleti. La partecipazione degli atleti a eventi sportivi per loro significativi richiede la capacità di autoregolare in modo efficace i propri livelli di attivazione e di servirsi in modo positivo delle proprie abilità mentali. Inoltre, la pressione competitiva presente nelle gare importanti è andata sempre più aumentando in questi ultimi anni, e per fornire prestazioni vincenti gli atleti di vertice devono impegnarsi al limite delle proprie capacità fisiche e mentali. Il successo dei programmi di preparazione psicologica e di sviluppo delle abilità mentali deriva, quindi, dall'esigenza degli atleti di sostenere livelli elevati di tensione o di stress psicofisico mantenendo inalterata la qualità delle loro prestazioni sportive. Gli psicologi sportivi hanno proposto varie metodiche per incrementare le abilità mentali specifiche (ad esempio, la concentrazione) e la prestazione di gara. La maggior parte di questi programmi e tecniche sono state descritte in libri di *self-help* destinati agli atleti e lo sviluppo della concentrazione, l'abilità a definire gli obiettivi, la scelta di una routine pregara efficace, un dialogo interno positivo, l'uso dell'immaginazione mentale sono fra le abilità mentali che sono sempre presenti in questi libri. Queste e altre riguardanti il miglioramento della concentrazione negli sport di squadra e la tecnica d'incremento dell'attenzione di Nideffer costituiscono i temi di quest'ultima parte del capitolo relativa alla comprensione dei processi attentivi e cognitivi.

3.1. L'allenamento dell'attenzione

Lo scopo delle tecniche per migliorare la capacità di focalizzazione è di eliminare la presenza di pensieri irrilevanti, di tensioni fisiche eccessive e di orientare il focus attentivo solo su ciò che è importante in quel momento per eseguire al massimo delle proprie capacità la propria prestazione.

Nei libri in cui sono inserite queste tecniche per incrementare la concentrazione, usualmente, non vengono riportati dati empirici relativi alla loro efficacia. A questo riguardo Singer e colleghi [1991] sostengono, in modo corretto, che i programmi di sviluppo delle abilità attentive sono basati prevalentemente sull'intuizione e sull'esperienza pratica del consulente, piuttosto che su teorie psicologiche verificate tramite la ricerca. Alla base di ogni programma di sviluppo vi sono due assunzioni che anche in questo caso derivano largamente da esperienze pratiche di collaborazione fra psicologi e atleti o allenatori. La prima suggerisce l'esistenza di una relazione fra determinati stati mentali e prestazioni vincenti. La cosidetta «peak performance» è fornita dall'atleta la cui condizione mentale viene chiamata «flow state» o «stato ideale di performance» e in questa condizione il soggetto è totalmente assorbito dalle componenti rilevanti per il compito da eseguire. Orlick e Partington [1988] intervistando atleti canadesi di vertice mondiale hanno rilevato che per loro era di fondamentale rilevanza entrare, prima dell'inizio della competizione, in una condizione cognitiva che somigliava quasi a una forma di sogno che diventava realtà. Analoghe testimonianze sono state riportate da McCaffrey e Orlick [1989] che hanno intervistato giocatori professionisti di golf di alto livello. L'immagine dominante in questi golfisti e che è espressione di un totale assorbimento nel compito era la seguente: essere concentrati solo sul tiro che si sta eseguendo e su null'altro d'interno o di esterno. Un problema nell'analizzare queste condizioni mentali deriva dal fatto che sono difficili da riportare alla coscienza attraverso il ricordo retrospettivo. Poche ricerche sono state condotte su questo argomento vista la difficoltà di misurare uno stato mentale che si presenta in modo imprevedibile e, quasi sempre, solo durante eventi sportivi particolarmente importanti, durante i quali è per ovvie ragioni impossibile raccogliere dati che non siano basati solo su colloqui con gli atleti effettuati al termine della prestazione. Un'altra conferma della relazione positiva fra specifiche abilità mentali e prestazioni di successo viene dai risultati riguardanti la valutazione di queste caratteristiche psicologiche attraverso la somministrazione di questionari di autovalutazione. Mahoney e colleghi hanno rilevato che gli atleti di successo, rispetto ad atleti di minor successo, sono più motivati, più fiduciosi e più concentrati, regolano in modo migliore la loro ansia e si servono di esercizi di ripetizione mentale. Il limite di questi studi risiede nel disegno sperimentale, che evidenzia solamente una relazione fra determinate caratteristiche mentali e la prestazione e non consente di affermare se queste abilità mentali sono da considerarsi come effetti o cause del successo sportivo.

La seconda assunzione implicita nei programmi di sviluppo delle abilità riguarda la loro allenabilità. Martens [1987] nel suo manuale per allenatori identifica alcune abilità psicologiche e le definisce come fondamentali della mente, analoghe per rilevanza ai fondamentali tecnici presenti in ogni disciplina sportiva. Questa analogia è pienamente accettata sia dagli psicologi sportivi sia dagli allenatori e dagli atleti, che ritengono necessario condurre esercitazioni che siano orientate a migliorare la concentrazione o altre abilità mentali. Fra gli psicologi cognitivi già Bartlett [1958] aveva sostenuto che qualsiasi attività cognitiva può essere sviluppata attraverso un allenamento appropriato e che lo stesso pensiero è un'attività che si è sviluppata tramite l'esercizio.

Nonostante la maggior parte dei programmi psicologici si siano sviluppati senza una precisa cornice teorica e principalmente sulla base delle esperienze condotte dagli psicologi insieme agli atleti, è possibile identificare una serie di tecniche di concentrazione che sono state ampiamente descritte nei libri di *self-help* [Cei 1987; Hardy e Fazey 1990; Harris e Harris 1984; Nideffer 1992; Orlick 1990; Unestahl 1981]. Nel complesso la ricerca ha evidenziato che alcune strategie, utilizzate da sole o in modo integrato, possono migliorare le capacità attentive. Queste tecniche di allenamento sono molto diffuse e una delle più citate è la prova di concentrazione descritta da Harris e Harris [1984]. È costituita da una griglia quadrata al cui interno sono posti numeri da 00 a 99 posti in ordine casuale, all'atleta viene richiesto di segnare con una barretta quanti più numeri è in grado in un tempo di un minuto partendo da 00, 01, 02 e così via. Per quanto riguarda questa prova non viene riportato dalle autrici alcun risultato e per confermarne la validità viene solo indicato che questa misura è stata molto usata nei paesi dell'est europeo e che gli atleti sono stati selezionati prima dell'evento sportivo anche in relazione ai risultati forniti da questo test. L'obiettivo di questa prova è di valutare il livello di concentrazione in quel preciso istante e può essere predittivo della prestazione in discipline in cui la concentrazione deve essere molto focalizzata, come nella ginnastica, nel pattinaggio artistico o nel tiro. Un altro vantaggio fornito da questa prova è di poter essere effettuata in situazioni diverse. Ad esempio, può essere svolta in condizioni di relativa calma e successivamente in presenza di stimoli stressanti, il confronto tra i due risultati forniti dall'atleta daranno indicazioni sulla capacità di mantenere inalterata la concentrazione e la prestazione in presenza di fattori distraenti o fastidiosi. Boutcher e Rotella [1987] hanno inserito questa prova nel loro programma di preparazione psicologica per gli atleti delle discipline *closed* e pur affermando che gli atleti che forniscono i risultati migliori a questa prova, in prestazioni della durata di 30 o 60 secondi, sono più concentrati di quelli che forniscono prestazioni inferiori, non riportano però alcun dato empirico a sostegno di queste loro affermazioni. Anche gli altri esercizi proposti sono privi del necessario sostegno teorico e di qualche evidenza empirica. Fra questi si evidenziano l'esercizio che consiste nel «guardare un orologio» o quello che indirizza l'attenzione dell'atleta su un oggetto del proprio sport. D'altra parte questi esercizi non sono altro che una moderna trasposizione di esercizi di meditazione che suggeriscono di osservare il movimento della fiamma di una candela il più a lungo possibile liberando la mente da qualsiasi pensiero.

Probabilmente l'unico fra questi esercizi di concentrazione che è stato sottoposto a verifica sperimentale riguarda la tecnica chiamata da Orlick [1990] «training simulato» o da Loehr [1986] «allenamento per avversità». L'ipotesi che sottende all'uso di queste metodiche è che si può migliorare la propria abilità nell'affrontare lo stress da competizione attraverso allenamenti che contengono fattori stressanti simili a quelli presenti in gara. È stato mostrato che in un compito di precisione (lancio della palla) i soggetti allenati ad affrontare situazioni distraenti fornivano prestazioni migliori rispetto al gruppo di controllo [Singer *et al.* 1991]. Orlick [1990] fornisce alcuni esempi di allenamento simulato descrivendo la preparazione dei campioni del mondo indonesiani di badminton che da molti anni eccellono in questo sport, spiegando che questi atleti simulano ogni aspetto della partita. Per primo la strategia: studiano ogni aspetto dei loro futuri avversari attraverso l'osservazione di filmati delle partite e delle informazioni fornite dai loro compagni di squadra che li hanno già affrontati e si allenano per anticipare ogni loro mossa. Inoltre, i migliori giocatori giocano contro compagni meno forti partendo da punteggi per loro molto svantaggiosi. Si allenano così a rimontare il punteggio e a mantenere inalterata la fiducia in sé. Si allenano anche a tollerare eventuali giudizi errati degli arbitri e a non reagire in modo stressante a queste situazioni. Altri esempi di allenamenti che condizionano gli atleti del badminton a dare il meglio di sé in qualsiasi condizione riguardano la conduzione degli allenamenti nelle stesse condizioni climatiche in cui si effettueranno le gare e il saper affrontare un pubblico numeroso (anche 12.000 persone) senza alterare l'efficacia della propria prestazione. Singer e colleghi [1991] riportano che spesso gli allenatori di calcio americano durante gli allenamenti simulano il tifo del pubblico avversario e i rumori dello stadio al fine d'insegnare ai giocatori ad affrontare con successo questo tipo di stress, che ha lo scopo di intimorire gli avversari e di distrarli dai loro compiti. La simulazione di situazioni di gara dovrebbe pertanto rappresentare un metodo efficace per ridurre la probabilità del manifestarsi di situazioni ansiose limitanti la prestazione e di mantenere inalterata la capacità di concentrazione.

3.2. Routine preperformance

La pianificazione della competizione e l'attuazione di una routine pregara costituiscono un'altra strategia di concentrazione. Per routine pregara s'intende un insieme integrato di pensieri, azioni e immagini che si attivano in modo coerente prima della prestazione. Il questionario usato dagli psicologi sportivi canadesi per la valutazione delle abilità mentali dei loro atleti di alto livello [Draper, Salmela e Durand-Bush 1995], prevede esplicitamente una scala che misura il grado di pianificazione mentale della competizione ed è composto da affermazioni del tipo:

– «Pianifico una serie regolare di cose da fare prima della gara»;

– «Pianifico una serie regolare di cose da pensare prima di una gara»;

– «Il mio piano prevede specifiche parole che mi dico in gara»;

– «Pianifico le reazioni alle situazioni positive che accadono in gara»;

– «Dopo una gara traggo insegnamento dalla mia prestazione per pianificare la gara successiva».

Queste routine sono utili in quanto consentono: di spostare l'attenzione da stimoli irrilevanti, di evitare di pensare alla prestazione da eseguire e di stabilire un adeguato livello di attivazione fisica e mentale. Inoltre, queste routine riguardano anche il comportamento in gara nei momenti di pausa. Ad esempio, nel tennis è stata sviluppata una strategia per lo sviluppo della tenacia mentale, che deve essere attuata durante le pause che vi sono al termine di ogni scambio [Loehr 1989]. Questo programma è costituito da quattro punti: 1) subito dopo il termine dello scambio il tennista deve mantenere un atteggiamento di fiducia e di sfida e un'immagine fisica positiva, tale periodo dura 3-5 secondi; 2) l'atleta si rilassa in funzione di quanto è stressato in quel momento, lo sguardo è rivolto verso le corde della racchetta e mantiene un'immagine fisica forte e competitiva, respira profondamente, durata 6-15 secondi; 3) il tennista è sulla linea di fondo pronto a servire o ricevere, lo sguardo è rivolto all'avversario e si ripete parole che lo incitano, durata 6-15 secondi; 4) comprende azioni di routine della durata di 5-8 secondi che incrementano la concentrazione e il livello di attivazione, se deve servire farà rimbalzare due o tre volte la pallina per terra, fa una pausa e effettua il colpo, se, invece, deve ricevere si muove rapidamente con dei piccoli movimenti dei piedi o con saltelli allo scopo di reagire il più prontamente possibile all'azione dell'avversario; in questa fase i tennisti di vertice sono esclusivamente concentrati sul servizio o sul rispondere e non pensano minimamente al tipo di colpo o ad altri aspetti tecnici.

Le routine che precedono l'esecuzione di un'abilità variano in modo notevole in funzione della disciplina sportiva praticata. Boutcher [1990; Boutcher e Crews 1987] ha fornito tre ragioni per illustrare i motivi dell'efficacia di queste forme di routine pregara. Innanzitutto l'atleta si deve concentrare sui componenti fondamentali di quel compito, evitando così le distrazioni che al contrario orientano i processi cognitivi verso elementi non rilevanti. Le routine servono anche a controllare l'ansia cognitiva, che può disturbare l'attenzione spostandola su preoccupazioni, pensieri ripetitivi o altre modalità svalutative. Un'altra fonte di distrazione è determinata dall'eccessiva autoconsapevolezza, infatti un atleta non può essere concentrato su se stesso e nel contempo sull'ambiente, poiché il mantenimento di questo duplice lavoro toglie risorse all'esecuzione della prestazione e sposta l'attenzione su pensieri parassiti.

La routine previene un decremento della prestazione dopo una pausa (*Warm-Up Decrement*, WUD). Questo decremento è particolarmente evidente in alcuni sport in cui vi sono delle brevi pause di gioco al termine delle quali gli atleti devono immediatamente fornire prestazioni di elevato livello. Il ricorso al time-out da parte degli allenatori di pallacanestro e pallavolo è spesso dettato non solo da motivi tecnici, ma dall'intento di bloccare una fase di gioco favorevole degli avversari. È probabile che queste pause determinino una riduzione di attivazione, che si manifesta attraverso una perdita temporanea di quella condizione interna ottimale che consente di fornire una prestazione efficace. È, quindi, necessario che l'atleta prima di riprendere il gioco riadatti il suo sistema interno e la sua attenzione alle esigenze della prestazione in modo da essere nuovamente pronto a rispondere. Sostegno a questa interpretazione sono venuti sia dalla letteratura sull'apprendimento motorio [Schmidt 1988] sia da quella di psicologia dello sport [Anshel e Wrisberg 1988; 1993]. In uno studio sul WUD su tennisti esperti è stato mostrato che dopo un periodo di riposo di alcuni minuti, i giocatori che non mostravano un decremento nel servizio erano solo quelli che nel periodo precedente si erano allenati ripetendo il gesto meccanico senza colpire la palla, mentre coloro che erano stati posti in altre condizioni sperimentali quali il riposo, la corsa sul posto, ripetizioni mentali, far rimbalzare la pallina per terra e raccoglierla e coloro che avevano letto un articolo di tennis (gruppo di controllo) fornivano prestazioni inferiori [Anshel e Wrisberg 1993]. Gli autori sostengono che la spiegazione più plausibile di questa superiorità della tecnica del servizio senza palla è che costituisce un'attività che è molto simile a quella del servizio reale. Pertanto non deve stupire che il riscaldamento migliore è quello che comprende gli elementi critici della prestazione da eseguire. È particolarmente indicato nella preparazione all'esecuzione di abilità *closed* in cui è presente un grado elevato di stabilità ambientale e l'atleta si può preparare con attenzione a selezionare la risposta e a eseguirla.

A ulteriore conferma della rilevanza delle routine pregara è stato evidenziato che gli atleti esperti, rispetto ai soggetti di livelli inferiori, vi dedicano più tempo [Boutcher e Zinsser 1990; Wrisberg e Pein 1992]. Questi risultati mostrano quindi che gli atleti esperti differiscono dai principianti non solo per il loro livello di competenza, ma anche per l'accuratezza con cui si dedicano ai processi preparatori. Altre conferme alla rilevanza delle routine preprestazione vengono da studi condotti sugli atleti canadesi e statunitensi che hanno partecipato alle Olimpiadi. Ad esempio, nella lotta gli atleti che hanno vinto una medaglia hanno attuato in modo sistematico specifiche routine pregara per tutta la durata del torneo olimpico, mentre coloro che nella stessa squadra statunitense hanno ottenuto risultati inferiori se ne sono serviti in modo molto meno continuativo (non la effettuavano prima d'incontri che consideravano facili o poco impegnativi) [Gould, Eklund e Jackson 1992]. Analoghi risultati sono riportati da Orlick e Partington [1988] in relazione a un numero più ampio di discipline.

3.3. Il dialogo interno

Spesso gli atleti sono consapevoli di attuare un intenso dialogo con se stessi (*self-talk*) e generalmente viene considerato che parole, frasi o immagini mentali positive possono svolgere una funzione positiva sulla percezione di efficacia che l'atleta ha di se stesso in una determinata situazione sportiva. Rushall sostiene che è ragionevole credere che la struttura e i contenuti di specifici pensieri influenzino la prestazione più di altri. In una serie di studi [Rushall 1989; Rushall, Hall e Rushall 1988] ha evidenziato che sono almeno tre i tipi di pensieri che favoriscono un incremento della prestazione. Questi pensieri sono i seguenti:

- affermazioni rilevanti per il compito: comprendono affermazioni riguardanti aspetti tecnici o tattici della prestazione da fornire e si riferiscono al controllo tecnico dell'attività in questione (ad esempio, nella corsa: ritmo, controllo del respiro, azione delle braccia e posizioni del corpo);
- parole chiave riguardanti l'umore: sono singole parole che vengono ripetute mentalmente o a bassa voce, favoriscono l'affermarsi di uno stato emotivo o di sensazioni che l'atleta riconosce come efficaci;
- affermazioni positive: brevi frasi positive significative con cui l'atleta s'incoraggia e che stimolano la fiducia.

In tal modo questo tipo di *self-talk* può costituire una forma di controllo attentivo e direziona l'attenzione verso i segnali rilevanti del compito. Già il teorico cognitivo-comportamentale Meichenbaum [1977] aveva in precedenza evidenziato che le autoaffermazioni rappresentano un indice della fiducia in se stessi e che questa, a sua volta, gioca un ruolo rilevante nel favorire la prestazione comportamentale. È pertanto possibile che affermazioni compito-rilevanti siano efficaci per incrementare la prestazione, mentre affermazioni negative e di sfiducia svolgono la funzione contraria.

Le tecniche di *thought stopping*, e cioè di blocco dei pensieri, sono state ideate proprio per eliminare questi pensieri negativi, cambiando la percezione di una specifica situazione: l'atleta, riconosciuta l'inutilità di questi pensieri, è motivato a bloccarli e a sostituirli con pensieri più positivi e collegati al compito [Meyers e Schleser 1980]. Horsley [1995] riporta l'esperienza dei giocatori della squadra olimpica australiana di hockey che allenandosi in un ambiente particolarmente caldo e umido hanno ridefinito questa esperienza, inizialmente negativa, in termini di opportunità positiva di allenamento ad affrontare con fiducia e concentrazione situazioni difficili.

Le ricerche che hanno indagato sulla relazione fra *self-talk* e prestazione sportiva si sono servite di questionari di autovalutazione [Rotella *et al.* 1980] oppure di esperimenti controllati [Schill *et al.* 1978] e questi risultati sono tra loro relativamente omogenei. Ad esempio, è stato riscontrato che il dialogo interno differenziava i tuffatori scelti per partecipare ad un evento importante rispetto a quelli che non erano stati selezionati, e che coloro che erano stati selezionati si servivano maggiormente di affermazioni compito-rilevanti, mentre i non selezionati si ripetevano in prevalenza frasi che stimolavano solo l'orgoglio personale [Highlen e Bennett 1983]. Altre ancora hanno riscontrato, come previsto, che il dialogo negativo è associato a prestazioni scarse mentre quello positivo a prestazioni di successo [Johnston-O'Connor e Kirschenbaum 1986]. Un disegno sperimentale interessante e che si collega anche alla classificazione di Rushall è quello che è stato realizzato da Lee [1990]. I soggetti dovevano eseguire in 30 secondi il maggior numero di addominali per loro possibile. Al termine della prova e dopo un periodo di riposo venivano posti casualmente in una delle quattro situazioni sperimentali: ripetizioni d'immagini mentali rilevanti per l'esercizio da eseguire, ripetizioni d'immagini irrilevanti, situazione d'incitamento, distrazione. Ognuna di queste fasi era di 30 secondi al termine della quale la prova veniva nuovamente ripetuta. I gruppi non si erano differenziati nella prova di base, mentre nella seconda prova, pur se globalmente vi era stato un aumento nel numero di addominali eseguiti, il maggior incremento nella prestazione era stato significativamente maggiore nel gruppo che si era servito d'immagini rilevanti per il compito. Nonostante questi risultati confermino la rilevanza del dialogo interno nel favorire o ostacolare le prestazioni, studi futuri dovranno indagare in modo più sistematico sulla efficacia dei diversi tipi di dialogo interno. Le ricerche di Rushall costituiscono comunque un valido modello di riferimento, soprattutto in quanto forniscono una classificazione delle modalità di dialogo interno che sembra possedere una sua validità teorica.

3.4. Immagini mentali e concentrazione

Presa nel suo insieme la letteratura conferma il ruolo positivo della ripetizione mentale nel favorire i processi attentivi dell'atleta, anche se spesso tale dato non deriva nella maggior parte dei casi da ricerche che hanno indagato in modo specifico su questo tema ma è, in prevalenza, di tipo indiretto. Ciò succede, ad esempio, quando un atleta in seguito a un programma di ripetizione mentale, migliora le sue performance e si percepisce totalmente orientato solo alla elaborazione delle fonti informative rilevanti: tale risultato può essere interpretato in termini di aumento dell'abilità a concentrarsi nella direzione corretta. Questa conclusione a favore di un incremento dell'attenzione è, infatti, inferita dai comportamenti del soggetto e dal risultato delle sue azioni e non deriva invece da una valutazione diretta della sua capacità attentiva. Inoltre, le immagini mentali sono utili anche durante l'apprendimento [Hale 1994], in quanto l'atleta può concentrarsi sui componenti chiave di un determinato movimento, visualizzandoli prima dell'esecuzione. Altri autori [Feltz e Landers 1983; Hecker e Kaczor 1988] hanno suggerito che una tecnica efficace per contrastare i pensieri irrilevanti consiste proprio nel servirsi d'immagini mentali di segno opposto, che occupano in modo positivo le risorse attentive dell'individuo. In questa evenienza l'atleta mostra un tipo di attenzione ristretto o focalizzato.

Infine, è stato evidenziato che il WUD, descritto in precedenza, si presenta dopo un periodo di riposo e può essere interpretato in termini di riduzione dell'attivazione e dei processi attentivi. Si è visto che l'uso d'immagini mentali compito rilevanti elimina tale fenomeno. Ad esempio, nella ginnastica, l'esercizio di ripetizione mentale effettuato poco prima dell'inizio di un esercizio serve a eliminare il WUD e a creare uno stato di concentrazione ottimale [Ainscoe e Hardy 1987]; lo stesso dato è stato rilevato nell'esecuzione del servizio nel tennis [Anshel e Wrisberg 1988]. Elementi centrali nel successo di questa procedura sono l'abilità dell'atleta a produrre immagini mentali vivide e l'uso d'immagini significative per la prestazione da eseguire quando queste componenti sono assenti l'influenza positiva della ripetizione mentale può venire a mancare.

Sin qui si è visto che l'influenza delle immagini mentali nel favorire la concentrazione è determinata dal contenuto delle stesse e dalla capacità individuale di produrle. Un'altra funzione cognitiva chiave consiste nella pratica simulata delle abilità da eseguire. L'esecuzione ideomotoria dell'azione favorisce infatti nel contempo sia i processi di perfezionamento sia quelli di stabilizzazione dell'esecuzione motoria, svolgendo di fatto una funzione allenante. L'esercizio mentale viene definito, pertanto, come esercizio coperto o nascosto, a cui manca per essere visibile l'esecuzione motoria reale. Inoltre, va equiparato alle istruzioni formali fornite dall'allenatore, in quanto facilita l'impiego e la distribuzione delle risorse attentive sul decorso del movimento e la realizzazione delle concezioni tecniche di gara. Se l'attenzione può essere considerata come un fascio di luce di una determinata ampiezza, l'esercizio mentale, congiuntamente a quello fisico, consente all'atleta di migliorare la sua abilità a restringere o ampliare questo raggio di luce in relazione al compito. Così come si è visto che non tutte le immagini mentali hanno la stessa efficacia nel favorire la prestazione, altrettanto si può dire per gli esercizi mentali. Ericsson, Krampe e Tesch-Romer [1993] hanno identificato quattro fattori che favoriscono l'efficacia di questo tipo di allenamento: 1) la motivazione dell'atleta a impegnarsi nella continua ricerca di miglioramento; 2) l'esattezza della rappresentazione mentale dell'abilità da eseguire; 3) l'immediato feedback fornito dall'allenatore all'atleta sulla qualità dell'esecuzione motoria; 4) la continuità nel tempo dell'allenamento mentale sino all'affermarsi della fase di automatizzazione.

Su come avvenga il processo di automatizzazione non vi è un ben definito consenso fra i ricercatori. Per movimento automatizzato si può intendere un'azione motoria la cui esecuzione è diventata, attraverso l'allenamento, relativamente libera da altre interferenze. In tal senso un tennista non dovrà più preoccuparsi di come esegue un determinato fondamentale, ma potrà concentrarsi su aspetti di ordine più elevato, quali sono quelli che riguardano la messa in atto della tattica dell'incontro. Oppure un ginnasta potrà concentrarsi sulla fluidità globale del suo movimento o sul ritmo, piuttosto che sull'esecuzione di singoli passaggi. Logan [1988] ha proposto che l'automatizzazione possa essere regolata dai processi mnestici, in particolare ritiene che l'allenamento determini un accumulo di conoscenze procedurali nella memoria. L'aumento di queste conoscenze relative agli schemi che regolano le abilità facilita l'innescarsi di reazioni più rapide e precise. Questo autore si pone sulla scia di Wall [1986], che ha sottolineato che la qualità dello sviluppo motorio dipende anche dalla conoscenza relativa all'azione acquisita dall'individuo. Wall propone un modello dello sviluppo motorio in cui emerge con chiarezza il ruolo dei processi cognitivi e che può servire per formulare delle ipotesi su come le immagini mentali possono intervenire nel migliorare la concentrazione o più globalmente le rappresentazioni cognitive. Vengono identificati tre tipi di conoscenze acquisite:

1. le conoscenze procedurali: comprendono la memoria degli schemi d'azione che controllano l'esecuzione di specifici movimenti. Sono alla base di tutti gli aspetti dell'azione includendo, perciò, la percezione, la presa di decisione, la selezione della risposta, l'esecuzione motoria e la valutazione del risultato. Se il movimento non è stato ben appreso o non è ancora automatizzato, vengono attivati schemi di controllo che richiedono ulteriori informazioni o, per esempio, un maggior controllo attentivo a livello delle conoscenze dichiarative;

2. le conoscenze dichiarative: si riferiscono alle informazioni immagazzinate nella memoria, che influenzano lo sviluppo e l'esecuzione dell'azione e, al loro interno, comprendono diversi tipi di conoscenze. Fra queste è compresa la consapevolezza dei limiti imposti dall'azione. Un'altra forma di conoscenza è relativa al proprio schema corporeo e all'abilità a orientarsi nello spazio;

3. le conoscenze affettive: comprendono i sentimenti soggettivi vissuti e memorizzati nelle varie situazioni. Fra quelli

sperimentati uno dei più importanti è relativo al sentirsi competenti nell'ambito dell'attività motoria e sportiva svolta. [Per una rassegna su questo e altri approcci riguardanti il concetto di azione motoria vedi Cei e Buonamano 1992].

Sulla base di quanto illustrato appare più chiaro come l'aumentata conoscenza favorisca un sempre più rapido recupero mnestico del programma motorio da eseguire. Resta da chiarire in che modo l'allenamento mentale partecipa a questo processo di automatizzazione. Prendendo a prestito l'idea di Logan, è ipotizzabile che le immagini mentali rinforzino la rappresentazione cognitiva, aiutando l'atleta a codificare simbolicamente le sequenze dell'azione e a rinforzare il proprio senso di competenza. Gli esercizi mentali interverrebbero così nel favorire lo sviluppo delle conoscenze procedurali e di quelle affettive. L'accento posto sulle conoscenze affettive non deve essere visto come secondario, in quanto sentimenti positivi stimolano la motivazione intrinseca del soggetto a rimettersi al più presto in quella situazione passata, così da trarne nuovamente lo stesso beneficio psicologico. Così viene ad essere rispettato uno degli assunti principali della pratica mentale o motoria, e cioè che la motivazione svolge un ruolo essenziale nel favorire e mantenere la qualità dell'impegno.

Infine, questo approccio sembra anche confermare coloro che sostengono che gli esercizi di ripetizione mentale sono più efficaci negli esperti rispetto ai principianti. In questi ultimi le conoscenze procedurali sono piuttosto ridotte e questi soggetti possono non avere ancora sviluppato l'abilità di rappresentare mentalmente le azioni che stanno imparando. Pertanto non riuscendo a recuperare dalla memoria la «copia» del movimento da eseguire hanno difficoltà a produrre un'immagine mentale corretta. Prima di passare a descrivere alcune metodiche di allenamento della concentrazione è necessario ricordare ancora una volta che, nonostante la loro ampia diffusione, la maggior parte di esse non sono state sostenute da risultati empirici, ma derivano in prevalenza dalla esperienza concreta dei consulenti che operano nell'ambito sportivo. Ad esempio, non vi è a tutt'oggi nessuna evidenza empirica a sostegno dell'idea che formule verbali associate alle immagini mentali debbano essere usate al presente o che le immagini interne siano più efficaci di quelle esterne. Ciò nonostante la gran parte degli autori sostiene che le immagini mentali servono a bloccare i pensieri irrilevanti, a eliminare le tensioni inutili e a focalizzarsi solo sui fattori determinanti per la prestazione. Con questo non si vuole intendere che la realizzazione di questa condizione non serva realmente a realizzare una condizione pregara ottimale, ma che sono ridotti i risultati sperimentali su cui appoggiare queste considerazioni (cfr. cap 3, par. 3).

3.5. «Attention control training»

Sono stati formulati diversi progammi di allenamento dell'attenzione e secondo Nideffer [1993] questo tipo di allenamento è un processo complesso che comprende: *a*) la valutazione dei punti di forza e di debolezza dell'attenzione dell'atleta; *b*) l'identificazione delle richieste attentive connesse alla prestazione; *c*) la valutazione delle caratteristiche situazionali e delle caratteristiche interpersonali che possono interferire sul livello di attivazione dell'atleta, influenzando negativamente la sua concentrazione e la prestazione; *d*) l'identificazione dei problemi situazionali specifici della prestazione e la differenziazione dei segnali rilevanti e irrilevanti per l'esecuzione del compito; *e*) la strutturazione di un programma d'intervento situazionale specifico, attraverso l'impiego di differenti tecniche psicologiche che comprendono il *thought stopping*, il *centering*, la rifocalizzazione attentiva e la ripetizione visuo-motoria del comportamento.

In tal senso, l'allenamento dell'attenzione non consiste nella semplice esecuzione di una tecnica da parte dell'atleta, ma nasce dall'applicazione di un sistema di valutazione. Sono fondamentalmente tre i tipi di problemi che possono determinare problemi di tipo attentivo. Il primo riguarda quelle difficoltà di un atleta a prestare attenzione che possono essere risolte attraverso l'educazione del soggetto, ad esempio a concentrarsi solo sulle informazioni rilevanti e a non andare in sovraccarico di stimoli. Questa problematica si può presentare quando si devono imparare delle nuove abilità oppure si devono correggere degli errori. In queste situazioni devono essere realizzate specifiche esercitazioni che servono a orientare la concentrazione nella direzione voluta. Il secondo si riferisce invece a problemi attentivi che derivano da problematiche psicologiche individuali o interpersonali, quali, ad esempio, un basso livello di autostima, un dialogo interno negativo, un rapporto negativo con l'allenatore o altre ancora. In queste situazioni l'atleta è da un lato capace di attuare lo stile attentivo adeguato alla prestazione, ma nel contempo queste componenti psicologiche intervengono a impedirgli di mettere in atto ciò che è in grado di fare. Pertanto, per risolvere queste situazioni è necessario servirsi di un approccio cognitivo-comportamentale che elimini questi effetti negativi. Il terzo riguarda i problemi della concentrazione derivati dalla situazione competitiva, come ad esempio il gareggiare di fronte a un pubblico numeroso o le fasi più critiche della gara. Dal punto di vista attentivo gli stress situazionali possono determinare l'aumento della tendenza a restringere in modo eccessivo l'attenzione, cosicché il soggetto non è più in grado di trattare efficacemente le informazioni. Inoltre, sintomi fisici come l'aumento della frequenza cardiaca o la sudorazione possono distrarre l'atleta, che così non è più totalmente coinvolto sulla prestazione, perché una parte dei suoi pensieri è rivolta internamente verso questi altri segnali fisici. L'atleta rischia così di essere soverchiato da questi disturbi, di confondersi e di perdere in definitiva la capacità di concentrarsi sulle fonti informative rilevanti in quel momento. Questo genere di problemi non deriva tanto da carenze di base dell'atleta, quanto dal trovarsi a vivere situazioni competitive intense in cui viene richiesto di dare il meglio di se stessi. Non è un caso infatti che sono soprattutto gli atleti di alto livello a servirsi di programmi di preparazione psicologica, che li aiutano ad affrontare le situazioni competitive più stressanti. Le Olimpiadi sono per la maggior parte degli atleti l'evento sportivo più rilevante. Ciò che le rende tali è il valore che ad esse è attribuito non solo dal mondo sportivo ma anche da quello extrasportivo (pubblico, media e sponsor) e per un atleta vincere una medaglia ai giochi olimpici costituisce un'impresa indimenticabile e non facilmente ripetibile. Gli atleti migliori, coloro che possono aspirare al podio, per mezzo della preparazione psicologica e dell'allenamento dell'attenzione migliorano sempre più la loro capacità di affrontare positivamente questo tipo di stress, allo scopo di mantenere inalterata la loro capacità di concentrazione e più globalmente la gestione di se stessi durante la competizione. Alle Olimpiadi di Atlanta atleti italiani che hanno seguito programmi di preparazione psicologica in cui particolare enfasi è stata posta sugli aspetti attentivi sono presenti in discipline che hanno vinto delle medaglie, fra cui la pallanuoto, la pallavolo, la scherma, il tiro a volo, il tiro con l'arco e la vela.

Questi programmi di gestione dello stress e di miglioramento delle abilità attentive sono stati influenzati dai lavori dei teorici della psicologia cognitiva e dell'apprendimento, comprendono, quasi sempre, tecniche di rilassamento e di attivazione e utilizzano la tecnica delle immagini mentali o quella di ripetizione visuo-motoria del comportamento. Un altro aspetto comune riguarda non solo i programmi e le tecniche, ma la somiglianza nelle procedure. Infatti sono sempre comprese fasi di valutazione individuale, della situazione e del problema e fasi di allenamento fisico e mentale.

Nideffer [1980] ha identificato sei principali stili attentivi che presentano limiti che possono interferire negativamente nel normale svolgimento della prestazione. Nella realtà i possibili profili attentivi sono più numerosi [Cei 1994b], ma l'identificazione di questi sei consente di illustrare in che modo, sulla base delle caratteristiche attentive, è possibile associare delle tecniche di intervento.

Il primo si riferisce a quegli atleti che tendono ad andare in sovraccarico di stimoli esterni e interni e che non sono in grado di elaborare molte informazioni in quanto si confondono. Inoltre, proprio a causa di questa tendenza ad andare in sovraccarico, mostrano difficoltà a restringere l'attenzione e non riescono a passare in modo flessibile da un focus interno a uno esterno e viceversa. Nel baseball, se un battitore che deve colpire la palla tirata dal lanciatore mostra questo tipo di profilo, avrà difficoltà a restringere l'attenzione e a focalizzarsi solo sulla palla. Infatti, tenderà anche a prestare attenzione ad altri fattori esterni come il pubblico o i movimenti degli altri giocatori sul campo, che interferiscono negativamente sulla sua concentrazione. Oppure può essere che pensieri negativi o comunque irrilevanti per la prestazione gli impediscano di analizzare con rapidità e precisione il tipo di palla che sta per colpire, come intercettarla e dove inviarla. Questo sovraccarico determina un eccesso di analisi che può rallentare la sua azione o al contrario non sapendo decidersi può spingerlo a rispondere in modo impulsivo. Secondo Nideffer questo tipo di atleta dovrebbe migliorare la sua prestazione attraverso un allenamento che incrementi la sua abilità a restringere l'attenzione e a orientarla nella direzione corretta. Questo atleta dovrebbe servirsi di esercizi di meditazione e di ripetizione mentale per imparare a distinguere fra le informazioni rilevanti connesse al suo compito di battitore e quelle irrilevanti (pubblico, movimenti sul campo). In particolare, gli esercizi di meditazione sono utili in quanto insegnano al giocatore a restare totalmente focalizzato sul compito e, in questo caso, l'atleta una volta scelto di colpire la palla deve semplicemente eseguire il colpo senza pensare ad altro. L'esercizio di ripetizione mentale serve invece a inserire il colpo in un contesto più ampio, che comprende anche il partire e correre il più velocemente possibile verso la prima base. In tal modo il giocatore si attiva sia per colpire la palla che per correre a conquistarsi la base.

Un secondo stile attentivo identifica chi non evidenzia particolari punti di forza o di debolezza. Equivale al profilo medio, l'atleta è mediamente capace di restringere e ampliare l'attenzione a seconda delle situazioni. L'atleta può decidere di migliorare le sue abilità attentive partendo da una qualsiasi di queste. In uno sport di squadra colui che chiama il gioco dovrebbe migliorare la sua capacità di ampliare il focus attentivo senza per altro confondersi, in tal modo potrebbe incrementare la sua capacità di interpretare le situazioni. In uno sport *closed*, come la ginnastica, dovrebbe aumentare la sua abilità di restringere l'attenzione solo sugli elementi rilevanti.

Un terzo profilo attentivo è caratterizzato dalla tendenza a restringere in modo eccessivo l'attenzione. Nideffer sostiene che questi atleti commettono errori in quanto si «soffocano», e non sono in grado di rispondere in modo efficace a situazioni in rapido cambiamento o che richiedono decisioni altrettanto rapide. In sport di squadra come il calcio e la pallacanestro tale modalità attentiva viene utilizzata dal giocatore che ha difficoltà a reagire ai rapidi cambiamenti di gioco o che spesso sbaglia nel trovare il compagno smarcato a cui passare la palla. Per imparare a ridurre questo deficit attentivo l'atleta dovrebbe innanzitutto imparare a rilassarsi. Infatti, questa tendenza a restringere troppo l'attenzione è correlata a livelli troppo elevati di attivazione, quindi tecniche di riduzione di questo stato eccessivo dovrebbero consentirgli di aumentare la flessibilità attentiva. A tale riguardo l'atleta può imparare a regolare il suo livello di attivazione attraverso l'apprendimento di una tecnica di rilassamento o anche per mezzo di un trattamento di biofeedback. L'allenamento tramite immagini mentali consente, inoltre, di esercitarsi mentalmente in compiti in cui deve ampliare e restringere l'attenzione senza bloccarsi in una delle due modalità.

Un quarto tipo attentivo s'identifica in quegli atleti che sono riflessivi, in grado di analizzare le situazioni ma che, a causa di questa loro tendenza, vanno anche in sovraccarico di stimoli interni e questa loro attività mentale può condurli alla paralisi dovuta ad un'eccessiva analisi. Le loro reazioni all'ambiente sono lente e non riescono ad anticipare le situazioni. Questi atleti devono pertanto migliorare nella loro capacità di reagire all'ambiente esterno. Nel baseball, ad esempio, vi sono molte situazioni in cui i giocatori possono cadere in questa trappola, in quanto trascorrono molto tempo in attesa di intervenire. Per evitare di distrarsi i giocatori parlano di continuo con il battitore o il lanciatore a seconda se sono in attacco o in difesa, in tal modo si mantengono costantemente attivi. Inoltre, ogni giocatore ha sviluppato modi personali per mantenersi mentalmente attivo, ad esempio, alcuni con il pugno picchiano continuamente dentro il guantone, altri calciano il terreno, mentre altri masticano una gomma o del tabacco. Tutti questi metodi possono servire a bloccare i pensieri irrilevanti e a mantenersi ben attivati e concentrati sul gioco. Dal punto di vista dell'allenamento mentale, l'analisi dei filmati delle partite è uno strumento pedagogico essenziale per far riflettere i giocatori su cosa avrebbero dovuto fare di diverso in specifiche situazioni di gioco e questa prima ridefinizione cognitiva consente la formazione degli schemi mentali che dovranno in seguito essere sperimentati sul campo.

Un ulteriore stile attentivo è quello che identifica quei soggetti che si valutano con un focus attentivo relativamente ampio verso l'ambiente, ma che vanno anche in sovraccarico di stimoli esterni. Sono atleti che, contrariamente a quelli troppo riflessivi del tipo precedente, tendono a reagire immediatamente e sono abbastanza impulsivi. Hanno difficoltà, secondo Nideffer, a imparare dagli errori, perché li ripetono senza fermarsi a riflettere, come se quelle situazioni non si fossero mai presentate in precedenza. Un allenamento tramite biofeedback e tecniche di ripetizione mentale dovrebbe servire a incrementare l'uso di uno stile attentivo più interno.

Infine, l'ultimo profilo non efficace rilevato da Nideffer si caratterizza per il sovraccarico di stimoli interni e la tendenza a manifestare un focus attentivo troppo ristretto. L'atleta commette errori dovuti al restringimento eccessivo della sua concentrazione e anche in seguito continua a restare centrato sui suoi pensieri, in tal modo aumenta la probabilità di commettere un altro errore e di riprodurre questo schema in modo ripetitivo. In base alle interviste condotte con gli allenatori, Nideffer sostiene che questi atleti non sono in grado di affrontare la pressione agonistica e che sono incapaci di superare con successo i primi errori che compiono durante la gara. Inoltre, questo profilo si evidenzia spesso in individui che mostrano livelli elevati di ansia di tratto e di stato e solo attraverso interventi che modificano queste loro caratteristiche psicologiche è possibile migliorare le caratteristiche attentive.

Altre tecniche per migliorare la concentrazione sono quelle di *thought stopping* e di *centering*. È fondamentale che l'atleta impari a bloccare i pensieri negativi al fine di essere totalmente coinvolto nella sua prestazione. In tal senso i pensieri negativi, che affiorano alla coscienza e che impegnano almeno in parte le risorse attentive dell'atleta devono essere sostituiti da pensieri positivi o da altri compito-rilevanti. Il processo di *centering* consente all'atleta di consolidare questo passaggio da un impiego negativo delle risorse attentive ad un altro positivo. Nideffer [1985] spiega a questo proposito che il *centering* consente all'atleta di dirigere i suoi pensieri nel controllare che la sua respirazione e il livello di tensione neuromuscolare siano adeguati al compito che si deve affrontare. In tal modo l'atleta verifica se il suo livello di attivazione mentale e fisico attuale corrisponde a quello che riconosce come il suo livello di attivazione ottimale pregara. Inoltre, concentrandosi volontariamente sulla respirazione, l'atleta riduce notevolmente la probabilità di sviluppare pensieri che lo possono preoccupare in modo eccessivo. Un esempio dell'utilizzo di questa procedura può riferirsi ad una situazione di gioco nella pallacanestro, in cui un giocatore deve effettuare un tiro libero in un momento di forte pressione agonistica. In quei momenti possono intervenire pensieri irrilevanti e negativi relativi al risultato della sua azione. Per bloccare questi pensieri il giocatore deve per prima cosa eliminare i pensieri negativi introducendone di positivi (ad esempio, «Sono un eccellente tiratore, il migliore della squadra in questo momento»). A questo punto l'attenzione è rivolta verso l'interno per verificare che la tensione muscolare non sia eccessiva. Molti giocatori eseguono questo controllo eseguendo un respiro profondo con una espirazione lenta. In seguito guardano il canestro e possono concentrarsi su qualche segnale per loro significativo. Quando si sentono pronti eseguono il tiro. Ovviamente questo tipo di procedura deve essere stata in precedenza allenata in differenti situazioni, fino a giungere ad attuarla nelle situazioni di maggiore pressione competitiva. In sostanza le principali fasi di questo processo di *thought stopping* e di *centering* sono le seguenti:

- rimuovere, attraverso pensieri positivi, i pensieri negativi che affiorano alla coscienza;
- centrare l'attenzione internamente attraverso minime modificazioni del livello di attivazione;
- restringere il focus attentivo esterno verso le informazioni rilevanti per quel compito;
- raggiunto il controllo attentivo eseguire immediatamente l'azione.

Il nodo essenziale che deve essere compreso dall'atleta è che i pensieri negativi possono essere rimossi e che attraverso il processo di *centering* è possibile sviluppare pensieri positivi, adeguare l'attivazione al compito e orientare l'attenzione sulle fonti informative corrette. Strettamente correlata a questi concetti è l'abilità di rifocalizzazione dopo aver commesso un errore, dopo una fase negativa o in seguito a un'interruzione di gioco. Infatti, è stato dimostrato che la difficoltà incontrata dagli atleti nel rifocalizzarsi sulla prestazione determina un aumento degli errori [Landers, Boutcher e Wang 1986]. Il *thought stopping* e il *centering* sono tecniche di cui gli atleti possono avvalersi per migliorare anche la loro abilità di recuperare la concentrazione, in quanto rifocalizzarsi non indica altro che il processo di riorientamento dell'attenzione verso gli stimoli rilevanti per la prestazione dopo una fase di distrazione.

Capitolo quinto

Dinamiche di gruppo

Molti allenatori ritengono che un modo efficace per valutare il buon affiatamento della loro squadra è quello di osservare il livello d'umore delle riserve: se anche l'ultima delle riserve è soddisfatta e si sente in forma vuol dire che la squadra è unita e che tutti sono impegnati al raggiungimento di un obiettivo comune. Lo studio delle dinamiche di gruppo che consentono questo risultato di squadra non è solo d'interesse pratico per l'allenatore, che deve creare un gruppo unito e coeso, ma rappresenta un tema di base della psicologia sociale, con feconde applicazioni nella psicologia dello sport. L'importanza delle dinamiche di gruppo deriva dal fatto che

> se si vuole capire o migliorare il comportamento umano, è necessario conoscere meglio la natura dei gruppi. Non è possibile raggiungere una visione coerente dell'uomo [...] senza rispondere a una moltitudine di domande relative alle operazioni dei gruppi, a come gli individui si rapportano ai gruppi, e a come i gruppi si correlano alla più ampia società [Cartwright e Zander 1968, 4].

Questa conclusione sull'importanza dei gruppi può essere estesa anche allo sport e all'attività fisica. A questo riguardo Carron [1988], parafrasando Cartwright e Zander, afferma che per capire il comportamento di coloro che praticano uno sport è necessario acquisire molte più conoscenze sulla natura dei gruppi sportivi. Infatti, l'attività sportiva è quasi esclusivamente organizzata sulla base di gruppi (società sportive, circoli sportivi, federazioni sportive nazionali, gruppi scolastici) e questa struttura sociale ha un'influenza diretta e indiretta sul comportamento dei suoi membri. Inoltre, va sottolineato che in virtù delle sue caratteristiche peculiari il gruppo sportivo rappresenta una situazione privilegiata per studiare le dinamiche di gruppo e ciò è stato ben riportato da Schafer [1966], che ha identificato quattro condizioni favorevoli all'osservatore e studioso di psicologia dello sport.

1. Il gruppo sportivo è un gruppo naturale, non di laboratorio, e può fornire un contributo essenziale allo studio dello sviluppo dei gruppi e della relazione con altri tipi di gruppi e l'ambiente sociale.

2. La ricerca sui gruppi sportivi può controllare con maggiore facilità alcune variabili, quali, ad esempio, le dimensioni del gruppo e le regole di comportamento, tenendole automaticamente costanti.

3. I gruppi sportivi perseguono obiettivi ben definiti (ad esempio, ricreativi *vs.* agonistici, obiettivi di prestazione *vs.* obiettivi di risultato), in tal modo costituiscono un contesto ottimale nel quale studiare la cooperazione, la competitività, la coesione e i conflitti.

4. Lo sport offre, infine, la possibilità di quantificare in modo preciso l'efficacia dei gruppi (ad esempio, punteggi, errori, percentuale d'incremento della prestazione, risultati ottenuti).

Sebbene le ricerche condotte in ambito sportivo abbiano indagato sulle stesse aree già analizzate in contesti non sportivi, le indagini si sono maggiormente concentrate su due specifiche dimensioni: la coesione e la leadership; mentre minor interesse è stato rilevato per lo studio delle dimensioni e della composizione dei gruppi. Nel contesto degli sport di squadra, Carron [1988] ha proposto un modello lineare per lo studio dei gruppi (cfr. fig. 5.1) che comprende ai due poli estremi due tipi di input e output. I primi si riferiscono alle caratteristiche dell'ambiente del gruppo (territorio e compito del gruppo) e a quelle psicologiche, fisiche e sociali dei singoli membri. I secondi si ri-

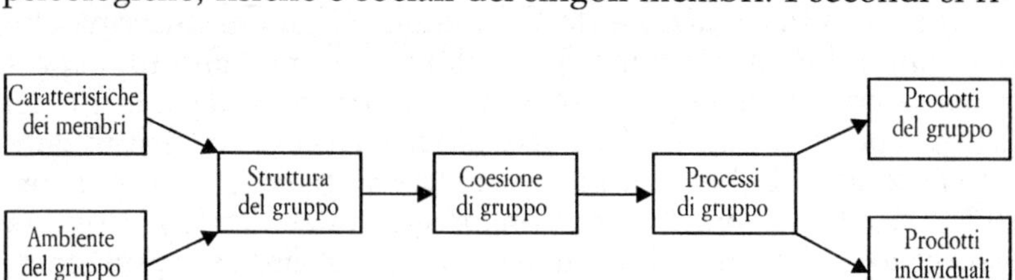

FIG. 5.1. Modello per analizzare gli sport di squadra come un gruppo.

Fonte: Carron [1988; 10].

feriscono alle conseguenze che le caratteristiche del gruppo hanno sui singoli individui (soddisfazione, adesione) e sul gruppo stesso (prestazione, stabilità). Tra questi due poli s'inseriscono dimensioni che riguardano la struttura del gruppo (dimensione, sviluppo, composizione, caratteristiche dei membri), la coesione del gruppo (livello di unità) e i processi di gruppo (motivazione, comunicazione, processi decisionali).

1. Il gruppo: dimensioni, struttura e sviluppo

Per comprendere come si sviluppino le dinamiche di gruppo e in che modo i gruppi sportivi e le squadre raggiungano i loro obiettivi e superino gli ostacoli presenti nelle situazioni è necessario individuarne alcune caratteristiche di base. Infatti, solo conoscendo quali sono le loro proprietà è possibile studiare in che modo si differenziano i gruppi efficaci da quelli meno efficaci e che cosa caratterizza un gruppo rispetto a un semplice agglomerato d'individui. Pertanto, questo paragrafo introduttivo cercherà di definire questi elementi che riguardano le dimensioni ottimali dei gruppi, come questi si sviluppano e come sono strutturalmente composti.

1.1. Le dimensioni del gruppo

In psicologia e sociologia una delle aree più indagate è stata quella relativa all'individuazione delle dimensioni ideali di un gruppo, allo scopo d'identificare quale sia il numero ottimale di componenti di un gruppo che evidenzia un livello elevato di produttività. Steiner [1972] ha condotto molte indagini sul tema della produttività dei gruppi in ambito non sportivo e ha formulato un modello teorico per spiegare come questa vari in funzione delle dimensioni del gruppo: aumentando il numero degli appartenenti al gruppo migliora anche la produttività, in virtù di maggiori risorse disponibili; giunti ad un certo numero, però, l'entrata di nuovi membri non determina un ulteriore incremento, perché il gruppo possiede già tutte le risorse necessarie per fornire una prestazione ottimale. In uno sport di squadra, generalmente, l'allenatore ha a disposizione una rosa di giocatori piuttosto ampia che gli consente di far fronte a diverse situazioni di gioco, a eventuali infortuni o ad una stagione agonistica particolarmente impegnativa. Una volta deciso qual è il gruppo di atleti che gli consente questo tipo di risposta flessibile, l'introduzione di nuovi elementi non migliora la produttività della squadra e l'aumento indiscriminato dei membri del gruppo determina anche problemi nei rapporti interpersonali. Lo stesso allenatore avrebbe maggiori difficoltà nel coordinare gli allenamenti, nel fornire a tutti le stesse attenzioni e più globalmente incontrerebbe problemi a comunicare con tutti in modo efficace. Un altro aspetto negativo derivato dal numero eccessivo di membri di un gruppo consiste nella riduzione della produttività individuale. Ad esempio, quando un numero eccessivo di giocatori esperti ricopre lo stesso ruolo è quasi sempre problematico mantenere elevata la motivazione, soprattutto se questi hanno la consapevolezza di non poter giocare. Probabilmente la produttività di questi giocatori tenderà a diminuire progressivamente e anche in allenamento il loro impegno potrebbe risentirne, dando vita a tensioni inutili caratterizzate da problemi di coesione del gruppo.

Alcuni autori canadesi hanno esaminato la validità dell'approccio di Steiner in ambito sportivo [Carron 1990; Carron, Brawley e Widmeyer 1990; Widmeyer, Brawley e Carron 1990], Widmeyer e colleghi hanno evidenziato che la dimensione del gruppo influenza in modo differenziato la coesione al compito e la coesione sociale. Per un periodo di 10 settimane sono state studiate squadre di pallacanestro che giocavano due partite la settimana tre contro tre. Sono stati formati tre tipi di squadre composte rispettivamente da tre, sei e nove giocatori. Le squadre composte da tre giocatori hanno mostrato i livelli più elevati di coesione al compito, mentre quelle composte da nove hanno evidenziato i livelli più bassi. La coesione sociale è stata più elevata nei gruppi composti da sei cestisti e più bassa nelle squadre di tre giocatori. Gli autori commentano questi risultati affermando che: *a)* i piccoli gruppi sono ottimali per perseguire obiettivi centrati sul compito, su cui si può riversare il consenso e l'impegno; *b)* i gruppi moderatamente più numerosi favoriscono la coesione sociale, attraverso lo sviluppo di forti relazioni sociali e di amicizia; *c)* i gruppi troppo numerosi tendono a favorire relazioni sociali positive all'interno di sottogruppi, piuttosto che nella totalità del gruppo; *c)* i gruppi troppo piccoli mostrano una scarsa coesione sociale perché sono troppo impegnati a gareggiare o per il numero limitato di persone interessanti con cui interagire. Nello stesso studio Widmeyer, Brawley e Carron [1990] hanno condotto un altro esperimento, questa volta su squadre di pallavolo: in questo caso è stata valutata la dimensione «unità d'azione» che si riferisce al numero di membri del gruppo che effettivamente giocano la partita. Sono state così effettuate partite 3 contro 3, 6 contro 6 e 12 contro 12. È emerso che il livello di coesione, il piacere tratto dal gioco, il piacere di essersi allenati e di essersi stancati insieme, di assumersi responsabilità nei confronti della squadra, di essersi organizzati e di essersi serviti di strategie era maggiore nel gruppo più piccolo e diminuiva progressivamente con l'aumentare del numero dei giocatori.

In un'altra indagine Carron, Brawley e Widmeyer [1990] hanno invece esaminato l'impatto che le dimensioni del gruppo hanno sull'adesione a programmi di educazione fisica, quindi sulla motivazione a impegnarsi per raggiungere una buona forma fisica. 47 classi di educazione fisica sono state oggetto di studio e suddivise in gruppi sulla base del numero di partecipanti: piccoli (5-17 membri), medi (18-26 membri), moderatamente grandi (27-31 membri) e grandi (32-46 membri). Il livello di adesione è stato analizzato sotto due aspetti, il primo teneva conto della percentuale di individui che avevano partecipato a tutto il corso e il secondo della percentuale di lezioni a cui hanno partecipato coloro che sono giunti sino al termine del programma. È emerso che la partecipazione, per ambedue le variabili, è stata più ampia nel gruppo più piccolo e in quello più grande e di molto inferiore nel gruppo medio. Infatti, il 65% circa dei soggetti dei due gruppi estremi ha concluso il programma, mentre questa percentuale si è ridotta al 45% circa nel gruppo medio e al 57% circa nel gruppo moderatamente grande. Un secondo studio, condotto sempre nella stessa ricerca, ha indagato sulla relazione fra dimensione della classe e percezioni sociali e psicologiche dei partecipanti. Sono stati esaminati gruppi di dimensioni piccole (6-13 membri), medie (25-39 membri) e grandi (73 membri). È stato evidenziato che le percezioni di rumorosità e di affollamento erano peggiori per il gruppo medio e migliori per gli altri due. È stato invece rilevato che le percezioni dell'istruttore e il suo grado di soddisfazione variavano in modo lineare con la dimensione del gruppo e, quindi, le valutazioni maggiormente positive si avevano nel gruppo più piccolo, mentre si riducevano con il crescere delle dimensioni del gruppo. In sintesi, da questi due studi, condotti su classi di educazione fisica, è emerso che i gruppi più piccoli sono percepiti come fonti di maggior soddisfazione e di maggior interazione sociale sia dai partecipanti sia dall'istruttore. È da notare inoltre che, sulla base di questi risultati, resta ancora da chiarire il rapporto fra la percezione di affollamento e le dimensioni del gruppo. Infatti, la percezione di eccessivo affollamento è stata maggiormente avvertita nei gruppi mediamente numerosi e non in quelli più numerosi. Allo stato attuale, le conoscenze riguardanti questa caratteristica sono limitate e un'analisi più precisa sarà possibile effettuarla attraverso un esame del concetto di densità/affollamento, cominciando innanzitutto a distinguere le dimensioni che in esso sono implicite e che sono quelle di: 1) densità sociale: numero di partecipanti all'attività del gruppo; 2) densità spaziale: quantità di spazio a disposizione di ciascun individuo; 3) prossimità: distanza interpersonale fra i membri. Inoltre, è ipotizzabile che la relazione fra percezione di soddisfazione e dimensioni del gruppo sia mediata anche da altri fattori come ad esempio quelli relativi al tipo di coinvolgimento individuale e al livello di tensione e ansia dei membri [Carron 1990].

Per quanto riguarda il livello di coinvolgimento all'interno del gruppo, la partecipazione a gruppi percepiti come impersonali è uno dei fattori predittivi dell'abbandono dell'attività fisica e, in particolare, l'aumento della numerosità determina negli individui la percezione di minore possibilità di comunicare fra loro e di contribuire in modo significativo al risultato di gruppo. Tutti fattori questi che determinano un abbassamento del grado di soddisfazione. Analoghi risultati sono stati ottenuti da Widmeyer, Brawley e Carron [1990] nel secondo esperimento condotto su giocatori di pallavolo riportato in precedenza. Un terzo aspetto riguarda la relazione fra livelli di tensione e di ansia dei membri e grado di soddisfazione: livelli ridotti di tensione sono più di frequente associati ai gruppi più piccoli. L'aumento dei livelli di ansia nei gruppi numerosi è probabilmente dovuto alla percezione di non poter fornire un contributo significativo al risultato finale e a difficoltà nell'interazione sociale, come ad esempio la mancanza di comunicazione e l'antagonismo fra i membri. Al contrario i gruppi più piccoli possono favorire la possibilità di maggiori scambi e di maggiore vicinanza psicologica.

Alcuni autori hanno fornito indicazioni su quale dovrebbe essere la dimensione ottimale di un gruppo. Hare [1981] ha proposto che un gruppo composto da cinque individui costituisce un gruppo di lavoro ideale. Sulla base di un'analisi della letteratura ritiene che gruppi più piccoli o più grandi risultano meno soddisfacenti, poiché nei primi i soggetti sono troppo responsabilizzati e nei secondi hanno un numero ridotto di opportunità per esprimersi. In questi gruppi i membri possono spostarsi con più facilità da un ruolo all'altro e anche se il gruppo tende a dividersi in due sottogruppi composti rispettivamente da tre e due persone, nessun individuo tende a isolarsi. Altri autori [Steiner 1972] fanno invece riferimento al concetto di «dimensioni critiche del gruppo», che dipendono dalla natura del compito e dalle risorse dei partecipanti. Superata la numerosità critica la prestazione del gruppo diminuisce. In ambito sportivo questa variabile relativa alle dimensioni ottimali dei gruppi è meno rilevante in quanto, perlomeno durante la competizione, il numero degli atleti è determinato da regole ben precise. In ogni caso gli atleti possono mostrare preferenze personali per una dimensione specifica di numero di giocatori presenti in una squadra. Per conoscere meglio questo aspetto Carron, Widmeyer e Brawley [1988] hanno chiesto a giocatori di college di pallacanestro, pallavolo, calcio e hockey qual era la loro opinione sulla dimensione della squadra: ideale, troppo grande e troppo piccola. Dai risultati è emerso che nei diversi sport studiati il numero ideale era: pallacanestro = 11,9, pallavolo = 9,8, calcio = 16,3, e hockey = 16,1. Le squadre troppo o poco numerose erano quelle che superavano del 25% circa la dimensione ideale. I giocatori, in relazione al numero ridotto o eccessivo dei membri della squadra, hanno identificato per ambedue le condizioni un certo numero di vantaggi e di svantaggi. Nello specifico, un beneficio associato alle squadre sottodimensionate era rappresentato dalla maggiore opportunità di gareggiare, mentre per contro un aspetto negativo consisteva invece nella ridotta possibilità di ricambio fra i giocatori. Nelle squadre sovradimensionate veniva percepita invece come positiva la maggiore possibilità di recupero e come negativa la diminuzione dell'efficacia organizzativa. I maggiori vantaggi o svantaggi percepiti erano più di frequente evidenziati in relazione ai momenti di gara piuttosto che nella situazione di allenamento. Ma, poiché l'obiettivo primario degli atleti è appunto focalizzato nella gara, qualsiasi situazione che può favorire la loro partecipazione alla competizione è percepita come un vantaggio, mentre qualsiasi altra che può ostacolarla viene vissuta come uno svantaggio. Globalmente un numero molto maggiore di svantaggi, rispetto ai possibili benefici, è stato rilevato nelle squadre troppo piccole o troppo grandi.

Una possibile spiegazione della scarsità d'indagini sulle dimensioni ideali dei gruppi risiede nel fatto che nello sport, rispetto agli altri contesti organizzativi, per questo tipo di analisi c'è una limitata ricaduta applicativa, in quanto sono le regole delle singole discipline sportive a determinare in larga parte le dimensioni dei gruppi.

1.2. La pigrizia sociale

È opinione comune che l'appartenenza a un gruppo stimoli la motivazione a lavorare insieme per raggiungere determinati obiettivi. Gli psicologi hanno però evidenziato che questo non è sempre vero e che, invece, quando più individui lavorano insieme possono verificarsi riduzioni dell'impegno individuale. A tale fenomeno è stato dato da Latané e colleghi il nome di «pigrizia sociale» [Harkins, Latané e Williams 1980; Williams, Harkins e Latané 1981]. Questo determinato atteggiamento evidenzia una vera e propria forma di disagio sociale, in quanto si presenta solo in attività di gruppo e comporta effetti negativi sui singoli e sulla collettività. Harkins, Latané e Williams [1980] hanno proposto alcune possibili interpretazioni per spiegare questi effetti negativi. La prima è stata denominata strategia allocativa, secondo cui i soggetti sanno che la loro prestazione in gruppo è identica a quella che possono fornire da soli. In questa situazione questi individui pur impegnandosi nel gruppo, danno il meglio di sé nella situazione individuale, in cui la loro prestazione personale è più facilmente identificabile e premiata. La seconda è la strategia minima, in cui i soggetti cercano di spendere il minor livello di energia quando lavorano insieme ad altri e l'attività di gruppo consente loro d'impegnarsi poco senza essere percepiti come individui pigri. La terza è la strategia detta del *free rider*, secondo cui le persone riducono il loro impegno perché lo ritengono non essenziale per il risultato. La quarta è la strategia detta *sucker effect*, secondo cui le persone riducono il loro impegno in quanto non vogliono favorire coloro che già si impegnano poco. Questi soggetti non vogliono che i *free rider* si approfittino del loro contributo al gruppo, senza a loro volta impegnarsi.

Nell'ambito sportivo, la presenza di questo fenomeno è stata rilevata in diversi sport evidenziando che le squadre soffrono di cadute motivazionali dovute al fenomeno della pigrizia sociale. Questa riduzione dei livelli della motivazione è maggiore quando gli individui percepiscono che il loro contributo non è ben identificabile, non è necessario al gruppo, o non c'è proporzione fra il loro contributo e quello degli altri membri della squadra [Carron 1988]. Viceversa, questo fenomeno è limitato quando la prestazione individuale è percepita come essenziale e quando la propria azione viene vissuta come proporzionata a quella degli altri membri del gruppo. A integrazione di quanto evidenziato da Carron, sono state identificate alcune strategie che gli allenatori e gli psicologi sportivi dovrebbero utilizzare per controllare l'instaurarsi della condizione di pigrizia sociale [Hardy 1990]:

1. migliorare il livello di autoconsapevolezza dell'atleta, rendendo identificabile l'impegno individuale;
2. migliorare il senso di responsabilità di ognuno, aumentando le interazioni di gruppo, l'impegno al compito e il livello di coesione al compito;
3. rendere i compiti coinvolgenti, dando agli atleti rinforzi per lavorare insieme, in tal modo si potrà sviluppare l'orgoglio e l'identità di squadra;
4. impiegare un programma sistematico di *goal setting*, definendo specifici obiettivi individuali e collettivi e fornendo regolari feedback sul loro raggiungimento;
5. condurre riunioni collettive e incontri individuali per comprendere e risolvere eventuali cadute motivazionali. Rapporti interpersonali diretti e supportivi possono servire a stimolare la motivazione e a capire perché alcuni atleti non mantengono nel tempo lo stesso livello d'impegno;
6. attribuire a ognuno un ruolo specifico, da tutti identificabile e percepito in termini positivi e necessari sia al singolo sia al gruppo;
7. permettere agli atleti di esprimersi in modo creativo e di sentirsi appoggiati nella loro capacità di assumersi dei rischi;
8. fornire l'opportunità di svolgere altre attività meno intense: attività che divertono e danno piacere, che consentono

agli atleti di riposarsi, di recuperare mentalmente e fisicamente e che permettono di dare maggiore equilibrio alla loro vita.

In sintesi, per controllare questo fenomeno che comporta una riduzione dell'impegno da parte dei singoli e un sentimento di insoddisfazione nei riguardi dei compagni è necessario che negli sport di squadra venga soddisfatto anche il desiderio di autorealizzazione individuale, pur nella necessità di evidenziare obiettivi che sono di tutta la squadra.

1.3. La composizione del gruppo

La composizione del gruppo può essere definita come la relazione fra le caratteristiche degli individui del gruppo o come le proprietà rappresentate dall'insieme di persone che sono membri di un dato gruppo in un determinato momento. Per caratteristiche dei membri s'intendono le caratteristiche fisiche, psicologiche e motorie, le competenze specifiche e altre caratteristiche sociali, quali l'età, gli studi compiuti, il genere, la razza, l'etnia, il livello culturale, la religione e lo status sociale. In psicologia dello sport, uno dei modelli avanzati per descrivere il ruolo che la composizione del gruppo svolge nel favorire l'efficacia delle prestazioni del gruppo stesso è quello formulato da Bass [1980].

Alla base di questo approccio vi è l'idea che le squadre migliori non sono solo quelle composte dai giocatori più bravi, ma che anche le interazioni che si stabiliscono fra i membri sono di fondamentale importanza, in quanto possono modificare, in senso positivo o negativo, l'impatto che le risorse complessive della squadra hanno sulla prestazione della stessa (cfr. fig. 5.2, legame 1). Infatti, due squadre che possiedono le medesime risorse possono differire nella prestazione se in una domina la rivalità e la competitività e nell'altra la cooperazione e il reciproco sacrificio. A questo riguardo, una ricerca condotta su tutte le squadre di serie A1 e A2 dei campionati italiani di pallavolo ha evidenziato che nelle squadre vincenti i giocatori e gli allenatori mostrano in prevalenza queste caratteristiche positive, rispetto a quelli delle squadre perdenti [Cei *et al.* 1988; Scilligo *et al.* 1986]. Pertanto nessuna prestazione di squadra può essere efficace se i processi d'interazione (cooperazione, competizione, condivisione delle informazioni, *goal setting*, comunicazione) sono scarsi o inefficaci.

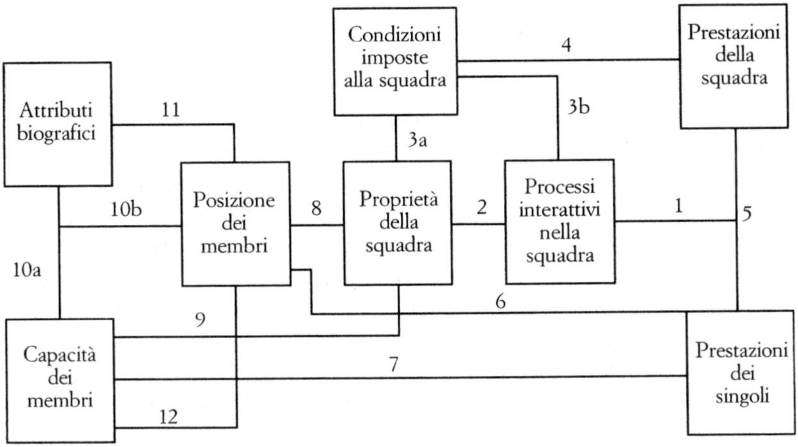

FIG. 5.2. Composizione del gruppo ed efficacia del gruppo.
Fonte: Adattato da Bass [1980].

Un secondo legame che influenza i processi d'interazione fra i membri di una squadra riguarda le cosiddette proprietà della squadra e cioè le caratteristiche biografiche e il livello di abilità dei giocatori. Le prime includono il genere, l'età, la razza, la nazionalità e la religione ed è abbastanza evidente che maggiore è l'omogeneità di queste caratteristiche, migliore sarà la capacità dei membri del gruppo di formare un gruppo coeso. Un esempio emblematico del valore di questa situazione è rappresentato dall'Atletico Bilbao, squadra di calcio dell'omonima città basca, che è composta solo da giocatori baschi; i valori che questi giocatori condividono sono già di per se stessi sufficienti a creare un ambiente positivo e di condivisione delle stesse regole. Attualmente l'evoluzione del mondo sportivo, in cui sempre più le squadre sono composte da giocatori di diversa nazionalità e di diversa cultura sportiva di provenienza, tende ad annullare l'omogeneità di queste caratteristiche e questo cambiamento potrebbe essere fonte di conflitti interni ai gruppi, se non verrà gestito in maniera adeguata dagli allenatori e dalla dirigenza delle società sportive.

La seconda dimensione, sempre relativa alle proprietà della squadra, riguarda le abilità individuali e quelle che derivano dall'interazione fra i membri. All'inizio della stagione agonistica i giocatori possono mostrare un livello elevato di competenze individuali, ma un basso livello d'integrazione fra queste abilità. Pertanto, il lavoro dell'allenatore sarà di realizzare un programma di allenamento che consenta l'emergere di un gioco di squadra in cui ogni giocatore trovi la sua migliore utilizzazione. Inoltre, forze esterne al gruppo esercitano un'influenza sia sulle proprietà della squadra (legame 3a) che sui processi d'interazione nella squadra (legame 3b) e, conseguentemente, queste condizioni esterne possono influire sulle prestazioni della squadra (legame 4). Ad esempio, la partecipazione a importanti eventi sportivi in altre nazioni costituisce un fatto che può influire sull'efficacia della squadra, ad esempio nelle trasferte transoceaniche il mancato adeguamento a cambiamenti del fuso orario può determinare problemi ai singoli e al collettivo. Un altro tipo di influenza esterna è rappresentata dalla pressione esercitata dal pubblico, dagli sponsor e dai media, che i giocatori possono vivere come ulteriore stimolo positivo o negativo. Il legame 5 pone in relazione la prestazione della squadra con quella dei singoli. A questo proposito è stato riscontrato che il livello di competenza dei singoli giocatori è un fattore fondamentale nel favorire prestazioni efficaci delle squadre. Elevate correlazioni positive fra queste due variabili sono state evidenziate in ricerche condotte su giocatori di tennis, di calcio, di baseball e di pallacanestro [Widmeyer e Loy 1981]. Anche il ruolo svolto dai membri all'interno della squadra può influenzare la loro prestazione (legame 6), tale funzione può essere di tipo sociale o collegata al compito. Il capitano o altri membri con un elevato status svolgono un ruolo di tipo sociale essenziale che tiene unito il gruppo. Ad altri può essere riconosciuto un ruolo di predominanza tecnica o tattica, che se da questi non viene esercitato può creare dei problemi fra i componenti la squadra.

I legami 7, 9 e 12 sono stati definiti come diretti, poiché le abilità dei membri della squadra influenzano direttamente la loro prestazione (legame 7), la loro competenza sportiva è probabilmente correlata alla loro posizione all'interno della squadra (legame 12) e, infine, le abilità dei componenti della squadra rappresentano le risorse del gruppo (legame 9). Il ruolo dei diversi membri del gruppo costituisce una proprietà della squadra (legame 8): ad esempio, una squadra con più capitani stabilisce forme d'interazione diverse da squadre che ne hanno solo uno. Lo stesso vale, da un punto di vista tecnico, per quelle squadre in cui vi sono uno o più giocatori di livello eccellente.

I fattori biografici influenzano una varietà di elementi all'interno della squadra. L'età, ad esempio, non è correlata soltanto all'abilità dei giocatori (legame 10a), ma determina anche un impatto sulla posizione dei giocatori all'interno del gruppo (legame 10b). Un giocatore juniores può essere il capitano o comunque può ricoprire un ruolo tattico rilevante in una squadra formata da coetanei, ma quando passa alla squadra seniores la sua posizione con probabilità cambia radicalmente (legame 11).

Da questo modello emerge in modo chiaro la complessità esistente tra composizione del gruppo e sua efficacia e si evidenzia che le risorse del gruppo dipendono non tanto dalla somma delle competenze dei singoli quanto dall'interazione efficace fra questi vari elementi. Si ribadisce così che la squadra migliore non è certamente quella composta dai giocatori più competenti ma è quella che produce la migliore interazione fra tutte le componenti che sono state descritte.

Un altro modello che è stato formulato per analizzare la composizione dei gruppi è quello proposto da Widmeyer e Loy [1981]. Questi autori sottolineano che le proprietà dei gruppi sportivi possono essere considerate secondo tre diverse prospettive, che riguardano la quantità media di risorse possedute dal gruppo, la variabilità delle risorse e la compatibilità o complementarità delle risorse. La prima componente di questo modello fa riferimento alla media delle abilità dei componenti e la questione che ci si pone è la seguente: «Un aumento di queste competenze determina una maggiore efficacia di gruppo?». Questa domanda secondo Carron [1988] non si riferisce solamente alle competenze sportive, ma può interessare anche altre componenti quali sono quelle fisiche, quelle psicologiche e quelle sociali. La rilevanza delle componenti psicologico-sociali è stata evidenziata da diversi autori. In una ricerca che ha indagato sulla motivazione alla riuscita in giocatori di pallacanestro è stato mostrato che maggiore è la presenza di questo fattore psicologico all'interno di una squadra, maggiore è la probabilità di successo [Klein e Christiansen 1969]. Inoltre, è stato riscontrato che le squadre vincenti sono composte da allenatori e giocatori fortemente orientati al compito e che un livello elevato di motivazione al compito è correlato con il grado di soddisfazione per la prestazione della squadra [Carron, Ball e

Chelladurai 1977; Carron 1988]. La seconda componente del modello di Widmeyer e Loy riguarda la variabilità delle risorse del gruppo. Qui l'analisi si focalizza sulla variabilità delle abilità e degli attributi dei membri del gruppo. La questione che viene affrontata è la seguente: per fornire prestazioni efficaci è meglio avere giocatori con livelli di abilità simili o dissimili? Squadre di pallacanestro che giocano tre contro tre sono risultate maggiormente competitive e vincenti se composte da giocatori con livelli di motivazione alla riuscita omogenei ed elevati [Klein e Christiansen 1969]. L'importanza del grado di omogeneità è stata riscontrata anche in uno studio condotto su giocatrici di tennis, nel doppio l'omogeneità nei livelli di abilità è correlata positivamente con il successo: il numero di partite perse si riduce in funzione della riduzione della discrepanza di abilità fra le due giocatrici [Widmeyer e Loy 1981]. Gli autori sostengono che questi risultati potrebbero stupire, in quanto molti considerano la squadra eterogenea più efficace, presupponendo che la giocatrice migliore è in grado di giocare la maggioranza dei colpi. Dai risultati si evince, viceversa, che queste tenniste durante la partita hanno un approccio ugualitario e non prevale la supremazia della migliore e che la squadra omogenea tira prevalentemente sulla giocatrice più debole della squadra eterogenea. Infine, supporto alla maggior efficacia dei doppi composti da giocatrici di pari abilità viene dal fatto che l'abilità della giocatrice meno forte è maggiormente correlata al risultato finale della partita, rispetto all'abilità della tennista più forte; pertanto minore è questa differenza maggiore sarà l'efficacia del gioco.

La terza componente riguarda il livello di compatibilità fra le risorse del gruppo: i giocatori possono essere i migliori dal punto di vista della competenza sportiva, ma la combinazione delle loro capacità può anche rivelarsi disastrosa. Analogamente al modello di Bass, anche questo secondo approccio evidenzia come sia complessa la relazione fra competenze individuali e prestazioni della squadra. Pertanto, pur se è chiaro che per formare una squadra ogni allenatore sceglierà sempre i giocatori migliori, questo gruppo fornirà prestazioni ottimali solo se le abilità di ognuno si saranno integrate in modo efficace con quelle dei compagni. Lo studio più estensivo che sia mai stato condotto sulla relazione fra abilità individuali (rilevate attraverso l'analisi delle statistiche di gioco) e successo di squadra è stato condotto in differenti sport: tennis, baseball, pallacanestro e calcio americano [Jones 1974]. È emerso in modo evidente che per formare una squadra di successo è corretto scegliere i giocatori migliori, resta comunque importante per l'allenatore essere consapevole che non sempre i giocatori più competenti formeranno una squadra vincente.

1.4. Lo sviluppo del gruppo

Le relazioni fra i membri di un gruppo e più in generale tutti i processi di gruppo sono soggetti, con il trascorrere del tempo, a variazioni dipendenti da fattori situazionali e personali, dagli obiettivi che il gruppo si è posto, dallo stile di leadership dell'allenatore e da altri fattori ancora. Pertanto, i gruppi non sono entità immodificabili ma sono soggetti a continue modificazioni. In ambito sportivo sono stati considerati principalmente due modelli: l'approccio lineare e quello del pendolo [Carron 1988].

La prospettiva lineare ipotizza che un gruppo possa modificarsi muovendosi progressivamente attraverso stadi differenti e queste fasi di sviluppo sono state suddivise in cinque periodi principali: formazione, conflitto, normativo, prestazione e aggiornamento [Tuckman e Jensen 1977]. Nella prima fase di formazione i membri del gruppo cominciano a conoscersi e a identificare sia i compiti del gruppo che i metodi per soddisfarli. La seconda fase si caratterizza per la presenza di forti conflitti e tensioni, si manifesta, ad esempio, attraverso il disaccordo fra i membri del gruppo o nel resistere ai metodi proposti dall'allenatore per raggiungere gli obiettivi. Nel terzo periodo, risolti i conflitti, si stabilizzano i ruoli di ognuno, la coesione è forte e fra i membri prevalgono comportamenti cooperativi. Nella quarta fase il gruppo è orientato a fornire le prestazioni richieste e ogni partecipante è motivato a esprimersi al massimo delle sue capacità. Nell'ultima fase gli obiettivi sono stati raggiunti, gli impegni sono stati portati a termine, si riduce la dipendenza emotiva e il contatto fra i membri. L'approccio di Tuckman e Jensen [*ibidem*] mette in luce tre importanti aspetti della vita di un gruppo. Innanzitutto i cinque stadi sono sequenziali, il gruppo passa alla fase successiva solo quando è stata completata quella precedente. Secondo, ciò che differenzia i gruppi è la durata del tempo trascorso in ognuna di queste cinque fasi. Vi potranno essere gruppi che stanno per molto tempo nella fase di formazione, mentre poi passeranno velocemente attraverso quella del conflitto, mentre per altri varrà invece l'opposto. Terzo, qualsiasi gruppo che intenda perseguire in modo efficace i suoi obiettivi passerà attraverso ognuna di queste fasi.

Secondo il modello del pendolo non è, invece, possibile che i gruppi seguano obbligatoriamente un andamento lineare come quello sopra descritto e viene suggerito che le squadre oscillano continuamente fra periodi di forte coesione e periodi di scarsa coesione. Questo approccio ipotizza infatti che la coesione sia relativamente alta all'inizio della fase di preparazione della nuova stagione agonistica, ciò deriva dal fatto che i giocatori condividono le stesse aspettattive, preoccupazioni, esperienze e obiettivi. A questa fase segue un periodo caratterizzato da conflitti e differenziazioni. Questi si presentano in quanto i giocatori si dividono in piccoli gruppi tra loro più omogenei dal punto di vista psicologico, delle competenze o per il ruolo occupato e spesso sorgono conflitti in quanto gli atleti competono tra loro per trovare un posto in squadra. Normalmente, l'avvicinarsi dell'inizio del campionato diminuisce i contrasti interni e orienta i giocatori verso gli obiettivi di squadra e così il pendolo si sposta nuovamente verso il polo della coesione. Durante la stagione, il pendolo continuerà in ogni caso a oscillare fra l'estremo del conflitto e della differenziazione e quello della coesione. Ad esempio, all'inizio della stagione alcuni giocatori possono accettare di andare in panchina, ma se questa situazione perdura nel tempo, per sostenere il loro punto di vista possono cercare alleanze con altri compagni e determinare così dei conflitti che riducono la coesione. Infine, al termine della stagione, la coesione sarà elevata se la squadra sarà stata vincente, viceversa un risultato finale negativo potrà determinare uno scarso livello di unione del gruppo.

Per l'allenatore uno dei principali benefici derivati dalla conoscenza delle varie fasi di sviluppo dei gruppi consiste nel farsi trovare preparato ad affrontare improvvisi cambiamenti. Ad esempio, il sapere che nei gruppi la fase di conflitto è uno stadio che si presenta in maniera regolare, consente al tecnico di affrontare questa situazione come un fatto normale e non come un evento eccezionale da addebitarsi a errori da lui commessi in precedenza. Inoltre, la comprensione di come si sviluppa un gruppo consente a chi lo dirige di sapere che ci vuole del tempo prima che ogni membro del gruppo assuma in pieno la responsabilità del ruolo che gli è stato affidato. Un ulteriore vantaggio che il leader di un gruppo può trarre da questa conoscenza riguarda la possibilità di modulare il suo intervento in relazione alla fase di sviluppo in cui si trova il gruppo, così da enfatizzare i comportamenti più efficaci per quel momento. A questo riguardo, se un allenatore seguisse l'approccio lineare dovrebbe sapere che nella fase di formazione è corretto favorire quelle situazioni necessarie a formare dei legami interpersonali positivi nella squadra, ad accettare gli obiettivi della società e i suoi metodi di allenamento. Atteggiamenti autoritari dovrebbero essere evitati al fine di non creare sin dall'inizio degli inutili conflitti e risentimenti da parte di singoli giocatori. Nello sport professionistico, dato il suo carattere fortemente competitivo e la rilevanza degli interessi economici in gioco, prevale di norma un tipo di direzione della squadra molto direttivo e autocratico e, pertanto, la fase del conflitto non è molto accentuata, anche se sono presenti stati di tensione, di frustrazione o di rabbia. Al contrario nei gruppi gestiti in maniera democratica di norma questi conflitti sono più intensi. La lunghezza di questa fase e la negatività del suo impatto possono essere ridotte personalizzando per quanto possibile il processo di allenamento. Gli allenatori soddisfano questa esigenza evidenziando ai giocatori il loro ruolo specifico e le aspettative che nutrono nei loro riguardi. Da rilevare è che il mantenimento di un certo grado di tensione è utile per la prestazione e che non è necessario spingere verso un clima forzatamente positivo ogni qualvolta si presenti un disaccordo.

Nella fase normativa il ruolo di ognuno dovrebbe essere ormai ben stabilito e accettato. In questo stadio serve sottolineare con decisione quali sono le responsabilità dei giocatori o dei singoli reparti (ad esempio, attacco e difesa) verificando che queste siano assunte in prima persona. Ad esempio, nella pallacanestro molte squadre si servono del cosiddetto «sesto uomo», che entra in campo per sostituire un titolare solo in determinate circostanze in precedenza codificate: precisione nel tiro da tre punti, controllo di un avversario con particolari caratteristiche, o altro. Se c'è un chiaro accordo su questo ruolo, il giocatore incaricato entrerà in campo motivato e sino a quel momento avrà, probabilmente, saputo aspettare con fiducia il suo turno. Nello stadio della prestazione sono prioritarie la produttività e la performance. In questa fase l'attenzione è rivolta sugli obiettivi di gruppo, sulle aspirazioni di gruppo e sulle realizzazioni del gruppo. Pertanto, gli obiettivi individuali anche se servono a incrementare la motivazione dei singoli non devono entrare in competizione con gli obiettivi di squadra. Ciò è particolarmente necessario nelle fasi più critiche della stagione agonistica, in cui per ottenere il successo della squadra possono essere richiesti sacrifici a livello individuale.

Una questione connessa allo sviluppo dei gruppi sportivi riguarda la sostituzione o turnover dei suoi membri. Nello sport amatoriale quando qualcosa non funziona è più semplice per l'allenatore mettere fuori squadra alcuni giocatori. Il contrario avviene nello sport professionistico, laddove molto più di frequente è l'allenatore a essere mandato via. In nordamerica, le ricerche condotte su questo fenomeno hanno dimostrato che nel baseball e nella pallacanestro il cambiamento di un allenatore non determina un miglioramento dell'efficacia della squadra e solo nell'hockey su ghiaccio non è emersa nessuna relazione fra questo cambiamento ed efficacia della squadra [Carron 1988]. Queste indagini evidenziano l'esistenza di una relazione fra turnover degli allenatori e grado di successo della squadra e di questo fenomento sono state fornite tre tipi di interpretazioni. La prima spiegazione sostiene che le squadre che cambiano frequentemente allenatore non sono squadre di successo e che questo risultato negativo sarebbe favorito da un turnover troppo frequente. La seconda pone l'accento sulla eventuale incompetenza reale dell'allenatore e, pertanto, gli insuccessi della squadra sono determinati dalla non sufficiente competenza del tecnico. La terza, invece, sostiene che l'allenatore è stato sacrificato come capro espiatorio, altre sono le cause che hanno determinato i conflitti e, in tal modo, i dirigenti della società sportiva, addossando le colpe al tecnico, si servono del metodo più semplice per risolvere i problemi della squadra.

2. La coesione del gruppo

Il termine «coesione» deriva dalla parola latina *cohaesus* che significa coesistere. Non deve quindi sorprendere che sia stato usato dagli psicologi sociali per descrivere la tendenza dei membri dei gruppi a stare insieme e a rimanere uniti. La coesione riflette la forza del confine fra i membri di un gruppo. È così importante per i gruppi che si può affermare che un gruppo non coeso non può esistere, in quanto se esiste un gruppo sarà pure presente un qualche grado di coesione. È stata definita da Festinger come «il campo totale di forze che agisce sui membri per farli restare in gruppo» [Festinger, Schachter e Back 1950, 164] o come la risultante di tutte le forze che agiscono sui membri per farli rimanere insieme. Queste definizioni ben evidenziano l'attrazione del gruppo sui membri, altre hanno invece posto maggiormente l'accento sul concetto di gruppo. In questo senso, la coesione consiste nel grado di unione del gruppo o nella resistenza del gruppo alla sua distruzione. Allo scopo di conoscere pienamente che cosa sia la coesione è comunque necessario sapere quali sono gli obiettivi del gruppo. Ogni gruppo ha le sue mete e queste variano in funzione della natura stessa del gruppo che può essere, ad esempio, una classe scolastica, una squadra amatoriale di pallacanestro, un gruppo di consulenza, un gruppo di amici in vacanza, un plotone dell'esercito o una squadra professionistica di calcio. Pur nella diversità degli obiettivi, questi gruppi sono comunque simili in quanto tutti devono mostrare un qualche grado di coesione, in altri termini gli individui che compongono questi nuclei stanno insieme perché condividono scopi comuni. Chi volesse inserirsi al loro interno dovrebbe per prima cosa essere consapevole di quali sono gli obiettivi che queste persone condividono. Sotto questo punto di vista la coesione rappresenta un processo dinamico che riflette la tendenza di un gruppo a stare insieme e a rimanere unito per raggiungere gli obiettivi stabiliti.

2.1. Gli antecedenti della coesione nello sport

La coesione è uno dei concetti più comunemente citati nello sport. Frasi come «La squadra ha mostrato carattere» o «La squadra è stata unita nei momenti difficili» o ancora «I giocatori giocano ma è la squadra a vincere» esprimono con semplicità e chiarezza la consapevolezza dell'importanza di questa unione del gruppo. Sostenere che «L'unione fa la forza» non è pertanto una affermazione retorica e gli allenatori sono impegnati nel promuovere questa condizione fra i loro atleti non solo attraverso allenamenti appropriati, ma stimolando anche uno stile proprio della squadra in trasferta, nelle attività sociali e nel tempo libero trascorso insieme.

Alla luce di queste considerazioni pratiche una parte delle indagini che sono state condotte ha avuto come obiettivo quello di identificare quali sono gli elementi che favoriscono la coesione. Per descrivere le variabili che intervengono a determinarla Carron ha proposto un modello suddiviso in quattro categorie così distinte: ambientali, personali, di leadership e di squadra.

La categoria ambientale rappresenta una dimensione di carattere generale costituita da più elementi. Comprende, innanzitutto, le responsabilità e gli obblighi contrattuali dei singoli membri. Nelle squadre professionistiche questi sono particolarmente evidenti sia nei riguardi della società di appartenenza sia in relazione agli sponsor personali. Nello sport amatoriale questo legame è quasi sempre presente in minima parte e il giocatore se lo desidera è molto più libero di abbandonare la squadra. Un secondo aspetto si riferisce alla pressione sociale esercitata sui membri per stimolare in loro un costante ed elevato coinvolgimento e per evitare che abbandonino il gruppo. In tal senso fattori di pressione sono rappresentati dalle aspettative della famiglia e dalle richieste di coinvolgimento manifestate dai compagni e dai rappresentanti della squadra. Nello sport professionistico queste pressioni sono costanti e sono effettuate dai tifosi, dai media e da tutti coloro che svolgono una qualche funzione fra chi è ascoltato dal giocatore. Inoltre, è da rilevare che l'attuale evoluzione dello sport professionistico ha comportato che questa pressione sociale non è più solo orientata a fare restare i giocatori nella loro squadra attuale, ma vi sono uguali pressioni ad abbandonarla, al fine di ottenere contratti più vantaggiosi.

Un terzo fattore ambientale che contribuisce allo sviluppo della coesione è rappresentato dal tipo di orientamento e di struttura dell'organizzazione sportiva. È evidente che gli obiettivi di un'organizzazione sportiva impegnata a livello giovanile sono diversi da quelli di una squadra professionistica. Nella prima dovrebbero prevalere orientamenti educativi basati sulla socializzazione, mentre nella seconda è centrale l'orientamento al successo sportivo. Di conseguenza anche la coesione sarà prevalentemente di tipo sociale nel primo caso e orientata al compito nel secondo. Un altro fattore rilevante riguarda la vicinanza fisica. Quando in campo dei giocatori sono vicini fisicamente come posizione di gioco (ad esempio, difesa o attacco) o in trasferta condividono la stessa camera di albergo, diventano più uniti. Questa situazione deriva dal fatto che la loro vicinanza gli fornisce maggiori opportunità d'interagire e di stabilire così un legame più stretto.

Un quinto fattore ambientale è rappresentato dalla dimensione del gruppo. Questo tema è già stato trattato nel paragrafo 1.1. In ogni caso merita qui ricordare che: nei piccoli gruppi è più facile ottenere una coesione basata sul compito, su cui si può riversare il consenso e l'impegno dei singoli; nei gruppi moderatamente più numerosi tende a prevalere la coesione sociale, attraverso lo sviluppo di forti relazioni sociali e nei gruppi troppo numerosi emergono rapporti interpersonali positivi all'interno di sottogruppi, piuttosto che nella totalità del gruppo. Inoltre, in relazione al successo sportivo, va detto che i piccoli gruppi non hanno sufficienti risorse per gareggiare con successo contro gruppi moderatamente più numerosi e che i gruppi troppo numerosi hanno difficoltà a gestire con efficacia le risorse in eccesso che posseggono al loro interno.

La seconda categoria che contribuisce allo sviluppo della coesione è costituita dalle caratteristiche personali dei membri del gruppo. È stato dimostrato che più i membri del gruppo sono simili, maggiore è il grado di coesione; pertanto somiglianze nelle caratteristiche di personalità e nel background socioculturale sono considerate essere fattori determinanti [Carron 1988]. Inoltre, i membri di un gruppo devono possedere lo stesso tipo di motivazioni e i soggetti le cui percezioni non si integrano fra di loro non possono far parte dello stesso gruppo [Zander 1982]. Un ultimo aspetto che favorisce la coesione è costituito dal grado di soddisfazione dei membri in relazione al compito e agli aspetti sociali del gruppo. Coesione, soddisfazione e prestazione sono fra di loro correlate: la coesione è uno degli elementi che favorisce prestazioni di successo, che a loro volta incrementano la soddisfazione dei membri del gruppo e, conseguentemente, questa condizione positiva stimola l'ulteriore sviluppo della coesione [Grand e Carron 1982; Williams e Hacker 1982].

La terza categoria che stimola la coesione è la leadership e con ciò si vuole fare riferimento alla complessità della relazione allenatore-atleta e allenatore-squadra. Gli stili di leadership verranno affrontati più avanti (cfr. par. 4), qui si vuole evidenziare che il comportamento, la comunicazione e lo stile decisionale del leader sono elementi che favoriscono la coesione del gruppo. Nei gruppi centrati sul compito il comportamento del leader deve essere orientato nella stessa direzione, identificando gli obiettivi, definendo con chiarezza i ruoli di ognuno e stabilendo le modalità per raggiungere le mete che sono state scelte. Inoltre, la comunicazione deve essere appropriata, fornendo informazioni sulla prestazione, istruzioni tecniche e tattiche specifiche e sostenendo psicologicamente la squadra e i singoli giocatori quando la situazione lo richiede. Infine, è stato evidenziato che uno stile decisionale democratico o partecipativo determina un livello maggiore di coesione rispetto allo stile autocratico e a quello lassista [Carron e Chelladurai 1981].

La quarta categoria riguarda la squadra. Il successo della squadra favorisce la coesione: vincere stimola la volontà di stare insieme. A questo proposito è stato infatti dimostrato che nella relazione fra prestazione e coesione è più significativo il legame causale tra risultato della prestazione e coesione, rispetto al legame causale, che si ottiene invertendo le variabili, fra coesione e risultato della prestazione [Widmeyer, Carron e Brawley 1993]. Anche situazioni avverse possono determinare un aumento della coesione. Ad esempio, il silenzio stampa adottato da una squadra criticata dall'opinione pubblica e dai giornalisti può servire a rinforzare l'unione della squadra e sono numerosi gli esempi che confermano l'efficacia di questo tipo di azione. Il numero di anni di appartenenza alla squadra è un altro elemento che favorisce la coesione. Un turnover dei giocatori troppo frequente determina l'emergere di problemi connessi alla formazione di un nuovo gruppo, mentre invece un cambiamento moderato consente di mantenere inalterata la struttura di base della squadra e, quindi, anche il patrimonio di rapporti interpersonali e di competenze. Non a caso di una squadra che ha cambiato la maggior parte dei suoi membri si dice che «è stata rifondata» e questa affermazione porta con sé l'idea che rispetto alla compagine precedente tutto sarà diverso e che, prima che possa esprimersi ai livelli che si ipotizza debba raggiungere, dovrà passare il tempo necessario all'integrazione dei giocatori in un nuovo insieme. Infine, un altro aspetto centrale riguarda la qualità della comunicazione fra i giocatori. Rapporti interpersonali positivi devono sostenere l'attività dei singoli e della squadra soprattutto nei momenti decisivi o di maggior difficoltà.

È importante evidenziare che le quattro categorie illustrate sono state così identificate per consentire una più facile presentazione dei fattori che costituiscono gli antecedenti della coesione, ma va ugualmente sottolineato che questa classificazione non costituisce una categorizzazione rigida. Ad esempio, i fattori relativi alla dimensione del gruppo e alla prossimità fisica che sono stati inseriti nella categoria ambientale potrebbero ugualmente far parte del fattore squadra. Inoltre, le categorie proposte non sono indipendenti, ma sono tra loro correlate. Vi è, ad esempio, uno stretto rapporto fra lo stile di leadership e la comunicazione all'interno della squadra o fra quest'ultima dimensione e le dimensioni del gruppo. In breve, le categorie ambientali, personali, di leadership e di squadra si combinano tra loro in modo complesso per produrre un gruppo coeso.

2.2. Le conseguenze della coesione

Esiste un'influenza reciproca fra coesione e risultato della prestazione. È stato infatti dimostrato che vincere o raggiungere gli obiettivi di gruppo incrementa la coesione ed è altrettanto provato che i gruppi uniti lavorano con molto impegno per il raggiungimento delle mete stabilite. Inoltre, i gruppi coesi sono maggiormente stabili rispetto ai gruppi poco uniti e questa stabilità si manifesta specialmente in una frequenza minore di abbandoni da parte dei membri. Questa condizione è presente anche nelle classi di educazione fisica che di norma sono gruppi meno coesi rispetto alle squadre. Infatti, per coloro che seguono programmi di educazione fisica lo svolgimento delle lezioni in gruppi percepiti come impersonali, quindi con uno scarso livello di coesione sociale, è uno dei motivi principali per arrivare in ritardo, fare assenze frequenti e abbandonare quest'attività [Carron, Widmeyer e Brawley 1988].

Un'altra caratteristica dei gruppi coesi è che resistono con maggior tenacia ed efficacia a eventi negativi, mentre i gruppi che si trovano nella condizione opposta perdono con molta più facilità i loro membri quando devono affrontare delle difficoltà e ciò anche nel caso in cui queste non siano particolarmente impegnative. In ambito sportivo è stata condotta un'indagine che ha studiato l'ipotetico impatto di forze distruttive sui gruppi [Brawley, Carron e Widmeyer 1988]. A giocatori di sport di squadra è stato presentato un elenco di situazioni che qualora si fossero manifestate avrebbero potuto determinare sul gruppo un effetto disgregante. Gli atleti dovevano valutare quanto ogni situazione avrebbe potuto provocare effetti negativi sulla coesione della loro squadra. La maggior parte degli eventi disgreganti sono stati associati ad aspetti relativi al compito e in misura minore ad aspetti di natura sociale. Ovviamente, i giocatori che percepivano la loro squadra come coesa esprimevano maggior fiducia nella capacità della squadra di affrontare queste situazioni negative.

La coesione non influenza solamente il gruppo nel suo complesso, ma ha anche rilevanza per i singoli membri. L'orgoglio di appartenere a un gruppo è uno dei bisogni umani di base che gl'individui desiderano soddisfare. Le ricerche hanno infatti confermato che la coesione svolge un'influenza positiva sulla percezione di competenza dell'atleta, sulla sua autostima, sulla sua capacità di saper affrontare con successo le situazioni impreviste e difficili. Qui vale quanto già detto a proposito degli antecedenti della coesione e cioè che maggiore è il grado di soddisfazione derivato dall'appartenenza a un gruppo unito che promuove anche le abilità di ognuno, maggiore è la probabilità che l'individuo sia disposto a dare il meglio di sé per un obiettivo comune, che comporta anche il parziale sacrificio della propria individualità.

Infine, l'interpretazione degli eventi da parte dei membri del gruppo, in special modo la valutazione di quelli negativi, è influenzata dal grado di coesione. Se il gruppo mostra uno scarso livello di coesione i membri tendono ad attribuire agli altri componenti del gruppo la responsabilità di quanto è accaduto. D'altro canto se invece il gruppo è unito gli individui tendono a essere più oggettivi nelle loro valutazioni e ammettono con più facilità la loro parte di responsabilità.

Da quanto illustrato emerge chiaramente che l'attività di un gruppo è più efficace se vi è accordo sugli obiettivi e sui mezzi per raggiungerli. Questa constatazione è anche presente nella definizione stessa di coesione, intesa come processo dinamico che riflette la tendenza di un gruppo a stare insieme e a rimanere unito nel perseguire i suoi obiettivi. Uno dei problemi più frequenti che si presentano nei gruppi è che, talvolta, gli obiettivi che si è dato il gruppo non corrispondono a quelli scelti dalla organizzazione a cui appartengono. Nello sport accade, ad esempio, che gli obiettivi dei giocatori possono divergere da quelli della loro società. Come può essere affrontata questa situazione? Forsith [1983] in uno studio sulle dinamiche di cambiamento dei gruppi ha riportato i risultati di una ricerca condotta da Kurt Lewin durante la seconda guerra mondiale. A causa della mancanza di carne di vitello, il National Research Council chiese a Lewin di sviluppare una strategia per modificare le abitudini alimentari della popolazione. Veniva concesso un breve periodo di tempo per convincere le casalinghe a servire piatti rapidamente pronti, ma meno desiderabili per le famiglie. Lewin ideò una strategia basata su due approcci diversi. Nel primo, gruppi di casalinghe partecipavano a conferenze in cui venivano loro illustrati i benefici nutrizionali della nuova dieta all'interno di un discorso che comprendeva appelli al patriottismo. In questa situazione non era prevista alcuna forma d'interazione fra le partecipanti. Nel secondo approccio furono invece introdotti momenti di discussione sugli stessi temi affrontati dalla conferenza. Le partecipanti erano stimolate a trovare un accordo su almeno una questione. Successivamente Lewin verificò che solo il 3% delle casalinghe che avevano partecipato alla prima situazione avevano cambiato abitudini alimentari, di contro questo valore saliva al 32% fra coloro che avevano partecipato alla situazione interattiva. Lewin verificò la validità di questo approccio interattivo di gruppo anche in relazione ad altre situazioni problematiche, giungendo alla conclusione che è più facile cambiare gli individui quando sono uniti in gruppo, piuttosto che agire singolarmente su di essi. Da questi risultati si può quindi concludere che, sebbene possano essere utilizzati vari approcci per convincere gli individui della bontà degli obiettivi scelti, un approccio centrato sul gruppo sarà certamente molto efficace.

2.3. Un modello di coesione

Il modello di coesione che qui viene presentato è stato formulato da Carron, Brawley e Widmeyer, che sono gli autori

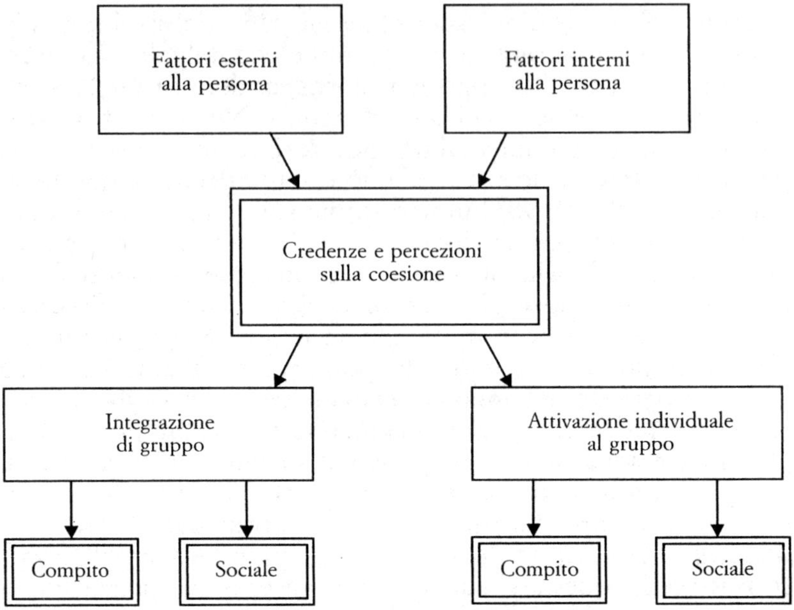

FIG. 5.3. Modello di coesione di gruppo.

Fonte: Widmeyer, Carron e Brawley [1993].

che in psicologia dello sport hanno indagato più di ogni altro su questa area d'indagine [Carron 1988; Widmeyer, Brawley e Carron 1985; 1992; Widmeyer, Carron e Brawley 1993]. Il loro modello è fondato sull'assunto che le credenze e le percezioni degli individui spieghino gli aspetti individuali e di gruppo della coesione (cfr. fig. 5.3). Queste credenze e percezioni sono inserite in due categorie principali e riguardano i modi in cui il gruppo resta unito nel perseguire gli obiettivi che si è posto.

La prima categoria riguarda l'integrazione del gruppo e rappresenta le percezioni che i membri hanno del gruppo preso nella sua totalità. La seconda riguarda l'attrazione individuale al gruppo e si riferisce a ciò che ha attratto inizialmente ogni singolo partecipante e a ciò che continua a legarlo al gruppo. Infine ognuna delle due categorie di attrazione è suddivisa in due componenti, relative agli aspetti sociali e al compito. Pertanto si vengono così a formare quattro dimensioni che si riferiscono all'integrazione di gruppo orientata al compito o al sociale e all'attrazione individuale orientata al compito o al sociale. Gli autori sostengono che, almeno dal punto di vista teorico, ognuna di queste dimensioni è sufficiente per incoraggiare gli atleti a restare uniti e a non abbandonare il gruppo. Comunque, dato che si tratta di un processo dinamico queste quattro dimensioni partecipano a costituire il grado di coesione, con pesi diversi a seconda delle situazioni, delle caratteristiche dei singoli e del gruppo. Inoltre, l'influenza di ognuna di queste dimensioni varia anche in funzione della fase di sviluppo in cui si trova il gruppo, così come è stato previsto dai modelli lineare e a pendolo descritti in precedenza. Infatti, mentre nella fase di formazione del gruppo è probabile che sia più prevalente un'integrazione del gruppo fondata sull'orientamento sociale, che consente agli atleti di conoscersi, d'integrarsi nel gruppo e di formare il cosiddetto spirito di squadra, nella fase di prestazione dovrebbe invece prevalere un'integrazione del gruppo basata sull'orientamento al compito, che consente ai giocatori d'impegnarsi verso mete sportive comuni.

In sintesi, gli individui ritengono che il loro gruppo può consentirgli di soddisfare i loro bisogni attraverso il raggiungimento degli obiettivi comuni e, di conseguenza, la consapevolezza da parte dei singoli di questa opportunità è uno degli elementi che rendono attraente la partecipazione alle attività del gruppo e che promuovono l'integrazione del gruppo stesso.

Sulla base di questo modello, per valutare la coesione dei gruppi nel contesto sportivo questi stessi autori hanno costruito un questionario [Widmeyer, Brawley e Carron 1985]. Il *Group Environment Questionnaire* (GEQ) è composto da quattro scale e da 18 item che si riferiscono alle quattro dimensioni presenti nel modello.

1. Attrazione individuale al gruppo - Sociale (esempio di item: «Per me questa squadra è uno dei gruppi sociali più importanti a cui appartengo»).

2. Attrazione individuale al gruppo - Compito (esempio di item: «Non mi piace lo stile di gioco di questa squadra»).

3. Integrazione di gruppo - Sociale (esempio di item: «I membri della nostra squadra non stanno insieme al di fuori dell'allenamento e della partita»).

4. Integrazione di gruppo - Compito (esempio di item: «La nostra squadra è unita nel raggiungere gli obiettivi di prestazione»).

Sulla base dei risultati ottenuti servendosi di questo nuovo modello di coesione Carron e colleghi ritengono che:

a) il GEQ è correttamente basato sul modello concettuale di coesione che presenta quattro dimensioni ed è stato validato in numerosi studi;

b) lo sviluppo di questo modello ha colmato un vuoto in un'area d'indagine che, in psicologia dello sport, aveva visto la realizzazione di ricerche prive di un adeguato sostegno teorico;

c) l'uso congiunto di questo modello a quattro dimensioni e del relativo questionario, il GEQ, evita l'errore, in precedenza più volte commesso, di non stabilire una relazione fra il concetto di coesione e il sistema di valutazione utilizzato per misurarla;

d) le quattro dimensioni di coesione che sono state formulate sono correlate sia agli antecedenti che alle conseguenze della coesione nello sport.

3. I processi di gruppo

I processi di gruppo riguardano essenzialmente le interazioni fra tutti i suoi componenti. Per prima cosa si parlerà del motore di questo processo e cioè della motivazione di gruppo e di squadra. Per chiunque abbia la responsabilità di guidare un gruppo è necessario conoscere in che modo le motivazioni individuali si combinano per dare luogo all'affermarsi di orientamenti e di obiettivi comuni. Spesso, infatti, gli allenatori chiedono agli psicologi in che misura gli atteggiamenti individuali (ad esempio, il desiderio di successo e di avere riconoscimenti personali) devono venire accettati e quando, invece, devono venire sacrificati in funzione dello sviluppo della motivazione di gruppo e di obiettivi di gruppo. Un secondo aspetto dei processi di gruppo è invece relativo all'interazione e alla comunicazione fra i suoi membri. Questo è un altro tema particolarmente sentito in ambito sportivo in quanto per i gruppi, ma soprattutto per le squadre, è primario che la comunicazione fra i membri sia efficace, che i conflitti vengano affrontati in modo diretto e che ogni atleta sappia qual è il suo ruolo all'interno della squadra e che cosa ci si aspetta da lui. Affrontare queste tematiche vuol dire stabilire quale deve essere il tipo di interazione fra gli atleti e fra questi e l'allenatore. Infine, strettamente collegato a questi aspetti relativi alla motivazione del gruppo e alle forme di comunicazione è il tema della cooperazione e della competizione. «Vincere è l'unica cosa» e, quindi, bisogna rinforzare ogni forma di competitività oppure anche la collaborazione è un fattore utile e necessario allo sviluppo di una competitività positiva? A questo quesito si cercherà di dare risposta nel paragrafo 3.3.

3.1. La motivazione di gruppo

La motivazione di gruppo è la semplice somma delle aspirazioni e dei bisogni individuali o è qualcosa di più? La risposta che deriva dai molti esempi presenti nello sport dice che gli individui sono in grado di posporre i propri interessi personali per il raggiungimento di obiettivi di gruppo. Infatti, ogni componente può scegliere di lavorare per ottenere: 1) un beneficio personale; 2) un beneficio di squadra; 3) un beneficio personale così come un beneficio per il gruppo; 4) nessuno di questi [Zander 1971]. I primi due punti possono anche coincidere qualora possano essere diretti verso gli stessi obiettivi, andando così a costituire il terzo punto, in questo caso il loro effetto combinato determina un incremento della motivazione rispetto a quando questi due tipi di mete sono affrontate in modo separato.

Quindi la motivazione individuale è un fattore di fondamentale importanza per favorire la motivazione di gruppo. Carron [1984] ha dedicato un intero libro a descrivere quali sono i fattori situazionali e personali che favoriscono l'incremento della motivazione. Fra quelli evidenziati, l'interesse intrinseco di un atleta per la disciplina praticata e verso l'appartenenza a una specifica squadra sono variabli che promuovono l'attrazione di un giovane verso un gruppo specifico. Un altro stimolo a mantenere elevata la motivazione riguarda l'integrazione fra importanza attribuita all'impegno sportivo e percezione di competenza personale. Oltre queste dimensioni individuali esistono alcune caratteristiche di gruppo che influenzano la motivazione. Zander [1971; 1985] ha suggerito che quando i gruppi devono fornire delle prestazioni, i membri sviluppano una tendenza a competere per il successo del gruppo e sono tre le caratteristiche che determinano la forza di questa tendenza:

1. il desiderio per il successo del gruppo: rappresenta l'interesse degl'individui verso il benessere del gruppo e la loro disponibilità a essere soddisfatti e orgogliosi se il gruppo raggiunge gli obiettivi prefissati. In questo caso gli individui non solo sono motivati a fare bene per ottenere vantaggi personali, ma sono anche tesi a dare il meglio di sé per contribuire al successo del gruppo;

2. la probabilità di avere successo: rappresenta la stima soggettiva effettuata dai membri del gruppo della possibilità di raggiungere gli obiettivi;

3. il valore incentivante rappresentato dall'avere successo: non tutti gli obiettivi rivestono la stessa importanza. Maggiore è la difficoltà dell'obiettivo, maggiore è il suo valore incentivante e minore è la probabilità di successo. Ad esempio, per una squadra vincere un torneo regionale è sicuramente più facile che primeggiare in una competizione di livello nazionale ma è anche meno incentivante. Al contrario, vincere un torneo nazionale è sicuramente più improbabile, ma è più incentivante.

In accordo con quanto proposto da Zander i gruppi non sono solo impegnati ad avere successo, ma temono l'insuccesso e quindi sviluppano la tendenza a evitare il fallimento di gruppo. Anche questa dimensione è costituita da tre fattori: 1) il desiderio di evitare il fallimento di gruppo; 2) la probabilità di fallire; 3) il valore incentivante rappresentato dall'insuccesso. Dato che ambedue queste forze orientate al successo e a evitare l'insuccesso sono costantemente presenti nei gruppi, la prevalenza di una di esse determinerà l'atteggiamento dei membri del gruppo verso la competizione.

È stato visto in precedenza che anche le dimensioni del gruppo influenzano la motivazione dei singoli a partecipare attivamente alle attività. La questione di come incrementare la motivazione è soprattutto significativa nei gruppi numerosi, in cui gli atleti possono ritenere che il loro contributo è secondario rispetto alla prestazione della squadra. Al fine di ovviare a questa percezione è necessario che il contributo di ciascun giocatore sia chiaramente identificato e differenziato, ogni giocatore percepisca che il suo lavoro è essenziale per il successo della squadra e che il ruolo di ognuno sia ben integrato insieme a quello svolto dagli altri. La chiara identificazione del proprio ruolo consente a ogni giocatore di essere consapevole di quali sono le sue responsabilità e di sapere che in funzione della propria prestazione riceverà i riconoscimenti (positivi o negativi) che gli sono dovuti. Anche i giocatori che spesso non giocano devono sapere che pure loro sono necessari al successo del gruppo e così, come i titolari o i giocatori più bravi, devono avere obiettivi ben determinati ed essere valutati per la qualità del loro impegno e per le loro prestazioni. Questo ruolo deve essere accettato da loro e l'allenatore deve fornire a questi giocatori lo stesso sostegno tecnico e psicologico che con più facilità manifesta a quelli più esperti.

Infine, la scelta di obiettivi a breve e a lungo termine aumenta il desiderio di accettare le sfide, di trarre piacere dai compiti intrapresi e riduce la noia. Di conseguenza anche allenamenti particolarmente ripetitivi o svolti, ad esempio, in condizioni ambientali svantaggiose (sotto la pioggia o con temperature basse) possono essere accettati con maggior facilità se fanno parte di un programma che è stato in precedenza ben presentato e compreso dai giocatori.

3.2. Interazione di gruppo e comunicazione

Nei gruppi la comunicazione è influenzata dalle caratteristiche individuali dei singoli membri, dall'ambiente nel quale sono inseriti, dalle situazioni che vivono e dagli obiettivi delle loro prestazioni. In funzione delle caratteristiche dei giocatori una squadra può essere omogenea oppure eterogenea. Una squadra composta da atleti diversi per razza, background culturale e che parlano lingue differenti è una squadra molto eterogenea. I principi di comunicazione basati sui concetti di omogeneità ed eterogeneità [Burgoon, Heston e McCroskey 1974] sostengono che gli individui comunicano con più facilità con chi considerano simile a loro per attitudini e altre caratteristiche personali. Pertanto si tende a frequentare persone dello stesso ambiente con cui si possono condividere precisi punti di riferimento e, di conseguenza, maggiore sarà la somiglianza fra i membri di una squadra, maggiore sarà la possibilità che i giocatori condividano insieme gli stessi valori, lo stesso tipo di linguaggio o gli stessi interessi. Inoltre, il processo di comunicazione migliora ulteriormente le attitudini, le credenze e le conoscenze del gruppo. L'omogeneità promuove così con più facilità la comunicazione e favorisce rapporti interpersonali positivi.

Come conseguenza, la comunicazione aumenta la probabilità che i giocatori coinvolti in questo processo dinamico adottino atteggiamenti e credenze simili e condividano le stesse percezioni [Burgoon, Heston e McCroskey 1974].

Nonostante l'evidente importanza di questi tre principi, non sono state condotte ricerche per verificarne la validità nello sport. Le squadre sono, e lo saranno sempre di più, dei gruppi caratterizzati da un'ampia eterogeneità razziale, culturale, linguistica e religiosa. Inoltre, nelle squadre professionistiche esiste una notevole disparità fra i giocatori in relazione al trattamento economico, alla competenza e al ruolo di ciascuno. La rilevanza degli obiettivi che le squadre si pongono e il ruolo che a ciascun membro viene affidato per soddisfare gli obiettivi sono, probabilmente, sufficienti a smorzare l'eventuale effetto negativo derivato da questa notevole eterogeneità di base e che per molte caratteristiche, ad esempio la razza, non può di certo venire modificata. Su questa base, nelle squadre l'obiettivo dell'interazione interpersonale è, pertanto, di promuovere il consenso sugli obiettivi stabiliti e sui metodi adottati per raggiungerli.

Zander [1982] ha formulato diverse soluzioni operative su come migliorare la comunicazione negli sport di squadra. Per primo, ogni membro deve conoscere i doveri e le responsabilità degli altri compagni. Ai giocatori devono essere fornite occasioni per socializzare e per conoscersi. Ogni giocatore deve sapere che il suo contributo è apprezzato ed è rilevante per il successo della squadra. In presenza di conflitti i giocatori devono essere incoraggiati a risolverli in maniera diretta attraverso una discussione fra coloro che sono coinvolti nel problema. La collaborazione deve essere costantemente promossa dallo staff tecnico e le rivalità devono venire ridotte al minimo, de-enfatizzando gli obiettivi personali e stimolando una forte coesione sulle mete di squadra.

Un altro aspetto interessante che riguarda l'interazione nei gruppi è inerente ai processi decisionali. Spesso le decisioni prese dal gruppo sono più estreme rispetto alle opinioni espresse dai singoli e possono essere più rischiose o più conservative. Polarizzazione del gruppo è il termine utilizzato per rappresentare lo spostamento che avviene nell'atteggiamento dei membri a seguito dell'interazione interpersonale. Ad esempio, se un podista di livello amatoriale che è attirato dall'idea di correre per la prima volta una maratona discute nello spogliatoio con i suoi compagni, probabilmente la polarizzazione del gruppo lo porterà a decidere di fare questa esperienza. Sono state fornite differenti spiegazioni per questo tipo d'interazione, la più attendibile sostiene che sulla base della discussione di gruppo i membri orientano le loro scelte nella direzione che fornisce loro un elevato grado di accettazione sociale. Infatti, tale approccio fondato sul confronto sociale sostiene che gli individui desiderano essere valutati in maniera socialmente positiva [Carron 1988]. Nel caso appena riportato, la decisione del podista di partecipare alla maratona, pur se è più estrema rispetto a quella manifestata prima della discussione con i compagni, gli garantisce un maggiore sostegno psicologico e un più forte senso di appartenenza a questo gruppo. L'utilità di questa polarizzazione consiste nel favorire la coesione dei gruppi ed è utile che alle squadre venga fornita la possibilità di discutere, al fine di rinforzare l'impegno comune verso gli obiettivi di allenamento e di prestazione. Gli allenatori, da parte loro, non devono temere di perdere la loro leadership se favoriscono l'interazione fra i loro giocatori, in quanto è solo attraverso un processo di condivisione delle scelte e dei metodi che le squadre costruiscono l'abilità di saper affrontare qualsiasi situazione competitiva con efficacia e determinazione. Al contrario, si vedono troppo spesso squadre che dipendono in modo eccessivo dalle decisioni dell'allenatore e che mostrano in campo una scarsa capacità decisionale e una limitata autonomia: ciò dipende in larga parte da uno stile troppo autoritario dell'allenatore e dalla mancata partecipazione dei giocatori alle scelte che li riguardano sia come singoli che come gruppo. Le discussioni di gruppo hanno anche un effetto negativo quando, determinando decisioni che sono eccessivamente rischiose o troppo conservative, allontanano la probabilità di raggiungere gli obiettivi. In queste situazioni, una strategia per ricondurre il gruppo su decisioni più corrette consiste nel prendere in considerazione durante la discussione anche altre alternative, analizzando i pro e i contro e sollecitando solo al termine di questo lavoro una decisione su quale opportunità scegliere. Questa modalità ha lo scopo di aumentare la flessibilità della squadra e di far emergere più opzioni fra le quali scegliere la più adeguata. Infine, in relazione alle decisioni prese dal gruppo devono venire previste le conseguenze che deriveranno dai risultati (ad esempio, «Se questo è il risultato... questo è ciò che ne deriva»), in tal modo ogni componente della squadra è a conoscenza di quali saranno le conseguenze per sé e per il collettivo derivate dall'aver fornito prestazioni efficaci oppure scadenti, o dall'aver collaborato o essersi mostrati troppo individualisti, o dall'essersi impegnati in allenamento o essersi mostrati demotivati. In questo modo ogni squadra partecipa attivamente alle decisioni che la riguardano ed è consapevole delle conseguenze che deriveranno dai risultati delle sue azioni.

3.3. Cooperazione e competizione

Per molti anni nella cultura sportiva italiana è prevalsa l'opinione che cooperazione e competizione corrispondessero ad atteggiamenti che non potevano coesistere e che il primo fosse un valore molto più positivo rispetto al secondo. Fortunatamente questa impostazione è mutata ed è stata riconosciuta la rilevanza di ambedue i concetti sia nell'educazione sportiva dei giovani sia a livello di sport agonistico.

L'attitudine a collaborare o cooperare si riferisce alla capacità di giocare e lavorare con gli altri, adattandosi alle esigenze del gruppo e rispettandone le regole. Comprende anche l'abilità di affrontare i conflitti e le divergenze con gli altri in modo costruttivo. Collaborare significa avere rispetto di sé e degli altri, oltre che accettazione dei diritti, del benessere e dei sentimenti del gruppo. Inoltre, questo concetto comprende anche una particolare categoria di comportamenti detti prosociali, termine che identifica azioni dirette ad aiutare o beneficiare un'altra persona o gruppo di persone, senza aspettarsi ricompense esterne. Talvolta, queste azioni comportano un certo costo, sacrificio o rischio da parte di chi agisce. Generosità, altruismo e comprensione sono comportamenti che rientrano all'interno di questa classificazione.

Una definizione di competizione è stata formulata da Martens [1976] come premessa ai suoi studi iniziali sull'ansia competitiva ed è la seguente:

> La competizione è un processo in cui la prestazione individuale viene confrontata con uno standard, in presenza di almeno un'altra persona che è a conoscenza del criterio di comparazione e che è in grado di effettuare questo tipo di confronto [*ibidem*, 14].

La situazione sportiva comprende al suo interno fasi di cooperazione e fasi di competizione. In termini globali è possibile affermare che all'interno del gruppo dovrebbe prevalere la collaborazione, mentre verso l'esterno dovrebbe essere dominante la competitività. Fra i compagni di squadra deve quindi prevalere la collaborazione e a conferma di ciò Dan Peterson, ex allenatore di pallacanestro che in Italia ha vinto ben cinque scudetti e diverse coppe europee, sostiene che le sue squadre hanno vinto più grazie al gruppo che al talento e che se è vero che la prestazione vincente nasce dall'integrazione del comportamento di vari giocatori, allora bisogna insegnare a più persone a fare bene cose diverse, insieme e contemporaneamente [Peterson, Bauer e Tiburzio 1987]. Ancora una volta creare il cosiddetto spirito di squadra e un gruppo unito vengono considerati come obiettivi rilevanti per affrontare con efficacia una stagione agonistica impegnativa. A proposito delle difficoltà che si incontrano nella realizzazione di questo obiettivo di squadra, Peterson e colleghi identificano cinque segnali significativi che sono espressione di disagio interno al gruppo e che evidenziano rivalità e scarsa collaborazione fra i giocatori:

1. I giocatori (alcuni o tutti) non svolgono le mansioni loro affidate dall'allenatore: i ruoli tecnici non vengono rispettati, non c'è disciplina in campo. Anche le regole non tecniche vengono infrante: gli atleti arrivano in ritardo agli allenamenti, dimenticano gli indumenti da gioco, ecc.
2. Alcuni atleti si lamentano per il fatto di rivestire un ruolo marginale, di non giocare abbastanza, di non essere sufficientemente riconosciuti.
3. Alcuni componenti della squadra esprimono all'esterno (famiglia, amici, stampa) critiche circa l'allenatore e/o i compagni.
4. Nei momenti di difficoltà, in gara, i giocatori litigano tra loro accusandosi a vicenda degli errori commessi.
5. Dopo una gara, soprattutto se persa, uno o più giocatori gettano sui compagni la responsabilità delle cose andate male [*ibidem*, 87-88].

L'importanza di avere intorno a sé un gruppo che fornisce un sostegno psicologico positivo si evidenzia anche negli sport individuali, laddove gli atleti desiderano vivere fra persone che li comprendono e li incoraggiano. Questo gruppo può essere formato dall'allenatore, dai famigliari, dal manager, dagli amici o da altre figure professionali come il medico, il preparatore atletico o lo psicologo. Al di là degli specifici ruoli che ognuna di queste persone svolge, l'elemento che li accomuna tutti è quello di costituire per l'atleta un gruppo che lo accetta e lo sostiene psicologicamente.

Da quanto detto emerge quindi con chiarezza che le squadre devono essere unite proprio per realizzare il loro obiettivo prioritario e cioè di affrontare gli avversari in maniera sicura e determinata. La rivalità interna, se non limitata a episodi circoscritti ed estemporanei, fa sprecare inutili energie agli atleti e li tiene impegnati in attività che hanno un'influenza negativa sull'allenamento e sulla partita. La squadra deve sempre ragionare in termini di NOI e in tal senso l'allenatore deve, ogni volta che sia possibile: favorire la partecipazione dei giocatori cercando di accoglierne le indicazioni; trattare tutti con gli stessi criteri ed evitare i favoritismi; premiare i comportamenti altruistici; ridurre i comportamenti individualistici, evitando che il gioco si accentri solo su alcuni giocatori; e promuovere occasioni per stare insieme [Peterson, Bauer e Tiburzio 1987]. Un esempio positivo in questa direzione è stato rappresentato dal campione di pallacanestro Magic Johnson che, come riporta il suo ex allenatore [Riley 1993], quando giocava nei Los Angeles Lakers si distingueva non solo perché era un campione, ma anche per la sua dedizione totale al gioco di squadra: passava e difendeva anziché pensare solo a fare canestro. È stato lo stesso giocatore a raccontare a Riley come si era affermato in lui questo atteggiamento collaborativo verso la squadra. Quando giocava a livello di lega giovanile il suo allenatore gli aveva detto che lui era il più grande, il miglior giocatore della squadra e che avrebbe dovuto tirare in continuazione. Fece in questo modo, segnava la maggior parte dei canestri della squadra che così vinceva ogni volta. Nonostante queste vittorie gli altri compagni di squadra si sentivano incapaci, erano depressi e nessuno lo ringraziava o si mostrava contento per quello che lui faceva. Decise che quella situazione era per lui insopportabile. Da quel momento il suo comportamento in campo cambiò e mise le sue capacità al servizio della squadra. L'umore della squadra mutò completamente, i compagni furono molto più motivati, incrementarono le loro abilità e continuarono ugualmente a vincere.

In conclusione, si può essere d'accordo con il detto americano che dice: «La squadra campione batte una squadra di campioni», a indicare che anche la squadra ideale composta da soli campioni deve comunque integrare le competenze di ognuno prima di potersi esprimere al massimo delle sua capacità. Ovviamente nello sport professionistico vi sono state eccezioni a questa regola, ad esempio, i Chicago Bulls sono riusciti a vincere il campionato di pallacanestro nonostante che durante l'anno vi siano stati molti conflitti fra i giocatori. Infatti la sfida che l'allenatore doveva vincere non era solo quella che avveniva sul campo, ma era soprattutto di massimizzare l'immenso talento di Michael Jordan e, nel contempo, di consentire agli altri componenti della squadra di fornire il loro contributo efficacemente e non è stato affatto facile raggiungere questo obiettivo [McLean 1995].

4. La leadership

Per leadership si deve intendere il processo di guida degli individui o dei gruppi nel raggiungimento di obiettivi. Nello sport l'allenatore svolge questo compito di guida degli atleti e organizza quasi totalmente la vita sportiva del gruppo. L'allenatore ha grandi responsabilità in quanto a lui l'organizzazione sportiva delega tutti i compiti che riguardano l'acquisizione e il miglioramento delle competenze sportive degli atleti, il mantenimento della disciplina e la realizzazione di quanto necessario per raggiungere le mete che la società sportiva si è posta. A queste richieste esplicite se ne aggiunge almeno un'altra che, in generale, non viene mai presentata come uno degli obiettivi societari o dell'allenatore ma che è, però, considerata da tutti come fondamentale. Questa richiesta fa riferimento alla motivazione degli atleti, che deve essere mantenuta a livelli elevati per tutta la stagione agonistica. Ogni tecnico ha un suo modo per motivare i suoi giocatori, spesso propone l'utilizzo di quelle strategie che hanno avuto efficacia su lui stesso, altre volte i tecnici pensano che sapersi motivare è un problema che gli atleti devono risolversi da soli e le loro tecniche motivazionali si riducono a fare delle ramanzine ai loro giocatori quando li percepiscono poco motivati. Fanno ormai parte dell'aneddotica relativa al calcio i «discorsetti» degli allenatori nello spogliatoio prima della partita, in cui spesso si fa leva su attributi tipicamente maschili per stimolare la voglia di vincere. Il modello di leadership che verrà presentato è il più usato in psicologia dello sport e consente di comprendere come gli aspetti situazionali dello sport, le caratteristiche del leader e quelle dei membri interagiscono fra loro per favorire la prestazione e la soddisfazione degli atleti. Il tema della leadership sarà completato dalla presentazione di due approcci che bene s'integrano con questo modello di leadership. Questi altri due modelli saranno presentati nei paragrafi 5 e 6, in modo tale da fornire una descrizione completa di come la leadership è stata studiata in ambito sportivo. In particolare, si analizzerà come questi due modelli, che prendono in considerazione uno la valutazione del comportamento dell'allenatore e l'altro i differenti stili decisionali, vanno a colmare aspetti che nel modello che sta per essere presentato sono solo parzialmente presenti.

4.1. Il modello multidimensionale

Le prime ricerche che sono state condotte per identificare le caratteristiche di uno stile di leadership efficace si sono servite del modello dei tratti di personalità e dell'approccio comportamentale. Scopo di questi studi era di valutare le caratteristiche di personalità e i comportamenti dei leader e di identificare quali erano le possibili dimensioni che permettevano di distinguere fra leader efficaci e inefficaci. Già alla fine degli anni '40 una rassegna condotta su 124 studi che si erano serviti del modello dei tratti di personalità aveva evidenziato che non vi era nessun motivo per continuare a servirsi di questo approccio nello studio della leadership, in quanto non vi era nessun conforto all'ipotesi che possano esistere dei tratti universali ,distintivi [Stodgill 1948 cit. in Carran 1988]. In psicologia dello sport l'abbandono della teoria dei tratti è avvenuto più tardi e ancora negli anni '80 sono state condotte indagini che si sono servite del *Questionario dei 16 fattori* di Cattell. A questo riguardo, Carron [1988] ribadisce che non sono emersi tratti di personalità che possono essere identificati come specifici degli allenatori in quanto leader.

Le teorie successive per determinare lo stile di leadership più indicato a soddisfare gli obiettivi del gruppo [Fiedler 1967; Hersey e Blanchard 1977] hanno proposto un approccio in cui le caratteristiche del leader e quelle dei membri del gruppo venivano poste in relazione con gli aspetti della situazione (ad esempio, con il tipo di compito richiesto). All'interno di questo

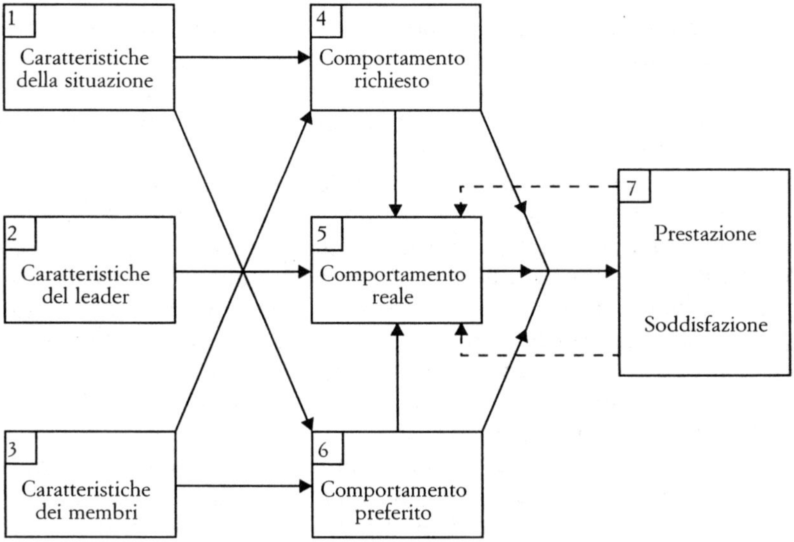

Fig. 5.4. Il modello multidimensionale della leadership.
Fonte: Chelladurai [1990].

contesto teorico vengono così definiti comportamenti e stili decisionali che sono specifici per determinate situazioni e che dovranno essere modificati in funzione di eventuali cambiamenti ambientali o situazionali. Sebbene le ricerche condotte per testare questi modelli ne abbiano confermato la validità in ambito scolastico e industriale, quelle realizzate nello sport non hanno ottenuto risultati altrettanto validi. In risposta a questa mancanza Chelladurai [1990; 1993] ha formulato una teoria della leadership specifica per l'ambiente sportivo (cfr. fig. 5.4). Questa nuova teoria sintetizza e amplia la maggior parte dei modelli precedentemente proposti. Secondo lo stesso autore gli approcci precedenti si focalizzavano in modo differenziato sul leader, sui membri e sulle situazioni, il suo modello multidimensionale, invece, integra insieme queste caratteristiche e fornisce uguale rilevanza a ognuno di questi aspetti. In questo modello le prestazioni del gruppo e il grado di soddisfazione dei singoli membri sono in funzione della congruenza fra tre stati del leader che sono: i comportamenti richiesti al leader dalla situazione, i comportamenti del leader preferiti dai membri e i comportamenti agiti dal leader. Gli antecedenti di questi tre stati del leader sono: le caratteristiche situazionali, le caratteristiche del leader e le caratteristiche dei membri (cfr. fig. 5.4).

I comportamenti richiesti al leader sono quelli che derivano dalle caratteristiche della situazione sportiva nella quale agiscono. Sono dipendenti dalla struttura della organizzazione per cui lavorano e dagli obiettivi che devono essere raggiunti. Ad esempio, una società sportiva che si occupa prevalentemente di avviamento dei giovani all'attività sportiva richiederà comportamenti diversi da una professionistica che è impegnata in un campionato nazionale. Oppure, allenatori di squadre che partecipano ai più importanti eventi sportivi (olimpiadi e mondiali) saranno sollecitati in maniera diversa, rispetto a tecnici che guidano squadre a livello amatoriale.

Per quanto riguarda i comportamenti del leader che sono preferiti dai membri del gruppo, questi sono largamente dipendenti dalle caratteristiche degli atleti. La motivazione al compito o alla vittoria, il bisogno di affiliazione, le competenze sportive possedute influenzano la preferenza degli atleti per un certo tipo di allenamento, di rinforzi e di supporto sociale.

Infine, i comportamenti realmente agiti dal leader anche se dipendono certamente dalle sue caratteristiche di personalità, dal suo grado di competenza e dalle sue esperienze precedenti, sono influenzati anche da altre dimensioni. In particolare, i leader sono influenzati dalle caratteristiche situazionali nelle quali si trovano a lavorare. Inoltre, gli atleti a livello giovanile o di squadre professionistiche richiedono comportamenti di leadership differenti e queste preferenze influenzano in qualche misura l'azione dell'allenatore.

Chelladurai ha ipotizzato che le prestazioni positive e la soddisfazione del gruppo sono favorite dalla congruenza fra questi tre aspetti dell'agire dell'allenatore. In altri termini, per raggiungere questi due obiettivi il comportamento del tecnico deve essere coerente con le richieste situazionali e con i comportamenti preferiti dagli atleti.

4.2. La valutazione della leadership

Per verificare la validità di questo modello multidimensionale è stata costruita la *Leadership Scale for Sports* [Chelladurai e Saleh 1980], che consiste in 40 item che determinano cinque dimensioni comportamentali del leader così descritte.

1. Allenamento e istruzione: sono i comportamenti dell'allenatore orientati al miglioramento delle prestazioni degli atleti, enfatizzano l'impegno che deve essere posto in allenamento, istruiscono gli atleti in relazione alle specifiche competenze sportive, chiarificano le relazioni fra i membri e strutturano e coordinano le attività dei membri.

2. Comportamento democratico: sono i comportamenti dell'allenatore che permettono un'ampia partecipazione degli atleti nelle decisioni riguardanti gli obiettivi del gruppo, i metodi di allenamento e le tattiche e le strategie di gara.

3. Comportamento autocratico: sono i comportamenti dell'allenatore che evidenziano un forte grado di autorità e caratterizzano decisioni indipendenti dall'influenza dei giocatori.

4. Supporto sociale: sono i comportamenti dell'allenatore che esprimono preoccupazione per il benessere degli atleti, per l'atmosfera di gruppo e per relazioni interpersonali positive con i membri.

5. Feedback positivi: sono i comportamenti dell'allenatore che rinforzano l'atleta riconoscendo e premiando le prestazioni positive.

Dato che il modello multidimensionale di leadership richiede la conoscenza sia dei comportamenti realmente emessi dall'allenatore che di quelli preferiti dagli atleti questa scala può essere somministrata in tre versioni. Infatti, semplicemente modificando le istruzioni per la compilazione del questionario è stato possibile utilizzarlo per misurare: le preferenze degli atleti per specifici comportamenti del leader (ad esempio, «Preferisco che il mio allenatore chieda le opinioni degli atleti su questioni importanti per l'allenamento»), le percezioni degli atleti relative al comportamento del leader (ad esempio, «Il mio allenatore fornisce apprezzamenti a un atleta in seguito a una prestazione positiva») e le percezioni degli allenatori relative ai loro comportamenti (ad esempio, «In seguito a prestazioni positive rinforzo gli atleti») [per una rassegna di queste indagini vedi Chelladurai 1990; 1993]. A conferma del notevole interesse che questo approccio ha suscitato fra gli psicologi sportivi di questa scala sono state realizzate versioni in finlandese [Liukkonen e Salminen 1990], in francese [Lacoste e Laurencelle 1989], in giapponese [Chelladurai *et al.* 1988], in greco [Iordanoglou

1990], in portoghese [Serpa *et al.* 1988] e in svedese [Isberg e Chelladurai 1990].

Chelladurai [1990] evidenzia due aspetti che dovranno essere presi in considerazione dalle ricerche future che si serviranno di questa scala per la misurazione della leadership. Il primo si riferisce al fatto che sebbene le frasi del test facciano riferimento in modo specifico al contesto sportivo, queste si riferiscono alla frequenza con cui un allenatore manifesta determinati comportamenti, ma non in quali situazioni si presentano. Ad esempio, l'item che sottolinea il desiderio dell'atleta che l'allenatore condivida con lui le scelte che opera, non identifica in quale contesto ciò dovrebbe avvenire (in gara o in allenamento, prima dell'inizio della stagione agonistica o durante il suo svolgimento). Eventuali modificazioni del questionario, al fine di renderlo ancora più adeguato a specifici contesti, potrebbero essere utili per valutare anche il variare del comportamento del leader in funzione delle differenti situazioni da affrontare. Il secondo aspetto fa riferimento a come sono stati costruiti gli item di questa scala. Infatti, attualmente gli item derivano da quelli presenti in scale che misurano la leadership in ambito organizzativo e industriale. Le ricerche future dovranno generare item derivati direttamente dalle esperienze degli atleti e degli allenatori. In tal modo, gli item potranno essere ancor più significativi e, se sarà opportuno, ulteriori dimensioni di leadership potranno essere aggiunte.

4.3. Gli antecedenti della leadership

Gli studi che si sono serviti del modello multidimensionale della leadership possono essere suddivisi in due tipi: quelli che hanno indagato sugli antecedenti e quelli che ne hanno analizzato le conseguenze. Questo paragrafo sarà dedicato al primo di questi due aspetti, che a sua volta comprende le caratteristiche individuali degli atleti e le caratteristiche situazionali.

In relazione alle differenze individuali è stato rilevato che la variabile intersessuale svolge una funzione importante. È stato infatti riscontrato che, per quanto riguarda la leadership preferita dagli atleti, i maschi desiderano uno stile maggiormente autocratico, meno democratico e più supporto sociale rispetto alle femmine, che preferiscono maggiormente uno stile democratico [Chelladurai e Saleh 1978]. Altre indagini hanno invece indagato sul rapporto fra genere e tipo di leadership percepita: è emerso che le giocatrici e i giocatori di alto livello percepiscono che i loro allenatori e allenatrici manifestino comportamenti in cui sono prevalenti istruzioni tecniche e feedback positivi [Serpa e Antunes 1989; Serpa, Pataco e Santos 1991]. A livelli inferiori le allenatrici sono percepite come più democratiche e socialmente più supportive rispetto agli allenatori [Liukkonen e Salminen 1990]. Inoltre, i risultati di quest'ultima ricerca sono analoghi a quelli forniti da allenatrici e allenatori che operano allo stesso livello e nello stesso contesto sportivo: le femmine, rispetto ai loro colleghi maschi, ritengono di fornire maggiori istruzioni, di essere più supportive e di dare feedback con frequenza maggiore. Questi dati evidenziano che ad alto livello non vengono percepite differenze in funzione del genere, mentre queste sono presenti a livelli di competenza inferiori. Infine, rappresentano un chiaro esempio dell'importanza di adottare un modello multidimensionale per comprendere i comportamenti dei leader, in questo caso la sola conoscenza di una caratteristica individuale (il genere) non avrebbe permesso d'interpretare questi risultati che potrebbero apparire discordanti. Al contrario, la conoscenza delle caratteristiche situazionali (partecipazione a competizioni di alto livello o di livello inferiore) ha consentito di comprendere che i comportamenti preferiti dagli atleti dipendono non solo dal genere ma anche da queste caratteristiche.

In relazione alle dimensioni di personalità è stato evidenziato che:

- gli atleti motivati al compito preferiscono più allenamento e istruzioni, mentre quelli motivati estrinsecamente e all'affiliazione desiderano maggiore supporto sociale;
- gli atleti con un elevato bisogno d'informazione e di strutturazione dell'ambiente richiedono più allenamento e istruzioni e comportamenti poco autocratici rispetto agli atleti con un bisogno minore di strutturazione cognitiva;
- gli atleti impulsivi richiedono maggior supporto sociale rispetto a quelli meno impulsivi.

È stato, inoltre, osservato che maggiore è l'esperienza competitiva degli atleti maggiore è la preferenza per comportamenti che forniscono feedback positivi e per comportamenti autocratici e di supporto sociale [Chelladurai e Carron 1981]. Coerentemente con questi risultati, è stato anche osservato che gli atleti di alto livello, rispetto a quelli di basso livello, ritengono che i loro allenatori mostrino in prevalenza comportamenti autocratici e poco democratici e che li supportino socialmente [Garland e Barry 1988; Liukkonen e Salminen 1990].

In conclusione, si può quindi sostenere che gli atleti con l'aumentare dell'età, del grado di esperienza e dell'abilità sembrano preferire quegli allenatori che mostrano comportamenti autocratici, ma che nel contempo li sostengono psicologicamente e socialmente. Emerge, quindi, la figura di un allenatore che pur assumendosi totalmente la paternità delle sue decisioni e non condividendole con gli atleti, è interessato al benessere dei suoi atleti e a creare un clima di gruppo positivo. È da notare che non sempre le percezioni degli allenatori riguardanti i loro comportamenti sono simili a quelle percepite dagli atleti. Soprattutto per quanto riguarda le due scale relative allo stile democratico e a quello autocratico è stato evidenziato in due ricerche condotte una in Canada [Horne e Carron 1985] e l'altra in Finlandia [Salminen, Liukkonen e Telama 1990] che gli allenatori si percepivano democratici, laddove i loro atleti li consideravano invece autocratici.

Fra le variabili situazionali che sono state oggetto di ricerca si trovano gli obiettivi dell'organizzazione, il tipo di compito e l'ambiente socioculturale di provenienza. È stato rilevato che le differenze fra gli obiettivi delle squadre che perseguono obiettivi di alto livello o di alta classifica rispetto a quelli delle squadre che perseguono obiettivi di tipo amatoriale determinano un effetto significativo sul tipo di comportamenti che i giocatori si aspettano dai loro allenatori. Gli atleti delle squadre di alto livello, rispetto agli altri, richiedono ai loro allenatori più istruzioni e allenamento, maggior supporto sociale, meno feedback positivi e meno comportamenti democratici.

In relazione al tipo di compito in cui gli atleti sono impegnati sono emerse differenze fra praticanti sport individuali e di squadra [Liukkonen e Salminen 1990]. È stato riscontrato che coloro che praticano sport di squadra richiedono in misura maggiore: allenamento e istruzioni, comportamenti autocratici, supporto sociale e feedback positivi. Terry [1984] ha condotto la prima ricerca di tipo interculturale in questo campo durante le Universiadi del 1983. Il suo campione era composto da atleti canadesi, inglesi e statunitensi e non sono emerse differenze in relazione al tipo di leadership preferita. Questo risultato è con probabilità dovuto alla ragione che questi atleti provengono da culture sportive tra loro molto simili. A conferma che un diverso background culturale e sportivo influenza le preferenze degli atleti, dai confronti fra giovani giapponesi e canadesi sono invece emerse differenze significative [Chelladurai *et al.* 1987; 1988]. Inoltre, queste ultime indagini sono di particolare interesse non solo per questo tipo di risultato, ma anche in quanto evidenziano che lo sport praticato può moderare l'influenza esercitata dalla cultura di provenienza. Nella prima indagine sono stati confrontati studenti di educazione fisica giapponesi e canadesi praticanti sport di squadra e studenti giapponesi praticanti sport tradizionali (judo e kendo). È stato trovato che i giovani impegnati nelle arti marziali preferivano comportamenti maggiormente autocratici rispetto agli altri atleti, giapponesi e canadesi, impegnati in sport moderni come la pallavolo e la pallacanestro. Questi ultimi due gruppi si differenziavano ulteriormente in funzione del fatto che i giocatori giapponesi preferivano comportamenti maggiormente democratici rispetto ai loro coetanei canadesi.

Lo studio successivo ha indagato questa volta su atleti canadesi e giapponesi di livello universitario e non più su studenti di educazione fisica. È emersa la preferenza dei giovani giapponesi per comportamenti di tipo prevalentemente autocratico e il desiderio di ricevere supporto sociale, mentre i canadesi preferivano più allenamento e istruzioni. Inoltre, gli atleti giapponesi consideravano i loro allenatori più autocratici, coerentemente quindi con quanto essi desideravano, mentre i canadesi valutavano i loro allenatori come più democratici, orientati a valorizzare l'allenamento e le istruzioni tecniche e maggiormente rinforzanti.

4.4. Le conseguenze della leadership

Gli autori che hanno indagato sulle conseguenze della leadership hanno studiato il grado di soddisfazione degli atleti, i risultati della prestazione e la compatibilità fra allenatore e atleta. La maggior parte delle ricerche svolte su questo tema ha analizzato il grado di soddisfazione degli atleti. In relazione a questo tipo di conseguenza della leadership è stato riscontrato che gli atleti sono soddisfatti nella misura in cui l'allenatore: *a*) presenta in allenamento comportamenti che sono tesi all'incremento delle abilità e che coordinano in modo efficace l'impegno di tutti i membri; *b*) fornisce feedback positivi allo scopo di riconoscere e premiare le prestazioni positive; *c*) promuove il benessere degli atleti e favorisce l'affermarsi di un clima interpersonale positivo [Horne e Carron 1985; Weiss e Friedrichs 1986]. Questi studi sottolineano la presenza di un buon grado di concordanza fra comportamenti preferiti dagli atleti e comportamenti emessi dall'allenatore, evidenziando che i fattori situazionali intervengono a modificare questo tipo di risultati e a dare maggior peso ad alcune dimensioni rispetto ad altre. È stato, infatti, visto in precedenza che esistono differenze nelle preferenze fra gli atleti di sport di squadra e quelli di sport individuali. Per i giocatori sono più importanti le dimensioni appena riportate, unitamente a una maggiore preferenza per comportamenti di tipo autocratico, mentre invece queste stesse per gli atleti di sport individuali sono meno desiderabili. Dal punto di vista della pratica quotidiana queste differenziazioni, pur se inserite all'interno di un contesto globale comune, sono rilevanti, in quanto evidenziano che un atteggiamento di un allenatore che è efficace all'interno di una squadra di calcio, non lo sarà per forza in una squadra di nuoto.

Le ricerche che hanno esaminato la relazione fra risultato della prestazione e leadership hanno evidenziato che i giocatori delle squadre vincenti, rispetto a quelle con una più elevata percentuale di sconfitte, ritengono che i loro allenatori manifestino in prevalenza comportamenti di tipo autocratico [Horne e Carron 1985; Serpa, Pataco e Santos 1991; Weiss e Friedrichs 1986]. Per quanto riguarda le altre dimensioni della leadership i risultati sono invece contrastanti. Ad esempio, la dimensione del supporto sociale è associata positivamente alla prestazione nella indagine di Horne e Carron, mentre è significativamente meno presente nelle squadre vincenti esaminate da Serpa e colleghi o è correlata negativamente al successo nello studio di Weiss e Friedrichs.

La compatibilità fra allenatore e atleta è stata studiata da Horne e Carron analizzando la discrepanza fra le percezioni degli atleti e la loro preferenza per comportamenti di tipo autocratico e di feedback positivo. Sono emerse come relazioni compatibili quelle in cui gli atleti percepivano che i loro allenatori fornivano feedback con una frequenza uguale o superiore a quella da loro desiderata e mostravano una frequenza minore di comportamenti autocratici, rispetto a quelli indicati nelle loro preferenze iniziali.

Concludendo questa descrizione del modello multidimensionale della leadership di Chelladurai bisogna dire che, pur se ha generato molte ricerche finalmente basate su un preciso costrutto teorico, data l'ampia varietà di situazioni che richiedono comportamenti di leadership ha portato sinora a risultati che sono in qualche modo frammentari e certamente non definitivi. Il merito principale di questo autore è di aver formulato un modello e realizzato un sistema di valutazione che hanno posto in luce la complessità dei processi di leadership in ambito sportivo. In tal modo, ha indicato una strada che in questi ultimi 15 anni ha, comunque, permesso la realizzazione di un certo numero di ricerche inserite all'interno di una stessa cornice teorica e i cui risultati sono tra loro direttamente confrontabili.

5. La valutazione del comportamento dell'allenatore

Un modo per comprendere il rapporto fra allenatore e atleti è quello proposto da Smith e Smoll e colleghi [Smith e Smoll 1990; Smith, Smoll e Curtis 1978; Smith *et al.* 1983]. Questo lavoro nasce dalla constatazione che la maggior parte degli allenatori, pur se sono positivamente motivati a svolgere la loro attività, manifestano limiti dovuti alla mancanza d'informazioni e di consapevolezza riguardanti le modalità che consentono di entrare in relazione con i giovani in modo efficace [Smith, Smoll e Curtis 1978]. Allo scopo di colmare questa lacuna gli autori hanno formulato un sistema per codificare e classificare i comportamenti che gli allenatori manifestano sia in allenamento sia in gara. In tal modo è stato possibile conoscere quali sono i comportamenti più frequenti e verificare il loro impatto sugli atleti. Sulla base di ripetute indagini che hanno misurato il comportamento degli allenatori, la percezione e la valutazione degli atleti di questi comportamenti e la percezione degli allenatori degli atteggiamenti dei loro atleti, è stato possibile formulare programmi di formazione per i tecnici, che hanno avuto lo scopo di ottimizzare la loro relazione con i giovani. Qui di seguito verrà, pertanto, presentato il modello proposto da questi autori per l'analisi del comportamento dell'allenatore, i principali risultati delle ricerche condotte con questo sistema e gli effetti dei programmi di formazione elaborati per migliorare la relazione allenatore-atleta.

5.1. Le variabili del modello

Il contributo più rilevante fornito da questo modello consiste nell'aver identificato delle categorie comportamentali che consentono di osservare e classificare direttamente ogni azione dell'allenatore. Questo metodo è stato sviluppato servendosi di un'estesa osservazione del comportamento degli allenatori in alcuni sport di squadra, quali il calcio, il baseball e la pallacanestro. Tale sistema, denominato *Coaching Behavior Assessment System* (CBAS), identifica 12 categorie comportamentali suddivise in due sottoclassi: comportamenti reattivi e comportamenti spontanei. Servendosi del CBAS un osservatore è in grado d'individuare i tipi di comportamenti emessi dal tecnico e la loro frequenza. I comportamenti reattivi si riferiscono a risposte relative a qualcosa che l'atleta ha fatto, mentre i comportamenti spontanei dell'allenatore non sono in relazione a comportamenti precedenti degli atleti [Smith, Smoll e Hunt 1976].

I comportamenti reattivi sono ulteriormente divisi in tre categorie:

1. reazioni a prestazioni corrette e positive degli atleti. In queste situazioni l'atleta può essere rinforzato positivamente in maniera verbale o nonverbale oppure l'allenatore può ignorare del tutto la prestazione e non fornire alcun tipo di rinforzo;

2. reazioni a errori. In queste situazioni l'allenatore può: incoraggiare l'atleta, fornire un'istruzione tecnica atta a correggere l'errore, dare una punizione, fornire nello stesso tempo sia un'istruzione tecnica che una punizione oppure ignorare l'errore;

3. reazioni a comportamenti di distrazione o di non rispetto delle regole. In queste situazioni l'allenatore manifesta comportamenti che tendono a ristabilire l'attenzione e l'ordine nel gruppo.

I comportamenti spontanei sono stati suddivisi in due categorie: correlati al gioco e non correlati al gioco. Quando un allenatore presenta comportamenti spontanei correlati al gioco, questi possono essere d'istruzione tecnica generale, d'incoraggiamento generale o di organizzazione. I comportamenti non correlati al gioco si riferiscono invece a comunicazioni di tipo generale riguardanti, ad esempio, la vita sociale della squadra o i programmi di viaggio.

Smith, Smoll e Curtis [1978] si sono serviti del CBAS per studiare il comportamento di 51 allenatori della lega giovanile di baseball, classificando una media di 1.122 comportamenti per ogni allenatore. La maggior parte di questi comportamenti sono caduti in tre categorie: rinforzi positivi (17,1%), istruzioni tecniche generali (27,3%) e incoraggiamento generale (21,4%). La frequenza dei comportamenti punitivi era molto scarsa (punizione=1,8%, istruzione tecnica e punizione=1,0%). Da notare però che anche se la percentuale assoluta di punizioni o istruzioni tecniche punitive era molto ridotta rispetto al numero totale di comportamenti dell'allenatore, in realtà queste reazioni si manifestavano dopo un errore degli atleti in circa il 20% dei casi. Un altro aspetto rilevato da questa ricerca iniziale è che gli allenatori erano poco consapevoli dei comportamenti da loro emessi. Infatti, è stato evidenziato che non vi era alcuna relazione fra i comportamenti realmente emessi e quelli che gli stessi pensavano di avere con i propri giocatori, fatta eccezione per la categoria che si riferisce alle punizioni. Nella stessa indagine sono stati intervistati anche 542 giovani ed è emerso che i giocatori, i cui allenatori fornivano con maggior frequenza istruzioni tecniche, rinforzi e incoraggiamenti, valutavano più positivamente i loro compagni di squadra e il gioco del baseball. Inoltre, i giocatori preferivano gli allenatori che con maggior frequenza manifestavano questi comportamenti: rinforzo, incoraggiamento dopo un errore, incoraggiamento generale, istruzione tecnica dopo un errore, organizzazione e mantenimento della disciplina. Al contrario, gli allenatori meno preferiti erano coloro che fornivano con maggior frequenza: punizioni e istruzioni tecniche fornite in maniera punitiva dopo un errore. In sintesi, questi risultati sottolineano che i giovani desiderano imparare e migliorare le loro competenze sportive, come è stato evidenziato dalle ricerche sulla motivazione, ma ciò deve avvenire in un ambiente che sia regolato da norme precise, che li sostenga psicologicamente e che non sia punitivo.

In uno studio successivo è stata analizzata, al termine della stagione agonistica, l'influenza del comportamento dell'allenatore sulle percezioni dei giocatori riguardanti: la propria autostima individuale, la solidarietà all'interno della squadra, il piacere di praticare il proprio sport e la loro valutazione dell'allenatore [Smith *et al.* 1983]. Le ultime due variabili sono emerse come maggiormente influenzate dal comportamento dell'allenatore. In particolare, l'istruzione tecnica generale è emersa come la categoria comportamentale che più ha influenzato le valutazioni dei giocatori al termine della stagione, mentre tutte le altre non sono apparse come significativamente correlate.

5.2. Comportamento dell'allenatore e autostima dei giocatori

Gli autori di questo modello hanno evidenziato che il livello di autostima dei giocatori influenza le loro risposte agli atteggiamenti degli allenatori. In particolare, i bambini con bassi livelli di autostima rispondono in maniera maggiormente positiva a una relazione allenatore-atleta basata sul sostegno psicologico e che fornisce istruzioni tecniche. Al contrario, rispondono in modo negativo a rapporti fondati su scarse istruzioni tecniche e di ridotto sostegno psicologico. I comportamenti degli allenatori hanno invece un impatto meno rilevante sui bambini con livelli elevati di autostima personale. Smith e Smoll [1990] notano che i bambini con livelli bassi di autostima hanno maggiormente bisogno di autorealizzarsi e, pertanto, provano molta attrazione per tutti coloro, in questo caso l'allenatore, che non solo li sostengono psicologicamente, ma che tendono a soddisfare questa loro esigenza di acquisizione di competenza. Viceversa, i giovani con livelli elevati di autostima sono meno influenzati dalle variazioni nel grado di sostegno e d'istruzione dell'allenatore. A conferma della possibilità d'incrementare i livelli di stima di sé tramite i comportamenti degli allenatori è stato evidenziato che, al termine della stagione, i bambini i cui allenatori erano orientati a migliorare l'efficacia della loro relazione mostravano un aumento significativo della loro autostima rispetto all'anno precedente. Questo incremento non è stato invece rilevato nei bambini di allenatori che non mostravano questo atteggiamento [Smith, Smoll e Curtis 1978].

Un tipo di studio analogo a quello realizzato da questi autori è stato condotto nello stesso periodo da Rejeski, Darracott e Hutslar [1979], i quali hanno indagato sull'effetto Pigmalione nello sport e cioè se gli allenatori variano i loro comportamenti in accordo alla loro percezione del livello di abilità dei bambini. A tale proposito hanno studiato 19 allenatori di squadre di pallacanestro di giovani compresi fra 8 e 15 anni, osservando tramite il CBAS i primi due tempi di una partita e un allenamento nelle ultime tre settimane della stagione sportiva. Infine, agli allenatori è stato chiesto di classificare i giocatori in funzione del loro livello di abilità. I tre migliori e i tre peggiori giocatori di ogni squadra hanno costituito il gruppo di confronto. Dai risultati è emerso che i giocatori valutati come poco competenti, rispetto a quelli dell'altro gruppo avevano ricevuto più istruzioni tecniche generali e avevano vissuto poche situazioni in cui non erano stati rinforzati. Questa ricerca evidenzia che gli allenatori non isolano o ignorano i giocatori che considerano meno competenti e, anzi, forniscono a loro un maggior numero di istruzioni tecniche. Pertanto, se da un lato è vero che gli allenatori modificano i loro comportamenti in funzione del livello di abilità dei loro giocatori, questo cambiamento sembra essere di segno positivo, rivolto cioè a fornire loro maggiori opportunità per migliorarsi. Purtroppo anche le rassegne più recenti sul CBAS [Chelladurai 1993] non riportano altre ricerche che hanno indagato su questo particolare aspetto, che invece è di particolare rilevanza per il coinvolgimento di un giovane, in quanto le aspettative del tecnico possono favorire oppure ostacolare la partecipazione sportiva. Questa assenza di ricerche è probabilmente anche dovuta alla complessità di questo tipo d'indagini, che richiedono l'addestramento preventivo per un tempo complessivo piuttosto lungo di un piccolo numero di rilevatori, che dovranno in seguito videoregistrare allenamenti e/o partite e, quindi, solo a quel punto potranno osservare e classificare i comportamenti degli allenatori.

Infine, un ultimo aspetto che è stato studiato, anche se sempre in misura limitata, riguarda il comportamento dell'allenatore durante le partite. Horn [1985] ha riscontrato differenze fra situazioni di gara e situazioni di allenamento. In particolare ha trovato che i comportamenti erano qualitativamente differenti nelle due situazioni. In quelle di gara, rispetto alle situazioni di allenamento, l'allenatore forniva più incoraggiamenti e ignorava meno frequentemente le prestazioni positive delle giocatrici. Viceversa, in allenamento i comportamenti del tecnico erano maggiormente orientati a influenzare la percezione di competenza fisica e cognitiva delle giocatrici e le loro aspettative di successo.

In gara il comportamento dell'allenatore sembra essere influenzato non solo dalle azioni positive o negative dei giocatori, ma anche dal risultato della partita [Mantovani 1995]. Dall'osservazione del comportamento di sei allenatori di baseball durante la fase nazionale dei Giochi della gioventù sono emerse differenze che sembrano confermare questo tipo d'ipotesi. Globalmente è emerso che i comportamenti più frequenti sono stati quelli d'istruzione tecnica generale e d'incoraggiamento generale. Nello specifico è stato rilevato che, in seguito a un'azione positiva, l'allenatore della squadra in vantaggio forniva ai giocatori un rinforzo nel 98% dei casi e solo nel 50% dei casi se la squadra si trovava in svantaggio. In seguito a un'azione negativa i comportamenti dell'allenatore della squadra in vantaggio erano i seguenti: istruzione tecnica (45% dei casi), incoraggiamento (29%), disapprovazione e istruzione (21%), disapprovazione (4%) e indifferenza all'errore (1%). Nella stessa situazione l'allenatore della squadra che si trovava in svantaggio manifestava i seguenti comportamenti: disapprovazione (31%), istruzione tecnica (26%), disapprovazione e istruzione (23%), indifferenza all'errore (17%) e incoraggiamento (3%). Pur nel loro valore preliminare, da questi dati si evince che il risultato della partita influenza il comportamento di risposta dell'allenatore alle singole azioni della squadra. In particolare, le istruzioni tecniche e l'incoraggiamento prevalgono dopo un'azione negativa se la squadra sta vincendo, mentre sono più frequenti comportamenti di disapprovazione e di istruzione tecnica se la squadra sta perdendo. È da notare anche che le azioni positive determinano quasi sempre un comportamento d'incoraggiamento se la squadra è in vantaggio, mentre ciò avviene meno di frequente se la squadra è in svantaggio.

5.3. Come migliorare la relazione allenatore-giocatore

Lo scopo del lavoro di Smith, Smoll e colleghi è stato di formare gli allenatori che si occupano dell'attività giovanile a essere più consapevoli del proprio modo di agire e a migliorare i loro comportamenti. Il successo del lavoro di questi ricercatori risiede proprio nell'aver individuato e attuato un sistema di formazione che ha prodotto risultati estremamente efficaci. I più significativi sono stati i seguenti.

- Gli allenatori, che sono stati allenati a enfatizzare comportamenti maggiormente positivi, sono stati percepiti dai loro atleti come più incoraggianti, più rinforzanti e orientati a fornire con maggior frequenza istruzioni tecniche. Inoltre, erano valutati come migliori conoscitori e migliori insegnanti delle abilità specifiche del loro sport.
- Gli allenatori che non avevano seguito questo programma di formazione erano percepiti come più punitivi e indifferenti alle prestazioni positive.
- Gli atleti i cui allenatori erano stati formati con questo sistema erano maggiormente soddisfatti del loro allenatore ed esprimevano un più forte desiderio di continuare a giocare per lo stesso tecnico.
- Gli atleti degli allenatori formati con questo sistema mostravano un maggiore senso di appartenenza al gruppo.
- I giocatori di questi allenatori mostravano durante la stagione sportiva un incremento del loro senso di autostima.

Il programma di formazione ideato dagli autori è stato basato su due assunti principali. Il primo si riferisce alla concezione di successo inteso come massimo impegno attuabile e il secondo su un approccio positivo ai rapporti sociali, che predilige l'incoraggiamento e i rinforzi alle punizioni e alle critiche distruttive. Questa impostazione contrasta con l'idea che, invece, identifica il successo con la vittoria e l'insuccesso con la sconfitta e che ha trovato riscontro anche nello sport giovanile, con la conseguenza di deprivare i giovani della possibilità di sviluppare il loro potenziale sportivo e umano. Infatti, il porre un'eccessiva enfasi sulla vittoria/sconfitta è certamente un modo per stimolare la paura verso la competizione. Al contrario, una cultura sportiva che ponga al primo posto l'impegno ottiene il risultato opposto. Inoltre, ai giovani deve essere insegnato a correre dei rischi calcolati e ad assumersi delle responsabilità, ma questo, che implica la possibilità di commettere un numero maggiore di errori, verrà fatto solo se si sentiranno incoraggiati dagli allenatori e non certo se questi li rinforzeranno solo per le cose giuste che fanno e non per l'impegno che dimostrano.

Inoltre, solo un approccio positivo, basato sull'incoraggiare questi comportamenti, e non uno negativo, fondato sul rimprovero e sulla paura di sbagliare, stimola quello che si chiama «il piacere tratto dall'azione» e il bisogno di eccitamento connesso allo sport, che sono fra gli aspetti motivazionali più distintivi di chi sceglie di praticare una disciplina. Pertanto, gli autori sostengono la necessità: di un uso frequente dei rinforzi per incoraggiare l'impegno e le prestazioni, di fornire incoraggiamenti dopo un errore e di fornire le istruzioni tecniche in modo positivo e supportivo. Nello specifico, quando le istruzioni tecniche seguono un errore, per prima cosa viene suggerito di riconoscere qualcosa di positivo fatto dal giocatore e, in seguito, di dare le correzioni focalizzandosi sulle cose positive che ne conseguiranno se le istruzioni saranno seguite, piuttosto che soffermarsi sulle conseguenze negative dell'errore.

Infine, data la scarsa consapevolezza che è emersa da parte degli allenatori in relazione alla percezione dei loro comportamenti e alla frequenza con cui questi si presentano, sono state proposte due modalità comportamentali che dovrebbero migliorarla. Per ottenere un feedback comportamentale gli allenatori possono lavorare insieme ai loro collaboratori o ad altri colleghi per scambiarsi opinioni sui rispettivi modi di agire. Essi possono discutere insieme, ad esempio, su come affrontare difficoltà connesse a eventuali problemi di apprendimento e al mantenimento della disciplina e su come valorizzare le proprie capacità interpersonali. L'automonitoraggio può essere un sistema utile per l'allenatore per riflettere sui propri comportamenti e sulle proprie azioni. Smoll e Smith hanno formulato un breve questionario per guidare gli allenatori in questo tipo di attività. I punti su cui si deve soffermare sono i seguenti: quanto spesso rispondi alle prestazioni positive con un rinforzo? Quanto spesso rispondi agli errori solo con un incoraggiamento oppure con una istruzione correttiva fornita in modo incoraggiante? Quante volte hai rinforzato l'impegno, lo spirito di squadra o altra abilità interpersonale? Quanto è stato positivo questo allenamento o partita per i tuoi ragazzi? Quanto è stata per te positiva questa partita o allenamento ? Avresti fatto qualcosa di diverso durante questo allenamento o partita? La riflessione su questi punti può consentire ai tecnici d'incrementare l'efficacia della loro azione, purché essi abbiano la volontà di migliorare le loro capacità in modo graduale e nel tempo e non ritengano che il semplice pensarci di una volta possa modificare i loro atteggiamenti. In altri termini, ciò che si propone agli allenatori è di riflettere in modo sistematico su questi aspetti del loro lavoro, con l'obiettivo di migliorare le loro abilità di comunicatori.

6. Gli stili decisionali

Prendere una decisione è una componente rilevante della leadership e consiste nel processo di selezionare un'alternativa fra più opportunità, allo scopo di raggiungere l'obiettivo desiderato. I processi decisionali comprendono sia aspetti cognitivi sia aspetti sociali. I primi si riferiscono alla: *a*) chiara definizione del problema; *b*) identificazione delle opportunità e dei limiti; *c*) scelta di criteri per selezionare un corretto corso delle azioni; *d*) possibilità di generare molte alternative per risolvere un problema o raggiungere una meta; *e*) comparazione fra queste alternative e i criteri identificati in precedenza; *f*) selezione delle alternative che meglio soddisfano i criteri. I processi sociali si riferiscono, invece, alle opportunità offerte dall'allenatore ai suoi atleti di partecipare a questi processi decisionali. Dato che sono i membri del gruppo a dover eseguire e realizzare le decisioni dell'allenatore, la capacità del leader di far comprendere le ragioni di queste scelte e la sua abilità di coinvolgere i membri nel processo decisionale sono elementi decisivi per la buona riuscita di un progetto.

La discussione sugli stili decisionali pone numerose questioni, prima fra tutte quella relativa a quando adottare uno stile partecipativo, che richiede quindi il consenso del gruppo, e quando al contrario servirsi di uno stile autocratico, che attribuisce invece solo al leader la responsabilità di prendere delle decisioni. Inoltre, quali sono le decisioni che possono essere discusse con i membri? Solo quelle più importanti o anche quelle che si presentano nella vita quotidiana di un gruppo sportivo?

Nei prossimi paragrafi verranno affrontati gli aspetti sociali connessi ai processi decisionali e verrà evidenziato che è il contenuto dei problemi e il contesto nel quale si presentano che determinano la scelta dello stile decisionale da adottare.

6.1. Un modello di stile decisionale per lo sport

Chelladurai e Haggerty [1978] hanno proposto un modello di stili decisionali per lo sport che deriva in larga parte dai lavori pubblicati negli anni '70 da Vroom e colleghi [Vroom e Jago 1978], i quali avevano identificato cinque stili decisionali che variavano in funzione del grado di partecipazione dei membri del gruppo. Questi sono i seguenti:

- *stile autocratico I*: il leader prende personalmente le decisioni basandosi sulle informazioni ottenibili;
- *stile autocratico II*: il leader ottiene le informazioni necessarie dai membri e decide da solo;
- *stile consultivo I*: il leader condivide i problemi con i membri più influenti del gruppo consultandoli individualmente, tiene in considerazione le loro idee e prende da solo le decisioni;
- *stile consultivo II*: il leader condivide i problemi con tutti i membri riuniti, tiene in considerazione le loro idee e prende da solo le decisioni;
- *stile di gruppo*: il leader condivide i problemi con il gruppo, lascia che questo generi ed esamini delle soluzioni alternative e, in seguito, giunge a una soluzione consensuale. Il ruolo del leader in questa situazione è di coordinatore.

Fra questi differenti stili decisionali l'ultima che è stata descritta è l'unica procedura realmente democratica, in cui i membri partecipano in prima persona alla presa di decisione, anche se il grado di partecipazione del gruppo aumenta mano a mano che si passa dallo stile autocratico I a quello consultivo II.

In accordo con questo modello, la scelta dello stile decisionale da adottare dipende da come si caratterizza il problema. Sulla scorta di quanto suggerito da Chelladurai e Haggerty come valido per lo sport, vengono presentati gli elementi che formano gli attributi del problema.

- *Pressione del tempo.* Si riferisce al tempo a disposizione per adottare un atteggiamento che preveda il coinvolgimento dei membri. L'eventuale mancanza di tempo preclude la scelta di questo tipo di stile decisionale.
- *Qualità della richiesta.* In alcuni casi l'allenatore deve assolutamente assicurare la scelta migliore (la selezione del playmaker della sua squadra), in altri casi può essere soddisfatto di uno fra diversi candidati accettabili.

• *Informazioni dell'allenatore.* La scelta di uno stile decisionale è influenzata da quanta informazione possiede il tecnico in relazione a quella posseduta dai giocatori. L'allenatore potrebbe orientarsi verso uno stile autocratico se è in possesso della maggior parte delle conoscenze. Se, invece, la maggior parte delle conoscenze è nelle mani dei giocatori o di alcuni di essi potrebbe orientarsi verso uno stile più democratico.

• *Complessità del problema.* Alcuni problemi sono particolarmente complessi e articolati, in queste situazioni l'allenatore da solo, e non la squadra nel suo insieme, dovrebbe essere in grado di risolvere il problema.

• *Richiesta di accettazione.* In alcune situazioni è necessario assicurarsi il consenso del gruppo. Conseguentemente, maggiore è questo tipo di necessità, più rilevante diventa la partecipazione dei membri alle scelte.

• *Potere dell'allenatore.* Se l'allenatore ha il potere di influenzare i giocatori, questi a loro volta accetteranno probabilmente le sue decisioni. Pertanto, il bisogno di partecipazione del gruppo dovrebbe essere inferiore.

• *Integrazione della squadra.* Una buona integrazione interpersonale fra i membri del gruppo e la relativa omogeneità della squadra per quanto riguarda il livello di abilità e gli obiettivi richiederebbero all'allenatore uno stile maggiormente partecipativo. In squadre poco coese o con forti dissensi interni questo stesso approccio determinerebbe, invece, un ulteriore abbassamento della solidarietà e decisioni poco efficaci. In questo contesto sarebbe da auspicare l'adozione di uno stile genuinamente autocratico.

6.2. Le ricerche sugli stili decisionali

Le indagini che in ambito industriale hanno adottato il modello di Vroom e Yetton [1976] hanno dimostrato che le variabili situazionali, rispetto a quelle relative alla personalità, influenzano in maniera significativamente molto maggiore la scelta di un dirigente di adottare uno specifico stile decisionale. Nello sport questi studi hanno adottato la strategia di descrivere situazioni problematiche in forma di casi e di richiedere ai partecipanti di scegliere uno fra i diversi stili decisionali proposti. Non in tutte le indagini sono stati sempre presentati tutti gli attributi del problema, quelli da inserire erano stati precedentemente selezionati dai ricercatori. È emerso in modo molto netto, anche nello sport, che sono le caratteristiche delle situazioni a influenzare la scelta dello stile decisionale da adottare. In relazione alle caratteristiche psicologiche degli atleti, il dato più interessante che è stato trovato sottolinea che coloro in cui domina il bisogno di affiliazione preferiscono uno stile decisionale partecipativo, mentre fra coloro che sono motivati al successo, all'autonomia e alla dominanza prevale la scelta dello stile autocratico. Inoltre, gli allenatori delle squadre di successo tendono a essere più autocratici rispetto a quelli delle squadre perdenti e gli allenatori di squadre di scuola superiore utilizzano uno stile più partecipativo rispetto ai colleghi che allenano squadre universitarie.

A titolo esemplificativo di questo tipo d'indagini vengono riportate due ricerche i cui risultati sono in larga parte confermati dagli studi successivi. Gordon [1986] è stato l'unico ricercatore che sinora ha utilizzato questo modello di stile decisionale nella sua interezza. Ha presentato 14 casi a 18 allenatori e a 161 giocatori universitari canadesi di calcio. Gli stili presentati a tutti i soggetti sono stati quello autocratico (il leader decide da solo), partecipativo (il leader e il gruppo decidono insieme), delegante (il leader delega la decisione a uno più membri del gruppo) e consultivo (il leader decide da solo dopo aver consultato uno o più membri del gruppo). Agli allenatori è stato chiesto di indicare lo stile che avrebbero scelto in ognuna delle situazioni presentate e la loro percezione di quali scelte avrebbero compiuto altri allenatori. Ai giocatori è stato chiesto di analizzare le stesse situazioni e d'indicare la loro preferenza individuale e quale sarebbe stata la scelta operata dal loro allenatore. In un'altra ricerca, Chelladurai e Arnott [1985] hanno utilizzato la stessa metodologia e hanno chiesto a 144 giocatori e giocatrici di pallacanestro di livello universitario di indicare lo stile decisionale che avrebbero voluto che fosse adottato dai loro allenatori.

Lo stile autocratico emerge come quello più scelto sia dagli allenatori sia dai giocatori. Inoltre, la maggior parte dei giocatori e delle giocatrici ha rifiutato di servirsi dello stile decisionale delegante, e cioè di quello che attribuiva in massima parte a loro stessi la responsabilità delle decisioni. Le giocatrici hanno auspicato che i loro allenatori si servissero in prevalenza dello stile partecipativo, che prevede la consultazione del gruppo, ma lascia la scelta finale al tecnico.

La scelta decisionale è stata determinata in larga misura dalle caratteristiche delle situazioni, ma non tutte queste caratteristiche hanno la stessa importanza. Infatti, fra i sette attributi delle situazioni solo alcuni hanno influenzato in modo rilevante i processi decisionali e sono: la quantità di informazione posseduta dall'allenatore e l'interazione fra il grado di complessità del compito e il livello di qualità richiesto. I giocatori, maschi e femmine, preferivano lo stile autocratico in presenza di un'elevata o scarsa complessità del compito e quando era richiesto un livello elevato o scarso di qualità. Richiedevano un maggior grado di partecipazione solo se uno di questi due aspetti era presente. In altre parole gli atleti sembrerebbero non voler essere coinvolti nelle scelte quando i problemi o le situazioni sono complicate oppure sono troppo banali. A conferma di questi risultati in una indagine successiva [Chelladurai, Haggerty e Baxter 1989] è stato ancora una volta evidenziato che lo stile autocratico è preferito in situazioni in cui l'allenatore possiede l'informazione necessaria ad affrontare il problema oppure quando la situazione è complessa e la qualità richiesta è elevata. Lo stile partecipativo viene, invece, preferito quando è richiesta l'accettazione delle scelte da parte del gruppo mentre, al contrario, è il meno scelto quando la qualità richiesta è elevata e il livello d'integrazione della squadra è scarso.

Giocatori e allenatori appaiono quindi convinti che lo stile autocratico, in cui il leader decide da solo, sia prevalentemente da preferire, soprattutto quando le decisioni da prendere sono complesse e devono produrre effetti qualitativamente rilevanti. Ciò non vuol dire comunque che l'allenatore non debba saper servirsi, anche, di altri stili decisionali in situazioni che lo richiedano. Resta il dato che lo stile delegante, che attribuisce la maggiore responsabilità decisionale ai giocatori, viene scelto solo da una ristretta minoranza. Viene così confermato che lo stile autocratico può svolgere una funzione particolarmente positiva, in special modo se è orientato a migliorare le prestazioni e il benessere della squadra.

Riferimenti bibliografici

Riferimenti bibliografici

Abernethy, B.
1993 *Attention*, in R.N. Singer, M. Murphey e L.K. Tennant (a cura di), *Handbook of Research on Sport Psychology*, New York, Macmillan.

Abernethy, B. e Russell, D.G.
1987a *Expert-Novice Differences in an Applied Selective Attention Task*, in «Journal of Sport Psychology», 9, pp. 326-345.
1987b *The Relationship between Expertise and Visual Search Strategy in a Racquet Sport*, in «Human Movement Science», 6, pp. 283-319.

Ahsen, A.
1984 *ISM: The Triple Code Model for Imagery and Psychophysiology*, in «Journal of Mental Imagery», 8, pp. 15-42.

Ainscoe, M. e Hardy, L.
1987 *Cognitive Warm-up in a Cyclical Gymnastics Skill*, in «International Journal of Sport Psychology», 18, pp. 269-275.

Albrecht, R.R. e Feltz, D.L.
1987 *Generality and Specificity of Attention Related to Competitive Anxiety and Sport Performance*, in «Journal of Sport Psychology», 9, pp. 231-248.

Alderman, R.B.
1974 *Psychological Behavior in Sport*, Philadelphia, Pa., Saunders Co.

Alderman, R.B. e Wood, N.L.
1976 *An Analysis of Incentive Motivation in Young Canadian Athletes*, in «Canadian Journal of Applied Sport Sciences», 1, pp. 169-176.

Allard, F. e Burnett, N.
1985 *Skill in Sport*, in «Canadian Journal of Psychology», 39, pp. 294-312.

Allport, D.A., Antonis, B. e Reynolds, P.
1972 *On the Division of Attention: A Disproof of the Single Channel Hypothesis*, in «Quarterly Journal of Experimental Psychology», 24, pp. 255-265.

Ames, C.
1984 *Conceptions of Motivation within Competitive and Non-competitive Goal Structures: A Cognitive-motivational Analysis*, in R. Ames e C. Ames (a cura di), *Research on Motivation in Education. Vol. 1: Student Motivation*, New York, Academic Press.
Anshel, M.H. e Wrisberg, C.A.
1988 *The Effect of Arousal and Focused Attention on Warm-up Decrement*, in «Journal of Sport Behaviour», 11, pp. 18-31.
1993 *Reducing Warm-up Decrement in the Performance of the Tennis Serve*, in «Journal of Sport and Exercise Psychology», 11, pp. 18-31.
Antonelli, F. e Salvini, A.
1978 *Psicologia dello sport*, Roma, Lombardo Editore.
Apter, M.J.
1982 *The Experience of Motivation: The Theory of Psychological Reversals*, London, Academic Press.
1984 *Reversal Theory and Personality: A Review*, in «Journal of Research in Personality», 18, pp. 265-288.
Ary, D.V., Toobert, D., Wilson, W. e Glascow, R.E.
1985 *Patient Perspective on Factors Contributing to Nonadherence to Diabetes Regimen*, in «Diabetes Care», 9, pp. 168-172.

Bagnara, S.
1984 *L'attenzione*, Bologna, Il Mulino.
Bandura, A.
1977 *Self-efficacy: Toward a Unifying Theory of Behavior Change*, in «Psychological Review», 84, pp. 191-215.
1986 *Social Foundations of Thought and Action: A Social-cognitive View*, Englewood Cliffs, N.J., Prentice Hall.
Bandura, A. e Cervone, D.
1983 *Self-Evaluative and Self-efficacy Mechanisms Governing the Motivational Effects of Goals Systems*, in «Journal of Personality and Social Psychology», 45, pp. 1017-1028.
Bartlett, F.C.
1958 *Thinking: An Experimental and Social Study*, London, University Books.
Bass, B.M.
1980 *Team Productivity and Individual Member Competence*, in «Small Group Behavior», 11, pp. 431-504.
Beccarini, C., Cei, A. e Manili, U.
1995 *Evolution of Mood State Pattern in the Italian National Rugby Team During a Tournée*, in R. Vanfraechem-Raway e Y. Vanden Auweele (a cura di), *Atti del IX congresso europeo di Psicologia dello sport*, Bruxelles.

Bennett, B.K. e Stothart, C.M.
1978 *The Effects of a Relaxation-based Cognitive Technique on Sports Performances*, relazione presentata al congresso della Canadian Society for Motor Learning and Sport Psychology, Toronto.
Benson, H.
1975 *The Relaxation Response*, New York, Morrow.
Bergerone, C., Cei, A., Ceridono, D. e Formica, F.
1987 *Aspetti psicologici dell'attività motoria*, in C. Pittera, G. Scancarello e P. Minocchi (a cura di), *L'alfabeto del movimento*, Catania, Tringale Editore, vol. 1.
Bertelson, P.
1967 *The Time Course of Preparation*, in «Quarterly Journal of Experimental Psychology», 19, pp. 272-279.
Biddle, S.
1993 *Attribution Research and Sport Psychology*, in R.N. Singer, M. Murphey e L.K. Tennant (a cura di), *Handbook of Research on Sport Psychology*, New York, Macmillan.
Birch, D. e Veroff, J.
1966 *Motivation: A Study of Action*, Belmont, Calif., Brooks/Cole.
Bird, E.I.
1984 *EMG Quantification of Mental Practice*, in «Perceptual and Motor Skills», 59, pp. 899-906.
Bond, J.W. e Nideffer, R.M.
1989 *Attentional and Interpersonal Characteristics of Australian Athletes*, in R.M. Nideffer (a cura di), *Psychological Assessment in Sport*, San Diego, Calif., Enhanced Performance Systems.
1992 *Attentional and Interpersonal Characteristics of Elite Australian Athletes*, in «Excel», 8, pp. 101-110.
Bond, J. e Sargent, G.
1995 *Concentration Skills in Sport: An Applied Perspective*, in T. Morris e J. Summers (a cura di), *Sport Psychology*, New York, Wiley.
Bootsma, R.J., Houbiers, M., Whiting, H.T.A. e van Wieringen, P.C.W.
1991 *Acquiring and Attacking Forehand Drive: The Effects of Static and Dynamic Environmental Conditions*, in «Research Quarterly for Exercise and Sport», 62, pp. 276-284.
Bootsma, R.J. e van Wieringen, P.C.W.
1990 *Timing and Attacking Forehand Drive in Table Tennis*, in «Journal of Experimental Psychology: Human Perception and Performance», 16, pp. 21-29.
Botterill, C.
1980 *Psychology of Coaching*, in R. Suinn (a cura di), *Psychology in Sports: Methods and Applications*, Minneapolis, Minn., Burgess.

Boutcher, S.H.
1990 *The Role of Performance Routines in Sport*, in J.G. Jones e L. Hardy (a cura di), *Stress and Performance in Sport*, Chichester, Wiley.
Boutcher, S.H. e Crews, D.J.
1987 *A Psychological Skills Education Programme for Closed-skill*, in «International Journal of Sport Psychology», 18, pp. 30-39.
Boutcher, S.H. e Rotella, R.J.
1987 *A Psychological Skills Education Programme for Closed-skill Performance Enhancement*, in «The Sport Psychologist», 1, pp. 127-137.
Boutcher, S.H. e Zinsser, N.W.
1990 *Cardiac Deceleration of Elite and Beginning Golfers During Putting*, in «Journal of Sport and Exercise Psychology», 12, pp. 37-47.
Boyd, M.P.
1990 *The Effects of Participation Orientation and Success-Failure on Post-competitive Affect in Young Athletes*, doctoral dissertation, Los Angeles, University of South California.
Brawley, L.R., Carron, A.V. e Widmeyer, W.N.
1988 *Exploring the Relationship between Cohesion and Group Resistance to Disruption*, in «Journal of Sport and Exercise Psychology», 9, pp. 199-213.
Brewer, B.W., Van Raalte, J.L., Linder, D.E. e Van Raalte, N.S.
1992 *Peak Performance and the Perils of Retrospective Introspection*, in «Journal of Sport and Exercise Psychology», 8, pp. 227-238.
Brody, E.B., Hatfield, B.D. e Spalding, T.W.
1988 *Generalization of Self Efficacy to a Continuum of Stressors upon Mastery of a High-risk Sport*, in «Journal of Sport and Exercise Psychology», 10, pp. 195-210.
Brustad, R.J.
1988 *Affective Outcomes in Competitive Youth Sport: The Influence of Intrapersonal and Socialization Factors*, in «Journal of Sport and Exercise Psychology», 10, pp. 307-321.
Brustad, R.J. e Weiss, M.R.
1987 *Competence Perceptions and Sources of Worry in High, Medium, and Low Competitive Trait-Anxious Young Athletes*, in «Journal of Sport Psychology», 9, pp. 97-105.
Buonamano, R., Cei, A. e Mussino, A.
1993 *La motivazione alla pratica sportiva nei giovani*, Roma, Scuola dello Sport.
1995 *Participation Motivation in Italian Youth Sport*, in «The Sport Psychologist», 9, pp. 265-281.
Burgoon, M., Heston, J.K. e McCroskey, J.
1974 *Small Group Communication: A Functional Approach*, New York, Holt, Rinehart and Winston.

Burton, D.
1989 *Winning isn't Everything: Examining the Impact of Performance Goals on Collegiate Swimmers' Cognitions and Performance*, in «The Sport Psychologist», 2, pp. 105-132.
1992 *The Jekill/Hyde Nature of Goals: Reconceptualizing Goal Setting in Sport*, in T. Horn (a cura di), *Advances in Sport Psychology*, Champaign, Ill., Human Kinetics.
1993 *Goal Setting in Sport*, in R.N. Singer, M. Murphey e L.K. Tennant (a cura di), *Handbook of Research on Sport Psychology*, New York, Macmillan.

Carron, A.V.
1984 *Motivation: Implications for Coaching and Teaching*, London Ontario, Spodym.
1988 *Group Dynamics in Sport*, London Ontario, Spodym.
1990 *Group Size in Sport and Physical Activity: Social Psychological and Performance Consequences*, in «International Journal of Sport Psychology», 21, pp. 286-304.

Carron, A.V., Ball, J.R. e Chelladurai, P.
1977 *Motivation for Participation, Success in Performance and their Relationship to Individual and Group Satisfaction*, in «Perceptual and Motor Skills», 45, pp. 835-841.

Carron, A.V., Brawley, L.R. e Widmeyer, W.N.
1990 *The Impact of Group Size in an Exercise Setting*, in «Journal of Sport and Exercise Psychology», 12, pp. 376-387.

Carron, A.V. e Chelladurai, P.
1981 *The Dynamics of Group Cohesion in Sport*, in «Journal of Sport Psychology», 3, pp. 123-139.

Carron, A.V., Widmeyer, W.N. e Brawley, L.R.
1988 *Group Cohesion and Individual Adherence to Physical Activity*, in «Journal of Sport and Exercise Psychology», 10, pp. 119-126.

Cartwright, D. e Zander, A.
1968 *Group Dynamics: Research and Theory*, New York, Harper and Row.

Castiello, U. e Umiltà, C.
1986 *Attenzione e sport*, in «SdS-Rivista di Cultura Sportiva», 5, pp. 34-41.
1987 *L'impegno mentale nella ricezione*, in «SdS-Rivista di Cultura Sportiva», 6, pp. 50-52.
1988a *Attenzione e tennis*, in «SdS-Rivista di Cultura Sportiva», 7, pp. 28-33.
1988b *Temporal Dimensions of Mental Effort in Different Sports*, in «International Journal of Sport Psychology», 19, pp. 199-210.

Cattell, R.B.
1965 *The Scientific Analysis of Personality*, Baltimore, Md., Penguin Books.
Cauraugh, J.H., Singer R.N. e Chen, D.
1993 *Visual Scanning and Anticipation of Expert and Beginner Tennis Players*, in S. Serpa, J. Alves, V. Ferreira e A. Paula-Brito (a cura di), *Proceedings of the VIII World Congress of Sport Psychology*, Lisbona.
Cei, A.
1987 *Mental training. Guida Pratica all'allenamento psicologico dell'atleta*, Roma, Edizioni L. Pozzi.
1988 *Stile attentivo e prestazione sportiva*, in V. Majer e R. Maeran (a cura di), *Il laboratorio e la città. Lo psicologo professionista ricercatore*, Milano, Guerini e Associati, vol. 2.
1994a *Participation sportive et motivation chez l'enfant: Bilan des etudes en Australie, en Europe, et en Amérique du Nord*, in «Enfance», 2-3, pp. 145-159.
1994b *Entrenamiento atencional para futbolistas de élite: Un modelo de seguimiento*, in «Revista de Psicologia del Deporte», 6, pp. 99-106.
Cei, A., Bergerone, C., Ceridono, D. e Formica, F.
1988 *Personalità e stile interpersonale dell'allenatore in uno sport di squadra*, in M. Guicciardi e A. Salvini (a cura di), *La psicologia dell'atleta*, Milano, Giuffrè.
Cei, A. e Buonamano, R.
1992 *La teoria dell'azione*, in «SdS-Rivista di Cultura Sportiva», 23, pp. 27-32.
Cei, A., Cannavò, R. e Costa, A.
1991 *Lo stile attentivo nella pallavolo*, in «Movimento», 7, pp. 154-156.
Cei, A., Guadagni, S. e Rossi, B.
1992 *TAIS Validation: Preliminary Data on an Italian Sample of Athletes*, relazione presentata al Scientific Olympic Congress, Malaga.
Cei, A., Manili, U., Taddei, F. e Buonamano, R.
1994 *Valutazione degli stati dell'umore degli atleti italiani di alto livello*, in «SdS-Rivista di Cultura Sportiva», 12, pp. 22-26.
Cei, A., Maragoni, P. e Zoccolotti, P.
1994 *Effectiveness of a Training Based on Visuo-motor Behaviour Rehearsal in Improving Sport Performance*, in J.R. Nitsch e R. Seiler (a cura di), *Movement and Sport: Psychological Foundations and Effects*, Sankt Augustin, Academia, vol. 3.
Ceridono, D., Formica, F., Cei, A. e Bergerone, C.
1986 *Psicologia per gli arbitri di pallavolo*, Roma, Stampa Sportiva.
Chase, W.G. e Simon, H.A.
1973 *Perception in Chess*, in «Cognitive Psychology», 4, pp. 55-81.

Chelladurai, P.
1990 *Leadership in Sports*, in «International Journal of Sport Psychology», 21, pp. 328-354.
1993 *Leadership*, in R.N. Singer, M. Murphey, L. K. Tennant (a cura di), *Handbook of Research on Sport Psychology*, New York, Macmillan.

Chelladurai, P. e Arnott, M.
1985 *Decision Style in Coaching: Preferences of Basketball Players*, in «Research Quarterly for Exercise and Sport», 56, pp 15-24.

Chelladurai, P. e Carron, A.V.
1981 *Task Characteristics and Individual Differences, and their Relationship to Preferred Leadership in Sports*, in *Psychology of Motor Behavior-1982*, College Park, Md., North American Society for the Psychology of Sport and Physical Activity.

Chelladurai, P. e Haggerty, T.R.
1978 *A Normative Model of Decision Styles in Coaching*, in «Athletic Administrator», 13, pp. 6-9.

Chelladurai, P., Haggerty, T.R. e Baxter, P.R.
1989 *Decision Style Choices of University Basketball Coaches and Players*, in «Journal of Sport and Exercise Psychology», 11, pp. 201-215.

Chelladurai, P., Imamura, H., Yamaguchi, Y., Oinuma, Y. e Miyauchi, T.
1988 *Sport Leadership in a Cross-national Setting: The Case of Japanese and Canadian University Athletes*, in «Journal of Sport and Exercise Psychology», 10, pp. 374-389.

Chelladurai, P., Malloy, D., Imamura, H. e Yamaguchi, Y.
1987 *A Cross-cultural Study of Preferred Leadership in Sports*, in «Canadian Journal of Sport Sciences», 12, pp. 106-110.

Chelladurai, P. e Saleh, S.D.
1978 *Preferred Leadership in Sports*, in «Canadian Journal of Sport Sciences», 3, pp. 85-92.
1980 *Dimensions of Leader Behavior in Sports: Development of a Leadership Scale*, in «Journal of Sport Psychology», 2, pp. 34-45.

Clews, G.J. e Gross, J.B.
1995 *Individual and Social Motivation in Australian Sport*, in T. Morris e J. Summers (a cura di), *Sport Psychology*, New York, Wiley.

Colley, A., Roberts, N. e Chipps, A.
1985 *Sex-role Identity, Personality, and Participation in Team and Individual Sports by Males and Females*, in «International Journal of Sport Psychology», 16, pp. 103-112.

Coté, J., Salmela, J. e Papathanasopoulu, P.P.
1992 *Effects of Progressive Exercise on Attentional Focus*, in «Perceptual and Motor Skills», 75, pp. 351-354.

Cox, R.H.
1994[3] *Sport Psychology: Concepts and Applications*, Madison, Wis., Brown and Benchmark.
Cox, R.H. e Kerr, J.H.
1990 *Self-reported Mood in Competitive Squash*, in «Personality and Individual Differences», 11, pp. 199-203.
Cratty, B.J.
1973 *Psychology in Contemporary Sport*, Englewood Cliffs, N.J., Prentice Hall.
Crews, D. e Landers, D.M.
1993 *Electroencephalographic Measures of Attentional Patterns Prior to the Golf Putt*, in «Medicine and Science in Sports and Exercise», 25, pp. 116-126.
Crocker, P.R.E., Alderman, R.B. e Smith, F.M.R.
1988 *Cognitive-Affective Stress Management Training with High Performance Youth Volleyball Players: Effects on Affect, Cognition, and Performance*, in «Journal of Sport and Exercise Psychology», 10, pp. 448-436.
Csikszentmihalyi, M.
1975 *Beyond Boredom and Anxiety*, San Francisco, Calif., Jossey Bass.
Cuthbert, B.N., Vrana, S.R. e Bradley, M.M.
1991 *Imagery: Function and Physiology*, in «Advances in Psychophysiology», 4, pp. 1-42.

Davis, S.F., Huss, M.T. e Becker, A.H.
1995 *Norman Triplett and Dawning of Sport Psychology*, in «The Sport Psychologist», 9, pp. 366-375.
Deci, E.L.
1975 *Intrinsic Motivation*, New York, Plenum Press.
Deci, E.L. e Ryan, R.M.
1985 *Intrinsic Motivation and Self-determination in Human Behavior*, New York, Plenum.
Deffenbacher, J.L.
1977 *Relationship of Worry and Emotionality to Performance on the Miller Analogies Test*, in «Journal of Educational Psychology», 69, pp. 191-195.
Deffenbacher, J.L. e Diez, S.R.
1978 *Effects of Test Anxiety on Performance, Worry, and Emotionality in Naturally Occuring Exams*, in «Psychology in the Schools», 15, pp. 446-450.
Del Rey, P., Whitehurst, M., Wughalter, E. e Barnewell, J.
1983 *Contextual Interference and Experience in Acquisition and Transfer*, in «Perceptual and Motor Skills», 57, pp. 241-242.

Dewey, D., Brawley, L.R. e Allard, F.
1989 *Do the TAIS Attentional Style Scales Predict How Visual Information is Processed?*, in «Journal of Sport and Exercise Psychology», 11, pp. 171-186.
Doyle, L.A. e Landers, D.M.
1980 *Psychological Skills in Elite and Subelite Shooters*, dattiloscritto.
Draper, S.P., Salmela, J.H., Durand-Bush, N.
1995 *The Ottawa Mental Skills Assessment Tool: A Confirmatory Factor Analysis*, in R. Vanfraechem-Raway e Y. Vanden Auweele (a cura di), *Atti del IX congresso europeo di Psicologia dello sport*, Bruxelles.
Duda, J.L.
1992 *Motivation in Sport Settings: A Goal Perspective Approach*, in G.L. Roberts (a cura di), *Motivation in Sport and Exercise*, Champaign, Ill., Human Kinetics.
1993 *Goals: A Social-cognitive Approach to the Study of Achievement Motivation in Sport*, in R.N. Singer, M. Murphey e L.K. Tennant (a cura di), *Handbook of Research on Sport Psychology*, New York, Macmillan.
Duda, J.L. e Allison, M.T.
1990 *Cross-cultural Analysis in Exercise and Sport Psychology: A Void in the Field*, in «Journal of Sport and Exercise Psychology», 12, pp. 114-131.
Duda, J.L. e Nicholls, J.C.
1992 *Dimension on Achievement Motivation in Schoolwork and Sport*, in «Journal of Educational Psychology», 84, pp. 1-10.
Dweck, C.S.
1986 *Motivational Processes Affecting Learning*, in «American Psychologist», 41, pp. 1040-1048.
Dzewaltowski, D.A.
1989 *Toward a Model of Exercise Motivation*, in «Journal of Sport and Exercise Psychology», 11, pp. 251-269.

Easterbrook, J.A.
1959 *The Effect of Emotion on Cue Utilization and the Organization of Behavior*, in «Psychological Review», 66, pp. 183-201.
Elliott, E.S. e Dweck, C.S.
1988 *Goals: An Approach to Motivation and Achievement*, in «Journal of Personality and Social Psychology», 54, pp. 5-12.
Endler, N.S. e Hunt, J.
969 *Generalizability of Contributions from Sources of Variance in the S-R Inventorie of Anxiouness*, in «Journal of Personality», 37, pp. 1-24.
dler, N.S. e Magnusson, D.
'6 *Toward an Interactional Psychology of Personality*, in «Psychological Bulletin», 5, pp. 956-974.

Erbaugh, S.J. e Barnett, M.L.
1986 *Effect of Modeling and Goal Setting on the Jumping Performance of Primary-grade Children*, relazione presentata alla North American Society for the Psychology of Sport and Physical Activity, Scottsdale.
Ericsson, K.A., Chase, W.G. e Faloon, S.
1980 *Acquisition of a Memory Skill*, in «Science», 208, pp. 1181-1182.
Ericsson, K.A., Krampe, R.T. e Tesch-Romer, C.
1993 *The Role of Deliberate Practice in the Acquisition of Expert Performance*, in «Psychological Review», 100, pp. 363-406.
Ewart, C.K., Stewart, K.J., Gillilan, R.E. e Kelemen, M.H.
1986 *Self-efficacy Mediates Strength Gains during Circuit Weight Training in Men with Coronary Artery Disease*, in «Medicine and Science in Sports and Exercise», 18, pp. 531-540.

Farnè, M., Sebellico, A., Gnugnoli, D. e Corallo, A.
1991 *Manuale del POMS*, Firenze, OS.
Fazey, J.A. e Hardy, L.
1988 *The Inverted-U Hypothesis: Catastrophe for Sport Psychology*, in *British Association of Sports Sciences Monograph No. 1*, Leeds, The National Coaching Foundation.
Feltz, D.L.
1982 *Path Analysis of the Causal Elements of Bandura's Theory of Self-efficacy and an Anxiety-based Model of Avoidance Behavior*, in «Journal of Personaliy and Social Psychology», 42, pp. 764-781.
1992 *Understanding Motivation in Sport: A Self-efficacy Perspective*, in G.L. Roberts (a cura di), *Motivation in Sport and Exercise*, Champaign, Ill., Human Kinetics.
Feltz, D.L. e Albrecht, R.R.
1986 *Psychological Implication of Competitive Running*, in M.R. Weiss e D. Gould (a cura di), *Sport for Children and Youths*, Champaign, Ill., Human Kinetics.
Feltz, D.L. e Landers, D.M.
1983 *The Effects of Mental Preparation on Motor Skill Learning and Performance: A Meta-analysis*, in «Journal of Sport Psychology», 5, pp. 25-57.
Feltz, D.L. e Mugno, D.A.
1983 *A Replication of the Path Analysis of the Causal Elements in Bandura's Theory of Self-efficacy and the Influence of the Autonomic Perception*, in «Journal of Sport Psychology», 5, pp. 263-277.
Feltz, D.L. e Petlichkoff, L.M.
1983 *Perceived Competence among Interscholastic Sport Participants*

and Dropouts, in «Canadian Journal of Sport Sciences», 8, pp. 231-235.
Feltz, D.L. e Riessinger, C.A.
1990 *Effects in vivo of Emotive Imagery and Performance Feedback on Self-efficacy and Muscular Endurance*, in «Journal of Sport Psychology», 12, pp. 132-140.
Fenz, W.D. e Epstein, S.
1967 *Gradients of Physiological Arousal in Parachutists as a Function of Approaching Jump*, in «Psychosomatic Medicine», 29, pp. 33-51.
Fenz, W.D. e Jones, G.B.
1972 *Individual Differenced in Physiologic Arousal and Performance in Sport Parachutists*, in «Psychosomatic Medicine», 34, pp. 1-8.
Festinger, L., Schachter, S. e Back, K.
1950 *Social Pressures in Informal Groups*, Stanford, Calif., Stanford University Press.
Fiedler, F.E.
1967 *A Theory of Leadership Effectiveness*, New York, McGraw-Hill.
Fisher, A.C.
1984 *New Directions in Sport Personality Research*, in J.M. Silva e R.S. Weinberg (a cura di), *Psychological Foundations of Sport*, Champaign, Ill., Human Kinetics.
Fisher, A.C. e Taylor, A.H.
1980 *Attentional Style of Soccer Players*, in *Research Abstracts of the American Alliance for Health, Physical Education, Recreation, and Dance. Annual Convention*, Detroit, Mich.
Fisher, A.C. e Zwart, E.F.
1982 *Psychological Analysis of Athletes' Anxiety Responses*, in «Journal of Sport Psychology», 4, pp. 139-158.
Fitts, P.M.
1964 *Perceptual-motor Skills Learning*, in A.W. Melton (a cura di), *Categories of Human Learning*, New York, Academic Press.
Fitts, P.M. e Posner, M.I.
1967 *Human Performance*, Belmont, Calif., Brooks/Cole.
Fitzsimmons, P.A., Landers., D.M., Thomas, J.R. e van der Mars, H.
1991 *Does Self-efficacy Predict Performance in Experienced Weightlifters?*, in «Research Quarterly for Exercise and Sport», 62, pp. 424-431.
Forsith, D.R.
1983 *An Introduction to Group Dynamics*, Belmont, Calif., Wadsworth.
Frederick, C.M. e Ryan, R.M.
1995 *Self-determination in Sport: A Review Using Cognitive Evaluation Theory*, in «International Journal of Sport Psychology», 26, pp. 5-23.

Frester, R.
1985 *L'allenamento ideomotorio*, in «SdS-Rivista di Cultura Sportiva», 1, pp. 8-9.

Garland, D.J. e Barry, J.R.
1988 *The Effects of Personality and Perceived Leader Behavior on Performance in Collegiate Football*, in «The Psychological Record», 38, pp. 237-247.
George, T.R.
1994 *Self-confidence and Baseball Performance: A Causal Examination of Self-efficacy Theory*, in «Journal of Sport and Exercise Psychology», 16, pp. 381-399.
George, T.R., Feltz, D.L. e Chase, M.A.
1992 *Effects of Model Similarity on Self-efficacy and Muscular Endurance*, in «Journal of Sport and Exercise Psychology», 14, pp. 237-248.
Gill, D.L.
1986 *Competitiveness among Females and Males in Physical Activity Class*, in «Sex Role», 15, pp. 233-247.
Gill, D.L. e Deeter, T.E.
1988 *Development on the Sport Orientation Questionnaire*, in «Research Quarterly for Exercise and Sport», 59, pp. 191-202.
Gill, D.L., Dzewaltowski, D.A. e Deeter, T.E.
1988 *The Relationship of Competitiveness and Achievement Orientation to Participation in Sport and Nonsport Activities*, in «Journal of Sport and Exercise Psychology», 10, pp. 139-150.
Gill, D.L., Gross, J.B. e Huddleston, S.
1983 *Participation Motivation in Youth Sports*, in «International Journal of Sport Psychology», 14, pp. 1-14.
Gill, D.L. e Strom, E.H.
1985 *The Effect of Attentional Focus on Performance of an Endurance Task*, in «International Journal of Sport Psychology», 16, pp. 217-223.
Gipson M.
1990 *Psychology in the Science of Coaching Volleyball*, relazione presentata al II Simposio di Medicina dello Sport Applicata alla Pallavolo, Atene.
Gordon, N.F.
1993 *Diabetes: Your Complete Exercise Guide*, Champaign, Ill., Human Kinetics.
Gordon, S.
1986 *Behavioral Correlates of Coaching Effectiveness*, doctoral dissertation, University of Alberta, Canada.

Goss, S., Hall, C., Buckolz, E. e Fishburne, G.
1986 *Imagery Ability and the Acquisition of Retention Movements*, in «Memory and Cognition», 14, pp. 469-477.
Gould, D.
1982 *Sport Psychology in the 1980's: Status Direction and Challenge in Youth Sports Research*, in «Journal of Sport Psychology», 4, pp. 203-218.
Gould, D., Eklund, R.C. e Jackson, S.A.
1992 *1988 US Olympic Wrestling Excellence, I: Mental Preparation, Precompetitive Cognition and Affect*, in «The Sport Psychologist», 6, pp. 358-382.
Gould, D. e Horn, T.S.
1984 *Participation Motivation in Young Athletes*, in J.M. Silva e R.S. Weinberg (a cura di), *Psychological Foundations of Sport*, Champaign, Ill., Human Kinetics.
Gould, D., Horn, T. e Spreeman, J.
1983 *Competitive Anxiety in Junior Elite Wrestlers*, in «Journal of Sport Psychology», 5, pp. 58-71.
Gould, D. e Krane, V.
1992 *The Arousal Athletic Performance Relationship*, in T.H. Horn (a cura di), *Advances in Sport Psychology*, Champaign, Ill., Human Kinetics.
Gould, D. e Weiss, M.R.
1981 *Effect of Model Similarity and Model Self-talk on Self-efficacy in Muscular Endurance*, in «Journal of Sport Psychology», 3, pp. 17-29.
Goulet, C., Bard, C. e Fleury, M.
1989 *Expertise Differences in Preparing to Return a Tennis Serve: A Visual Information Processing Approach*, in «Journal of Sport and Exercise Psychology», 11, pp. 382-398.
Grand, R.R. e Carron, A.V.
1982 *Development of a Team Climate Questionnaire*, in L.M. Wankel e R.B. Wilberg (a cura di), *Psychology of Sport and Motor Behavior: Research and Practice*, Edmonton, University of Alberta, Department of Recreation and Leisure Studies.
Gravel, R., Lemieux, G. e Ladouceur, R.
1980 *Effectiveness of a Cognitive Behavioral Treatment Package for Cross-country Ski Racers*, in «Cognitive Therapy and Research», 4, pp. 83-89.
Grove, J.R., Hanrahan, S.J. e McInman, A.
1991 *Success/Failure Bias in Attributions across Involvement Categories in Sport*, in «Personality and Social Psychology Bulletin», 17, pp. 93-97.

Grove, J.R. e Prapavessis, H.
1992 *Preliminary Evidence for the Reliability and Validity of an Abbreviated Profile of Mood States*, in «International Journal of Sport Psychology», 23, pp. 93-109.

Hall, H.K. e Byrne, A.T.J.
1988 *Goal Setting in Sport: Clarifying Recent Anomalies*, in «Journal of Sport and Exercise Psychology», 10, pp. 184-198.

Hall, C.R., Rodgers, W.M. e Barr, K.A.
1990 *The Use of Imagery by Athletes in Selected Sports*, in «The Sport Psychologist», 4, pp. 1-10.

Hanin, Y.L.
1980 *A Study of Anxiety in Sports*, in W.F. Straub (a cura di), *Sport Psychology: An Analysis of Athlete Behavior*, Ithaca, N.Y., Mouvement.
1989 *Interpersonal and Intragroup Anxiety in Sports*, in D. Hackfort e C.D. Spielberger (a cura di), *Anxiety in Sports: An International Perspectives*, New York, Hemisphere.
1995 *Performance Affect in Top Sports*, in R. Vanfraechem-Raway e Y. Vanden Auweele (a cura di), *Atti del IX congresso europeo di Psicologia dello sport*, Bruxelles.

Hanin, Y.L. e Spielberger, C.D.
1983 *The Development and Validation of the Russian Form of the State Trait Anxiety Inventory*, in C.D. Spielberger e R. Diaz-Guerrero (a cura di), *Cross-cultural Anxiety*, Washington, D.C., Hemisphere, vol. 2.

Hanin, Y.L. e Syria, P.
1995 *Performance Affect in Junior Ice Hockey Players: An Application of the Individual Zones of Optimal Functioning Model*, in «The Sport Psychologist», 9, pp. 169-187.

Hardman, K.
1973 *A Dual Approach to the Study of Personality and Performance in Sport*, in H.T.A. Whiting, K. Hardman, L.B. Hendry e M.G. Jones (a cura di), *Personality and Performance in Physical Education and Sport*, London, H. Kimpton.

Hardy, C.L.
1990 *Social Loafing: Motivational Losses in Collective Performance*, in «International Journal of Sport Psychology», 21, pp. 305-327.

Hardy, L.
1990 *A Catastrophe Model of Performance in Sport*, in G. Jones e L. Hardy (a cura di), *Stress and Performance in Sport*, Chichester, Wiley.

Hardy, L. e Fazey, J.
1990 *Concentration Training*, Leeds, National Coaching Foundation.

Hardy, L. e Parfitt, G.
1991 *A Catastrophe Model of Anxiety and Performance*, in «British Journal of Psychology», 82, pp. 163-178.
Hare, A.P.
1981 *Group Size*, in «American Behavioral Scientist», 24, pp. 695-708.
Harkins, S.G., Latané, B. e Williams K.D.
1980 *Social Loafing: Allocating Effort or Taking it Easy*, in «Journal of Experimental Social Psychology», 16, pp. 457-465.
Harris, D.V.
1986 *Relaxation and Energizing Techniques for Regulation of Arousal*, in J. Williams (a cura di), *Applied Sport Psychology: Personal Growth for Peak Performance*, Palo Alto, Calif., Mayfield.
Harris, D.V. e Harris, B.L.
1984 *The Athlete's Guide to Sport Psychology: Mental Skills for Physical People*, New York, Leisure Press.
Harris, D.V. e Robinson, W.J.
1986 *The Effects of Skill Level on EMG Activity during Internal and External Imagery*, in «Journal of Sport Psychology», 8, 105-111.
Harter, S.
1978 *Effectance Motivation Reconsidered*, in «Human Development», 21, pp. 34-64.
1985 *Manual for the Self-perception Profile for Children*, Denver, Colo., University of Denver.
Hatfield, B.D., Landers, D.M. e Ray, W.J.
1987 *Cardiovascular-CNS Interactions during a Self-paced, Intentional State: Elite Marksmanship Performance*, in «Psychophysiology», 24, pp. 542-549.
Hecker, J.E. e Kaczor, L.M.
1988 *Application of Imagery Theory to Sport Psychology: Some Preliminary Findings*, in «Journal of Sport Psychology», 8, pp. 363-373.
Heider, F.
1958 *The Psychology of Interpersonal Relations*, New York, Wiley and Sons; trad. it. *Psicologia delle relazioni interpersonali*, Bologna, Il Mulino, 1972.
Hersey, P. e Blanchard, H.K.
1977[3] *Management of Organizational Behavior*, Englewood Cliffs, N.J., Prentice Hall.
Highlen, P.S. e Bennett, B.B.
1983 *Elite Divers and Wrestlers: A Comparison between Open- and Closed-skill Athletes*, in «Journal of Sport Psychology», 5, pp. 390-409.

Hollingsworth, B.
1975 *Effects of Performance Goals and Anxiety on Learning a Gross Motor Task*, in «Research Quarterly», 46, pp. 162-168.
Holloway, J.B., Beuter, A. e Duda, J.L.
1988 *Self-efficacy and Training for Strength in Adolescent Girls*, in «Journal of Applied Social Psychology», 18, pp. 699-719.
Horn, T.S.
1985 *Coaches' Feedback and Changes in Children's Perceptions of their Physical Competence*, in «Journal of Educational Psychology», 77, pp. 174-186.
Horn, T.S. e Hasbrook, C.A.
1987 *Psychological Characteristics and the Criteria Children Use for Self-evaluation*, in «Journal of Sport Psychology», 9, pp. 208-221.
Horne, T. e Carron, A.V.
1985 *Compatibility in Coach-Athlete Relatioships*, in «Journal of Sport Psychology», 7, pp. 137-149.
Horsley, C.
1995 *Confidence and Sporting Performance*, in T. Morris e J. Summers (a cura di), *Sport Psychology*, New York, Wiley.
Hull, C.L.
1943 *Principles of Behavior*, New York, Appleton Century; trad. it. *Principi di comportamento*, Roma, Armando, 1978.
Hunt, P.J. e Hillery, J.M.
1973 *Social Facilitation in a Coaching Situation: An Examination of the Effects over Learning Trials*, in «Journal of Experimental Social Psychology», 9, pp. 563-571.

Ikeda, M. e Takeuchi, T.
1975 *Influence of Foveal Load on the Functional Visual Field*, in «Perception and Psychophysics», 18, pp. 255-260.
Indik, B.
1965 *Organization Size and Member Participation: Some Experimental Tests of Alternative Explanations*, in «Human Relations», 18, pp. 339-350.
Iordanoglou, D.
1990 *Perceived Leadership in Greek Soccer*, dattiloscritto, University of Manchester, Department of Education.
Isberg, L. e Chelladurai, P.
1990 *The Leadership Scale for Sports: Its Applicability to a Swedish Context*, dattiloscritto, University College of Falun/Borlange, Sweden.

Jacobson, E.
1929 *Progressive Relaxation*, Chicago, Ill., University of Chicago Press.

James, W.
1890 *Principles of Psychology*, New York, Holt; trad. it. *Principii di psicologia*, Milano, Società editrice libraria, 1901.
Janke, W.
1976 *Psychologische Grundlagen des Verhaltens*, in M. von Kerekjarto (a cura di), *Medizinische Psychologie*, Berlin, Springer.
Jones, J.G. e Hardy, L.
1989 *Stress and Cognitive Functioning in Sport*, in «Journal of Sport Science», 7, pp. 41-63.
Jones, M.B.
1974 *Regressing Group on Individual Effectiveness*, in «Organization Behavior and Human Performance», 11, pp. 426-451.
Johnston-O'Connor, E.J. e Kirschenbaum, D.S.
1986 *Something Exceeds Like Success: Positive Self-monitoring for Unskilled Golfers*, in «Cognitive Therapy and Research», 10, pp. 123-136.
Jowdy, D.P. e Harris, D.V.
1990 *Muscular Responses During Mental Imagery as a Function of Motor Skill Level*, in «Journal of Sport and Exercise Psychology», 12, pp. 191-201.

Kanheman, D.
1973 *Attention and Effort*, Englewood Cliffs, N.J., Prentice Hall.
Kanheman, D. e Treisman, A.
1984 *Changing Views of Attention and Automaticity*, in R. Parasuraman e D.R. Davies (a cura di), *Varieties of Attention*, London, Academic Press.
Karteroliotis, C. e Gill, D.L.
1987 *Temporal Changes in Psychological and Physiological Components of State Anxiety*, in «Journal of Sport Psychology», 9, pp. 261-274.
Keele, S.W.
1973 *Attention and Human Performance*, Pacific Palisades, Calif., Goodyear Publishing.
Keele, S.W. e Neill, T.
1979 *Mechanism of Attention*, in E. Carterette e M. Friedman (a cura di), *Handbook of Perception*, New York, Academic Press, vol. 9.
Kerr, J.H.
1990 *Stress and Sport: Reversal Theory*, in G. Jones e L. Hardy (a cura di), *Stress and Performance in Sport*, Chichester, Wiley.
Kerr, J.H. e Cox, T.
1988 *Effects of Telic Dominance and Metamotivational State on Squash Task Performance*, in «Perceptual and Motor Skills», 67, pp. 171-174.

1990 *Cognition and Mood in Relation to the Performance of a Squash Task*, in «Acta Psychologica», 73, pp. 103-114.
Klein, M. e Christiansen, G.
1969 *Group Composition, Group Structure and Group Effectiveness of Basketball Teams*, in J.W. Loy e G.S. Kenyon (a cura di), *Sport, Culture and Society*, New York, Macmillan.
Kolonay, B.J.
1977 *The Effects of Visuo-motor Behavior Rehearsal on Athletic Performance*, master thesis, Hunter College, City University of New York.
Kosslyn, S.M.
1981 *The Medium and the Message in Mental Imagery*, in N. Block (a cura di), *Imagery*, Cambridge, Mass., MIT Press.
Kreiner-Phillips, K. e Orlick, T.
1993 *Winning after Winning: The Psychology of Ongoing Excellence*, in «The Sport Psychologist», 7, pp. 31-48.
Kyllo, L.B. e Landers, D.M.
1995 *Goal Setting in Sport and Exercise: A Research Synthesis to Resolve the Controversy*, in «Journal of Sport and Exercise Psychology», 17, pp. 117-137.

Lacoste, P.L. e Laurencelle, L.
1989 *The French Validation of the Leadership Scale for Sports*, dattiloscritto, Université du Québec à Trois Rivières.
Landers, D.M.
1980 *The Arousal-performance Relationship Revisited*, in «Quarterly for Exercise and Sport», 51, pp. 77-90.
1982 *Arousal Attention and Skilled Performance: Further Considerations*, in «Quest», 33, pp. 271-283.
Landers, D.M., Boutcher, S.H. e Wang, M.Q.
1986 *A Psychobiological Study of Archery Performance*, in «Research Quarterly for Exercise and Sport», 57, pp. 236-244.
Landers, D.M. e Courtet, P.A.
1979 *Peripheral Narrowing among Experienced and Inexperienced Rifle Shooters under Low and High Stress Conditions*, relazione presentata al Congresso della North American Society for the Psychology of Sport and Physical Activity, Trois Rivieres, Canada.
Landers, D.M., Furst, D.M. e Daniels, F.S.
1981 *Anxiety/Attention and Ability Level in Open and Closed Shooting Activities*, relazione presentata al Congresso della North American Society for the Psychology of Sport and Physical Activity, Asilomar.

Landers, D.M., Han, M.W., Salazar, W. Petruzzello, S.J., Kubitz, K. e Gannon, T.L.
1994 *Effects of Learning on Electroencephalographic and Electrocardiographic Patterns in Novice Archers*, in «International Journal of Sport Psychology», 25, pp. 313-330.

Lane, J.F.
1980 *Improving Athletic Performance through Visuo-motor Behavior Rehearsal*, in R.M. Suinn (a cura di), *Psychology in Sport*, Minneapolis, Minn., Burgess.

Lang, P.J.
1977 *Imagery in Therapy: An Information-processing Analysis of Fear*, in «Behavior Therapy», 8, pp. 862-886.
1979 *A Bio-informational Theory of Emotional Imagery*, in «Psychophysiology», 17, pp. 495-512.

Lang, P.J., Melamed, B.G. e Hart, J.A.
1970 *A Psychophysiological Analysis of Fear Modification Using an Automated Desensitization Procedure*, in «Journal of Abnormal Psychology», 76, pp. 229-234.

Lazarus, R.S. e Averill, J.R.
1972 *Emotion and Cognition: With Special Reference to Anxiety*, in C.D. Spielberger (a cura di), *Anxiety: Current Trends in Theory and Research*, New York, Academic Press, vol. 2.

Lee, C.
1990 *Psyching Up for a Muscular Endurance Task: Effects of Image Content on Performance and Mood State*, in «Journal of Sport and Exercise Psychology», 12, pp. 66-73.

Liebert, R.M. e Morris, L.W.
1967 *Cognitive and Emotional Components of Test Anxiety: A Distinction and some Initial Data*, in «Psychological Reports», 20, pp. 975-978.

Lirgg, C.D. e Feltz, D.L.
1991 *Teacher versus Peer Model Revisited: Effects on Motor Performance*, in «Research Quarterly for Exercise and Sport», 62, pp. 217-224.

Liukkonen, J. e Salminen, S.
1990 *The Athletes' Perception of Leader Behavior of Finnish Coaches*, relazione presentata al World Congress of Sport for All, Tampere, Finland.

Locke, E.A. e Latham, G.P.
1985 *The Application of Goal Setting to Sports*, in «Journal of Sport Psychology», 7, pp. 205-222.
1990 *A Theory of Goal Setting and Task Performance*, Englewood Cliffs, N.J., Prentice Hall.

Loehr, J.E.
1986 *Mental Toughness Training for Sports: Achieving Athletic Excellence*, New York, The Stephene Greene Press.
1989 *Mental Training for Tennis*, in J.L. Groppel, J.E. Loehr, D.S., Melville e A.M. Quinn (a cura di), *Science Coaching Tennis*, Champaign, Ill., Leisure Press.
Logan, G.D.
1988 *Toward an Instance Theory of Automatization*, in «Psychological Review», 95, pp. 492-527.
Longhurst, K. e Spink, K.S.
1987 *Participation Motivation of Australian Children Involved in Organized Sport*, in «Canadian Journal of Sport Sciences», 12, pp. 24-30.

Maehr, M.L.
1989 *Thoughts about Motivation*, in R. Ames e C. Ames (a cura di), *Research on Motivation in Education. Vol. 3: Goals and Cognitions*, New York, Academic Press.
Magill, R.A.
1990 *Motor Learning: Concepts and Application*, Dubuque, Ia., Brown.
Mahoney, M.J. e Avener, M.
1977 *Psychology of the Elite Athlete: An Exploratory Study*, in «Cognitive Therapy and Research», 3, pp. 361-366.
Mahoney, M.J., Gabriel, T.J. e Perkins, T.S.
1987 *Psychological Skills and Exceptional Athletic Performance*, in «The Sport Psychologist», 1, pp. 181-199.
Mantovani, C.
1995 *Lo sviluppo delle conoscenze scientifiche sulle attività sportive: osservazioni e feedback*, in «Educazione fisica e sport nella scuola», 133, pp. 20-35.
Martens, R.
1975 *The Paradigmatic Crisis in American Sport Personology*, in «Sportwissenschaft», 1, pp. 9-24.
1976 *Competition: In Need of a Theory*, in D.M. Landers (a cura di), *Social Problems in Athletics*, Urbana, University of Illinois Press.
1977 *Sport Competition Anxiety Test*, Champaign, Ill., Human Kinetics.
1987 *Coaches Guide to Sport Psychology*, Champaign, Ill., Human Kinetics; trad. it. *Psicologia dello sport. Manuale per gli allenatori*, Roma, Borla, 1991.
Martens, R. e Landers, D.M.
1969 *Effect of Anxiety, Competition and Failure on Performance of a Complex Motor Task*, in «Journal of Motor Behavior», 1, pp. 1-9.

1970 *Motor Performance under Stress: A Test of the Inverted-U Hypothesis*, in «Journal of Personality and Social Psychology», 16, pp. 29-37.

Martens, R., Vealey, R.S. e Burton, D.

1990 *Competitive Anxiety in Sport*, Champaign, Ill., Human Kinetics.

Maynard, I.W. e Howe, B.L.

1987 *Interrelations of Trait and State Anxiety with Game Performance of Rugby Players*, in «Perceptual and Motor Skills», 64, pp. 599-602.

1989 *Attentional Style in Rugby Players*, in «Perceptual and Motor Skills», 69, pp. 283-289.

McAuley, E.

1985a *Success and Causality in Sport: The Influence of Perception*, in «Journal of Sport Psychology», 7, pp. 13-22.

1985b *Modeling and Self-efficacy: A Test of Bandura's Model*, in «Journal of Sport Psychology», 7, pp. 283-295.

1992a *Understanding Exercise Behavior: A Self-efficacy Perspective*, in G.L. Roberts (a cura di), *Motivation in Sport and Exercise*, Champaign, Ill., Human Kinetics.

1992b *The Role of Efficacy Cognitions in the Prediction of Exercise Behavior in Middle-aged Adults*, in «Journal of Behavioral Medicine», 15, pp. 65-88.

McAuley, E. e Duncan, T.E.

1989 *Causal Attributions and Affective Reactions to Disconfirming outcomes in Motor Performance*, in «Journal of Sport and Exercise Psychology», 11, pp. 187-200.

McAuley, E., Duncan, T.E., Wraith, S.C. e Lettunich, M.

1991 *Self-efficacy, Perceptions of Success, and Intrinsic Motivation*, in «Journal of Applied Social Psychology», 21, pp. 139-155.

McAuley, E. e Gross, J.B.

1983 *Perceptions of Causality in Sport: An Application of the Causal Dimension Scale*, in «Journal of Sport Psychology», 5, pp. 184-196.

McAuley, E. e Jacobson, L.B.

1991 *Self-efficacy and Exercise Participation in Sedentary Adult Female Exercise Patterns*, in «American Journal of Health Promotion», 5, pp.185-191.

McAuley, E., Russell, D. e Gross, J.B.

1983 *Affective Consequences of Winning and Losing: An Attributional Analysis*, in «Journal of Sport Psychology», 5, pp. 278-287.

McCaffrey, N. e Orlick, T.

1989 *Mental Factors Related to Excellence among Top Professional Golfers*, in «International Journal of Sport Psychology», 20, pp. 256-278.

McLean, N.
1995 *Building and Maintaining an Effective Team*, in T. Morris e J. Summers (a cura di), *Sport Psychology*, New York, Wiley.
McLeod, P.
1977 *A Dual-task Response Modality Effect: Support for Multiprocessor Models of Attention*, in «Quarterly Journal of Experimental Psychology», 29, pp. 651-667.
McNair, D.M., Lorr, M. e Droppleman, L.F.
1971 *Manual for the Profile of Mood States*, Palo Alto, Calif., Educational and Industrial Testing Service.
Meichenbaum, D.
1977 *Cognitive Behaviour Modification*, New York, Plenum.
Meyers, A.W. e Schleser, R.A.
1980 *A Cognitive Behavioural Intervention for Improving Basketball Performance*, in «Journal of Sport Psychology», 2, pp. 69-73.
Meyers, A.W., Cooke, C.J., Cullen, J. e Liles, L.
1979 *Psychological Aspects of Athletic Competitors: A Replication across Sports*, in «Cognitive Therapy and Research», 3, pp. 361-366.
Miller, B.P. e Miller, A.J.
1985 *Psychological Correlates of Success in Elite Sportswomen*, in «International Journal of Sport Psychology», 16, pp. 289-295.
Miller, D.T. e Ross, M.
1975 *Self-serving Biases in the Attribution of Causality: Fact or Fiction*, in «Psychological Bulletin», 82, pp. 213-225.
Miller, G.A.
1956 *The Magical Number Seven, Plus or Minus Two: Some Limits on our Capacity for Processing Information*, in «Psychological Review», 63, pp. 81-97.
Minocchi, P.
1991 *La città che corre*, Roma, UISP.
Moran, A.P.
1996 *The Psychology of Concentration in Sport Performers: A Cognitive Analysis*, Hove, Psychology Press.
Morgan, W.P.
1978 *The Mind of the Marathoner*, in «Psychology Today», aprile, pp. 38-40, 43, 45-46, 49.
1985 *Selected Psychological Factors Limiting Performance: A Mental Health Model*, in D.H. Clarke e H.M. Eckert (a cura di), *Limits of Human Performance: Academy Papers, no 18*, Champaign, Ill., Human Kinetics.
Morgan, W.P. e Johnson, R.W.
1977 *Psychological Characteristics of the Elite Wrestler: A Mental Health Model*, in «Medicine and Science in Sports», 9, pp. 55-56.

1978 *Psychological Characteristics of Successful and Unsuccessful Oarsmen*, in «International Journal of Sport Psychology», 11, pp. 38-49.
Morgan, W.P., O'Connor, P.J., Ellickson, K.A. e Bradley, P.W.
1988 *Personality Structure, Mood States, and Performance in Elite Male Distance Runners*, in «International Journal of Sport Psychology», 19, pp. 247-263.
Morgan, W.P., O'Connor, P.J., Sparling, P.B. e Pate, R.R.
1987 *Psychological Characterization of the Elite Female Distance Runners*, in «International Journal of Sports Medicine», 8, pp. 124-131.
Morgan, W.P. e Pollock, M.L.
1977 *Psychological Characterization of the Elite Distance Runner*, in P. Milvy (a cura di), *The Marathon: Physiological, Medical, Epidemiological, and Psychological Studies*, in Annals of the New York Academy of Sciences, New York, The New York Academy of Sciences, vol. 301.
Morris, L.W., Davis, D. e Hutchings, C.
1981 *Cognitive and Emotional Components of Anxiety: Literature Review and Revised Worry-emotionality Scale*, in «Journal of Educational Psychology», 73, pp. 541-555.
Morris, L.W. e Engle, W.B.
1981 *Assessing Various Coping Strategies and their Effects on Test Performance and Anxiety*, in «Journal of Clinical Psychology», 37, pp. 165-171.
Morris, T.
1995 *Psychological Characteristics and Sport Behaviour*, in T. Morris e J. Summers (a cura di), *Sport Psychology*, New York, Wiley.
Mullen, B. e Riordan, C.A.
1988 *Self Serving Attributions to Performance in Naturalistic Setting: A Meta-analytic Review*, in «Journal of Applied Social Psychology», 18, pp. 3-22.
Murphy, S.M.
1990 *Models of Imagery in Sport Psychology: A Review*, in «Journal of Mental Imagery», 14, pp. 153-172.
Murphy, S.M. e Jowdy, D.P.
1992 *Imagery and Mental Practice*, in T.H. Horn (a cura di), *Advances in Sport Psychology*, Champaign, Ill., Human Kinetics.
Murphy, S.M. e Woolfolk, R.L.
1987 *The Effects of Cognitive Interventions on Competitive Anxiety and Performance on a Fine Motor Skill Accuracy Task*, in «International Journal of Sport Psychology», 18, pp. 152-166.
Murphy, S.M., Woolfolk, R.L. e Budney, A.J.
1988 *The Effects of Emotive Imagery on Strength Performance*, in «Journal of Sport and Exercise Psychology», 10, pp. 334-345.

Murphy, S.M., Jowdy, D.P. e Durtschi, S.K.
1989 *Report on the United States Olympic Committee Survey on Imagery Use in Sport: 1989*, Colorado Springs, Colo., U.S. Olympic Training Center.

Nicholls, J.G.
1992 *The General and the Specific in the Development and Expression of Achievement Motivation*, in G.L. Roberts (a cura di), *Motivation in Sport and Exercise*, Champaign, Ill., Human Kinetics.
Nicoletti, R.
1992 *Il controllo motorio*, Bologna, Il Mulino.
Nideffer, R.M.
1971 *Deep Muscle Relaxation: An Aid to Diving*, in «Coach and Athlete», 24, p. 38.
1976 *Test of Attentional and Interpersonal Style*, in «Journal of Personality and Social Psychology», 34, pp. 394-404.
1979 *Predicting Human Behavior: A Theory and Test of Attentional and Interpersonal Style*, San Diego, Calif., Enhanced Performance Ass.
1980 *Attentional Focus - Self-assessment*, in R.M. Suinn (a cura di), *Psychology in Sport*, Minneapolis, Minn., Burgess.
1985 *Athletes' Guide to Mental Training*, Champaign, Ill., Human Kinetics.
1992 *Psyched to Win*, Champaign, Ill., Leisure Press.
1993 *Attention Control Training*, in R.N. Singer, M. Murphey e L.K. Tennant (a cura di), *Handbook of Research on Sport Psychology*, New York, Macmillan.
Nideffer, R.M. e Sharpe, R.C.
1978 *A.C.T.: Attention Control Training*, New York, Wyden Books.
Noel, R.C.
1980 *The Effect of Visuo-motor Behavior Rehearsal on Tennis Performance*, in «Journal of Sport Psychology», 2, pp. 220-226.
Nougier, V., Azémar, G., Stein, J.F. e Ripoll, H.
1989 *Information Processing and Attention with Expert Tennis Players According to Their Age and Level of Expertise*, in C.K. Giam, K.K. Chook e K.C. Teh (a cura di), *Proceedings of the VII World Congress on Sport Psychology*, Singapore.
Nougier, V, Ripoll, H. e Stein, J.F.
1989 *Orienting of Attention with Highly Skilled Athletes*, in «International Journal of Sport Psychology», 20, pp. 205-223.
Nougier, V., Stein, J.F. e Bonnel, A.M.
1991 *Information Processing in Sport and Orienting of Attention*, in «International Journal of Sport Psychology», 22, pp. 307-327.

O'Block, F.R. e Evans, F.H.
1984 *Goal Setting as a Motivational Technique,* in J.M. Silva e R.S. Weinberg (a cura di), *Psychological Foundations of Sport*, Champaign, Ill., Human Kinetics.
O'Connor, P., Morgan, W.P., Raglin, J., Barksdale, C. e Kalin, N.
1989 *Mood State and Salivary Cortisol Levels Following Overtraining in Female Swimmers*, in «Psychoneuroendocrinology», 14, pp. 303-310.
Ogles, B.M., Hoeffel, T.D., Lynn, S.J., Marsden, K.A. e Masters, K.S.
1993-94 *Runners' Cognitive Strategies and Motivations: Absorption, Fantasy Style and Dissociative Experiences*, in «Imagination, Cognition and Personality», 14, pp. 163-174.
Orlick, T.
1986 *Psyching for Sport Mental Training for Athletes*, Champaign, Ill., Leisure Press.
1990 *In Pursuit of Excellence*, Champaign, Ill, Leisure Press.
Orlick, T. e Partington, J.
1986 *Psyched: Inner Views of Winning*, Ottawa, Coaching Association of Canada.
1988 *Mental Links to Excellence*, in «The Sport Psychologist», 2, pp. 105-130.
Oxendine, J.B.
1970 *Emotional Arousal and Motor Performance*, in «Quest», 13, pp. 23-30.
1984 *Psychology of Motor Learning*, Englewood Cliffs, N.J., Prentice Hall.

Padgett, V.R. e Hill, A.K.
1989 *Maximizing Athletic Performance in Endurance Events: A Comparison of Cognitive Strategies*, in «Journal of Applied Social Psychology», 19, pp. 331-340.
Paivio, A.
1971 *Imagery and Verbal Processes*, New York, Holt, Rinehart and Winston.
Parfitt, C.G. e Hardy, L.
1987 *Further Evidence for the Differential Effects of Competitive Anxiety upon a Number of Cognitive and Motor Sub-components*, in «Journal of Sports Science», 5, pp. 62-63.
Passer, M.
1981 *Children in Sport: Participation Motives and Psychological Stress*, in «Quest», 33, pp. 231-244.
1983 *Fear of Failure, Fear of Evaluation, Perceived Competence, and Self-esteem in Competitive-Trait-Anxious Children*, in «Journal of Sport Psychology», 5, pp. 172-188.

Peterson, D., Bauer, B. e Tiburzio, M.
1987 *Viaggio nel mondo dell'allenatore*, Milano, EDB Libri.
Petlichkoff, L.M.
1982 *Motives Interscholastic Athletes have for Participation and Reasons for Discontinued Involvement in School Sponsored Sport*, master thesis, Michigan State University.
Pinheiro, V.E.D.
1993 *Chunking: Perceptual Advantage in Motor Skill Diagnosis*, in S. Serpa, J. Alves, V. Ferreira e A. Paula-Brito (a cura di), *Proceedings of the VIII World Congress of Sport Psychology*, Lisbon.
Posner, M.I.
1978 *Chronometric: Explorations of Mind*, Hillsdale, N.J., Erlbaum.
Posner, M.I., Snyder, C.R. e Davidson, B.J.
1980 *Attention and the Detection of Signals*, in «Journal of Experimental Psychology: General», 109, pp. 160-174.
Power, S.L.
1982 *An Analysis of Anxiety Levels in Track and Field Athletes of Varying Ages and Capabilities*, in «International Journal of Sport Psychology», 13, pp. 258-267.

Rainey, D.W., Conklin, W.E. e Rainey, K.W.
1987 *Competitive Trait Anxiety among Male and Female Junior High School Athletes*, in «International Journal of Sport Psychology», 18, pp. 171-180.
Rainey, D.W. e Cunnigham, H.
1988 *Competitive Trait Anxiety in Male and Female College Athletes*, in «Research Quarterly for Exercise and Sport», 59, pp. 244-247.
Rawlings, E.I., Rawlings, I.L., Chen, C.S. e Yilk, M.D.
1972 *The Facilitating Effects of Mental Rehearsal in the Acquisition of Rotary Pursuit Tracking*, in «Psychonomic Science», 26, pp. 71-73.
Rejeski, W., Darracott, C. e Hutslar, S.
1979 *Pygmalion in Youth Sport: A Field Study*, in «Journal of Sport Psychology», 1, pp. 311-319.
Richardson, A.
1969 *Mental Imagery*, New York, Springer.
Riley, P.
1993 *The Winner Within: A Life Plan for Team Players*, New York, Berkley Books.
Ripoll, H. (a cura di)
1987 *Stratégies oculo-motrices impliquées dans l'exécution des habilités sportives des précision*, in H. Ripoll e G. Azémar (a cura di), *Neurosciences du sport*, Paris, INSEP.
1988 *Analysis of Visual Scanning Patterns of Volleyball Players in a*

Problem Solving Task, in «International Journal of Sport Psychology», 19, pp. 9-25.
1991 *Information Processing and Decision Making in Sport*, in «International Journal of Sport Psychology», 3-4, numero monografico.

Robazza, C., Bortoli, L. e Gramaccioni, G.
1994 *La preparazione mentale nello sport*, Roma, Edizioni L. Pozzi.

Roberts, G.C.
1975 *Win and Loss Causal Attributions of Little League Players*, in «Movement», 7, pp. 315-322.

Robinson, D.W. e Howe, B.L.
1987 *Causal Attribution and Mood State Relationships of Soccer Players in a Sport Achievement Setting*, in «Journal of Sport Behavior», 10, pp. 137-146.
1989 *Appraisal Variable/Affect Relationships in Youth Sport: A Test of Weiner's Attributional Model*, in «Journal of Sport and Exercise Psychology», 11, pp. 431-443.

Rossi, B. e Nougier, V.
1996 *Processi mentali, tattica e comportamenti di finta*, in «SdS-Rivista di Cultura Sportiva», 35, pp. 2-8.

Rossi, B., Zani, A., Taddei, F. e Pesce, C.
1992 *Chronometric Aspects of Information Processing in High Level Fencers as Compared to Non-athletes: An Erps and RT Study*, in «Journal of Human Mouvement Studies», 23, pp. 17-28.

Rotella, R.J., Gansneder, B., Ojala, D. e Billing, J.
1980 *Cognitions and Coping Strategies of Elite Skiers: An Exploratory Study of Young Developing Athletes*, in «Journal of Sport Psychology», 2, pp. 350-354.

Rowley, A.J., Landers, D.M., Kyllo, L.B. e Etnier, J.L.
1995 *Does the Iceberg Profile Discriminate between Successful and Less Successful Athletes?*, in «Journal of Sport and Exercise Psychology», 17, pp. 185-199.

Rudolf, D.L. e McAuley, E.
1995 *Self-efficacy and Salivary Cortisol Responses to Acute Exercise in Physically Active and Less Active Adults*, in «Journal of Sport and Exercise Psychology», 2, pp. 206-213.

Rugg, M.D. e Coles, M.G.H.
1995 *Electrophysiology of Mind: Event-related Brain Potentials and Cognition*, Oxford, Oxford University Press.

Rushall, B.S.
1989 *Sport Psychology: The Key to Sporting Excellence*, in «International Journal of Sport Psychology», 20, pp. 165-190.

Rushall, B.S., Hall, M. e Rushall, A.
1988 *Effects of Three Types of Thought Content Instructions of Skiing Performance*, in «The Sport Psychologist», 2, pp. 283-297.

Ryan, E.D. e Simons, J.
1981 *Cognitive Demand, Imagery, and Frequency of Mental Rehearsal as Factors Influencing Acquisition of Motor Skills*, in «Journal of Sport Psychology», 3, pp. 35-45.
1982 *Efficacy of Mental Imagery in Enhancing Mental Practice of Motor Skills*, in «Journal of Sport Psychology», 4, pp. 41-51.
Ryckman, R.M., Robbins, M.A., Thorton, B. e Cantrell, P.
1982 *Development and Validation of a Physical Self-efficacy Scale*, in «Journal of Personality and Social Psychology», 49, pp. 891-900.

Sachs, M.L.
1984a *The Runner's High*, in M.L. Sachs e G.W. Buffone (a cura di), *Running as Therapy: An Integrated Approach*, Lincoln, University of Nebraska Press.
1984b *The Mind of the Runner: Cognitive Strategies Used During Running*, in M.L. Sachs e G.W. Buffone (a cura di), *Running as Therapy: An Integrated Approach*, Lincoln, University of Nebraska Press.
Saibene, F., Rossi, B. e Cortili, G.
1986 *Fisiologia e psicologia degli sport*, Milano, Mondadori.
Salazar, W., Landers, D.M., Petruzzello, S.J., Crews, D.J. e Kubitz, K.
1988 *The Effects of Physical/Cognitive Load on Electrocortical Patterns Preceding Response Execution in Archery*, in «Psychophysiology», 25, pp. 478-479.
Salazar, W., Landers, D.M., Petruzzello, S.J., Crews, D.J., Kubitz, K. e Han, M.W.
1990 *Hemispheric Asymmetry, Cardiac Response, and Performance in Elite Archers*, in «Research Quarterly for Exercise and Sport», 61, pp. 351-359.
Sallis, J.F., Haskell, W.L., Fortmann, S.P., Vranizan, M.S., Taylor, C.B. e Solomon, D.S.
1986 *Predictors of Adoption and Maintenance of Physical Activity in a Community Sample*, in «Preventive Medicine», 15, pp. 331-341.
Salmela, J.H.
1992 *The World Sport Psychology Sourcebook*, Champaign, Ill., Human Kinetics.
Salminen, S., Liukkonen, J. e Telama, R.
1990 *The Differences in Coaches' and Athletes' Perception of Leader Behavior of Finnish Coaches*, relazione presentata al Congresso AIESEP, Loughborough, England.
Sapp, M. e Haubenstricker, J.
1978 *Motivation for Joining and Reasons for not Continuing in Youth Sports Programs in Michigan*, comunicazione presentata al Congresso AAHPER, Kansas City, Mo.

Scanlan, T.K. e Passer, M.W.
1980 *The Attributional Responses of Young Females Athletes after Winning, Trying and Loosing*, in «Research Quarterly for Exercise and Sport», 51, pp. 675-684.
Schafer, W.
1966 *The Social Structure of Sport Groups*, relazione presentata al First International Symposium on the Sociology of Sport, Köln.
Schill, T., Monroe, S., Evans, R. e Ramanaiah, N.
1978 *The Effects of Self-verbalization on Performance: A Test of the Rational-Emotive Position*, in «Psychotherapy: Theory, Research and Practice», 15, pp. 2-7.
Schmidt, R.A.
1988 *Motor Control and Learning*, Champaign, Ill., Human Kinetics.
Schultz, J.H.
1966[12] *Das autogene Training*, Stuttgart, G. Thieme Verlag; trad. it. *Il training autogeno*, Milano, Feltrinelli, 1991, 2 voll.
Schurr, K.T., Ashley, M.A. e Joy, K.L.
1977 *A Multivariate Analysis of Male Athletic Characteristics: Sport Type and Success*, in «Multivariate Experimental Clinical Research», 3, pp. 53-68.
Scilligo, P., Bergerone, C., Cei, A., Ceridono, D. e Formica, F.
1986 *Relationship between Intrapsychic and Interpersonal Processes and Performance in Team Sports*, in «International Journal of Sport Psychology», 4, pp. 293-310.
Seabourne, T.G., Weinberg, R.S., Jackson, A. e Suinn, R.M.
1985 *Effect of Individualized, Nonindividualized and Package Intervention Strategies on Karate Performance*, in «Journal of Sport Psychology», 7, pp. 40-50.
Selye, H.
1956 *The Stress of Life*, New York, McGraw-Hill.
Seraganian, P. (a cura di)
1993 *Exercise Psychology: The Influence of Physical Exercise on Psychological Processes*, New York, Wiley.
Serpa, S. e Antunes, I.
1989 *Leadership Styles of Elite Portuguese Women's Volleyball Coaches*, relazione presentata al VI International Congress on Sport Psychology, Lathi, Finland.
Serpa, S., Lacoste, P., Pataco, V. e Santos, F.
1988 *Methodology of Translation and Adaptation of a Specific Sport Test-A Leadership Scale for Sports*, relazione presentata al II Simposio nazionale sulla ricerca psicologica, Lisbona.
Serpa, S., Pataco, V. e Santos, F.
1991 *Leadership Patterns in Handball International Competition*, in «International Journal of Sport Psychology», 22, pp. 78-89.

Shelton, T.O. e Mahoney, M.J.
1978 *The Content and Effect of «Psyching-up» Strategies in Weight Lifters*, in «Cognitive Therapy and Research», 2, pp. 275-284.
Silva, J.M. e Applebaum, M.I.
1989 *Association-Dissociation Patterns of United States Olympic Marathon Trial Contestants*, in «Cognitive Therapy and Research», 13, pp. 185-192.
Singer, R.N.
1988 *Strategies and Metastrategies in Learning and Performing Self-paced Athletic Skills*, in «The Sport Psychologist», 2, pp. 49-68.
Singer, R.N., Cauraugh, J.H., Tennant, L.K., Murphey, M., Chen, D. e Lidor, R.,
1991 *Attention and Distractors: Considerations for Enhancing Sport Performance*, in «International Journal of Sport Psychology», 22, pp. 95-114.
Singer, R.N., Lidor, R. e Cauraugh, J.H.
1993 *To be Aware or not Aware? What to Think about while Learning and Performing a Motor Skill*, in «The Sport Psychologist», 7, pp. 19-30.
Smith, R.E. e Smoll, F.L.
1990 *Self-esteem and Children's Reactions to Youth Sport Coaching Behaviors: A Field Study of Self-enhancement Processes*, in «Developmental Psychology», 26, pp. 987-993.
Smith, R.E., Smoll, F.L. e Curtis, B.
1978 *Coaching Behaviors in Little League Baseball*, in F.L. Smoll e R.E. Smith (a cura di), *Psychological Perspectives on Youth Sports*, Washington, D.C., Hemisphere.
Smith, R.E., Smoll, F.L. e Hunt, E.B.
1976 *Training Manual for the Coaching Behavior Assessment System (CBAS)*, Department of Psychology and Physical Education, University of Washington, Seattle, D.C.
Smith, R.E., Zane, N.W., Smoll, F.L. e Coppel, D.B.
1983 *Behavioral Assessment in Youth Sports: Coaching Behaviors and Children's Attitudes*, in «Medicine and Science in Sport and Exercise», 15, pp. 208-214.
Sonstroem, R.J.
1984 *An Overview of Anxiety and Sport*, in J.M. Silva e R.S. Weinberg (a cura di), *Psychological Foundations of Sport*, Champaign, Ill., Human Kinetics.
Sonstroem, R.J. e Bernardo, P.
1982 *Intraindividual Pregame State Anxiety and Basketball Performance: A Re-examination of the Inverted-U Curve*, in «Journal of Sport Psychology», 4, pp. 235-245.

Spence, J.T. e Spence, K.A.
1966 *The Motivational Components of Manifest Anxiety: Drive and Drive Stimuli*, in C.D. Spielberger (a cura di), *Anxiety and Behavior*, New York, Academic.
Spielberger, C.D. (a cura di)
1966 *Anxiety and Behavior*, New York, Academic.
1983 *Manual for the State-Trait Anxiety Inventory (Revised)*, Palo Alto, Calif., Consulting Psychologists Press.
1989 *Stress and Anxiety in Sport*, in D. Hackfort e C.D. Spielberger (a cura di), *Anxiety in Sports: An International Perspectives*, New York, Hemisphere.
Spielberger, C.D., Gorsuch, R.L. e Lushene, R.E.
1970 *Manual for the State-Trait Anxiety Inventory*, Palo Alto, Calif., Consulting Psychologists Press.
Spink, K.S. e Roberts, G.C.
1980 *Ambiguity of Outcome and Casual Attributions*, in «Journal of Sport Psychology», 2, pp. 237-244.
Starkes, J.L., Allard, F., Lindley, S. e O'Reilly, K.
1994 *Abilities and Skill in Basketball*, in «International Journal of Sport Psychology», 25, pp. 249-265.
Starkes, J.L. e Deakin, J.
1984 *Perception in Sport: A Cognitive Approach to Skilled Performance*, in W.F. Straub e J.M. Williams (a cura di), *Cognitive Sport Psychology*, Lansing, N.Y., Sport Science Associates.
Steiner, I.D.
1972 *Group Processes and Group Productivity*, New York, Academic Press.
Suinn, R.
1972 *Behavior Rehearsal Training for Ski Racers*, in «Behavior Therapy», 3, p. 519.
1983 *Imagery and Sport*, in A.A. Sheikh (a cura di), *Imagery: Current Theory, Research, and Application*, New York, Wiley.
1990 *Anxiety Management Training: A Behavior Therapy*, New York, Plenum Press.
1993 *Imagery*, in R.N. Singer, M. Murphey e L.K. Tennant (a cura di), *Handbook of Research on Sport Psychology*, New York, Macmillan.
Summers, J.J. e Ford, S.K.
1990 *The Test of Attentional and Interpersonal Style: An Evaluation*, in «International Journal of Sport Psychology», 21, pp. 102-111.
Summers, J.J., Miller, K. e Ford, S.K.
1991 *Attentional Style and Basketball Performance*, in «Journal of Sport and Exercise Psychology», 8, pp. 239-253.

Summers, J.J., Sargent, G.I., Levey, A.J. e Murray, K.D.
1982 *Middle-aged, Non-elite Marathon Runners: A Profile*, in «Perceptual of Motor Skills», 54, pp. 963-969.
Sutton-Smith, B. e Roberts, J.
1984 *Rubrics of Competitive Behavior*, in «The Journal of Genetic Psychology», 105, pp. 13-37.

Taddei, F., Viggiano, M.P. e Mecacci, L.
1991 *Pattern Reversal Visual Evoked Potentials in Fencers*, in «International Journal of Psychophysiology», 11, pp. 257-260.
Terry, P.C.
1984 *The Coaching Preferences of Elite Athletes Competing at Universiade '83*, in «Canadian Journal of Applied Sport Sciences», 9, pp. 188-193.
Thill, E.
1989 *Motivation et stratégies de motivation en milieu sportif*, Paris, PUF.
Tuckman, B.W. e Jensen, M.A.C.
1977 *Stages of Small Group Development Revisited*, in «Group and Organizational Studies», 2, pp. 419-427.

Unestahl, L.E.
1981 *Inner Mental Training*, Orebro, Veje Publishing.

Vallerand, R.J.
1987 *Antecedents of Self-related Affects in Sport: Preliminary Evidence on the Intuitive-Reflective Appraisal Model*, in «Journal of Sport Psychology», 9, pp. 161-182.
Van Bergen, A. e Koekebakker, J.
1959 *Group Cohesiveness in Laboratory Experiments*, in «Acta Psychologica», 16, pp. 81-98.
Vanden-Auweele, Y., de Cuyper, B., Van Mele, V. e Rzewnicki, R.
1993 *Elite Performance and Personality: From Description and Prediction to Diagnosis and Intervention*, in R.N. Singer, M. Murphey e L.K. Tennant (a cura di), *Handbook of Research on Sport Psychology*, New York, Macmillan.
Van Schoyck, S.R. e Grasha, A.F.
1981 *Attentional Style Variations and Athletic Ability: The Advantages of a Sport Specific Test*, in «Journal of Sport Psychology», 3, pp. 149-165.
Vealey, R.
1986 *Conceptualization of Sport Confidence and Competitive Orientation: Preliminary Investigation and Instrument Development*, in «Journal of Sport Psychology», 8, pp. 221-246.

1992 *Personality and Sport: A Comprehensive View*, in T.H. Horn (a cura di), *Advances in Sport Psychology*, Champaign, Ill., Human Kinetics.

Violani, C.

1996 *Umore e attività sportive*, in G.V. Caprara e G.P. Lombardo (a cura di), *Temi di psicologia*, Roma, Scuola dello Sport-Università di Roma «La Sapienza».

Vroom, V.H. e Jago, A.G.

1978 *On the Validity of the Vroom-Yetton Model*, in «Journal of Applied Psychology», 63, pp. 151-162.

Vroom, V.H. e Yetton, P.W.

1976 *Leadership and Decision Making*, Pittsburgh, Pa., University of Pittsburgh Press.

Wall, A.E.

1986 *A Knowledge-based Approach to Motor Skill Acquisition*, in M.G. Wade e H.T.A. Whiting (a cura di), *Motor Development in Children*, Dordrecht, Nighoff.

Wallace, R.K. e Benson, H.

1972 *The Physiology of Meditation*, in «Scientific American», 226, pp. 85-90.

Watkin, B. e Youngen, L.

1988 *Cross-national Comparison of Motivation for Participation in Physical Activity of Australian and American Adolescents*, in E.F. Broom, R. Clumpner, B. Pendleton e C.A. Pooley (a cura di), *Comparative Physical Education and Sport*, Champaign, Ill., Human Kinetics, vol. 5.

Watkins, D.

1986 *Attributions in New Zealand Sport Pages*, in «The Journal of Social Psychology», 126, pp. 817-819.

Watson, D. e Tellegen, A.

1985 *Toward a Consensual Structure of Mood*, in «Psychological Bulletin», 98, pp. 219-235.

Weinberg, R.S.

1985 *Relationship between Self-efficacy and Cognitive Strategies in Enhancing Endurance Performance*, in «International Journal of Sport Psychology», 17, pp. 280-293.

1988 *The Mental Advantage: Developing your Psychological Skills in Tennis*, Champaign, Ill., Leisure Press.

Weinberg, R.S., Bruya, L.D. e Jackson, A.

1985 *The Effects of Goal Proximity and Goal Specificity on Endurance Performance*, in «Journal of Sport Psychology», 7, pp. 296-305.

Weinberg, R.S., Bruya, L.D., Longino, J. e Jackson, A.
1988 *Effect of Goal Proximity and Specificity on Endurance Performance of Primary Grade Children*, in «Journal of Sport and Exercise Psycology», 10, pp. 81-91.
Weinberg, R.S. e Genuchi, M.
1980 *Relationship between Competitive Trait Anxiety, State Anxiety, and Golf Performance: A Field Study*, in «Journal of Sport Psychology», 2, pp. 148-154.
Weinberg, R.S. e Hunt, V.V.
1976 *The Interrelationships between Anxiety, Motor Performance, and Electromyography*, in «Journal of Motor Behavior», 8, pp. 219-224.
Weinberg, R.S. e Jackson, A.
1990 *Building Self-efficacy in Tennis Players: A Coach Perspective*, in «Journal of Applied Sport Psychology», 2, pp. 164-174.
Weinberg, R.S. e Ragan, J.
1978 *Motor Performance under Three Levels of Stress and Trait Anxiety*, in «Journal of Motor Behavior», 10, pp. 169-176.
Weinberg, R.S., Seabourne, T.G. e Jackson, A.
1981 *Effects of Visuo-motor Behavioral Rehearsal, Relaxation, and Imagery on Karate Performance*, in «Journal of Sport Psychology», 3, pp. 228-238.
1982 *Effects of Visuo-motor Behavioral Rehearsal on State-Trait Anxiety and Performance*, in «Journal of Sport Behavior», 5, pp. 209-219.
Weiner, B.
1972 *Theories of Motivation: From Mechanism to Cognition*, Chicago, Ill., Rand-McNally.
1979 *A Theory of Motivation from some Classroom Experience*, in «Journal of Educational Psychology», 71, pp. 3-25.
1986 *An Attributional Theory of Motivation and Emotion*, New York, Springer-Verlag.
Weiss, M.R. e Chaumenton, N.
1992 *Motivational Orientations in Sport*, in T.H. Horn (a cura di), *Advances in Sport Psychology*, Champaign, Ill., Human Kinetics.
Weiss, M.R. e Friedrichs, W.D.
1986 *The Influence of Leader Behaviors, Coaches Attributes, and Institutional Variables on Performance and Satisfaction of Collegiate Basketball Teams*, in «Journal of Sport Psychology», 8, pp. 332-346.
Weiss, M.R. e Horn, T.S.
1990 *The Relation between Children's Accuracy Estimates of their Physical Competence and Achievement-related Characteristics*, in «Research Quarterly for Exercise and Sport», 61, pp. 250-258.

Weiss, M.R., Weise, D.M. e Klint, K.A.
1989 *Head over Heels with Success: The Relationship between Self-efficacy and Performance in Competitive Youth Gymnastics*, in «Journal of Sport Psychology», 11, pp. 444-451.

White, R.W.
1959 *Motivation Reconsidered: The Concept of Competence*, in «Psychological Review», 66, pp. 297-333.

Whitley, B.E. e Frieze, I.H.
1985 *Children's Causal Attributions for Success and Failure in Achievement Settings: A Meta-analysis*, in «Journal of Educational Psychology», 77, pp. 608-616.

Widmeyer, W.N., Brawley, L.R., Carron, A.V.
1985 *The Measurement of Cohesion in Sport Teams: The Group Environment Questionnaire*, London Ontario, Sports Dynamics.
1990 *Group Size in Sport*, in «Journal of Sport and Exercise Psychology», 12, pp. 177-190.
1992 *Group Dynamics in Sport*, in T.H. Horn (a cura di), *Advances in Sport Psychology*, Champaign, Ill., Human Kinetics.

Widmeyer, W.N., Carron, A.V. e Brawley, L.R.
1993 *Group Cohesion in Sport and Exercise*, in R.N. Singer, M. Murphey e L.K. Tennant (a cura di), *Handbook of Research on Sport Psychology*, New York, Macmillan.

Widmeyer, W.N. e Loy, J.W.
1981 *Dynamic Duos: An Analysis of the Relationship between Group Composition and Group Performance in Women's Doubles Tennis*, comunicazione presentata alla Conference on the Content of Culture: Constants and Variants, Claremont, Calif.

Wilkes, R.L. e Summers, J.J.
1984 *Cognitions, Mediating Variables, and Strenght Performance*, in «Journal of Sport Psychology», 12, pp. 351-359.

Williams, J.M. e Hacker, C.M.
1982 *Causal Relationships, among Cohesion, Satisfaction and Performance in Women's Intercollegiate Field Hockey Teams*, in «Journal of Sport Psychology», 4, pp. 324-337.

Williams, K, Harkins, S. e Latané, B.
1981 *Identifiability as a deterrent to Social Loafing: Two Cheering Experiments*, in «Journal of Personality and Social Psychology», 40, pp. 303-311.

Williams, M., Davids, K., Burwitz, L. e Williams, J.
1993 *Proficiency-related Differences in Anticipation and Visual Search Strategy in Soccer*, in «Journal of Sport and Exercise Psychology», 15, supplemento, S91.

Willis, J.D.
1982 *Three Scales to Measure Competition-related Motives in Sport*, in «Journal of Sport Psychology», 4, pp. 338-353.

Wine, J.D.
1980 *Cognitive-attentional Theory of Test Anxiety*, in I.G. Sarason, (a cura di), *Test Anxiety: Theory, Research, and Application*, Hillsdale, N.J., Erlbaum.
Wrisberg, C.A. e Pein, R.L.
1992 *The Preshot Interval and Free Throw Accuracy: An Exploratory Investigation*, in «The Sport Psychologist», 6, pp. 14-23.

Yan Lan, L. e Gill, D.L.
1984 *The Relationships among Self-efficacy, Stress Responses, and a Cognitive Feedback Manipulation*, in «Journal of Sport Psychology», 6, pp. 227-238.
Yerkes, R.M. e Dodson, J.D.
1908 *The Relation of Strength of Stimulus to Rapidity of Habit Formation*, in «Journal of Comparative Neurology and Psychology», 43, pp. 459-482.

Zaichkowski, L. e Fuchs, C.Z.
1989 *Biofeedback-assisted Self-regulation for Stress Management in Sports*, in D. Hackfort e C.D. Spielberger (a cura di), *Anxiety in Sports: An International Perspectives*, New York, Hemisphere.
Zaichkowski, L. e Takenaka, K.
1993 *Optimizing Arousal Level*, in R.N. Singer, M. Murphey e L.K. Tennant (a cura di), *Handbook of Research on Sport Psychology*, New York, Macmillan.
Zander, A.
1971 *Motives and Goals in Groups*, New York, Academic Press.
1982 *Making Groups Effective*, San Francisco, Calif., Jossey-Bass.
1985 *The Purposes of Groups and Organizations*, San Francisco, Calif., Jossey-Bass.
Zani, A. e Rossi, B.
1987 *L'attenzione nel tiro a volo: cambiamenti di strategia in un compito di attenzione sostenuta in tiratori a volo della squadra nazionale*, in «SdS-Rivista di Cultura Sportiva», 11, pp. 55-63.
1991 *Cognitive Psychophysiology as an Interface between Cognitive and Sport Psychology*, in «International Journal of Sport Psychology», 22, pp. 376-398.
Zajonc, R.B.
1965 *Social Facilitation*, in «Science», 149, pp. 269-274.
Zeeman, E.C.
1976 *Catastrophe Theory*, in «Scientific American», 234, pp. 65-82.

Aspetti della psicologia

Allen J.G. - Fonagy P. (a cura di), *La mentalizzazione. Psicopatologia e trattamento*
Arcuri L. - Cadinu M.R., *Gli stereotipi. Dinamiche psicologiche e contesto delle relazioni sociali*
Ardone R. - Chiarolanza C., *Le relazioni affettive. I sentimenti nel conflitto e nella mediazione*
Argentero P., *I test nelle organizzazioni*
Aureli T., *L'osservazione del comportamento del bambino*
Axia V., *Emergenza e psicologia. Mente umana, pericolo e sopravvivenza*
Baldoni F., *La prospettiva psicosomatica. Dalla teoria alla pratica clinica*
Baroni M.R., *Psicologia ambientale*
Berti C., *Psicologia sociale della giustizia*
Berti A.E. - Bombi A.S., *Psicologia del bambino*
Black M.M. - Matula K., *La valutazione dello sviluppo infantile. Somministrazione e applicazione delle Scale Bayley*
Bornstein M.H. - Venuti P., *Genitorialità. Fattori biologici e culturali dell'essere genitori*
Brunori L. - Raggi C., *Le comunità terapeutiche. Tra caso e progetto*
Calvo V., *Il colloquio di counseling. Tecniche di intervento nella relazione di aiuto*
Camaioni L., *La prima infanzia. Lo sviluppo psicologico nei primi tre anni di vita*
Candelori C., *Il primo colloquio. La consultazione clinica di esplorazione con bambini, adolescenti e adulti*
Carli L. - Cavanna D. - Zavattini G.C., *Psicologia delle relazioni di coppia. Modelli teorici e intervento clinico*
Carli R. - Paniccia R.M., *Analisi della domanda. Teoria e tecnica dell'intervento in psicologia clinica*
Carli R. - Paniccia R.M., *Casi clinici. Il resoconto in psicologia clinica*
Carli R. - Paniccia R.M., *Psicologia della formazione*
Carugati F. - Selleri P., *Psicologia sociale dell'educazione*
Caselli M.C. - Maragna S. - Volterra V., *Linguaggio e sordità. Gesti, segni e parole nello sviluppo e nell'educazione*
Caso L. - Vrij A., *L'interrogatorio giudiziario e l'intervista investigativa. Metodi e tecniche di conduzione*
Castellano R. - Velotti P. - Zavattini G.C., *Cosa ci fa restare insieme? Attaccamento ed esiti della relazione di coppia*
Catellani P., *Psicologia della politica*
Cei A., *Psicologia dello sport*
Cigoli V., *Psicologia della separazione e del divorzio*
Cigoli V., *Clinica del divorzio e della famiglia ricostruita*
Clerici C.A. - Veneroni L., *La psicologia clinica in ospedale. Consulenza e modelli di intervento*

Clulow C., *Sessualità e psicoterapia di coppia*
Cusinato M. - Panzeri M. (a cura di), *Interventi e valutazione nel lavoro con le famiglie*
Dacomo M. - Pizzo S., *La depressione infantile. Terapia cognitivo-comportamentale con bambini e adolescenti*
De Beni R. - Moè A., *Motivazione e apprendimento*
de Campora G. - Zavattini G. C. (a cura di), *Mindfulness e disturbi alimentari. Valutazione e intervento nel ciclo di vita secondo la prospettiva della regolazione emotiva*
De Leo G. - Patrizi P., *Psicologia giuridica*
De Leo G. - Patrizi P. - De Gregorio E., *L'analisi dell'azione deviante. Contributi teorici e proposte di metodo*
De Leo G. - Scali M. - Caso L., *La testimonianza. Problemi, metodi e strumenti nella valutazione dei testimoni*
Di Blasio P., *Psicologia del bambino maltrattato*
Emmelkamp P.M.G. - Kamphuis J.H., *I disturbi di personalità*
Faravelli C., *Psicofarmacologia per psicologi*
Fava L., *L'analisi multidimensionale della psicopatologia. Interventi integrati nel trattamento clinico*
Favretto G., *Lo stress nelle organizzazioni*
Fraccaroli F., *Apprendimento e formazione nelle organizzazioni. Una prospettiva psicologica*
Fraccaroli F. - Balducci C., *Stress e rischi psicosociali nelle organizzazioni. Valutare e controllare i fattori dello stress lavorativo*
Francescato D. - Tomai M. - Mebane M.E., *Psicologia di comunità per la scuola, l'orientamento e la formazione. Esperienza faccia a faccia e on line*
Giraldi T., *Farmaci e psicoterapia. Infelici, tristi o depressi*
Gozzoli C. - Regalia C., *Migrazioni e famiglie. Percorsi, legami e interventi psicosociali*
Grasso M., *La relazione terapeutica. Percorsi di intervento in psicologia clinica*
Heard D. - Lake B. - McCluskey U., *Una terapia basata sull'attaccamento con adolescenti e adulti. Teoria e pratica dopo Bowlby*
Hendry L.B. - Kloep M., *Lo sviluppo nel ciclo di vita*
Laicardi C. - Pezzuti L., *Psicologia dell'invecchiamento e della longevità*
Lieberman A.F. - Compton N.C. - van Horn P. - Ghosh Ippen C., *Il lutto infantile. La perdita di un genitore nei primi anni di vita*
Lieberman A.F. - van Horn P., *Bambini e violenza in famiglia. L'intervento psicoterapeutico con minori testimoni di violenza*
Lorito L. - Di Maria F., *Gruppoanalisi e teoria dell'attaccamento*
Luborsky L. - Luborsky E., *La psicoterapia psicoanalitica*
Malagoli Togliatti A. - Cotugno A., *Psicodinamica delle relazioni familiari*
Malagoli Togliatti A. - Lubrano Lavadera A., *Dinamiche relazionali e ciclo di vita della famiglia*
Malaguti D., *Fare squadra. Psicologia dei gruppi di lavoro*
Mantovani G., *L'interazione uomo-computer*
Mariani M.G., *Valutare le prestazioni. Come gestire e migliorare la performance lavorativa*

Massironi M., *Fenomenologia della percezione visiva*
Merlone U., *Negoziare in modo efficace. Strumenti e tecniche*
Mucchi Faina A., *L'influenza sociale*
Nichols K. - Jenkinson J., *I gruppi di sostegno*
Northoff G. - Farinelli M. - Chattat R. - Baldoni F., *La plasticità del Sé. Un approccio neuropsicodinamico*
Panzeri M., *Psicologia della sessualità*
Paris J., *Il disturbo borderline di personalità*
Passolunghi M.C. - De Beni R., *I test per la scuola. La valutazione psicologica ed educativa degli apprendimenti scolastici*
Pedrabissi L. - Santinello M., *I test psicologici. Teorie e tecniche*
Perini S., *Psicologia dell'educazione*
Pombeni M.L., *Orientamento scolastico e professionale*
Pompili M., *La prevenzione del suicidio*
Quaglino G.P., *Fare formazione*
Ravenna M., *Psicologia delle tossicodipendenze*
Rheinberg F., *Valutare la motivazione. Strumenti per l'analisi dei processi motivazionali*
Rifelli G., *Psicologia e psicopatologia della sessualità*
Ripamonti C.A., *La devianza in adolescenza. Prevenzione e intervento*
Riva G., *Psicologia dei nuovi media*
Riva Crugnola C., *La relazione genitore-bambino. Tra adeguatezza e rischio*
Rumiati R. - Bonini N., *Decisioni manageriali. Come fare scelte efficaci*
Rumiati R. - Bonini N., *Le decisioni degli esperti. Psicologia cognitiva delle decisioni manageriali*
Rumiati R. - Bonini N., *Psicologia della decisione*
Sameroff A.J. - McDonough S.C. - Rosenblum K.L. (a cura di), *Il trattamento clinico della relazione genitore-bambino*
Sanavio E. - Sica C., *I test di personalità. Inventari e questionari*
Scabini E. - Iafrate R., *Psicologia dei legami familiari*
Speltini G. (a cura di), *Minori, disagio e aiuto psicosociale*
Stracciari A. - Bianchi B. - Sartori G., *Neuropsicologia forense*
Teesson M. - Degenhardt L. - Hall W., *Le tossicodipendenze*
Toderi S. - Sarchielli G., *Sviluppare la carriera lavorativa. Risorse personali e metodi d'intervento*
Treasure J. - Schmidt U. - van Furth E. (a cura di), *I disturbi dell'alimentazione. Diagnosi, clinica, trattamento*
Trombini G. - Baldoni F., *Psicosomatica. L'equilibrio tra mente e corpo*
Velotti P. (a cura di), *Legami che fanno soffrire. Dinamica e trattamento delle relazioni di coppia violente*
Velotti P. (a cura di), *Comprendere il male. Il disturbo antisociale di personalità*
Vicari S. - Valeri G. - Fava L., *L'autismo. Dalla diagnosi al trattamento*
Webley P. - Burgoyne C.B. - Lea S.E.G. - Young B.M., *Psicologia economica della vita quotidiana*
Zammuner V.L., *I focus group*
Zani B. - Cicognani E., *Psicologia della salute*